面向新时代 助力新征程

——学习党的十九大精神的体会

（代序）

不久前闭幕的党的十九大，站在当代中国历史发展的制高点上，高举中国特色社会主义伟大旗帜，作出中国特色社会主义进入了新时代的重大政治判断，并把习近平新时代中国特色社会主义思想确立为党必须长期坚持的指导思想，提出了新时代坚持和发展中国特色社会主义的基本方略和战略部署，深刻回答了新时代坚持和发展中国特色社会主义一系列重大理论和实践问题，为我们党和国家事业在新时代指明了前进的方向。“新时代”，成为当代中国发展变革的新特征和时代发展的新坐标。作为理论研究特别是智库研究工作者，必须认真学习贯彻党的十九大精神，认清新时代、面向新时代，按照新时代的使命和要求做好研究工作，推动新发展，助力新征程。

认清时代，至关重要。“时代”，是指历史上经济、政治、文化、社会等状态发生全面性深刻变革的时期，是发展历史方位的标志性显示。它决定着和规定了社会发展的方向、目标、任务和路径。每个历史时代都有标志性特征和运行规律，正所谓“历史车轮滚滚向前，时代潮流浩浩荡荡”，顺之者昌，逆之者亡。审时度势，顺应时代潮流，才能把握历史机遇，大有作为，取得事业成功。一个国家如此，一个机构乃至一个人也是这样。

“中国特色社会主义进入了新时代”，是对我国发展新的历史方位的科学判断。这表明，在新中国成立以来特别是改革开放以来取得重大成就的基础上，我国发展站到新的历史起点上，中国特色社会主义进入新的发展阶段。这个新的发展阶段，既同改革开放近40年来的历史进展一脉相承，又有很大的不同，包括党和国家事业发展从指导思想、理念思路、方针政策、体制机制、根本保证到社会主要矛盾、社会环境、外部条件等各方面都发生了显著变化，呈现与时俱进的新时代特征。特别是在新的伟大实践中形成了习近平新时代中国特色社会主义思想，实现了马克思主义中国化的又一次新飞跃；我国社会主要矛盾已经转化为人民日益增长的美好生活需要和不平衡不充分的发展之间的矛盾，这对党和国家事业发展提出了许多新要求；在即将决胜全面建成小康社会之后，中国未来发展进步又有了新目标。我们党全面审视和把握这些新的时代特征，作出了我们国家迈进“新时代”的重大政治论断，是十分及时的、完全正确的。这对于我们准确认识和把握中国特色社会主义发展阶段、发展现状、发展方向、发展任务、发展要求有着十分重要的意义，也为我们党制定大政方针和行动纲领提供了根本依据。我们要深刻认识这一重大判断的主要依据、丰富内涵、标志性意义，主动适应新时代的发展要求，倍加珍惜新时代的历史机遇，勇敢面对新时代的责任担当，为新时代中国特色社会主义谱写新篇章、创造新辉煌，积极贡献智慧和力量！

面向新时代，助力新征程，最为重要的，是深刻认识中国特色社会主义的本质特征、发展规律和建设路径，准确把握新时代坚持和发展什么样的中国特色社会主义、怎样坚持和发展中国特色社会主义这个重大时代课题，以更好的精神状态，勇立时代潮头，锐意开拓创新，在进行伟大斗争、建设伟大工程、推进伟大事业、实现伟大梦想中，积极为党和人民述学立论、建言献策，多提供有价值、高质量的研究成果。为此，需要着力做到以下几点。

（1）加强理论武装，把握核心要义，学深悟透习近平新时代中国特色社会主义思想。党的十九大把习近平新时代中国特色社会主义思想确立为我们党的行动指南，实现了党的指导思想的又一次与时俱进，具有划时代的重大意义。学习贯彻这一重大思想，对于提高政治站位和思想理论水平，对于明确前进方向和时代要求，对于更好服务于党和国家事业发展，都极为重要。习近平新时代中国特色社会主义思想的突出特征，是继承性、创新性和时代性，核心要义是坚持和发展中国特色社会主义，从理论和实践结合上系统回答了新时代坚持和发展什么样的中国特色社会主义、怎样坚持和发展中国特色社会主义这个重

主编简介

魏礼群，江苏睢宁人，著名经济学家。曾经先后担任原国家计委政策研究室主任，国家计委秘书长，中央财经领导小组办公室副主任，国务院研究室主任、党组书记，国家行政学院党委书记。中国共产党第十六届、十七届中央委员。

现任中国国际经济交流中心常务副理事长、首席专家、学术委员会主任，中央马克思主义理论研究和建设工程咨询委员会委员，国家哲学社会科学研究专家咨询委员会委员，全国哲学社会科学规划领导小组应用经济组组长，国家行政学院、中国人民大学、北京师范大学及上海财经大学教授、博士生导师。长期从事国家宏观政策、公共管理、社会治理和智库建设等领域的研究工作。

参加或主持过党中央、国务院大量重要文件和党中央、国务院领导重要讲话的起草工作，负责过大量推进中国改革开放和现代化建设重大课题研究，取得一大批对国家决策有重要价值的科研、咨询成果。2009 年入选“影响新中国 60 年经济建设 100 名经济学家”，2016 年，被光明日报评选为“年度十大智库人物”。

中国改革与发展热点问题研究（2018）

魏礼群　主编

商务印书馆
创于1897 The Commercial Press
2018年·北京

图书在版编目（CIP）数据

中国改革与发展热点问题研究. 2018 / 魏礼群主编.
— 北京：商务印书馆，2018
ISBN 978-7-100-15821-3

Ⅰ. ①中… Ⅱ. ①魏… Ⅲ. ①中国经济－经济体制改革－研究②政治体制改革－研究－中国 Ⅳ. ①F121
②D6

中国版本图书馆CIP数据核字（2018）第023275号

中国改革与发展热点问题研究（2018）

魏礼群 主编

商 务 印 书 馆 出 版
（北京王府井大街36号 邮政编码 100710）
商 务 印 书 馆 发 行
三河市尚艺印装有限公司印刷
ISBN 978-7-100-15821-3

2018年2月第1版 开本 710×1000 1/16
2018年2月第1次印刷 印张 30 3/4 插页 4

定价：78.00元

大时代课题。对坚持什么样的中国特色社会主义，习近平总书记从理论渊源、历史根据、本质特征、独特优势、强大生命力等多方位多角度作出了系统阐述和深刻回答。强调中国特色社会主义是社会主义而不是其他什么主义，中国特色社会主义是既坚持科学社会主义基本原理，又具有鲜明实践特色、理论特色、时代特色的社会主义，是植根于中国大地、反映中国人民意愿、适应中国国情和时代发展进步要求的社会主义。对怎样坚持和发展中国特色社会主义，习近平总书记用一系列战略性、前瞻性、创造性的观点，全面阐述和深刻回答了新时代坚持和发展中国特色社会主义的总目标、总任务、总体布局、战略布局和发展方向等基本问题。这些重大创新的思想观点，最重要、最核心的内容就是党的十九大报告概括的“八个明确”。习近平新时代中国特色社会主义思想是新时代条件下坚持和发展中国特色社会主义的科学理论指引和根本遵循，开辟了马克思主义新境界，开辟了中国特色社会主义新境界，开辟了治国理政和管党治党新境界。我们要深入理解和把握这一重大思想的时代背景、科学体系、精神实质、丰富内涵、理论特色和实践要求，自觉地运用这一重大思想武装头脑、指导实践、推动工作。同时，要深化对习近平新时代中国特色社会主义思想的研究和阐释，不断推出有深度、有说服力的研究成果，帮助人们深入领会和理解这一重大科学理论的精神实质和核心要义，自觉地为实现新时代的各项任务努力奋斗！

（2）树立问题意识，聆听时代呼声，直面矛盾和深入研究问题。马克思说“问题就是公开的、无畏的、左右一切个人的时代声音。问题就是时代的口号，是它表现自己精神状态的最实际的呼声”（《马克思恩格斯全集》第40卷，第289页）。习近平总书记强调：“问题是时代的声音，人心是最大的政治。推进党和国家各项工作，必须坚持问题导向，倾听人民呼声。”事实也证明，只有立足于时代去发现、研究解决面临的问题，才能推动这个时代的社会发展进步。改革开放的历程，就是不断倾听时代的声音，不断发现和解决问题的过程。中国特色社会主义的不断发展，实际上是我们党倾听时代声音、顺应历史潮流，根据发现问题作出解决问题的正确决策的结果。树立问题意识，强化问题导向，更是党的十八大以来以习近平同志为核心的党中央治国理政、开辟社会主义新时代的一个鲜明特点和一条成功的经验。在过去五年里，我们党解决了许多长期想解决而没有解决的难题，办成了许多过去想办而没有办成的大事，面对重大风险考验和党内存在的突出问题，以顽强意志品质正风肃纪、反腐惩恶，消除了党和国家内部存在的严重隐患，推动党和国家事业发生历史性变革，这些都是针对存在的问题，直面研究和解决问题所取得的。我们要面向新时代，助力新征程，必须树立强烈的问题意识，善于聆听时代的声音，这是理论研究和智库研究活力和动力的源头。我国当前和今后时期面临的问题不少，大致可以归结为三个方面：

一是长期积累下来尚未完全解决的问题。改革开放以来，中国特色社会主义事业取得的巨大成就世所公认，不容置疑。同时，也毋庸讳言，在一段时间和一些领域存在着这样或那样的许多问题，前进中付出的代价很大。例如，发展中不平衡不协调不可持续的问题十分突出，经济建设与社会建设一条腿长、一条腿短，物质文明建设和精神文明建设一手硬、一手软，许多社会问题和社会矛盾交织叠加，城乡、区域和居民收入差距持续扩大，环境污染严重，生态建设滞后，社会文明水平亟待提高，特别是一度弱化党的领导、管党治党宽松软，造成严重后果。尽管近五年已解决不少问题，也取得了明显成效，但有些问题是“冰冻三尺，非一日之寒”，彻底解决也绝非易事。因此，需要本着实事求是的科学态度，深入总结正反经验，坚持正确的、加强不足的、修正错误的，既发扬成绩，又吸取教训，更好推动多年积累下来的问题继续得到有效解决。

二是已经遇到和可能遇到的困难和挑战。当前，国内外形势正在发生深刻复杂变化，我国发展仍处于重要战略机遇期，前景十分光明，各种困难和挑战也十分严峻，已经遇到、将要遇到、可能遇到和难以预料的新情况新矛盾新风险都需要妥善应对。在国内，由于经济结构加速调整升级，全面改革仍处于深水区、攻坚期，各种社会矛盾错综复杂，面临不少重大风险挑战。在国际，世界多极化、经济全球化、社会信息化、文化多样化深入发展，全球治理体系和国际秩序变革加速推进。世界面临的不稳定不确定因素突出，对我国改革发展稳定也会造成直接或间接的影响。许多困难和挑战不可回避，而必须勇敢面对。迎接一切重大挑战、战胜各种重大困难，必须准备有力有效之策。

三是人民群众对美好生活向往提出的新问题。习近平总书记反复强调，“人民对美好生活的向往，就是我们的奋斗目标”。解决好人民群众最关心最直接最现实的利益问题，并满足人民日益增长的美好生活需要，是我们党的使命所在，也是新时代的奋斗目标。人民群众既要求补上民生领域的不少短板，保障基本生活，又期待有更好的教育、更稳定的工作、更满意的收入、更可靠的社会保障、更高水平的医疗卫生服务、更舒适的居住条件，提高生活质量，不仅对物质文化生活提出了更高要求，而且在民主、法治、公平、正义、安全、环境等方面的要求日益增长。这就要求，应当围绕解决人民群众生活面临的问题和对美好生活的向往，发现新问题，研究新问题，包括发展不平衡不充分的问题，也包括破除一切不合时宜的思想观念和体制机制弊端，积极推动改革发展各方面问题的解决。

（3）服务战略部署，助推重大决策实施，开展新时代发展前瞻性储备性对策性研究。党的十九大根据新时代中国特色社会主义的历史方位及其要求，在综合分析国际国内形势和我国条件的基础上，对决胜全面建成小康社会、开启全面建设社会主义现代化国家新征程做出了重大战略决策和部署。从现在到2020年，是全面建成小康社会决胜期；从十九大到二十大，是“两个一百年”奋斗目标的历史交汇期；在全面建成小康社会的基础上分两步走，到本世纪中叶全面建成社会主义现代化强国。这是新时代中国特色社会主义的战略安排，并提出了一系列与之相应的战略任务和战略举措。制定重大战略决策、绘制宏伟蓝图，确实不易，这是吸收全党全国各方面智慧的结晶，而要实施好既定的重大决策部署和宏伟蓝图，更不容易，需要坚定不移地进行伟大斗争、建设伟大工程、推进伟大事业，需要全党全国人民作坚韧不拔、锲而不舍的努力奋斗，也需要深入研究和妥善解决一系列重大问题，包括研究世界政治、经济、科技未来发展趋势以及国际局势深刻变革对全球和我国的影响，研究更好统筹推进

"五位一体"建设布局和协调推进"四个全面"战略布局，研究实施好各领域各方面的战略部署、战略任务和战略举措。在贯彻落实既定的战略决策和部署过程中，还会不断出现许多新情况、新矛盾、新问题，都需要及时发现和深入研究，提出正确有效的对策。也就是说，实施好决策部署，同样需要充分发挥和汇聚各方面的智慧和力量。这样，才能使既定的各项重大决策和部署真正得到实现，使精心绘就的美好蓝图变成活生生的美好现实。我们理论研究特别是智库研究工作者应当有主动服务党和国家战略决策部署的高度自觉和使命担当。

（4）坚持立足国情，保持新时代政治定力，勇于探索研究坚持和发展中国特色社会主义这个重大课题。坚持和发展中国特色社会主义，是改革开放以来我们党全部理论和实践的鲜明主题。党的十八大以来，以习近平同志为核心的党中央的全部理论和实践探索都是围绕这个主题来展开、深化和拓展的，使中国特色社会主义的理论和实践达到了前所未有的新高度。应当看到，中国特色社会主义是不断发展、不断前进的，坚持和发展中国特色社会主义依然任重道远。事业越前进、越发展，新情况新问题就会越多。现在，世界每时每刻都在发生变化，中国也每时每刻都在发生变化，我们必须坚持以习近平新时代中国特色社会主义思想为根本遵循，不断研究和认识规律，不断研究和推进理论创新、实践创新、制度创新、文化创新以及其他各方面创新，让中国特色社会主义在新时代展现出更多的优越性和更强大的生命力。这一切，都需要我们在新时代的实践中大胆探索、深化研究。

在探索研究过程中，最为重要的，是必须牢牢把握两点：一是始终坚持立足国情，坚定走自己的路，这是最根本的问题。我国有独特的国情、独特的历史、独特的文化，这就决定了中国发展的独特道路。这是我们党解放思想、实事求是、与时俱进，历经艰难曲折，付出巨大代价，在伟大实践中得出来的基本结论。一切重大理论和制度创新研究，都必须充分考虑是否符合国情。二是始终保持政治定力，坚定中国特色社会主义方向。中国特色社会主义是植根于中国大地、反映中国人民意愿、适应中国和时代发展进步要求的科学社会主义，也是历史的结论、人民的选择。要时刻保持清醒头脑，按照既不走封闭僵化的老路，也不走改旗易帜的邪路的要求，坚持正确道路开拓创新，大胆探索研究，决不为任何风险所惧，也不为任何干扰所惑，真正做到“咬定青山不放松”。

习近平总书记在党的十九大报告结束时有一段铿锵有力的话：“站在九百六十多万平方公里的广袤土地上，吸吮着五千多年中华民族漫长奋斗积累的文化养分，拥有十三亿多中国人民聚合的磅礴之力，我们走中国特色社会主义道路，具有无比广阔的时代舞台，具有无比深厚的历史底蕴，具有无比强大的前进定力。”这是对中国基本国情的深刻洞察和对中国特色社会主义方向的坚定自信，振聋发聩。我们一定要牢记基本国情，结合新时代特点，坚定不移地全面贯彻党的基本理论、基本路线、基本方略，坚定不移坚持和发展中国特色社会主义，坚定不移增强道路自信、理论自信、制度自信、文化自信。我们要以党和国家正在做的事情为中心，从新时代中国特色社会主义发展的实践中，发现新事物，总结新经验，研究新问题，敢于和善于提炼出有学理性的新理论、新观点，提供富有真知灼见的新见解新建议，更好地服务于坚持和发展新时代中国特色社会主义。

同时，在当代中国同当今世界的联系和互动空前广泛而紧密的情况下，要更加密切关注国际形势发展变化，围绕我国和世界发展面临的重大问题，研究提出能够体现中国立场、中国智慧、中国价值的理念、主张，为解决世界性问题，构建人类命运共同体，提供中国思路和中国方案，努力为人类文明进步作出中国贡献。

《中国改革与发展热点问题研究》一书的编写和出版，是作为国家高端智库重要组成部分的中国行政体制改革研究会这个智库研究成果的展示，也是一个重要品牌丛书。此书已连续汇辑出版五年，每一年新书问世都受到读者热情肯定和好评。这说明研究中国改革与发展中的热点问题及对此类问题研究的深度，越来越受到人们的关注。今年此书编撰，主要是围绕迎接、学习贯彻和研究阐释党的十九大精神，重点回顾和总结党的十八大以来新时代中国特色社会主义的新进展，研究分析当前改革发展中的热点、重点和难点问题，提出思想观点和决策咨询建议。参与此书研究撰写的，有知名专家学者，也有理论研究和智库研究的后起之秀。全书涉及面广，内容丰富，不少文章颇有深度，较好地体现了热点问题导向、决策需求导向和问题研究的前瞻性与应用性。

本书付梓之际，写出以上学习党的十九大精神的体会，作为代序，与大家分享交流。

魏礼群

二〇一七年十一月二十日

目　录

党的十八大以来中国社会治理的新进展

魏礼群

党的十八大以来，中国社会治理取得重大新进展，主要体现在：习近平同志提出社会治理新思想，大力度推进社会治理新实践，多方面开拓社会治理新境界。

一、五年来社会治理的新思想

党的十八大以来的这五年，面对国内外政治、经济、社会发展的新形势、新任务、新要求，习近平同志以马克思主义的巨大理论勇气和政治远见卓识，提出了一系列相互联系、相互贯通的治国理政新理念新思想新战略，形成了系统完整、逻辑严密的科学理论体系，这是中国特色社会主义理论体系宝库中的新成果，是马克思主义中国化的新发展。其中，习近平同志提出的一系列加强和创新社会治理的新思想、新观点、新论断，是近五年来中国社会治理领域最为重要的创新性进展与创新性成果。我们初步学习和研究认为，习近平同志社会治理思想十分丰富，突出体现在以下十个方面。

（一）人民中心论

坚持以人民为中心，是习近平同志社会治理思想的根本政治立场。社会治理，说到底就是对人的服务和治理。社会治理要以人为本，把人民放在心中最高位置，坚持全心全意为人民服务。要随时随刻倾听人民呼声、回应人民期待。习近平同志的“人民中心论”，其核心是一切为了人民、一切依靠人民、为了人民的一切、一切接受人民检验。这样的“人民观”，是对马克思主义和毛泽东思想中关于“人民是历史的主人”这一重大科学论断的继承和发展。

（二）民生为本论

以民生为本，是习近平同志社会治理思想的本质体现。民生是人民幸福之基、社会和谐之本。民生连着民心，民心关系国运。要积极推动解决人民群众的基本民生问题，不断打牢和巩固社会和谐稳定的物质基础，从源头上预防和减少社会矛盾的产生。习近平同志强调：“良好生态环境是最公平的公共产品，是最普惠的民生福祉。”习近平同志指出：“要处理好维稳和维权的关系，要把群众合理合法的利益诉求解决好，完善对维护群众切身利益具有重大作用的制度，强化法律在化解矛盾中的权威地位，使群众由衷感到权益受到了公平对待、利益得到了有效维护。”这是充满唯物辩证法的重要思想观点。

（三）公平正义论

促进公平正义，是习近平同志社会治理思想的核心要义。一是强调健全社会公平保障制度。要实现规则公平，规则面前一视同仁；实现机会公平，机会面前人人相同；实现权利公平，公民基本权利一律平等。二是强调走共同富裕道路。既要把“蛋糕”做大，也要把“蛋糕”分好。要避免两极分化，绝不能出现“富者累巨万，而贫者食糟糠”的现象。要更加注重对特定人群特殊困难的精准帮扶，让所有人民群众都过上好日子。三是强调建立共建共享社会。共享社会是全体人民共享发展成果、全面共享发展成果、共建共享发展成果。四是强调问题导向。习近平同志指出：“要把促进社会公平正义、增进人民福祉作为一面镜子，审视我们各方面体制机制和政策规定，哪里有不符合促进社会公平正义的问题，哪里就需要改革。”真正让全体人民群众感受到实实在在的社会公平正义。

（四）法德共治论

法治和德治并举，是习近平同志社会治理思想的重要支柱。他强调：“必须坚持依法治国和以德治国相结合，使法治和德治在国家治理中相互补充、相互促进、相得益彰。”坚持一手抓法治、一手抓德治。法治是治国理政的基本方式，要发挥法治对社会治理的保障、服务和促进作用。习近平同志指出：“培育和弘扬核心价值观，有效整合社会意识，是社会系统得以正常运转、社会秩序得以有效维护的重要途径。”人类社会发展的历史表明，对一个民族、一个国家来说，最深厚、最持久的力量是全社会一致认同的核心价值观。

（五）体制创新论

创新体制机制，是习近平同志社会治理思想的显著标志。他深刻指出：“加强和创新社会治理，关键在体制创新。”一是创新社会治理体制。要建立健全党委领导、政府主导、社会协同、公众参与、法治保障的社会治理体制，确保社会既充满活力又和谐有序。二是创新社会治理方式。习近平同志指出：“社会治理是一门科学。”“随着互联网特别是移动互联网发展，社会治理模式正在从单向管理转向双向互动，从线下转向线上线下融合，从单纯的政府监管向更加注重社会协同治理转变。我们要深刻认识互联网在国家管理和社会治理中的作用。”三是创新社会治理机制。要建立健全党委领导和政府主导的维护群众权益机制、社会利益协调机制、预防和化解社会矛盾机制、社会风险评估机制、突发事件监测预警机制，保证社会治理的常态化、长效化、社会化、智能化。

（六）不忘本来论

传承发展中华传统美德和优秀文化，是习近平同志社会治理思想的鲜明特色。他深刻指出：“不忘本来才能开辟未来，善于继承才能更好创新。”中华文化是我们民族的根基和魂魄，我们必须从延续民族文化血脉中开拓前进。习近平同志特别注重家庭建设，他指出，“不论时代发生多大变化，不论生活格局发生多大变化，我们都要重视家庭建设，注重家庭、注重家教、注重家风”，“使千千万万个家庭成为国家发展、民族进步、社会和谐的重要基点”。在新的历史条件下，对中华传统文化进行创造性转化和创新性发展，将为推进社会治理现代化奠定最为深厚雄浑的力量。

（七）群众工作论

加强和改进群众工作，是习近平同志社会治理思想的基本要义。社会管理，说到底是做群众的工作。他强调："一切社会管理部门都是为群众服务的部门，一切社会管理工作都是为群众谋利益的工作，一切社会管理过程都是做群众工作的过程。从这个意义上说，群众工作是社会管理的基础性、经常性、根本性工作。"思想政治工作是群众工作的重要形式，也是创新社会治理的重要方式。习近平同志关于社会治理中加强群众工作的重要论述，在新的历史条件下创新发展了党的群众路线的基本思想。

（八）基层重心论

注重基层建设，是习近平同志社会治理思想的突出风格。他强调："基础不牢，地动山摇。""社会治理的重心必须落到城乡社区，社区服务和管理能力强了，社会治理的基础就实了。"对基层社会治理的高度重视，表明习近平同志具有强烈的问题意识、丰富的实践经验和深厚的为民情怀。

（九）总体安全论

树立总体安全观，是习近平同志社会治理思想的重大创新。他深刻指出："当前我国国家安全内涵和外延比历史上任何时候都要丰富，时空领域比历史上任何时候都要宽广，内外因素比历史上任何时候都要复杂，必须坚持总体国家安全观，以人民安全为宗旨，以政治安全为根本，以经济安全为基础，以军事、文化、社会安全为保障，以促进国际安全为依托，走出一条中国特色国家安全道路。"既要重视"国土安全"，又要重视"国民安全"。既要重视"国家发展"，又要重视"国家安全"。既重视自身安全，又重视共同安全，打造人类命运共同体，推动各方朝着互利互惠、共同安全的目标相向而行。

（十）党的领导论

全面加强党的领导，是习近平同志社会治理思想的灵魂。一是社会治理要充分发挥党总揽全局协调各方的领导核心作用。牢牢把握党对社会治理的领导权。二是以党风政风好转带动社会风气的好转。坚持党要管党、从严治党、从严治吏，大力开展党风廉政建设，净化党风政风，带动和促进社会风气向上健康发展。三是提高党领导社会治理的能力。推进社会治理现代化，关键在于提升党的执政水平。这就需要以党的执政能力建设和先进性建设推动社会领域改革发展。

通过以上梳理和阐述可以看出，习近平同志社会治理思想是一个层次分明、有机统一的系统理论，具有丰富的内涵和严谨的逻辑。习近平同志社会治理思想，不仅是对我们党过去成功经验的坚持和继承，而且是对当今社会实践的凝练和升华，也是对未来发展的引领和创新。习近平同志社会治理思想是推动社会领域改革发展、推进社会治理现代化的强大思想武器和行动指南。

二、五年来社会治理的新实践

党的十八大以来的这五年，在中国特色社会主义理论体系特别是党中央治国理政新理念新思想新战略指引下，我国社会治理实践创新取得重大进展。从宏观社会治理到微观社会治理，从各领域系统治理到城乡社区治理，都大力度、全方位地深入推进，取得了新突破、新进展、新成效。这里仅举其荦荦大端，做一个简要阐述。

（一）筑牢改善和保障民生工程

——实施脱贫攻坚战。党中央把贫困人口脱贫作为全面建成小康社会的底线任务和标志性指标，在全国范围全面打响了脱贫攻坚战。脱贫攻坚力度之大、规模之广、影响之深，前所未有。2015 年 11 月，党中央召开扶贫开发工作会议，发布《中共中央国务院关于打赢脱贫攻坚战的决定》，对脱贫攻坚做出全面部署。国务院印发“十三五”脱贫攻坚计划，细化落实中央决策部署。中办、国办出台 11 个配套文件。中央和国家机关有关部门出台 118 个政策文件或实施方案。实施“六个精准”和“五个一批”计划。通过建立一套行之有效的脱贫攻坚责任体系、政策体系、投入体系等，中央各项决策部署得到落实。2013 年至 2016 年，农村贫困人口每年都减少超过 1000 万人，5564 万人摆脱贫困，贫困地区面貌明显改善。

——促进就业创业。在经济发展进入新常态、增长速度放缓的情况下，通过实施扶持就业政策，广泛推行“大众创业，万众创新”，持续推进“放管服”改革，有力地激发了社会创造力，就业创业人员稳定增加，近四年来每年新增就业超过 1300 万人，为改善民生和维护社会稳定发挥了重要作用。

——完善社会保障制度。近五年，我国社会保障制度在实现广覆盖、保基本、可持续的框架基础上，进一步打破城乡分割、单位双轨的坚冰，更多地体现了公平公正的原则。一是建立了全国统一的城乡居民基本养老保险制度。合并新型农村社会养老保险和城镇居民社会养老保险。二是实施养老金并轨改革。实行了 20 多年的养老金双轨制正式废除，机关事业单位与企业都实行社会统筹与个人账户相结合的基本养老保险制度，养老金待遇与缴费而非职级挂钩。三是统筹推进社会救助。特别是慈善法的颁布与实施，是我国整个社会保障体系建设中具有里程碑意义的重大事件，将开启中国现代慈善事业的新时代。

——改善住房保障。采取一系列政策措施，引导房地产业持续健康发展，控制房价过快上涨。构建了包括公共租赁住房、棚户区改造、农村危旧房改造、住房公积金等在内的住房保障体系。

（二）推进社会治理基础性制度改革创新

教育、卫生、人口、户籍管理等制度是社会治理的重要基础性制度，国家采取了一系列重大决策部署和制度安排。

——在教育领域，大力促进教育公平制度建设。健全家庭经济困难学生资助体系，构建利用信息化手段扩大优质资源覆盖面的有效机制，逐步缩小区域、城乡、校际差距。健全政府补贴、政府购买服务、助学贷款、基金奖励、捐资激励等制度。推进考试招生制度改革。

——在医疗卫生领域，突出建立现代医疗卫生制度。一是基本医疗保障制度覆盖全民。目前，我国基本医保覆盖95%以上人口，编织起全球最大的基本医疗保障网，世界卫生组织称赞“中国的医改成就举世瞩目”。二是完善大病保险和医疗救助制度。全面开展重特大疾病医疗救助，基本医保、大病保险、医疗救助、疾病应急救助、商业健康保险和慈善救助有效衔接。三是深化医药卫生体制改革，实行医疗、医保、医药联动，推进医药分开，实行分级治疗。破除公立医院以药养医机制。全面推进公立医院改革，优化医疗卫生机构布局。四是全面推进“健康中国”建设。加快转变健康领域发展方式，全方位、全周期维护和保障人民健康。

——在人口发展方面，完善计划生育制度和应对人口老龄化。实施人口发展战略，促进人口均衡发展。全面实施一对夫妇可生育两个孩子的政策。“二孩”政策的颁布，是对我国1983年以来所实行的计划生育“一孩”政策的重大调整，关系到中华民族子孙后代的繁衍和持续性发展。同时，积极开展应对人口老龄化行动，构建以生育政策、就业制度、养老服务、社保体系、健康保障、人才培养、环境支持、社会参与等为支撑的人口老龄化应对体系，积极研究制定渐进式延迟退休年龄政策。人口政策的创新，是近五年社会治理实践创新的重大标志。

——在户籍管理方面，建立全国城乡统一的户口登记制度。取消了农业户口与非农业户口性质区分，统一登记为居民户口，稳步推进城镇基本公共服务常住人口实现市民化。“居住证”取代“暂住证”，并据此享受所在城市各类基本公共服务和各项便利。户籍制度改革是我国社会治理基础性制度的重大创新。

（三）构建国家安全体制

这是近五年加强和创新社会治理极具标志性的重大举措。为了落实总体国家安全观，党中央决定建立集中统一、高效权威的国家安全体制，采取了一系列重大举措。一是设立国家安全委员会。二是制定《国家安全战略纲要》和《关于加强国家安全工作的意见》。强调要做好各领域国家安全工作。三是修订并通过新的国家安全法。国家安全委员会的成立、《国家安全战略纲要》和国家安全法的制定，对维护国家安全和社会安全已经并将长期起到十分重要的作用。

（四）健全公共安全体系

国泰才能民安。党的十八大以来，"平安建设"被提到了一个新的历史高度。围绕深入推进平安建设，健全公共安全体系，推出食品药品安全、安全生产、防灾减灾、社会治安防控和网络安全等方面的体制机制改革举措。成立了统一权威的食品安全监管机构，建立了严格的覆盖全过程的监管制度，出台了一系列食品药品安全、质量安全的政策措施。持续深化安全生产管理体制改革，建立隐患排查治理体系和安全预防控制体系，努力遏制重大安全生产事故。健全防灾减灾救灾体制。应急管理体系不断健全，应对危机与风险的能力明显提高。加强社会治安综合治理，创新立体化社会治安防控体系。完善网络和信息化管理领导体制，制定和实施网络安全战略，加强网络市场监管。平安中国建设取得重要新进展。

（五）加快社会诚信制度建设

推进诚信制度建设，既是建设和谐社会的重要任务，也是推进社会治理现代化的必然要求。党的十八大以来，党和国家对社会诚信建设做出了一系列重要部署。国务院颁发《社会信用体系建设规划纲要（2014—2020年）》《关于推进诚信建设制度化的意见》，强调着力推进诚信制度建设。2017年4月，中共中央、国务院印发的《中长期青年发展规划（2016—2025年）》中，将推进青年信用体系建设、倡导和培育青年诚信品格纳入青年发展事业总体布局。注重加强社会信息基础设施、基础制度、基础能力建设，加快推动统一社会信用代码制度，建立以公民身份证号码为唯一代码、统一共享的国家人口基础信息库，健全相关方面的配套制度。建立公民统一社会信用代码制度、法人和其他组织统一社会信用代码制度。

（六）加强城乡社区治理

城乡社区是社会治理的基本单元，也是社会治理体系中的基础部分。近五年来，党和政府更加重视城乡社区在社会治理中的重要作用。注重完善城乡社区治理体系。各地普遍推行民主化、网络化、网格化、精细化管理，创新城乡居民全面服务管理新模式。畅通民主渠道，开展基层协商，推进城乡社区协商制度化、规范化和程序化。坚持因地制宜，突出特色，推动各地立足自身资源、条件、人文特色等实际，完善社区治理模式。完善市民公约、乡规民约等行为准则。许多城乡重视传播优秀传统文化，大力开展乡风、村风、家风建设，通过加强古村落保护，编写族谱、家训等，传承向上向善的正能量。中央有关部门制定和实施一系列历史文化名城名镇名村和传统村落保护措施，有力地推动了中华优秀传统美德与文化的保护和创新发展，也促进了平安社会、和谐社会建设。

（七）促进社会组织健康发展

社会组织是社会治理不可或缺的重要力量，是公众和社会力量参与社会治理的重要载体，也是我国社会治理中的短板和难点。中央有关部门制定和实施一系列清理、规范和支持社会组织发展的办法。推动行业协会商会与行政机关真正脱钩，致力于建立新型行业协会商会管理体制和运行机制，促进和引导行业协会商会自主运行、有序竞争、优化发展。2016 年年底，作为第一批脱钩试点的 132 家全国性行业协会商会实现与行政机关脱钩，完成脱钩试点的改革目标。第二批试点正在有序推进，并形成了一个完整的政策体系框架。近些年来，从中央到地方各级政府都积极探索实行购买服务机制，重视发挥社会组织在引导社会成员参与风险评估、矛盾调解、社区矫正、青少年教育管理等方面的作用，取得了积极效果。

（八）创新社会治理方式

按照推进社会治理现代化的要求，积极探索社会治理方式创新，是近五年中国社会治理新实践的重要特征。一是以信息化建设为基础，不断提升社会治理的网络化与智能化。印发《国家信息化发展战略纲要》，规范和指导未来10年国家信息化发展。制定《“十三五”国家信息化规划》，明确统筹实施网络强国战略、大数据战略、“互联网+”行动，整合集中资源力量，为推进国家与社会治理体系和治理能力现代化提供数字动力引擎。北京、上海和深圳等特大城市积极探索符合超大城市特点和规律的社会治理新路子，强化网络化、智能化管理，提高城市管理标准，大力推行基层治理信息化，打造“智慧社区”，不断提高城市社会治理精细化、智能化、现代化管理水平。二是以推进全面依法治国为契机，不断推进社会治理的法治化与制度化。党的十八大以来，我国开辟了全面依法治国、建设法治社会的新局面。中国特色社会主义法律体系日益完备；高效的法治实施体系、严密的法治监督体系、有力的法治保障体系建设取得显著成效，对全面依法治国、依法治理社会发挥了重大推动作用。行政执法体制改革深入推进，公正文明执法水平明显提升。新一轮司法体制改革主体框架基本确立。司法责任制改革全面推开，以审判为中心的刑事诉讼制度改革深入推进，省以下地方法院、检察院人财物统一管理逐步推行。制定实施干预司法记录、通报和责任追究制度，设立知识产权法院、最高人民法院巡回法庭、跨行政区划法院检察院，实行立案登记制，废止劳教制度，一批重大冤假错案得到坚决纠正，司法职权配置不断优化，执法司法规范化建设进一步加强。

（九）加大环境保护与治理力度

治理环境污染，提高环境质量，事关人民生命安全和社会安定，是加强创新社会治理的重大任务。党中央、国务院更加重视环境保护与治理，着力推进解决影响人民群众身心健康和社会稳定的环境问题，大力度地改革生态环境保护管理体制、改革环境治理基础制度，强化环境保护法治，开展环保督察巡视，推进污染物综合防治和环境治理，推行改水改厕、垃圾处理，建立严格监管所有污染物排放的环境保护组织制度体系；以打好大气、水、土壤污染防治三大战役为抓手，逐步构建与改善环境质量的工作体系。全面启动控制污染物排放等方面的强力监管和严格问责制。创新环保督察体制，决定建立环保督察机制。组建中央环境保护督察组，开展环境保护督察工作。中央环保督察不仅提升了地方党委政府的环保责任，而且推动解决了一大批环境问题，推动地方建立环保长效机制。各地普遍清理“散、乱、污企业”。许多地方还开展了创新公共空间治理行动，城乡人居环境明显改善，社会秩序和社会风气为之改观。

（十）全面加强党对社会治理的领导

党风决定政风、社风、民风。治国必先治党，治党必须从严，这是中国社会治理体系和治理能力现代化的重要制度与组织保障。实践表明，从严治党、惩治腐败是最大的社会治理，是理顺民心、实现党长期执政、确保社会长治久安的根本之举。党的十八大以来的五年，从严治党的重大举措环环相扣，“老虎”“苍蝇”一起打，惩治了一大批腐败分子，对端正党风发挥了重大作用，伸张了正气，刹住了歪风，赢得了党心民心，极大地带动了政风、社风、民风好转，也推动了社会治理创新发展。针对群团组织存在的突出问题，大刀阔斧地改革群团组织，使群团组织更有效发挥党和政府联系人民群众的桥梁和纽带作用。这几年，还大力加强基层服务型党组织建设，使党的建设覆盖到各类企事业单位、各种社会组织、各个城乡基层，强化党组织的领导核心作用。这些措施，对全面加强党对社会治理的领导起到了重要作用。

三、五年来社会治理的新境界

党的十八大以来的这五年，我国社会治理思想创新与实践创新发展，不仅有效助力如期实现全面建成小康社会的奋斗目标，而且开拓了中国特色社会主义社会治理的新境界。

（一）开拓了科学社会主义社会治理思想的新境界

以习近平同志为核心的党中央加强与创新社会治理的思想与实践，坚持以马克思列宁主义、毛泽东思想和中国特色社会主义理论为指导，深入观察和分析当今中国社会发展和社会变革中的新情况、新问题，在新的历史条件下把坚持、继承同发展、创新辩证地统一起来，继承和发展马克思主义和中国共产党历代领导集体的治国理政思想，使科学社会主义社会治理思想进入了新境界，达到了新高度。例如，以人民为中心的社会治理思想，不仅回答了社会治理为了谁、依靠谁的问题，还回答了社会治理的评判标准和行动准绳问题，提出了检验社会治理成效，最终都要看人民群众是否真正得到了实惠，人民群众生活是否真正得到了改善，人民群众合法权益是否得到了切实保障。这一系列创新性的社会治理思想和实践，大大丰富和发展了科学社会主义社会治理理论。

（二）开拓了传统社会管理向现代社会治理转变的新境界

“社会管理”转变为“社会治理”，由“管理”到“治理”虽然只有一字之差，但思想更深刻、内涵更丰富。“社会治理”更加突出了党委领导和政府主导下的多元社会主体共同参与、良性互动，有利于构建共建共治共享的社会治理新格局；更加突出以人为本和以人民为中心的社会治理创新思想，强化人民群众在社会治理中的主体地位、权益保障制度和首创精神；更加突出民主政治和法治思维、法治方式，社会治理要着眼于扩大人民民主，建设法治社会，提高社会治理民主化、法治化水平；更加突出系统治理、源头治理、综合治理，运用经济、法治、教育、行政等多种手段完善社会治理方式方法，标本兼治。这些标志着由传统的社会管理向适应时代发展要求的现代社会治理转变。

（三）开拓了中华优秀传统文化与现代社会文明相融合的新境界

我国有独特的历史、独特的文化、独特的国情，这就决定了社会治理创新发展的独特道路。习近平同志坚持立足中国国情，从中华文明中汲取智慧，博采古今中外一切优秀文明成果，坚守但不僵化、借鉴但不照搬，善于古为今用，洋为中用。这几年社会治理思想创新与实践创新，是在总结中国悠久的社会治理传统和历代中国共产党人治国理政经验教训，以及借鉴吸收人类社会现代文明优秀成果的基础上形成的，将中国传统社会治理模式进行创造性转化和创新性发展，将世界现代文明先进理念、有益做法进行分析鉴别和选择性吸收。更加重视发挥优秀传统道德文化的教化功能，发挥当代中国特色社会治理的最佳效果；更加重视家庭在社会治理中的基础地位。这些对优秀传统文化的高度重视，是对社会治理的文化价值维度的重大发展，进一步凸显了中华优秀传统文化对中国特色社会治理的精神支撑与凝心聚力的作用。

（四）开拓了以构建人类命运共同体为导向的国际社会治理关系的新境界

近五年来的中国社会治理思想与社会实践创新，具有全球视野性、国际前瞻性、人类关怀性。习近平同志面对国际局势的深刻变化和世界各国同舟共济的客观要求，提出构建人类命运共同体思想，坚持对话协商、共建共享、合作共赢、交流互鉴、绿色低碳，以建设一个持久和平、普遍安全、共同繁荣、开放包容、清洁美丽的世界为目标，符合各国求和平、谋发展、促合作、要进步的真诚愿望和共同追求，坚定不移维护世界和平、促进共同发展，推动构建以合作共赢为核心的新型国际关系。构建人类命运共同体的思想，是对我国社会建设和社会治理的国际国内环境与时代特征进行科学分析与实践探索的伟大成果，为促进人类社会共同发展打开了新的视角和新的思路。

第一编　学习习近平新时代中国特色社会主义理论

以处理好政府与市场关系为重点深化供给侧结构性改革

迟福林*

【导语】供给侧结构性改革是习近平总书记的主要经济思想。本文认为，深化供给侧结构性改革，就是要完善市场在资源配置中起决定性作用的体制机制，就是要更有效地发挥政府的作用。以经济转型为目标深化供给侧结构性改革，要重点处理好政府与市场的关系。

党的十八届三中全会提出“处理好政府和市场关系，使市场在资源配置中起决定性作用和更好发挥政府作用”。政府的重要作用之一，就是在制度上保障市场在资源配置中起决定性作用。2016年中央经济工作会议指出，深化供给侧结构性改革，“就是要完善市场在资源配置中起决定性作用的体制机制，深化行政管理体制改革，打破垄断，健全要素市场，使价格机制引导资源配置”。正如习近平总书记强调的，“使市场在资源配置中起决定性作用、更好发挥政府作用，既是一个重大理论命题，又是一个重大实践命题。科学认识这一命题，准确把握其内涵，对全面深化改革、推动社会主义市场经济健康有序发展具有重大意义”。

一、处理好“三去一降一补”中的政府与市场关系

“三去一降一补”需要政府与市场作用双管齐下。2016年中央经济工作会

*迟福林，全国政协委员，中国（海南）改革发展研究院院长，教授、博士生导师。主要研究领域为经济体制改革。

议提出，“要防止已经化解的过剩产能死灰复燃，同时用市场、法治的办法做好其他产能严重过剩行业去产能工作”。去产能中行政力量固然很重要，但是为什么在去产能过程中又出现“死灰复燃”的现象？这说明，要发挥市场的作用，利用市场的趋势和规律，利用法治的效力和规则，才能真正行之有效地去产能。再比如，谁来认定企业是僵尸企业？我认为，认定的主体不是政府，而应当是市场。浙江的民营企业中，有钢材企业转型成为动漫基地，有水泥企业转型为深海水淡化的创新型加工企业，70%左右的民营企业转型初步取得成功，相反国有企业由于体制机制的问题，转型比较慢，效果并不好。这说明，政府的引导固然至关重要，但推动企业转型的决定性力量是市场。

政府的重要职责是“降成本”、“补短板”。根据中央经济工作会议的精神，一方面，在实体经济转型发展比较困难、企业负担过重、成本过高的特定阶段，“降成本”是经济转型的当务之急。“要在减税、降费、减低要素成本上加大工作力度。”① 尤其是要在降低制度性交易成本方面出实招；另一方面，在改善民生过程中，面对多方面突出矛盾的背景下，政府在“补短板”中要有所作为。“要从严重制约经济社会发展的重要领域和关键环节，从人民群众迫切需要解决的突出问题入手，既补硬短板也补制度短板。”② 政府的财政收入应主要用于满足老百姓日益增长的物质文化需求，要发挥政府提供公共服务，尤其是制度性公共产品的作用。

二、深化国企改革中的政府与市场关系

政府要从“管企业”为主向“管资本”为主转型。以“管资本”为主，是符合市场经济规律的，是政府管理国有资产的主要职责所在。在这个前提下，建立严格的企业治理结构。问题在于这些年来，政府相关部门尚未把主要精力

① 中央经济工作会议，2016年12月16日。
② 中央经济工作会议，2016年12月16日。

放在“管资本”上，而是过多、过细管企业、管人，由此，政府如何主要“管资本”多年来没有破题，使国企改革难以有突破性进展。当前，深化国有企业改革，核心的是搞活国有资产。只有搞活国有资产，解决国有资产的整体管理体制和运营机制问题，才有可能搞活国有企业，为建立企业治理结构打下重要基础。

混合所有制改革是国企改革的重要突破口。国有资本除了在重要行业保持其控股地位外，只要有利于国有资本做大做强，都应当按照市场配置起决定性作用为原则来实行混合所有制改革。当前，在经济下行压力增大的特定背景下，社会各方对混合所有制改革的期盼值很高，目前这项改革的重大举措不多，缺乏亮点。下一步，按照中央经济工作会议精神，需要在加快推进混合所有制改革上破题。第一，国有垄断行业应尽快向社会资本推出一批重大项目，敢于让利，让社会资本有盈利的预期；第二，国企改革与服务业领域向社会资本开放有机结合，打破服务业领域的行政垄断与市场垄断，尽快使社会资本成为服务业发展的重要主体；第三，以强化公益性为重点推进国有资本战略性调整，尽快形成具体的改革行动方案。当前，基本公共服务的供给现状和发展水平难以适应全社会公共需求全面快速增长的趋势，而公共产品短缺很大程度上在于国有资本并未真正用于最急需的公共服务领域。在电力、石油、天然气、铁路、民航、电力、军工等领域迈出实质性步伐。未来几年，如果能推进混合所有制改革有实质性突破，那么就能影响和带动整个的国企改革。

三、实现产权保护制度化、法治化中的政府与市场关系

推进产权保护法治化，重在完善政府守信践诺机制。营造全社会重视和支持产权保护的良好环境、推进产权保护法治化的关键在政府。无论是产权的有效界定，还是依照法律程序保护产权，都离不开政府作用。从改革实践看，进一步解放思想，完善政府守信践诺机制对于产权保护法治化具有决定

性影响。

政府要确立严格的公民产权保护观念和契约意识。在现代市场经济条件下，产权的本质是契约，保护产权就是保护契约。这就需要政府在维护守信、守约中发挥重要作用。当务之急是将政务履约和守诺服务纳入政府绩效评价体系，建立政务失信记录，建立健全政府失信责任追究制度及责任倒查机制，加大对政务失信行为惩戒力度。

防止因政府违约导致企业和投资人财产权受损。当前，以PPP为重点的政府与社会资本合作投资项目逐步兴起是一个大趋势，并成为发展混合所有制经济的重要形式之一。现实中，一些公私合作的基础设施投资项目，往往会出现因政府领导人员换届而导致政府违约的现象，使一些本来安排好的投资项目难以落实。各级政府应当认真履行在招商引资、政府与社会资本合作等活动中与投资主体依法签订的各类合同，不得以政府换届、领导人员更替等理由违约、毁约。因国家利益、公共利益或者其他法定事由需要改变政府承诺和合同约定的，要严格依照法定权限和程序进行，并对企业和投资人因此而受到的财产损失依法予以补偿。对因政府违约等导致企业和公民财产权受到损害等情形，进一步完善赔偿、投诉和救济机制，畅通投诉和救济渠道。

推进产权保护法治化，还要严格规范涉案财产处置的法律程序。例如，确需采取查封、扣押、冻结等措施的，要严格按照法定程序进行，除依法需责令关闭企业的情形外，在条件允许的情况下可以为企业预留必要的流动资金和往来账户，最大限度降低对企业正常生产经营活动的不利影响。采取查封、扣押、冻结等措施和处置涉案财物时，要依法严格区分个人财产和企业法人财产。对于股东、企业经营管理等自然人违法，在处置其个人财产时不任意牵连企业法人财产；对于企业违法，在处置企业法人财产时不任意牵连股东、企业经营管理者个人合法财产。严格区分涉案人员个人财产和家庭成员财产，在处置违法所得时不牵连合法财产。这些新规定，应当说在现实条件下，充分体现了国家对企业、个人、家庭成员合法财产权的严格保护。为此，应当尽快形成具体的办法，使其变成行政实践和司法实践。

四、深化农村土地制度改革中的政府与市场关系

市场决定资源配置，农村土地也不应当例外。这里，有两个重大问题需要深入讨论：第一，在严格土地用途和管制、严格规划控制的前提下，农村土地能不能由市场配置。我的观点是，只要政府切实把“用途管制”与“规划限制”做好，农村土地资源可以也应当由市场配置。农村存在的各种土地乱象，主要是土地规划和土地用途没有管住、管好。农村土地制度改革很复杂，也很敏感，但不能以此为由不去主动推动，而应积极组织试点。在严格规划管制和用途管制的前提下，发挥市场在农村土地资源配置中的决定性作用。一是土地资源的特殊性并不排斥市场的决定性作用。从国际经验看，市场在土地资源的配置上发挥着重要作用，政府也通过各种市场机制来提高土地资源的配置效率。西方发达国家根据房地产权变化，普遍实行较高的不动产税政策，并对粗放利用的土地施以重税，对集约利用的土地施以轻税。二是鼓励地方积极探索。地方试点的一个突出共同点就是在不改变我国基本土地所有制关系的情况下，让市场作为资源配置的主体作用得以放大。第二，农民对土地的承包权、宅基地使用权、土地经营权等是物权还是债权。对这个问题的讨论已有数年。我认为，在坚持农村土地集体所有的前提下，承认农民对土地承包权、土地经营权、宅基地使用权的物权属性，并由此推进农民对集体土地的收益及抵押、担保、股份合作等改革，才能落实广大农民的土地财产权，使农村产权制度改革真正破题，并明显增加广大农民的财产性收入。近年来，城镇化中暴露出来的农村土地问题，与法律尚未赋予农地使用权完整的物权性质直接相关。例如：农村征地强拆、补偿标准过低等问题，深层次的原因在于农地实际上为债权而非物权，农民难以成为征地中的谈判主体；由于农地和宅基地的物权性质不完整，农民难以通过承包地和宅基地流转，带着资本进城。建议尽快修改相关法律法规，赋予农村土地使用权以物权性质，使农民真正从法律上享有支配土地使用权的权利。

深化农村集体产权制度变革，落实农民土地财产权是“改革的巨大红利”。首先，它是总体实现城乡公共服务均等化的重大利好。按照中共十八大提出的目标，到2020年总体实现城乡居民公共服务均等化。如果农民土地财产权基本解决了，就能完成城乡公共服务均等化的过渡，以实现制度统一，底线大致公平。其次，它将带来巨大的增长红利。未来5—10年，我国仍处于从农村社会向城市社会快速转型的进程中，农业转移人口向各类城镇不断聚集，将带来巨大的新增消费与投资需求。深化农村产权制度改革，落实农民土地财产权，其中蕴藏着巨大的“改革红利”，仅土地经营转让费就高达1万多亿元，宅基地总价值50多万亿元，带动银行与社会资金20多万亿元。[①]最后，农村土地制度改革将推动城乡一体化进程。城乡二元结构主要表现在城乡二元的土地制度、基本公共服务制度和户籍制度上。以农民财产性收入为例，根据《2016中国统计摘要》，2015年，城乡居民收入差距为2.7:1，城乡居民财产净收入差距为12.1:1，考虑到城乡产权制度的差别，实际差距要远大于这一比例。农民不缺少财产，缺少的是财产权。2015年，农村居民财产净收入仅占农村居民可支配收入的2.2%。由此看来，深化农村土地制度改革，是发展共享经济、推进城乡一体化的重大课题。

五、监管变革中的政府与市场关系

总的看，政府监管与消费结构需求严重不适应。近年来，消费市场出现很多乱象，其核心问题是在消费结构升级的背景下政府监管体制改革的滞后。当前，监管转型滞后已经成为制约经济转型升级的突出矛盾，成为简政放权纵深发展的“最大短板”。加快监管变革的现实性、迫切性日益增强。近年来，政府在加强市场监管上采取了不少措施，但监管失灵面临的深层次的体制问题并未从根本上解决。尤其是政府在药品、食品、环境等市场的监管上，监管能力、

① 郑新立：《中国有巨大潜力跃升高收入国家》，《参考消息》2016年4月7日。

监管水平、监管手段、监管技术与经济社会发展需求严重不适应。

破题监管中的政府与市场关系。第一，行政审批与市场监管合二为一的旧体制尚未根本改变，不仅增大了企业的制度性成本，而且不利于形成监管机构的独立性、专业性。第二，监管中政府“唱独角戏”的特点突出，缺乏市场治理理念，行业协会、商会、企业等自律作用远未发挥出来。中央经济工作会议提出，要把控制金融风险放到更加重要的位置，下决心处置一批风险点。这就需要提高和改进监管能力，确保不发生系统性金融风险。

深化监管系统的行政体制改革。要完善包括专业性监管和综合性监管在内的监管体系，实现行政审批与市场监管严格分开；一些需要保留审批事项的部门，应当成为科学规范、有效的审批部门，行政审批与市场监管在机构上严格分开；要完善专业性监管。专业性监管机构不再行使审批权，应当成为专业性监管部门。在食品药品安全、工商质检、公共卫生、安全生产、文化旅游、资源环境、农林水利、交通运输、城乡建设、海洋渔业等领域内推行综合执法，有条件的领域可以推行跨部门综合执法。

推进市场监管法治化进程，实现由以行政为主向以法治为主的转变。未来3—5年，加快形成以法治为基础的市场监管体制新框架，成为监管转型的重大任务。第一，研究出台综合性的《市场监管法》，确立市场监管机构的法律地位，逐步使监管机构成为法定机构；严格规范市场监管程序，以法律制约监管权力。第二，加大违法行为惩处力度，对市场监管对象违法行为形成足够的威慑力；对监管者不当监管的严格处罚加以规定；对网购消费品等监管空白地带进行法律规范。研究和探索对专业性市场监管的某些执法权。第三，将反行政垄断纳入《反垄断法》。建议对国有垄断行业、城市公用事业、公共服务领域相关行业监管内容进行清理、修改，使这些行业监管体现公平竞争。第四，尽快修改相关法律，赋予行业协会、商会等行业组织的监管职责，对行业组织的专业性、独立性、治理框架等内容做出明确规范。

六、深化简政放权中的政府与市场关系

简政放权是本届政府的最大亮点。从实践看，的确真的在做，真的见成效。下一步深化简政放权改革，要将简政放权与经济转型升级统筹考虑。第一，深化简政放权确实到了一个拐点。一方面，以放权倒逼政府改革到了关节点；另一方面，深化简政放权要与全面深化改革相配套，成为全面深化改革的关键和重点。第二，深化简政放权有着迫切的现实需求，需要通盘考虑在经济转型升级的特定背景下，如何在以放权释放市场活力上实现实质性突破。第三，深化简政放权是供给侧结构性改革的重点之一。以问题为导向，需要深入研究简政放权在供给侧结构性改革中扮演的重要角色，把减少制度性交易成本摆在突出位置，以进一步激发市场活力、激发企业活力。

实施企业自主登记制度。进入“互联网+”时代，实现企业自主登记注册的技术条件和时机已经成熟。例如，新加坡的企业注册登记只需3小时就能在网上完成，而我国实施“三证合一”登记制度改革后，企业在注册登记资料齐全的情况下，完成注册登记仍需3个工作日左右。建议借鉴新加坡、中国香港的经验，争取在“十三五”时期，全面实施企业自主登记制度，充分运用大数据，最大限度地实现企业注册登记便利化，进一步缩短企业注册登记时间，切实降低企业制度性交易成本，使企业能集中精力开展生产经营活动。

适时取消企业一般投资项目备案制。我国实行备案制的初衷是尽可能减少行政审批环节，缩短企业到政府相关部门办事时间，提高政府办事效率。从实践看，企业一般投资项目备案制仍属于前置性的行政控制，并不能有效减少企业的不正当竞争和违法行为。在市场经济条件下，在政府严格管理城乡规划、土地利用、环境保护等事项的前提下，除涉及国家安全、某些重大国有投资项目之外，企业的一般项目一律由企业依法依规自主决策，不再要求备案。再者，加快出台各级政府的权责清单，真正把权力关进制度的笼子里，而不是把市场关进权力的笼子中。建议在全面推进负面清单管理的同时，争

取在 2018 年年底前出台各级政府的权力清单和责任清单，规范、减少政府干预企业的自由裁量权。

推广企业法人承诺制。2014 年，海南在食品药品监管行政审批领域试行“法人承诺制”，取得了比较好的效果。建议总结海南经验，进一步完善推广法人承诺制，形成以企业信用为基础的事后监管：对必须保留审批的事项，由监管部门向申请企业提供责任承诺书和审批要件清单，企业法人签署对材料真实性负责和对虚假材料承担责任的法人承诺书后，审批部门可当场或当天发放批件和许可证。事后，监管部门在规定时间内组织现场核查，如发现企业造假，再对其进行严厉惩处。

政府和市场的关系是我国经济体制改革的核心问题。以经济转型升级为目标深化供给侧结构性改革，要以处理好政府与市场的关系为重点，以拓宽经济转型升级的市场空间，就是要放大结构性改革的市场效应，就是要加大有效的制度供给，以实现经济转型升级的实质性进展。

学习习近平讲话　聚焦供给侧改革

贾　康*

【导语】在中央财经领导小组第十一次会议上，习近平总书记关于供给侧结构性改革做出了一段指导全局的重要表述，“在适度扩大总需求的同时，着力加强供给侧结构性改革，着力提高供给体系质量和效率，增强经济持续增长动力，推动我国社会生产力水平实现整体跃升”。作为我国新供给经济学的代表人物，作者对此进行了全面深入的解读。

以创新驱动、创新发展作为第一动力的党的十八届五中全会精神发布后，在中央财经领导小组第十一次会议上，习近平总书记关于供给侧结构性改革做出了一段指导全局的重要表述，“在适度扩大总需求的同时，着力加强供给侧结构性改革，着力提高供给体系质量和效率，增强经济持续增长动力，推动我国社会生产力水平实现整体跃升”。在此之前，决策层对于供给侧的注重其实已经屡有口风，再往后，我们也看到更多的一些文本、领导的讲话，以及各种权威媒体上不同部门、不同领导者的文章。相关的内容是非常丰富的，但是我认为把握最基本的东西，就是要深入领会总书记这五句话，因为其中已经清晰地勾画了中央的战略方针，可知在从经济到全局的指导上，习总书记和党中央决策层，是怎样把握这里面基本的取向、要领和逻辑链接。

第一句是“在适度扩大总需求的同时”表明，中央在供给侧改革战略方针中对于供给侧的强调，绝不意味着否定需求侧的意义和作用，还要继续优化需

*贾康，全国政协委员，原财政部财政科学研究所所长，教授、博士生导师，华夏新供给经济学研究院首任院长、首席经济学家。主要研究领域为新供给经济学、财政学等。

求管理。扩大总需求，重点是我们过去耳熟能详的“扩大内需”，使国内市场需求进一步扩大，更多注重老百姓消费改进的诉求。这个“适度扩大总需求”过去所对应的政府调控叫作需求管理，基本要领非常简洁，就是反周期。既然要促进整个经济社会供需互动中间的总供需平衡，那么调控当局要首先有个基本判断：每个年度经济是什么运行状态，如果处于经济周期中的低迷阶段，那么就应像这几年，我国在以“稳”字当头的情况下还要给予必要的扩张，在稳增长概念下注入必要的流动性，把景气托在可接受程度以上。当亚洲金融危机、世界金融危机这种大冲击来了以后，则必须实行一种强扩张的政策措施。当年朱镕基同志主政时以长期建设国债支持大规模经济建设，以及温家宝总理任上的启动四万亿为代表的一揽子经济刺激计划，都是总量上的强力扩张。但如果是经济偏热，就必须收缩了，即要控制流动性。我们过去也有过这样案例的操作。这种反周期的操作很简洁，但是不够用了。现在领导层进一步的认识，就是在优化需求管理的旁边，话锋一转，强调着力加强的是另外一个侧面，即对应的供给侧。供给侧的特点，是指标不像需求侧就是一个反映银根松紧、流动性高低的单一、可通约的总量指标，而是一系列结构指标，各个要素的指标在供给侧不可通约，很复杂，但是现在我们必须在这方面注重应对现实的挑战，并伴随着学理认识的提升，形成新的思维。

第二句话“着力加强供给侧结构性改革”。这意味着现在中央强调的供给侧的战略方针并不是横空出世全新的东西，它就是在邓小平当年提出的改革开放大政方针下继续贯彻实施轨道上的承前启后、继往开来。总书记上任伊始去瞻仰邓小平塑像，其实就很清晰地给出了这样一个继往开来的关键信号。我们现在把改革继续往前推进，面临的是到了深水区的新的考验，要攻坚克难，要敢于涉险滩，啃硬骨头。但这个改革的表述现在更丰富了，前面加上了“供给侧结构性”六个字。有同志说讲改革为什么要搞个新名词，听着文绉绉的，读起来还有点拗口（确实有的同志在一开始还读不顺，包括把供给侧说成“侧供给）。我的理解是这关联于总书记在不同场合说了多次的要发展中国特色社会主义政治经济学，也就意味着为开创新时期的新局面，我们的科学决策、政策优化，必须得到中国特色社会主义政治经济学学理的支撑，而学理支撑之下这个表述现在的新意，就是首先直接把供给侧标上去了。改革是什么？邓小平说是生产关系的自我革命，学理上讲就是要解决有效制度供给的问题，要抓制度供给这个龙头，即要抓改革这个现代化的“关键一招”和我们要寻求的“最大红利”之所在。所以，供给侧直接标上去，是把这个改革它本来的面目更清晰而深刻地展现出来。有效制度供给问题的解决，按总书记也说过多次的表述，必须“冲破利益固化的藩篱”，所以跟着的“结构性”三个字，就是直指这方面的结构特征和复杂性，因为制度供给首先是制度结构问题，也就是利益格局的问题，这体现在利益关系必须要完成的调整优化，就是要触动既得利益，冲破利益固化藩篱。“供给侧结构性改革”三个词语表述合在一起，是一个非常完整、严谨的基于学理清晰表达内在关联的概念。总书记后来说也可以简化，以“供给侧改革”简化地表明这个概念，但是不要忘了这里面的结构性。

第三句话是“着力提高整个供给体系的质量和效率”。供给侧除了制度供给以外，还有其他要素的供给和各要素供给组合优化的问题。使整个供给体系质量和效率得到提高，这合乎生产关系的自我革命要解放生产力的历史唯物主义原理。在学理上很严谨的这样一个原理，在第三句话中隐含的是在中国需要处理一个事关全局和长远的系统工程问题，所以是对全局、长远而给出的战略方针。为什么总书记说这和美国的供给学派不是一回事儿，就是针对当时网上有人说中国人在照搬美国里根经济学和供给学派。里根经济学和供给学派确实有它给人以启发之处，是在经济学发展过程中值得书写一笔的一个特定阶段上带有创新意味、又顺理成章的进展。美国前面的发展，曾经在很长的时间段里在凯恩斯主义框架之下引领全球潮流。1929 年“大萧条”发生之后，凯恩斯主义应运而生，“反周期”操作框架，就是凯恩斯给出理论论证和政策思路建议的，而美国的罗斯福新政是在实践层面令人信服地印证了凯恩斯主义国家干预反周期认识框架的指导作用，印证了国家干预的必要性。所以，又有理论又有实践，这种总量型需求管理在全球成为一个基本模式。但到了 20 世纪 70 年代，没想到美国走入了滞胀局面，一方面停滞，经济增长没有速度了；另一方面还通货膨胀，物价很高。这带给凯恩斯主义的难题，是这个经济体好似作为一个病人同时既得了肝炎又得了糖尿病，要想治他的肝炎必须给他增加营养，要想治他的糖尿病则切记不能增加营养，这还怎么开药方？于是无所措手足。有人说这标志着凯恩斯主义的破产，这话可能说得过分了一点，但确实是出现了一个前所未有的两难。按照凯恩斯主义的反周期调控模式，现在“滞”，那就必须提升景气，注入流动性，而现在有物价上升的“胀”，也就是热度偏高，必须压低景气、收缩流动性，结果开不出药方来了。以后应运而生的，就是供给学派、货币主义学派等。供给学派最鲜明的主张是减税，使供给侧市场主体的活力进一步激发起来。后来人们评价说在供给学派启发下形成了所谓里根经济学，确实产生了明显的正面效应，帮助美国冲破了滞胀困局，继续在全球领导潮流。但美国这个供给学派在历史上的地位怎么样呢？客观地讲，学术界对它的评价是系统性不足，没有形成很清晰的理论体系。我们现在强调的供给侧结构性改革和它之所以不能相提并论，就是因为我们处理的是一个宏大的、把全局和长远合在一起的系统工程问题，我们固然要吸收人类文明一切积极的成果，包括供给学派可吸取的部分，但是处理的是中国作为发展中经济体从落后状态，经过追赶，实现赶超，完成现代化过程的系统工程。在这个意义上讲，当然就不是一回事儿。特别是，我们在基本哲理上并不简单认同供给学派的新自由主义取向。新自由主义典型的概念即“华盛顿共识”，其中的可取之处就是它充分地强调市场作用，而局限之处就是它只注意政府做需求管理，却对于政府的供给管理视而不见，强调政府应无为而治。实际生活里，其实美国早已经跳出华盛顿共识，只不过那里的研究者、经济学家，以及代表性的经济学文献，没有捅破这层窗户纸。中国人现在没有必要等着他们自己深化认识，我们现在在新供给经济学的认识框架上，在中国特色社会主义政治经济学整个体系的提升过程中，可以对应学理和实践结合的最前沿，正面地来表述我们的系统化认识。所以可知，第三句话表述的提高整个供给体系质量和效率，后面隐含的是理论密切联系实际把握系统工程这样一个清晰的思维框架。

第四句话是“增强经济持续增长动力”。总书记在这里强调的是，我们抓这个矛盾主要方面来解决供给侧的问题要达到什么样的结果。首先是增强经济持续增长的动力。这里面有两重意思。第一要解决好经济发展可持续性的问题——这也不是全新的认识，是在胡锦涛同志任总书记期间，决策层已经形成的要把邓小平当年非常正确和简洁表述的发展是硬道理，升华为全面协调可持续的科学发展是硬道理这个科学发展观。所谓科学发展观，就是要解决中国“一条腿长一条腿短”，不协调、不可持续的问题。对全面协调可持续的发展，过去已经反复强调，而现在这个新意是第二重，解决经济可持续性的问题，要聚焦到新旧动力的转换上，要对接到对整个动力体系升级的认知把握上，即要上升到新的境界来掌握好需求与供给互动的整个动力体系，处理好它怎么样转型升级的问题，这就是新意之所在。总书记提出这个明确的表述之前，我注意到中财办刘鹤主任在长三角和珠三角调研的时候，都使用了要解决我们发展中动力体系转型升级问题这样的表述，这和总书记第四句话里所特别点明的动力问题，是有内在逻辑关联的。生产力里的各个要素体现在供给侧，分析中可知它所形成的动力体系里各个要素的贡献都不可少，但是在新的阶段上各种要素的组合状态却必须推陈出新。动力体系转型升级是很实质性的问题：怎么样对冲下行压力，而对新阶段速度状态无可回避要落到中高速、但是增长质量却要有升级版的特征，一定要解决新的动力体系怎样如愿形成一个以全要素生产率支撑的升级版新局面的问题。

第五句话是“推动我国社会生产力水平实现整体跃升”。这是一个总结：我们抓矛盾主要方面，追求可持续增长，打造新的动力体系，要达到的目的是什么？是中国社会生产力继续超常规发展。这个超常规发展也就是邓小平南方谈话时所说到的经济波动运行中间，每一波我们都要争取上一个台阶，这在学术上讲是表现为一条“阶跃曲线”。可知邓小平的发展战略思想并不认同我们的发展可以是一条直线这种线性表现，增长曲线会是一个一个台阶的，到某一个节点上要表现的上台阶，是阶跃式的，也就是现在“整体跃升”表述的这种超常规的发展，这才能够真正实现中国由追赶到后来居上的现代化赶超。当年邓小平考虑“三步走”的时候，在苏州附近住了好几天，他除了在屋子里反复思考之外，还出去见地方干部，反复地问在苏州这些地方，产值多少年可以翻一番，过几年再翻一番有没有可能。在反复思量这个问题的最后，是清晰地提出了“翻两番”的概念和“三步走”的概念。不能认为邓小平提出这个战略思想的时候，已有什么专家团队给他做数量模型预测，当年并没有这种量化研究成果的支撑，他是以一个伟大政治家的直觉，加上他反复思考中的综合判断，认为有这个潜力。在具体指标的表述上，也做过调整，因为当时沿用的还是“工农业总产值”，后来跟国际接轨变成“国民收入”，再后来就是宜于同口径处理的 GDP（国内生产总值）。整个这个战略思维与规划的这种翻两番，再翻两番，三步走，在实际生活里给人最大的感触就是，居然前两步可以提前实现，大多数人都想不到。当年邓小平的“三步走”提出来以后，私下的议论中很多人觉得实现起来可能难度会很大。此时重病中的孙冶方在《人民日报》上发了一整版文章，题目就是 2020 年翻两番不仅有政治保证，而且有经济技术保证。他是从经济学角度再把一些具体的考量匹配上去做的论证，实际上就是认同要有这种潜力的释放，以一个超常规发展的过程，把技术因素、管理因素，跟上政治方面具有推进改革开放的因素，合在一起来实现现代化奋斗目标。实际生活证明，邓小平的战略构想具有高水准，符合经济生活中的发展规律。我们研究多个经济体发展过程，可知其中向来都是你追我赶，不可能哪个经济体走在前面就永远是老大。人类社会这几百年来，是从一开始意大利热那亚那一带与现在所称的资本主义经济的商业文明对接，到以后先后是葡萄牙、西班牙、荷兰，还有再往后的英国、美国崛起，这个过程也与德国、俄罗斯、日本等这样一些经济体你追我赶的过程交织在一起。有前面的英国超越荷兰，有后面的美国超越英国，为什么不能设想中国这个古老文明国家在历史上曾经辉煌、走下坡路很长时间以后，蓄之既久、其发必速地实现一个后来居上的超常规发展？邓小平无非就是在这样的综合判断之下，给出了一个引领全局发展的现代化战略目标。现在总书记所说的生产力水平整体跃升发展，就是延续这种赶超战略的思维。对这个赶超战略，当然我们也必须特别强调，一定要认同经济规律，一定要在尊重经济规律的基础之上追求守正出奇的发展。2000 年以后，提出了

“第三步”中间节点的目标即面对2020年全面建成小康，指标上的改进是改为人均GDP，不是总体来说的GDP了，2010—2020年中国的人均GDP要再翻一番，仍是在原来的战略框架里，要争取整体跃升式的发展。在我国地方政府层面和企业、企业集团层面设计的发展战略，几乎无一例外都使用的是“跨越式发展”，“弯道超车式的发展”这种表述，讲的就是要实现整体跃升式的超常规发展。总书记关于供给侧结构性改革这段表述，最后明确地落到肯定我们在整个发展过程中要继续从追赶到赶超，完成后来居上的现代化过程。

如果从学理上展开，还可以进一步讨论一下不同的思路。比如林毅夫教授这几年致力于新结构经济学研究，我们的研究群体致力于新供给经济学研究，这两个可以称为流派的研究具有共同点，即都特别注重结构问题。讲供给，必然就是面对复杂的结构问题，新供给就要处理过去经济学有意无意忽略或者想绕过去的结构问题。到了林教授那里，他更是直接把结构标在表述上面。但是在思维上，我们与林教授有不同的地方。首先，他讲的有效市场加有为政府我们虽认同，但我们在有效市场后面要加上的是“有为和有限的政府”；我们认可产业政策的必要性，但特别强调政府产业政策合理化不仅是方向选择问题，更为关键的是实施机制怎样与市场内洽与融合等问题。除此之外，在学理的基本逻辑上，林教授强调中国实现现代化所依靠的，就是资源禀赋制约条件之下的比较优势战略，要依靠比较优势发展起来实现现代化，我们并不完全认同。资源禀赋是客观制约，比较优势也要抓，但是除了比较优势之外，还一定要明确地提出掌握好守正出奇的赶超战略。因为依靠比较优势它是有天花板的，比如在全球的合作与竞争中，当后发经济体真正到了高端，你出多少钱人家都不会卖给你的核心技术怎么取得？中国人在这样的领域里要从无到有，只有一条路，就是守正出奇，当年我国做两弹一星，以及做新时期中长期科技发展规划16个重大专项里当时标为绝密的大飞机项目这样的联合攻关——这些绝不是比较优势战略所能够解释的追赶过程，它一定是一个以超常规的赶超战略概念才能覆盖的顽强奋斗和集体努力。我们也特别强调，赶超是把双刃剑，处理得好那就是守正出奇，出奇制胜成功；处理不好，就可能违背经济规律，受到经济规律的惩罚。但我们别无选择，必须在充分尊重规律的基础上通过从追赶到赶超，实现整体跃升，一个一个台阶往上走，最后才能达到伟大民族复兴。

还要特别强调，习总书记的战略思维里有一个非常重要的哲理隐含在内：中国实现伟大民族复兴是和平发展、和平崛起。这样的一个战略思维已经清晰体现在总书记反复宣讲的“人类命运共同体”命题里。中国现代化伴随人类命运共同体的基本认识，就是要高举“包容性发展”的旗帜，其实这个包容性发展概念也是全球思想界都普遍接受的一个前沿理念，正是中国的学界和实际工作部门应该深刻领会和牢牢把握的一个核心理念，它反映了人类社会合乎规律地在生产力发展提升方面、在以供给侧创新支撑的信息革命和新技术革命时代，所可能达到的新境界。所以，上述总书记的五句话合在一起，可以很好地勾画整个供给侧结构性改革的基本思路以及其中逻辑上环环相扣连接起来的一套要领。

十八大以来的社会治理理论创新和实践成就

杨宜勇　曾志敏　黄燕芬*

【导语】党的十八大以来，党中央坚持以民为本、以人为本执政理念和以人民为中心的发展思想，把社会治理工作作为社会建设的根本任务之一，高度重视社会治理理论创新，大力推进完善社会治理体系，努力使改革发展成果更多更公平地惠及全体人民。本文对十八大以来我国社会治理的理论创新和实践成就进行了全面总结。

一、理论创新是完善社会治理的根本保障

（一）关于社会治理体制

社会治理体制是社会治理的核心。体制又称体制制度，是制度形之于外的具体表现和实施形式。中国特色的社会治理体制是由中国特色的社会主义制度决定的，既反映了当今中国的社会生产力发展水平，又反映了中国社会的价值判断和价值取向。党的十八大报告提出要加快形成党委领导、政府负责、社会协同、公众参与、法治保障的社会管理体制。党的十八大报告在“党委领导、政府负责、社会协同、公众参与”社会管理格局的基础上，增加了“法治保障”。这一表述具有十分独特的历史意义和现实意义，充分体现了党中央对社会管理工作的科学把握和高度重视，注重进一步发挥法治在国家治理和社会管理中的重要作用。社会管理体制是社会体制的重要组成部分。党委领导就是要

*杨宜勇，国家发改委社会发展研究所所长、博士生导师。曾志敏，华南理工大学公共政策研究院副研究员、博士。黄燕芬，中国人民大学公共管理学院教授、博士生导师。

坚持党委领导核心作用，总揽全局、把握方向、整合力量、统筹各方，提高引领社会、组织社会、管理社会、服务社会的能力。政府负责就是要发挥政府的主导作用，强化政府社会管理和公共服务职能，建设服务型政府，提高服务型管理能力。社会协同就是要发挥人民团体、基层自治组织、各类社会组织和企事业单位的协同作用，推进社会管理的规范化、专业化、社会化、法治化。公众参与就是要发挥群众参与社会管理的基础作用。扩大基层民主，扩大公民有序政治参与，保障群众知情权、参与权、表达权、监督权，动员和组织群众依法理性有序参与社会管理和公共服务。法治保障就是要坚定不移地落实依法治国基本方略，加强社会领域立法和执法，建设公正高效权威的社会主义司法制度，把社会管理纳入法治化轨道。

在党的十八届五中全会上，我们党进一步明确提出了完善党委领导、政府主导、社会协同、公众参与、法治保障的社会治理体制。一是根据完善国家治理体系的要求，把社会管理体制发展成为社会治理体制，充分体现了与时俱进的精神。二是把过去的政府负责发展成政府主导，充分体现了在社会治理问题上党政同责的法律精神。加强和创新社会治理体制，党委领导是核心，政府主导是关键，社会协同是依托，公众参与是基础，法制保障是根本，五位一体不可或缺，有机联系不可分割。

（二）关于基本公共服务体系

基本公共服务体系是社会治理的抓手。构建全民均等享有的基本公共服务体系是构建社会主义和谐社会的目标之一，是促进社会公平公正、维护社会和谐安定、确保人民共享发展成果的重大举措。政府公共服务职能的强化将大大推动基本公共服务体系的构建。党的十八大报告提出要加快形成政府主导、覆盖城乡、可持续的基本公共服务体系。要多谋民生之利，多解民生之忧，解决好人民最关心最直接最现实的利益问题，在学有所教、劳有所得、病有所医、老有所养、住有所居上持续取得新进展，努力让人民过上更好生活。基本公共服务是由政府主导、保障全体公民生存和发展基本需要、与经济社会发展水平相适应的公共服务，是公共服务中最基础、最核心的部分，是最基本的民生需求，也是政府公共服务职能的“底线”。基本公共服务范围，一般包括保障城乡居民基本民生需求的教育、就业、社会保障、医疗卫生、住房保障、文化体育等领域的公共服务，广义上还包括与城乡人民生活环境紧密关联的交通、通信、公用设施、环境保护等领域的公共服务，以及保障安全需要的公共安全、消费安全和国防安全等领域的公共服务。考虑到政策延续和财政保障能力，发展基本公共服务体系必须坚持尽力而为、量力而行，“十三五”确定的基本公共服务体系包括公共教育、就业创业、社会保险、医疗卫生、社会服务、住房保障、公共文化体育、残疾人服务环境保护、公共安全等领域。

（三）关于现代社会组织体制

现代社会组织体制是社会治理的基础。所谓现代社会组织体制，指的是在现代社会视域下对社会组织进行管理的体制架构、组织设计和制度安排。党的十八大报告提出要加快形成政社分开、权责明确、依法自治的现代社会组织体制。政社分开是现代社会组织体制的基本前提。社会组织体制改革的核心就是处理好政府与社会组织的关系。政社分开的关键在于正确厘清、科学定位政府与社会组织的关系，更好地发挥政府的作用，更加注重发挥社会组织的积极作用。权责明确是现代社会组织体制的关键要素。权责明确的“权”，不仅指政府的公共“权力”，还指社会组织的社会“权利”。“责”，既指政府相关部门依法依规依章对社会组织享有管理的责任，又指社会组织基于章程、宗旨应当承担的社会责任。权责明确的关键在于：既要明确政府相关职能部门对社会组织管理的权力空间、责任边界，也要明晰社会组织的权利范围、责任区间。依法自治是现代社会组织体制的目标取向。依法自治的“法”，不仅包括国家颁布的相关法律法规，也包括社会组织依据法律法规制定的内部规章制度。依法自治的关键在于：社会组织在法律制度框架内拥有在决策、人事、财务、项目活动等方面的自主决定权，实现自我管理、自我教育、自我服务、自我监督。

我们要创新多方参与机制，更好地组织动员企事业单位、社会组织、人民群众参与社会治理，努力实现社会事务社会治理。一是发挥好企事业单位作用。企事业单位不仅承担着防控安全生产风险的重要责任，而且是维护社会公共安全的重要力量。要充分发挥企事业单位在资源、技术、人才等方面的优势，调动他们参与社会治理的积极性，为维护公共安全发挥更大作用。二是发挥好社会组织作用。社会组织是现代社会治理不可或缺的重要载体。要推动社会组织明确权责、依法自治，确保其成为党委和政府的有力助手。完善政府购买服务机制，发挥好社会组织在引导社会成员参与风险评估、矛盾调解、社区矫正、青少年教育管理等方面的积极作用。三是发挥好基层自治作用。基层自治是社会主义民主的重要形式，是基层群众实现自己的事情自己管、自己办的重要方式。要完善基层民主决策、民主治理机制，构筑起全社会共同治理公共安全的网络联系和信任关系，做到知风化险、规避风险。

（四）关于社会治理机制

社会治理机制与社会治理体制有密切的联系，不同之处在于，前者强调的是治理活动的运行方式，后者强调的是治理活动的控制方式。党的十八大报告提出要加快形成源头治理、动态管理、应急处置相结合的社会管理机制。加强源头治理，就要更加注重民生建设和制度建设，防止和减少社会矛盾的产生。加强源头治理，要求在加强社会管理、处置社会矛盾时关口前移，尽可能防止、减少社会矛盾和社会冲突。加强源头治理，就要全面贯彻落实科学发展观，统筹解决好经济社会发展中的突出问题，尤其是要加强民生建设，使发展成果更多更公平惠及全体人民。同时，加强制度建设，坚持依法治国，努力维护群众合法权益，维护社会公平正义。加强动态管理，就要遵循客观规律，用动态发展的思路妥善处理各方面关系，及时化解社会矛盾。为此，应加强对新形势下社会矛盾和问题的规律性研究，使社会管理适应经济社会发展、符合时代要求。在实践中，应畅通和规范群众诉求表达、利益协调、权益保障等渠道，进一步完善人民调解、行政调解、司法调解联动的工作体系，建立和完善社会安全防控机制等，实现社会和谐有序。 加强应急处置，就要更加注重应急能力建设，建立健全有效应对和妥善处置突发公共事件的机制。加强和创新社会管理，就要进一步健全应急处置机制，妥善应对和处置各类突发公共事件，维护最广大人民群众的根本利益。加强应急处置，不能急中出错、急中违法，而要坚持维护群众合法权益、维护社会稳定、维护法律权威，坚持理性平和、文明规范处置各类突发公共事件。这就要求进一步健全和完善突发公共事件危机预防机制、预案管理机制、资源共享机制、指挥联动机制、信息发布机制、宣传教育机制、法律保障机制、应急救援机制、善后处理机制等，提高应急处置能力和水平。

党的十八届三中全会审议通过《中共中央关于全面深化改革若干重大问题的决定》指出，创新社会治理，必须着眼于维护最广大人民根本利益，最大限度增加和谐因素，增强社会发展活力，提高社会治理水平，维护国家安全，确保人民安居乐业、社会安定有序。要改进社会治理方式，激发社会组织活力，创新有效预防和化解社会矛盾体制，健全公共安全体系，设立国家安全委员会，完善国家安全体制和国家安全战略，确保国家安全。

2016 年 10 月初，习近平总书记就加强和创新社会治理做出重要指示，强调要继续加强和创新社会治理，完善中国特色社会主义社会治理体系，努力建设更高水平的平安中国，进一步增强人民群众安全感。要更加注重联动融合、开放共治，更加注重民主法治、科技创新，提高社会治理社会化、法治化、智能化、专业化水平，提高预测预警预防各类风险能力。要坚持问题导向，把专项治理和系统治理、综合治理、依法治理、源头治理结合起来。要完善社会治安综合治理体制机制，加快建设立体化、信息化社会治安防控体系。各级党委和政府要高度重视社会治理工作，落实社会治安综合治理领导责任制，切实肩负起促一方发展、保一方平安的政治责任。

二、实践成就是社会治理理论创新的绩效体现

（一）改进政府提供公共服务方式

2013 年 9 月 26 日，国务院办公厅发布《国务院办公厅关于政府向社会力

量购买服务的指导意见》（国办发〔2013〕96号）。旨在为落实党的十八大提出的进一步转变政府职能、改善公共服务做出重大部署，明确要求在公共服务领域更多利用社会力量，加大政府购买服务力度。“十二五”时期，政府向社会力量购买服务工作在各地逐步推开，统一有效的购买服务平台和机制初步形成，相关制度法规建设取得明显进展。到2020年，在全国基本建立比较完善的政府向社会力量购买服务制度，形成与经济社会发展相适应、高效合理的公共服务资源配置体系和供给体系，公共服务水平和质量显著提高。承接政府购买服务的主体包括依法在民政部门登记成立或经国务院批准免予登记的社会组织，以及依法在工商管理或行业主管部门登记成立的企业、机构等社会力量。承接政府购买服务的主体应具有独立承担民事责任的能力，具备提供服务所必需的设施、人员和专业技术的能力，具有健全的内部治理结构、财务会计和资产管理制度，具有良好的社会和商业信誉，具有依法缴纳税收和社会保险的良好记录，并符合登记管理部门依法认定的其他条件。承接主体的具体条件由购买主体会同财政部门根据购买服务项目的性质和质量要求确定。文件要求，各地要按照公开、公平、公正原则，建立健全政府向社会力量购买服务机制，及时、充分向社会公布购买的服务项目、内容以及对承接主体的要求和绩效评价标准等信息，建立健全项目申报、预算编报、组织采购、项目监管、绩效评价的规范化流程。购买工作应按照政府采购法的有关规定，采用公开招标、邀请招标、竞争性谈判、单一来源、询价等方式确定承接主体，严禁转包行为。购买主体要按照合同管理要求，与承接主体签订合同，明确所购买服务的范围、标的、数量、质量要求，以及服务期限、资金支付方式、权利义务和违约责任等，按照合同要求支付资金，并加强对服务提供全过程的跟踪监管和对服务成果的检查验收。承接主体要严格履行合同义务，按时完成服务项目任务，保证服务数量、质量和效果。

（二）进一步加强和改进慈善工作

2014年11月24日，《国务院关于促进慈善事业健康发展的指导意见》（国发〔2014〕61号）颁布。旨在根据党的十八大、十八届三中全会、十八届四中全会精神和国务院决策部署，统筹慈善和社会救助两方面资源，更好地保障和改善困难群众民生。鼓励社会各界以各类社会救助对象为重点，广泛开展扶贫济困、赈灾救孤、扶老助残、助学助医等慈善活动。党政机关、事业单位要广泛动员干部职工积极参与各类慈善活动，发挥带头示范作用。工会、共青团、妇联等人民团体要充分发挥密切联系群众的优势，动员社会公众为慈善事业捐赠资金、物资和提供志愿服务等。各全国性社会团体在发挥自身优势、开展慈善活动时，要主动接受社会监督，在公开透明、规范管理、服务困难群众等方面做出表率。各类慈善组织要进一步面向困难群体开展符合其宗旨的慈善活动。倡导各类企业将慈善精神融入企业文化建设，把参与慈善作为履行社会责任的重要方面，通过捐赠、支持志愿服务、设立基金会等方式，开展形式多样的慈善活动，在更广泛的领域为社会做出贡献。鼓励有条件的宗教团体和宗教活动场所依法依规开展各类慈善活动。提倡在单位内部、城乡社区开展群众性互助互济活动。充分发挥家庭、个人、志愿者在慈善活动中的积极作用。文件落实了企业和个人公益性捐赠所得税税前扣除政策，企业发生的公益性捐赠支出，在年度利润总额12%以内的部分，准予在计算应纳税所得额时扣除；个人公益性捐赠额未超过纳税义务人申报的应纳税所得额30%的部分，可以从其应纳税所得额中扣除。研究完善慈善组织企业所得税优惠政策，切实惠及符合条件的慈善组织。对境外向我国境内依法设立的慈善组织无偿捐赠的直接用于慈善事业的物资，在有关法律及政策规定的范围内享受进口税收优惠。有关部门要大力宣传慈善捐赠减免税的资格和条件。

（三）行业协会商会与行政机关将彻底脱钩

2015年7月8日，中办国办发布了《行业协会商会与行政机关脱钩总体方案》（以下简称《总体方案》），明确要求厘清行政机关与行业协会商会的职能边界，加快形成政社分开、权责明确、依法自治的现代社会组织体制。行业协会商会是我国经济建设和社会发展的重要力量，推动其与行政机关脱钩，对于创新行业协会商会管理体制和运行机制，理顺市场、企业与政府之间关系，优化市场资源配置，促进国家治理现代化具有重大现实意义与深远历史意义。《总体方案》明确勾勒出了行业协会商会与行政机关脱钩的路线图与时间表，要想实现行业协会商会与行政机关真正脱钩，必须在机构、职能、资产、人员和党建等方面做到“五脱钩、五规范”。按照《总体方案》，在机构脱钩上，取消行政机关与行业协会商会的主办、主管、联系和挂靠关系，行业协会商会依法直接登记和独立运行，行政机关由业务主管转变为综合监管，规范行政委托和监管关系。在职能脱钩上，行业协会商会由承担一定行政职能转变为依规承接政府委托或移交事项，规范职责分工关系。此举不仅促使行业协会商会推进社会治理创新，促进系统性、综合性的社会建设，而且可以促使政府转向“有限”政府，强化其社会服务职能。此外，在资产脱钩上，行业协会商会办公用房、财务管理独立，财政资金由直接拨款逐步向政府购买服务转变，规范财产关系。在人员脱钩上，由行政机关管理转变为用人独立和社会化管理，负责人由行政机关批准任命转变为按章程自主产生，规范用人关系。在党建、外事等事项脱钩上，规定脱钩后仍要加强党的领导。按照《总体方案》，所有改革任务将在2020年年底圆满完成。

（四）强化党的基层组织的引领作用

2015年9月28日，中共中央办公厅印发了《关于加强社会组织党的建设工作的意见（试行）》，并发出通知，要求各地区各部门结合实际认真贯彻执行。通知指出，社会组织是我国社会主义现代化建设的重要力量，是党的工作和群众工作的重要阵地，是党的基层组织建设的重要领域。各级党委（党组）要充分认识加强社会组织党的建设工作的重要意义，将其纳入党建工作总体布局，按照全面从严治党的要求，从严从实抓好各项任务落实。要建立健全社会组织党建工作机构，理顺管理体系，完善工作机制，落实党建责任，形成党委统一领导、组织部门牵头抓总、社会组织党建工作机构具体指导、有关部门齐抓共管的工作格局。要加大党组织组建力度，推进社会组织党的组织和党的工作有效覆盖，创新党组织工作内容和活动方式，切实发挥好社会组织党组织的政治核心作用。要选优配强党组织书记，加强党务工作者队伍建设，强化党建工作基础保障，不断提高社会组织党建工作整体水平。截至目前，各省市自治区都出台了进一步贯彻落实《关于加强社会组织党的建设工作的意见（试行）》的文件，加强社会组织党的建设工作进展十分顺利。

（五）强化社会治安的责任担当

2016 年 2 月 27 日，中共中央办公厅、国务院办公厅印发《健全落实社会治安综合治理领导责任制规定》。文件要求，健全落实社会治安综合治理领导责任制，应当坚持以邓小平理论、“三个代表”重要思想、科学发展观为指导，深入贯彻落实习近平总书记系列重要讲话精神，紧紧围绕全面建成小康社会、全面深化改革、全面依法治国、全面从严治党的战略布局，坚持问题导向、法治思维、改革创新，抓住“关键少数”，强化担当意识，落实领导责任，科学运用评估、督导、考核、激励、惩戒等措施，形成正确导向，一级抓一级，层层抓落实，使各级领导班子、领导干部切实担负起维护一方稳定、确保一方平安的重大政治责任，保证党中央、国务院关于社会治安综合治理决策部署的贯彻落实。严格落实属地管理和谁主管谁负责原则，构建党委领导、政府主导、综治协调、各部门齐抓共管、社会力量积极参与的社会治安综合治理工作格局。各级党委和政府应当切实加强对社会治安综合治理的领导，列入重要议事日程，纳入经济社会发展总体规划，认真研究解决工作中的重要问题，从人力物力财力上保证社会治安综合治理工作的顺利开展。各地党政主要负责同志是社会治安综合治理的第一责任人，社会治安综合治理的分管负责同志是直接责任人，领导班子其他成员承担分管工作范围内社会治安综合治理的责任。各部门各单位应当各负其责，充分发挥职能作用，积极参与社会治安综合治理，主动承担好预防和减少违法犯罪、维护社会治安和社会稳定的责任，认真抓好本部门本单位的综合治理工作，与业务工作同规划、同部署、同检查、同落实。各级社会治安综合治理委员会及其办公室应当在党委和政府的统一领导下，认真组织各有关单位参与社会治安综合治理工作，加强调查研究和督导检查，及时通报、分析社会治安形势，协调解决工作中遇到的突出问题，总结推广典型经验，统筹推进社会治安综合治理工作。

（六）进一步发挥社会团体的积极作用

2016年2月6日，根据国务院令第666号《国务院关于修改部分行政法规的决定》修订《社会团体登记管理条例》，旨在为了保障公民的结社自由，维护社会团体的合法权益，加强对社会团体的登记管理，促进社会主义物质文明、精神文明建设。本条例所称社会团体，是指中国公民自愿组成，为实现会员共同意愿，按照其章程开展活动的非营利性社会组织。此次条例明确“中国”“全国”“中华”“国际”“世界”字样的社团必须经严格批准，地方性社团不得以这类字样命名。同时，此次条例强调了社团的信息公开，要求登记管理机关应当向社会公开社会团体登记事项；对社团开展检查、评估的结果；以及对社团表彰、处罚的结果。同时，社团还要向社会公开章程、负责人、组织机构信息，以及接受使用社会捐赠情况。条例规定，社团必须在每年5月31日前，通过登记管理机关统一的信息平台报送上一年度工作报告，并向社会公开。不公开信息的，登记管理机关可将其列入异常名录，并通过统一的信息平台向社会公示。社团连续两年未履行年度报告义务的，由登记管理机关吊销《社会团体法人登记证书》。新条例对社团的财务管理也做出了明确规定。其中明确规定，社会团体的财产，必须用于章程规定的业务活动，不得在会员中分配。社会团体财务收支应当全部纳入其开立的银行账户，不得使用其他组织或者个人的银行账户。此外，对于社团接受捐赠，条例也做了明确规定，要求社会团体接受捐赠、资助，必须符合章程规定的宗旨和业务范围，必须根据与捐赠人、资助人约定的期限、方式和合法用途使用。不得接受违反法律、行政法规以及违反社会公德的捐赠。新条例强化对社会团体财产使用和处置的监管，是为了保障社会团体的非营利性。如果社团从事营利性经营活动，将由登记管理机关给予警告，责令改正，限期停止活动，并可以责令撤换直接负责的主管人员。“对于违法所得，则将予以没收，并可处违法经营额1倍以上3倍以下或者违法所得3倍以上5倍以下的罚款。”

（七）进一步激发社会组织的活力

2016年8月21日，中办国办印发《关于改革社会组织管理制度促进社会组织健康有序发展的意见》（以下简称《意见》），要求各地区各部门结合实际认真贯彻执行。当前，我国正处于全面建成小康社会决胜阶段，改革社会组织管理制度、促进社会组织健康有序发展，有利于厘清政府、市场、社会关系，完善社会主义市场经济体制；有利于改进公共服务供给方式，加强和创新社会治理；有利于激发社会活力，巩固和扩大党的执政基础。各地区各部门要站在战略和全局高度，充分认识做好这项工作的重要性和紧迫性，将其作为一项重要基础性工作来抓，主动适应新形势新任务要求，全面落实相关政策措施，扎扎实实做好各项工作。《意见》要求，一要大力培育发展社区社会组织，降低准入门槛，积极扶持发展，增强服务功能。二要完善扶持社会组织发展政策措施，支持社会组织提供公共服务，完善财政税收支持政策，完善人才政策，发挥社会组织积极作用。三要依法做好社会组织登记审查，稳妥推进直接登记，完善业务主管单位前置审查，严格民政部门登记审查。强化社会组织发起人责任。四要严格管理和监督，加强对社会组织负责人的管理。加强对社会组织资金的监管，加强对社会组织活动的管理。规范管理直接登记的社会组织。加强社会监督。健全社会组织退出机制。五要规范社会组织涉外活动。引导社会组织有序开展对外交流，参加非政府间国际组织，参与国际标准和规则制定，发挥社会组织在对外经济、文化、科技、体育、环保等交流中的辅助配合作用，在民间对外交往中的重要平台作用。六要加强社会组织自身建设，健全社会组织法人治理结构，充分发挥党组织的战斗堡垒作用和党员的先锋模范作用。加强社会组织诚信自律建设。推进社会组织政社分开。

（八）不断完善基本公共服务体系

2017年1月23日，国务院发布《“十三五”推进基本公共服务均等化规划》。坚持以人民为中心的发展思想，坚持以社会主义核心价值观为引领，从解决人民群众最关心最直接最现实的利益问题入手，以普惠性、保基本、均等化、可持续为方向，健全国家基本公共服务制度，完善服务项目和基本标准，强化公共资源投入保障，提高共建能力和共享水平，努力提升人民群众的获得感、公平感、安全感和幸福感，实现全体人民共同迈入全面小康社会。到2020年，基本公共服务体系更加完善，体制机制更加健全，在学有所教、劳有所得、病有所医、老有所养、住有所居等方面持续取得新进展，基本公共服务均等化总体实现。一是基本公共服务均等化水平稳步提高。城乡区域间基本公共服务大体均衡，贫困地区基本公共服务主要领域指标接近全国平均水平，广大群众享有基本公共服务的可及性显著提高。二是基本公共服务标准体系全面建立。国家基本公共服务清单基本建立，标准体系更加明确并实现动态调整，各领域建设类、管理类、服务类标准基本完善并有效实施。三是基本公共服务保障机制巩固健全。基本公共服务供给保障措施更加完善，基层服务基础进一步夯实，人才队伍不断壮大，供给模式创新提效，可持续发展的长效机制基本形成。四是基本公共服务制度规范基本成型。各领域制度规范衔接配套、基本完备，服务提供和享有有规可循、有责可究，基本公共服务依法治理水平明显提升。

三、对社会治理创新的展望

全面深化改革的目标是实现治理现代化。全面深化社会体制改革的目标毫无疑问就是实行社会治理现代化。

（一）“强政府、强社会”是中国社会治理现代化的目标模式

在当前中国大力推进社会治理现代化的重要历史阶段，创新社会治理，推进社会建设，做大做强社会是普遍共识，而且从各国实践来看，唯有社会强大，社会自我调节和自我治理完善，公民参与积极，才有一个和谐稳定的发展，也对政府是一个有效的规范和制约，这一点无论在理论上还是在实践上都没有任

何疑义。然而，在社会治理中，如何看待政府的作用，如何看待政府与社会的关系，这个问题长时期处于激烈争论之中。许多学者基于西方古典自由主义或新自由主义的理论基础以及西欧国家的现代社会实践，主张中国在创新社会治理中极大地改革政府体制及其职能，建立一个小政府，认为政府管得越少越好，管得越少就越能让社会的自治能力和机制发展起来，小政府和大社会才是中国现代社会建设的发展方向。尽管在理论上“小政府”与“弱政府”在内涵上不尽相同，但在实践中，“小政府”则在相当大程度上表现为“弱政府”。对于中国这样一个拥有强政府历史传统的大国而言，无论从与自身文化传统相似的、成功实现后发国家赶超的新加坡经验看，还是从与自身大国治理需求相近的美国社会转型经验看，“强政府、强社会”必然是当代中国推进社会治理现代化的最优目标模式。换言之，从国家与社会关系的角度看，所谓的社会治理现代化，并不是要削弱中国政府本有的强大自主性、资源动员与社会控制能力，而是通过发挥政府强有力的作用更加倾向地做强做大社会，使社会成为一个理性自律、自主自立、自助自治的社会。需要指出的是，美国在社会转型期规制市场和社会的“强政府”建设经验尤其值得中国认真研究。如果结合当代西欧国家社会治理面临的严重问题来看，“小政府大社会”对于全球化条件下经济社会事务日益复杂的大国治理，只不过是一个理论上的“神话”。

（二）中国特色社会治理现代化的社会主义制度前提与“理念—体系—机制—能力”总体框架

为了警惕中国特色社会治理现代化在研究与实践中出现“泛化”、“速成化”、“片面化”、“自由化”等不良倾向，需要明确指出的是，中国特色社会治理的现代化不是西方化，而是基于对经济新常态条件下经济社会发展全新治理需求的回应，对中国传统“政社不分”的社会体制以及相应社会管理制度的一种现代化改造。毫无疑问，新中国成立以后建立起来的、改革开放后不断改革的社会主义制度，本身就是一种现代制度。中国特色社会治理现代化是在社会体制和制度层面对中国特色社会主义制度的进一步完善，绝对不是推倒重来。

因此，今天所论的社会治理现代化，本质上是在中国特色社会主义的制度前提下，中国社会治理体系与治理方式由内在逻辑驱动下的演进升级，而非中国社会治理制度变革的“休克疗法”。

在整体框架上，中国特色社会治理现代化的顶层设计应以社会主义制度为前提，主要涉及四个层面：第一个层面是社会治理理念的现代化，即在价值理念上如何理解“何为现代社会”，以及以何种价值理念支撑当代中国推进现代社会建设及其治理；第二个层面是治理体系的现代化，即在社会体制上如何看待国家与社会的结构性关系，并以此规范执政党、政府、社会组织、公众等不同主体的定位建构及其主体间的相互关系；第三个层面是治理机制的现代化，即如何在具体机制设计上支撑现代社会治理体系能够有效地运转起来，政府、社会组织与居民等主体之间在社会治理领域如何实现合作共治；第四个层面是治理能力的现代化，即治理主体为贯彻践行现代社会治理理念，以及保障现代社会治理体系和机制有效运转，应具备哪些基础性能力。

（三）坚持以人民为中心的发展观，实现“法治”、“自治”与“共治”三者的统合，推进社会治理理念的现代化

在理念核心上，中国特色社会主义事业的发展实践呼唤和保障社会现代性和人民主体性。中国社会转型的根本性方向是形成一个具有现代性和人民主体性的社会。中国的现代性社会是相对于传统社会而言的，它的主要标志是以“启蒙价值”，即自由、公正、理性为价值支撑，以坚持党的领导下的民主政治、法治社会、市场经济为基本制度框架的现代国家。中国的现代性社会必然是一个具有人民主体性的社会，即“社会”是一个与国家、市场相对应的，以增进人民福祉、促进人的全面发展为出发点和落脚点的自主性主体。它的自主性载体是各类社会组织，但推动社会发展的根本力量则是人民。在社会生活的公共领域中，人民本着自我组织、自我规制的原则，能够在法治和民主协商的框架下自主运转，这是践行以人民为中心的发展观的必然要求。在理念目标上，社会现代性和人民主体性必然要求实现社会治理的全民共建共享。社会是全体

人民的社会，“人人参与、人人尽力、人人享有”的共建共享体现了社会治理现代化的本质属性和根本目标。一方面，由于人民群众是社会的主人，社会建设及其治理就是千百万群众自己的事情，社会的事情要想办好，就必须有全体人民的积极参与和共同建设；另一方面，提高民生水平、实现和谐社会的社会建设及其治理，不是为少数人，而是为全体人民服务，让全体人民共享发展的成果。全民共建共享的理念目标突出了全体中国人民实现社会治理现代化的根本动力所在。在理念内涵上，全民共建共享必然要求在社会治理方式上实现“法治”、“自治”与“共治”三者的统合。首先，法治是社会治理现代化的根本。法治能够最为广泛地规范社会不同主体的行为，最为理性地协调社会利益关系及其冲突，更能够最为持续地保障现代社会秩序的稳定。其次，自治是社会治理现代化的基石。在社会自治体系中，每一个人都是服务者，同时每一个人也都是服务的接受者，是一种“人人为人人服务”的治理规范体系，但社会自治并不能在一个原子化结构的社会状态下得以实现，它必然要通过组织化的方式来进行。但是，政府对社会自治组织的自我服务负有引导、监督的责任，这种责任根源于政府的公共服务性质，其履行的本身构成了政府公共服务职能实现的一个基本途径。最后，共治是社会治理现代化的路径。日益复杂的现代经济社会生活必然依赖于一个多元主体共同治理体系，要求政府、社会组织、市场组织以及人民群众之间在合作分担治理责任的基础上，协同应对复杂性公共事务，共同从事公共产品的生产与供给。

（四）切实转变政府职能和落实政社分开，构建政府与社会协同共治的现代社会体制，推进社会治理体系的现代化

首先，转变政府职能是社会治理体系现代化的前提条件。只有政府职能得到清晰而明确的界定并逐步向社会放权，才能激发社会活力，各种形式的社会组织才会有发展和发挥作用的空间，人民群众也才有实现自我治理的可能。这就意味着，政府需要把那些管不了、管不好、管不到、不该管的事情坚决地剥离出来，通过培育发展、孵化支持、购买服务等多种机制，大力促进多种形式

的社会组织的形成，鼓励公共服务供给方式创新，推动社会组织积极参与到公共服务和社会管理等公共事务中来，从而建构政府与社会组织合作共治的社会治理体系。其次，落实政社分开是社会治理体系现代化的结构支撑。政社分开是深化政府体制改革并推动社会体制改革的核心，也是全面推进社会建设并实现社会治理现代化的基础性社会结构条件。相较于政府大包大揽的传统社会管理体制，落实政社分开，非但不是削弱政府的公共管理能力，也不是政府“看得见的手”完全退出社会，而是在发挥政府的主导作用之外，能够“更好发挥社会力量在管理社会事务中的作用”，从而以一种政府和社会合作共治的治理机制来提升国家治理能力、公共服务供给效率以及公共事务治理效果。最后，依靠群团组织和基层党组织强化党、政府与社会组织、居民之间的纽带关系和良性互动。通过转变政府职能和落实政社分开以实现国家与社会关系的结构性分离之后，群团组织和基层党组织在沟通党和政府与民间组织、人民群众，以及巩固党和政府执政基础上起着关键作用。因此，在推进政社分开的现代社会治理体系的过程中，群团组织和基层党组织的纽带功能非但不能减弱，反而要不断增强，从而保障党和政府与日益壮大的人民社会之间的及时有效沟通与协调，扩大政府执政的群众基础，巩固党的执政地位。

（五）优化政府权力运行机制，社会组织培育与监管相并举，强化基本公共服务供给，完善法治保障，推进社会治理机制的现代化

首先，通过建立权责清单制度调整和优化政府的权力运行机制。负面清单、权力清单和责任清单可以确立政府与社会的新关系、新秩序，也是对中国传统政府行政理念的一种根本性变革。若要在“十三五”期间，切实落实政社分开，那么就必须扩大社会事务“负面清单”管理机制的适用范围。在这一清单之外，凡是适合由社会组织和居民自治提供的公共服务和社会事务，均交由社会力量承担，以尽可能培育和增强社会的自主性和自治能力，协同政府实现对社会的良好治理。其次，通过“赋权”与“赋能”相并举的方式建立现代社会组织的支持、合作与监管机制。在“十三五”时期，推进落实“政社分开、权责明确、

依法自治的现代社会组织体制”，并不是简单地让政府向社会“赋权”后就当“甩手掌柜”，而是要求政府坚持“赋权”与“赋能”相并举的原则，系统地建立一套现代社会组织支持、合作与监管机制。必须要看到，在中国现阶段的社会历史条件下，社会组织的自治是有条件的，无条件的社会自治是对政府的蔑视，也在一定程度上是对政府所欲建构的公共秩序的威胁。因此，政府在对社会组织的培育发展予以大力支持的同时，也需要对社会组织建立一套以风险控制为核心的规范监管机制。再次，通过完善社会政策体系和创新供给方式来强化基本公共服务供给机制。社会政策是推进社会治理现代化的基础，也是增进社会发展质量的制度保障。完善的社会政策体系，可从根本上强化基本公共服务供给能力，从而为培育发展社会成员的自治能力提供必要的社会资源保障。为此，“十三五”期间需要切实增强政府完善社会政策体系的职责，努力提高公共服务供给能力和共享水平。最后，通过规模性、系统性立法完善法治保障机制。当前我国与社会治理和民生问题紧密相关的社会领域立法仍显薄弱。社会组织管理的“三大条例”的修订工作迟至今日仍未完成和出台，包括“社会组织法”在内的一系列有关保障和改善民生、加强和创新社会管理顶层设计的立法项目也亟需提请全国人大常委会予以制定、修订或审议通过。作为全面推进依法治国战略的重大组成部分，通过规模性、系统性立法为社会治理现代化提供充分的法律体系和法治机制保障，是当前最为迫切的需求。需要指出的是，社会治理机制没有一成不变的“法宝”，它特别要求因时因地的实践性、过程性和创新性。我国在系统性开展社会治理领域法律体系与政策体系的制定工作之时，应当系统地大力鼓励地方的社会治理创新，并适时总结地方的社会治理改革实践经验，从中吸纳创新智慧。

（六）加强党的政治领导能力、常态治理能力、应急管理能力和安全保障能力等四大基础性能力建设，推进社会治理能力的现代化

首先，不断增强党的政治领导能力。在中国特色社会主义制度下，培育人民的自我治理主体性，保障百姓的民权民生权益，实现人民当家作主，这是当

前推进中国社会治理现代化的根本价值指向。为实现这一根本价值取向，在宏观制度上，党依靠其坚强的政治领导能力，通过人民代表大会的根本政治制度以及法治国家建设，可以充分保障人民依法有序地参与国家和社会公共事务的管理，从而为社会治理现代化提供基础性的制度框架和稳固的治理资源；在微观机制上，党通过总揽全局、协调各方的领导方式方法，可以完善党委领导、政府主导、社会协同、公众参与、法治保障的社会治理体制，从而推进社会治理精细化，构建全民共建共享的社会治理格局。其次，不断加强全面的常态治理能力。在多数情况下，社会成员都生活在平常状态下，而非由突发公共事件引发的应急或者紧急状态下。不同的社会状态，适应于不同的法律规制体系，也要求政府具备不同的社会治理能力。政府全面的常态治理能力，主要包括三个层面：第一，社会民权的保护能力。主要体现在促进创业就业和增加个人收入的发展性权利保护与社会保障政府兜底的福利性权利保护两个方面。第二，社会秩序的维护能力。维护社会秩序长期稳定、和谐、平安，需要在法治框架下强基础，建制度。第三，社会矛盾的化解能力。在社会多样化、利益多元化的社会生态当中，对矛盾的压制不是可取之道，关键在于制度化的矛盾化解能力。再次，不断加强系统的应急管理能力。突发公共事件的发生，会导致社会管理状态发生转移，即从平时管理状态转换为应急管理状态，此时，为应对突发公共事件对国家和人民生命财产所造成的严重社会危害和威胁，常态下的社会治理能力通常是远远不够的，需要依赖于政府系统的应急管理能力。对此，需要着重从以下三个方面着手：第一，切实提高政府应急法律能力；第二，大力加强社会风险预警能力；第三，全面提升公共危机应对能力。

最后，不断强化公共安全与国防安全保障能力。伴随着中国崛起背景下全球治理格局的深刻变革，公共安全与国防安全保障已经成为了社会与国家现代化发展迈向全新阶段所必须得到充分满足的重大需求。在公共安全方面，必须牢固树立安全发展观念，坚持人民利益至上，加强全民安全意识教育，健全食品安全、工程安全、交通安全和社会治安等方面的公共安全保障体系。在国家安全方面，必须贯彻总体国家安全观，实施国家安全战略，落实重点领域国家安全政策，完善国家安全审查制度，完善国家安全法治，建立国家安全体系。

着眼于完善和发展中国特色社会主义制度，中国社会治理现代化的顶层设计是一个亟需认真对待的复杂性治理问题，并不能期待一蹴而就，具体机制体制设计需要在顶层设计与治理实践的互动中不断探索、改革与完善。作为一种总体性的政策框架思路，中国社会治理现代化设计的各个部分，需要在始终坚持党的政治领导和以人民为中心的发展观指导之下，紧紧围绕社会治理理念现代化、社会治理体系现代化、社会治理机制现代化、社会治理能力现代化等方面，扎扎实实地进行研究与实践创新。

十九大报告关于党的建设新的伟大工程论述解读

许耀桐*

【导语】党的十九大报告指出，要“坚定不移全面从严治党，不断提高党的执政能力和领导水平”，全面深刻地论述了中国特色社会主义进入新时代后如何推进党的建设新的伟大工程的问题，提出了一系列的新论断、新提法，需要我们认真学习领会。本文对此进行了深入解读。

一、党的新气象与新作为

十九大报告向全党和全国人民庄严宣示：“中国特色社会主义进入新时代，我们党一定要有新气象新作为。”中国特色社会主义的时代发生变化了，向前发展了，作为肩负着中华民族伟大复兴神圣使命的中国共产党，在新时代就一定要有新气象新作为，也一定能有新气象新作为。

首先，中国共产党要有新气象。这样的新气象主要体现在两个方面。一是有了新的思想，这个全新的思想就是形成了新时代中国特色社会主义思想。新时代中国特色社会主义思想，是对马克思列宁主义、毛泽东思想、邓小平理论、“三个代表”重要思想、科学发展观的继承和发展，是马克思主义中国化最新成果，是党和人民实践经验和集体智慧的结晶，是中国特色社会主义理论体系的重要组成部分，是全党全国人民为实现中华民族伟大复兴而奋斗的行动指南，必须长期坚持并不断发展，并在各项工作中得以全面准确贯彻

*许耀桐，国家行政学院科研部前主任，教授、博士生导师。主要研究领域为政治体制改革、政治文明与民主政治发展。

落实。二是有了新的面貌，党的面貌发生了前所未有的变化。十八大以来的五年，我们党勇于面对党内存在的突出问题，以顽强意志品质正风肃纪、反腐惩恶，消除了党和国家内部存在的严重隐患，使党内政治生活气象更新，党内政治生态明显好转，党的创造力、凝聚力、战斗力显著增强，党的团结统一更加巩固，党群关系明显改善，党在革命性锻造中更加坚强，焕发出新的强大生机活力。

其次，中国共产党要有新作为。时代呼唤使命，使命激发斗志，处在中国特色社会主义新时代的中国共产党，一定要登高望远、居安思危，勇于变革、勇于创新，永不僵化、永不停滞，必须以新的精神状态和奋斗姿态投身新实践，奉献新作为。党在新时代的新作为，主要涵盖治党、治国、治军三大方面。第一，在治党上要有新作为。当前，迫切需要用新时代中国特色社会主义思想武装全党，在全党开展“不忘初心、牢记使命”主题教育，用党的创新理论武装头脑，推动全党更加自觉地为实现新时代党的历史使命不懈奋斗。反腐败永远在路上，十八大以来的五年反腐败斗争已经形成压倒性态势，要从巩固压倒性态势继续去夺取压倒性胜利。要健全党和国家监督体系，组建国家、省、市、县监察委员会。第二，在治国上要有新作为。要在从十九大到二十大的“两个一百年”奋斗目标的历史交汇期，带领全国人民爬坡过坎、攻坚克难全面建成小康社会，同时要乘势而上开启全面建设社会主义现代化国家新征程。统筹推进“五位一体”总体布局，协调推进“四个全面”战略布局，提高党把方向、谋大局、定政策、促改革的能力和定力，处理好内政、外交、国防各方面重大关系，确保党始终总揽全局、协调各方。必须规划好未来30年从基本实现社会主义现代化到建成富强民主文明和谐美丽的社会主义现代化强国的战略部署。第三，在治军上要有新作为。必须适应世界新军事革命发展趋势和国家安全需求，提高建设质量和效益，要确保军队在基本实现机械化，信息化建设取得重大进展，战略能力有大的提升。还要全面推进军事理论现代化、军队组织形态现代化、军事人员现代化、武器装备现代化，基本实现国防和军队现代化，到21世纪中叶把人民军队全面建成世界一流军队。

二、党的建设总要求与政治建设摆在首位

十九大报告首次明确提出“新时代党的建设总要求”，并做了科学、系统的阐述：坚持和加强党的全面领导，坚持党要管党、全面从严治党，以加强党的长期执政能力建设、先进性和纯洁性建设为主线，以党的政治建设为统领，以坚定理想信念宗旨为根基，以调动全党积极性、主动性、创造性为着力点，全面推进党的政治建设、思想建设、组织建设、作风建设、纪律建设，把制度建设贯穿其中，深入推进反腐败斗争，不断提高党的建设质量，把党建设成为始终走在时代前列、人民衷心拥护、勇于自我革命、经得起各种风浪考验、朝气蓬勃的马克思主义执政党。

查阅十八大报告和以前的党代会报告，并没有“党的建设总要求”的提法，但十八大报告中有一段相关党的建设总要求的论述：不断提高党的领导水平和执政水平、提高拒腐防变和抵御风险能力，是党巩固执政地位、实现执政使命必须解决好的重大课题。全党要增强紧迫感和责任感，牢牢把握加强党的执政能力建设、先进性和纯洁性建设这条主线，坚持解放思想、改革创新，坚持党要管党、从严治党，全面加强党的思想建设、组织建设、作风建设、反腐倡廉建设、制度建设，增强自我净化、自我完善、自我革新、自我提高能力，建设学习型、服务型、创新型的马克思主义执政党，确保党始终成为中国特色社会主义事业的坚强领导核心。

两相比照，两个报告关于党的建设总要求的提法有相同之处，例如，都强调要坚持党要管党、从严治党，都强调要加强党的执政能力建设、先进性和纯洁性建设的主线，都强调要加强党的思想建设、组织建设、作风建设、制度建设。但是，后者比起前者也有较大的变化和改进。从总体上看，新时代党的建设总要求更加突出了“坚持和加强党的全面领导”的问题，党政军民学，东西南北中，党是领导一切的。中国特色社会主义最本质的特征是中国共产党领导，中国特色社会主义制度的最大优势是中国共产党领导，“全面

领导”确立了党在国家政治生活中居于中心位置，党要总揽全局，才能协调各方，更好地把方向、谋大局、定政策。新时代党的建设总要求更加明确了党的建设的“四个以”和“四个为”的重点：以执政能力、先进性和纯洁性建设为主线，以党的政治建设为统领，以坚定理想信念宗旨为根基，以调动全党积极性、主动性、创造性为着力点。新时代党的建设总要求更加注重了党的政治建设问题，修改了过去关于党的建设是思想建设、组织建设、作风建设、反腐倡廉建设、制度建设“五位一体”的提法，现在提出的是政治建设、思想建设、组织建设、作风建设、纪律建设，是一个新的“五位一体”。在“五位一体”中，新增加的政治建设居先，成为统领，纪律建设则取代了反腐倡廉建设，立意更高、更合理，制度建设也不再单独列为一个方面，而是贯穿于“五位一体”之中，也就是“五位一体”建设都包含着制度建设，都要进行制度建设。

十九大报告提出：“把党的政治建设摆在首位。”由于党是最高的政治领导力量，因而在新时代党的建设总要求中，政治建设必须居于党的建设的首要地位。把党的政治建设摆在“五位一体”的首位，是因为列宁曾经说过：“政治是经济的集中表现，……政治同经济相比不能不占首位。不肯定这一点，就是忘记了马克思主义的最起码的常识。”政治不但与经济相比要占首位，政治和其他一切相比，也都要占首位的。旗帜鲜明地讲政治，是我们党作为马克思主义政党的根本要求。党的政治建设是党的根本性建设，决定党的建设方向和效果。全党要坚定执行党的政治路线，严格遵守政治纪律和政治规矩，在政治立场、政治方向、政治原则、政治道路上同党中央保持高度一致，增强党内政治生活的政治性，都与首先要加强党的政治建设分不开。

三、反腐败斗争压倒性态势与压倒性胜利

党的十八大召开之后，以习近平同志为核心的党中央就掀起了急风暴雨、声势浩大的反腐败斗争。习近平多次指出，反腐败要以“零容忍”的态度和刮

骨疗毒、壮士断腕的坚强决心，保持高压态势，将反腐败进行到底。“我们所说的不论什么人，不论其职务多高，只要触犯了党纪国法，都要受到严肃追究和严厉惩处，绝不是一句空话。”任何人没有“丹书铁券”、不是“铁帽子王”。我们党反腐败不是看人下菜的“势利店”，不是争权夺利的“纸牌屋”，也不是有头无尾的“烂尾楼”。十八大以来的反腐败斗争态势，从根本上扭转了以往的乏力颓势状况，并冲破了曾经一度呈现的“胶着状态”，逐渐生成为“压倒性态势”，最终壮大、巩固发展了这样的态势。

十九大报告指出：“反腐败斗争压倒性态势已经形成并巩固发展。”不敢腐的目标初步实现，不能腐的笼子越扎越牢，不想腐的堤坝正在构筑。之所以能够做出这样的判断，是因为摆着非常明显的事实。十八大以来的五年，以习近平同志为核心的党中央坚定不移地“打虎”、“拍蝇”、“猎狐”，共立案审查省军级以上党员干部及其他中管干部440人，其中中央委员、候补中央委员有43人，中央纪委委员有9人。纪律处分厅局级干部8900余人，处分县处级干部6.3万多人。我们坚决整治群众身边的腐败，共处分基层党员干部27.8万人。我们努力推进反腐败国际追逃追赃，共追回外逃人员3453人，其中“百名红通人员”已有48人落网。党的十九大代表、著名作家二月河对此做出评论：“从历史来看，我们阅读二十四史，反腐从来都是一个经常的事情。但是二十四史里面，没有一个时代，没有一个时期曾经有过现在这样的反腐力度。……从来没有像现在这样，在中国共产党的领导下，动员全体人民进行反腐，这件事震撼力很大。”

当然，当前的反腐败斗争形势依然严峻复杂，反腐败斗争还要继续下去，我们必须从巩固压倒性态势最终走向夺取压倒性胜利。夺取反腐败斗争压倒性胜利，既要继续坚持无禁区、全覆盖、零容忍，坚持重遏制、强高压、长震慑，更要加大制度反腐的力度。将反腐败制度化，才能使反腐败斗争规范化、常态化。要推进反腐败国家立法，把不敢腐、不能腐、不想腐的反腐败体制机制建立在制度的基础上，制定不敢腐、不能腐、不想腐的具体制度。反腐败的制度建立健全了、发挥作用了，反腐败斗争才能取得压倒性胜利。

四、组建监察委员会与留置取代“两规”

十九大报告提出：“组建国家、省、市、县监察委员会，同党的纪律检察机关合署办公，实现对所有行使公权力的公职人员监察全覆盖。制定国家监察法，依法赋予监察委员会职责权限和调查手段，用留置取代‘两规’措施。”在党的历史上，最早的监察委员会诞生于1927年4月底—5月上旬在武汉召开的中国共产党第五次全国代表大会，但这是作为党的纪律检查机构而设置的。十九大报告提出的组建国家、省、市、县监察委员会，则是把政府的监察部（厅、局）、预防腐败局及人民检察院查处贪污贿赂、失职渎职以及预防职务犯罪等部门的相关职能整合而成，是要通过人大法律程序建立的国家监督执法机关。

深化国家监察体制改革，成立国家监察委员会，这是党中央做出的一个重大政治决策。2016年12月25日，十二届全国人大常委会第二十五次会议表决通过全国人大常委会《关于在北京市、山西省、浙江省开展国家监察体制改革试点工作的决定》，规定了监察委员会将合并的机构以及产生方式、人员构成、任免方式和职责等，目的是加强党对反腐败工作的集中统一领导，构建集中统一、权威高效的国家监察体系。在党委领导下，纪委和监察委合署办公，使反腐败的力量会更集中，工作也会更加有效。

监察委员会成立后，将履行监督、调查、处置3项职责，监督检查公职人员依法履职、秉公用权、廉洁从政以及道德操守情况，调查涉嫌贪污贿赂、滥用职权、玩忽职守、权力寻租、利益输送、徇私舞弊以及浪费国家资财等职务违法和职务犯罪行为并做出处置决定，对涉嫌职务犯罪的，移送检察机关依法提起公诉。为履行3项职权，监察委员会可以采取谈话、讯问、询问、查询、冻结、调取、查封、扣押、搜查、勘验检查、鉴定、留置等12项措施。这就要用留置取代原来的“两规”（在规定的时间、规定的地点接受调查）。未来制定的国家监察法，将依法赋予监察委员会这些职责权限和调查手段。

用留置取代“两规”，是监督检查公职人员违法行为由党内法规处理向着由国家法律审处的根本转变。“两规”涉及的限制党员公职人员人身自由的问题，属于国家法律的权力。《党章》规定对党员有批评、教育、处分直至开除的权力，但没有限制其人身自由的权力。留置是一个法律用语，与羁押接近且程度轻于羁押的准羁押措施。在留置期间，就可以考虑律师的辩护权和介入权问题，这充分体现了依法治国的法治精神。

新时代中国社会的主要矛盾与深化供给侧结构性改革

张占斌*

【导语】党的十九大报告指出，我国社会的主要矛盾已由人民日益增长的物质文化的需要与落后生产力之间的矛盾转化为人民日益增长的美好生活需要和不平衡不充分的发展之间的矛盾。本文认为，要缩小这一矛盾，需要着力深化供给侧结构性改革。

习近平总书记在党的十九大报告中提出："中国特色社会主义进入了新时代，我国发展处于新的历史方位。"提出这一重大政治论断有许多的依据，十八大以来改革开放和社会主义现代化建设取得的历史性成就，开创了新局面；中国人民实现了从站起来、富起来到强起来的伟大历史性飞跃；马克思主义基本原理与中国具体实际相结合的第三次飞跃，提出了习近平新时代中国特色社会主义思想。十九大报告中还提出了一个重大判断，就是中国社会主要矛盾发生了变化，由人民日益增长的物质文化的需要与落后生产力之间的矛盾转化为人民日益增长的美好生活需要和不平衡不充分的发展之间的矛盾。社会主要矛盾的变化反映了我国发展阶段的变化，反映了党和国家工作重点的变化。新时代新矛盾，新矛盾新要求。只有深刻把握新时代中国社会主要矛盾变化的特征，树立"以人民为中心"思想，贯彻新发展理念，建设现代化经济体系，深化供给侧结构性改革，才能顺利地完成和实现全面建成小康社会和建设社会主义现代化强国的历史任务。

---

*张占斌，国家行政学院经济学教研部主任，教授、博士生导师。主要研究领域为宏观经济、政府经济管理等。

一、从我国社会主要矛盾变化看新时代的新要求

任何事物是矛盾的统一体，矛盾是推动事物发展的动力。主要矛盾和次要矛盾的对立统一辩证关系推动着事物的运动、变化和发展。在矛盾体系中，主要矛盾居于支配地位，对于事物发展起决定作用。贯穿于人类社会始终的基本矛盾是生产力和生产关系的矛盾。人类的各项活动就是围绕着如何解决这一对矛盾而开展的，人类的发展历史就是在解决这一对矛盾中前进的。从我国的革命、建设和改革开放的历史看，党和国家始终围绕着如何判断、解决中国社会主要矛盾而开展革命、建设和改革开放现代化建设事业，始终以社会主要矛盾为出发点，制定党和国家的战略方针政策。因此，如何准确判断和把握中国社会主要矛盾是制定一系列路线方针政策的基础和前提，也是我国革命、建设和改革开放长期实践中所要解决的重大理论问题。

1956 年党的八大就提出：生产资料私有制的社会主义改造基本完成以后，国内的主要矛盾不再是工人阶级和资产阶级之间的矛盾，而是人民对于建立先进的工业国的要求同落后的农业国的现实之间的矛盾，是人民对于经济文化迅速发展的需要同当前经济文化不能满足人民需要的状况之间的矛盾。提出该论断的实质是先进的社会主义制度同落后的社会生产之间的矛盾。八大时提出当时我国社会主要矛盾的出发点是着重强调党和国家的工作重心要进行转移，重点要集中力量发展生产力，因而具有重大的历史意义。不过，之后受到“左倾”思想和“文化大革命”的冲击，这一准确而重大的社会矛盾判断没有成为指导我国开展经济社会建设的纲领，在 1957 年后我党和国家的指导思想又回到了“以阶级斗争为纲”的路线上来。

1979 年，邓小平同志在中共中央理论工作务虚会上指出：“我们生产力水平很低，远不能满足人民和国家的需要，这就是目前时期主要矛盾，解决这个主要矛盾就是我们中心任务。”1981 年，十一届六中全会通过的《关于建国以来党的若干历史问题的决议》明确指出：“在社会主义改造基本完成以后，我国

所要解决的主要矛盾是人民日益增长的物质文化需要同落后的社会生产之间的矛盾。”对这一社会矛盾做出重大判断和明确界定为我党工作重心的转移做了铺垫，确立了社会主义初级阶段的基本路线是“领导和团结全国各族人民，以经济建设为中心，坚持四项基本原则，坚持改革开放，自力更生，艰苦创业，为把我国建设成为富强、民主、文明、和谐的社会主义现代化国家而奋斗”。改革开放之后党和国家工作的中心也紧紧围绕解决这一社会主要矛盾展开。

改革开放三十年的经济快速发展，我国经济社会发生了天翻地覆的变化。尤其是十八大以来，我国经济社会呈现出许多新阶段性的特征。从社会需求看，人民的需求发生了极大的变化，从吃饱穿暖的基本物质生活得到满足后，向更高层次的精神文化进行追求，在决胜全面建成小康社会阶段，人民美好生活的需要日益广泛，呈现出多样化多层次多方面的特点。从社会生产看，我国社会生产力水平总体上显著提高，社会生产能力在很多方面进入世界前列，220多种工业产品居全球第一，已经成为世界第二大经济体，以往的“落后的社会生产”提法也已经不符合实际了。

党的十九大报告对中国社会主要矛盾做了新的论述，指出新时代我国社会主要矛盾已经转化为人民日益增长的美好生活需要和不平衡不充分的发展之间的矛盾。从原来讲的“物质文化需要”到“美好生活需要”，从解决“落后的社会生产”问题到解决“不平衡不充分的发展”问题，这反映了我国社会发展的巨大进步，反映了发展的阶段性要求，也反映了党和国家事业发展的重点要求。当然，经济建设仍是我党和国家的中心工作，但在新时代更要注重抓全面发展，促进区域协调、收入分配协调、人与自然的协调等。社会主要矛盾的变化是关系全局的历史性变化，必然对党和国家的工作提出许多新要求。十九大对中国社会主要矛盾的论述准确地反映了改革开放以来中国社会发展变化的现实，反映了中国特色社会主义进入新时代后的新形势、新特点，更加充分地体现了“以人民为中心”的发展思想，体现了与时俱进的精神，应时而为，提出这一重大论断，具有重大的理论意义、政治意义和现实意义。

二、主要矛盾的转化对供给侧结构性改革提出了新要求

新时代新矛盾，新矛盾新任务，新任务新要求。

从现实看，我国已稳定解决了十几亿人的温饱问题，总体上实现了小康，在不久即将步入全面建成小康社会阶段，在基本物质需求得到满足后，人民美好生活需要日益广泛，不仅对物质文化生活提出更高要求，而且在民主、法治、公平、正义、安全、环境等方面的要求日益增长。与此同时，随着科技进步与经济发展，我国社会生产力水平显著提高，社会生产能力在很多方面步入世界前列，以往落后生产力与人民需求之间的矛盾得到解决，制约我国经济社会发展的突出问题是人民日益增长的美好生活需要和不平衡不充分发展之间的矛盾。

发展不平衡问题。所谓不平衡，主要是相对于“五大发展理念”中的协调而言，具体包括区域、城乡、物质文明与精神文明等多个领域的不平衡。不论是现实情况还是十九大报告中都指明了供给的结构性问题。突出表现在经济、政治、文化、民生和生态文明五个方面存在着发展不平衡问题。从区域看，东中西东北地区，沿海与内地，内地与边疆，陆地与海洋，先富与后富地区，城市与农村地区，区域内部在“五位一体”方面还存在巨大的差距，区域差距的成因源自资源要素禀赋的差异，也来源于我国不平衡发展战略的制度供给的差异，要破解区域不平衡问题，务必通过优化区域供给体系，由不平衡发展战略向均衡全面发展战略转变，通过实施全面深化改革手段，构建科学规范运行有效的均衡发展的制度体系。

发展不充分问题。突出反映了供给的水平和质量的问题。低端、无效供给过多，资源配置存在着扭曲现象。一方面是低端的产能过剩，另一方面是高端的需求供给不足。我国是制造业大国，但不是制造业强国，是互联网大国但不是数字强国，我国在许多领域都存在着“大而不强”的问题。发展不充分还突出表现在民生领域存在短板，比如住房、医疗、教育和环境等领域尚未达到老百姓满意的程度，需要加强这些领域和产品的供给。

解决不平衡不充分问题的关键在于建设现代化经济体系。十九大报告中指出，我国经济已由高速增长阶段转向高质量发展阶段，正处在转变发展方式、优化经济结构、转换增长动力的攻关期，建设现代化经济体系是跨越关口的迫切要求和我国发展的战略目标。从当前和今后很长时期来看，我们党和国家的工作重心和任务就是要着力解决好发展不平衡不充分问题，通过贯彻“创新、协调、绿色、开发和共享”五大发展理念，构建以供给侧结构性改革为主线的现代化经济体系，提升发展质量和效益，满足人民在经济、政治、文化、社会、生态等方面日益增长的需要，推动人的全面发展、社会全面进步。

三、深入推进各个领域供给侧结构性改革适应社会主要矛盾的转化

党的十九大报告将“深化供给侧结构性改革”列为“贯彻新发展理念，建设现代化经济体系”的首要任务。供给侧结构性改革强调从供给端发力，以改革的方式改变结构性失衡问题，供给侧结构性改革不仅仅局限于经济领域的改革，而是多领域全方位的改革。我们要把提高供给体系质量作为主攻方向，显著增强我国经济质量和水平。坚持质量第一、效益优先，以供给侧结构性改革为主线，推动经济发展质量变革、效率变革、动力变革，提高全要素生产率。

第一，深化供给侧结构性改革，要不断加快新动能的引领作用。我国实体经济发展正在从发展数量和效益提高向发展质量和效率提升转变，更加注重“质”的提升和人民的获得感。一是要加快建设制造强国，加快发展先进制造业，推动互联网、大数据、人工智能和实体经济深度融合，在中高端消费、创新引领、绿色低碳、共享经济、现代供应链、人力资本服务等领域培育新增长点、形成新动能。二是要加强水利、铁路、公路、水运、航空、管道、电网、信息、物流等基础设施网络建设。三是要支持传统产业优化升级，加快发展现代服务业，瞄准国际标准提高水平。促进我国产业迈向全球价值链中高端，培育若干世界级先进制造业集群。

第二，深化供给侧结构性改革，在“三去一降一补”方面取得实质性进展。去产能方面，要将去产能与结构调整、产业转型、企业重组、需求管理相结合，依靠市场化、法治化手段处置“僵尸企业”。去库存方面，要坚持“房子是用来住的，不是用来炒的”指导思想，分类调控，因城因地施策。一二线热点城市要建立多主体供给、多渠道保障、租购并举的住房制度，与城镇居民消费升级相适应。三四线城市要重点加快城市对农村转移人口的包容和融合，缓解库存压力过大的问题。去杠杆方面，要着力优化杠杆的结构，提升杠杆的质量，以国有企业去杠杆为重点，以市场化债转股、兼并重组和混合所有制改革为国有企业去杠杆的主攻方向。降成本方面，要把减税降费作为实体经济企业降成本工作的主要抓手，在推进营改增、完善地方收费清单和清理政府性基金三个方面持续深入推进。补短板方面，要在市政和环保基础设施、就业创业、卫生医疗、扶贫脱贫等方面不断加大政策支持力度。

第三，深化供给侧结构性改革，要调动和激励全社会的创新创业能力。一方面，当今世界正处于科技革命和新经济不断涌现的浪潮中，企业家是新经济的推动者、创造者和引领者。全社会要营造保护企业家合法权益的法治环境，促进企业家公平竞争、诚信经营的市场环境，尊重和激励企业家干事创业的氛围，充分保护企业家的主动性和积极性，激发和保护企业家精神，鼓励更多社会主体投身创新创业。另一方面，走新型工业化道路、建设制造业强国，需要全面提升劳动者素质，要建设知识型、技能型、创新型劳动者大军，弘扬劳模精神和工匠精神，营造劳动光荣的社会风尚和精益求精的敬业风气，在促进新动能发展和产业升级的同时，带动扩大就业和脱贫攻坚。

第四，深化供给侧改革，要强化政府职能转变。一是要继续推动“放管服”改革向纵深发展，深化行政体制改革，通过简政放权、放管结合、优化服务，转变政府职能。二是要继续推动实施“权力负面清单”制度。加快权力清单、责任清单、负面清单的“三张清单”制度改革落地，明确政府权力清单，做到“法无授权不可为”，发挥市场在资源配置中的决定性作用。三是加快推进政务公开，打造阳光政府。全面推进政务公开，建设公开透明的现代政府，通过加强政府信息和政务服务平台建设，服务企业服务人民。

打造共建共治共享的社会治理格局

龚维斌*

【导语】党的十九大报告科学地总结我国社会治理实践和理论创新成果，并提出五个层次的重点任务，致力于打造共建共治共享的社会治理格局，本文对此进行了分析解读。

党的十九大科学总结社会治理实践和理论创新成果，回应人民关切和期盼，举旗定向，谋篇布局，对社会治理制度以及重点领域的工作做出部署，提出五个层次的重点任务，致力于打造共建共治共享的社会治理格局，推动形成有效的社会治理、良好的社会秩序。

一是加强社会治理制度建设。有效的社会治理需要多方面多层次的制度保障，其中最重要的制度有两个方面：一是完善党委领导、政府负责、社会协同、公众参与、法治保障的社会治理体制。这是社会治理坚持系统治理的内在要求。十八大提出，加快形成党委领导、政府负责、社会协同、公众参与、法治保障的社会管理体制。十八届三中全会提出了创新社会治理体制的重要思想，把社会管理创新推向社会治理创新的新境界。与此同时，社会治理体制内涵的表述也有了细微的变化，“政府负责”被修改为“政府主导”。经过几年的实践探索，从全面加强党的领导和更为科学合理的制度安排角度出发，十九大把“政府主导”重新改为“政府负责”。二是提高社会治理的社会化、法治化、智能化、专业化水平。十八大提出“提高社会管理科学化水平”，十八届三中全会提出“提高社会治理水平”，十八届五中全会进一步提出“推进社会治理精细

---

*龚维斌，国家行政学院进修部主任，教授、博士生导师。主要研究领域为社会治理、应急管理等。

化”，十九大则提出“四化”的新要求。所谓社会化，就是要坚持党的群众路线，组织和动员各方面群众积极参与社会治理，做到共建共治共享。所谓法治化，是指领导干部维护群众利益、处理社会问题、化解社会矛盾，要树立法治思维、运用法治方式，广大群众也必须依法有序理性维护自身的合法权益。智能化是指利用现代科技手段，特别是大数据和信息化等手段提高社会管理和服务的精确性和便利性。专业化要求社会治理的手段和方法符合社会治理内在规律和特点，从业人员在科学理论指导下经过专门的训练，掌握必要的知识和技能。与前几次相比，十九大对于创新社会治理体制机制和方式方法的部署更加科学、更加明确。

二是加强重点领域的机制和体系建设。首先，加强预防和化解社会矛盾机制建设，正确处理人民内部矛盾。当前，我国改革发展过程仍然存在大量不和谐因素，社会矛盾和问题交织叠加。大量社会矛盾和问题属于人民内部矛盾，要从维护群众合法权益的角度，构建起有序有效的诉求表达机制、利益协调机制、重大决策风险评估机制和权益保障机制，从源头上防范和化解社会矛盾。其次，健全公共安全体系。随着经济社会的发展和人民生活水平的提高，人们对公共安全提出了更高的要求。习近平总书记指出，公共安全是最大的民生。党的十九大报告要求树立安全发展理念，弘扬生命至上、安全第一的思想，改革完善安全生产管理、防灾减灾救灾体制机制，坚决遏制重特大安全事故，提高防灾减灾救灾能力。安全发展第一次写入党的代表大会的政治报告，是全新的发展理念，是坚持以人民为中心的发展理念的生动体现。党的十八大报告提出，“强化公共安全体系和企业安全生产基础建设，遏制重特大安全事故”。显然，十九大报告的内容更加丰富，部署精准细致，要求更高。遏制重特大安全事故中的“坚决”，既是坚定的决心和意志，也是严肃的态度和要求，更是必胜的信心和郑重的承诺。根据习近平总书记重要讲话精神，在总结近年来公共安全管理正反两方面经验的基础上，借鉴国际上的有益做法，中共中央、国务院分别于2016年12月9日和19日颁布了《关于推进安全生产领域改革发展的意见》和《关于推进防灾减灾救灾体制机制改革的意见》两个重要文件，成为新时代推进安全生产管理创新和防灾减灾救灾综合体制机制改革的依据。第三，加快社会治安防控体系建设。在快速推进的工业化、城镇化、信息化和市场化过程中，我国社会治安形势出现了新情况新特点，黄赌毒黑拐骗等违法犯罪活动成为突出的社会治安问题。十九大针对这几个方面的问题专门进行部署，要求依法打击和惩治。值得注意的是，报告把一直沿用的“保障人民生命财产安全”调整为“保护人民人身权、财产权、人格权”，体现了法治精神，特别是提出“人格权”更是一种理念的进步和对人民美好生活需要的回应。

三是加强社会心理服务体系建设。现代社会工作和生活节奏越来越快，工作压力、学习压力、竞争压力、生活压力越来越大，传统的家庭、熟人社会的支持网络却日益变小，新的社会支持网络又很不稳定，难以满足人们的情感、心理的需要，心理健康问题日益浮出水面，成为一个不可回避也无法回避的现实问题。有专家根据我国部分地区精神疾病流行病学调查结果估算：我国 15 岁以上人口中，各类精神疾病患者人数超过 1 亿人，其中 1600 万人是重性精神障碍患者，其余大多数是抑郁症、自闭症等精神障碍或心理行为障碍患者。还有一些工作、生活、学习、情感受到挫折的人群，缺少家庭和朋友交流的人群，心理往往较为脆弱，例如，失业人员、受过法纪处理的人员、流动人口及其家庭留守人员等。精神和心理异常、心理脆弱，不仅严重影响其本人正常的工作生活，也严重影响其家庭的幸福安康，还会影响社会和谐稳定。习近平总书记强调，加强和创新社会治理，核心是人，只有人与人和谐相处，社会才会安定有序。因此，无论是出于保障人权，还是维护社会平安和谐，心理服务都必须得到重视，心理服务体系建设完善刻不容缓。十八大开始关注心理健康问题，要求“健全社会心理服务和疏导机制、危机干预机制”。几年来，各地探索和积累了不少好的经验，十九大在此基础上进行了更系统、更科学的部署，提出“培育自尊自信、理性平和、积极向上的社会心态”，使得心理服务变得更为积极主动、明确具体。

四是加强社区治理体系建设。由于在计划经济时期形成的“单位制”的解体和城乡社会结构的深刻变化，随着社会治理实践的不断推进，人们越来越强烈地意识到，城乡社区是社会治理的基本单元，是社会治理的重心所在。城乡社区治理事关党和国家大政方针贯彻落实，事关居民群众切身利益，事关城乡基层和谐稳定。2014 年，上海市委、市政府把加强基层社会治理作为当年的 1 号课题开展研究。根据课题研究成果，2015 年初出台了《关于进一步创新社会治理加强基层建设的意见》。2016 年全国“两会”期间，习近平总书记参加上海代表团分组审议，就社会治理发表重要讲话，他指出，基层是一切工作的落脚点，社会治理的重心必须落实到城乡、社区。为全面提升城乡社区治理法治化、科学化、精细化水平和组织化程度，促进城乡社区治理体系和治理能力现代化，2017 年 6 月，中共中央、国务院颁布了《关于加强和完善城乡社区治理的意见》。正是在这种背景下，十九大提出，加强社区治理体系建设，推动社会治理重心向基层下移，发挥社会组织作用，实现政府治理和社会调节、居民自治良性互动。

五是有效维护国家安全。十九大突出强调维护国家安全的地位和作用，用了一个段落论述和部署，极大丰富了党的十八大对国家安全的认识和安排。在对近年来国家安全工作的经验和面临的形势系统梳理的基础上，报告提出，一要完善国家安全战略和国家安全政策，二要健全国家安全体系，三要严密防范和坚决打击各种渗透颠覆破坏活动、暴力恐怖活动、民族分裂活动、宗教极端活动，四要加强国家安全教育。

实践在发展，形势在变化，理论也会随之不断创新。与过去相比，党的十九大关于社会治理的文字表述更加精准，任务更加聚焦明确，标准更严更高，部署更加科学合理，表明我们党对社会治理规律的认识更加深入，进一步丰富和发展了中国特色社会主义社会治理理论。学习理解好、贯彻落实好党的十九大关于加强和创新社会治理的精神，是有效提升社会治理水平，开创更有秩序更有活力的社会治理新局面，为人民群众创造更加安全稳定的社会环境的重要保证。

党的十九大报告的大逻辑

丁茂战*

【导语】党的十九大报告是迈进新时代、雄起新姿态、开启新征程、续写新篇章的政治宣言和行动纲领，也是逻辑体系极其严密的马克思主义光辉文献。本文从逻辑体系上对报告进行学习解读，以期更好地把握报告的精神实质和深刻内涵。

一、做出重大判断：中国特色社会主义事业进入新时代

十九大报告开篇做出了中国特色社会主义进入了新时代的重大判断。这是对党和国家发展历史方位的精辟概括，也是绘就新时代的蓝图的根本依据和逻辑起点。

1978 年，我们党召开了具有重大历史意义的十一届三中全会，开启了改革开放历史新时期。1978—2012 年的短短 34 年里，我们党团结带领人民进行改革开放新的伟大革命，破除了阻碍国家和民族发展的一切思想和体制障碍，开辟了中国特色社会主义道路，使我们的国家大踏步地赶上了时代，中国特色社会主义伟大事业取得了空前的历史性成就。仅以国内生产总值为例，按照当年价格计算翻了 147 倍。根据 IMF 提供的数据，2012 年已经超过日本 38.7%，稳居世界第二。

党的十八大以来，在以习近平同志为核心的党中央的坚强领导下，我们党以巨大的政治勇气和强烈的责任担当，提出一系列新理念新思想新战略，出台

* 丁茂战，国家行政学院信息技术部主任、研究员。主要研究领域为宏观经济。

一系列重大方针政策，推出一系列重大举措，推进一系列重大工作，解决了许多长期想解决而没有解决的难题，办成了许多过去想办而没有办成的大事，推动党和国家事业发生历史性变革。特别是以顽强意志品质正风肃纪、反腐惩恶，消除了党和国家内部存在的严重隐患，党的创造力、凝聚力、战斗力显著增强。五年来的成就是全方位的、开创性的，五年来的变革是深层次的、根本性的。这些历史性变革，对党和国家事业发展具有重大而深远的影响。

中国人民在中国共产党的领导下，经过建党以来的 96 年、新中国成立以来的 68 年、改革开放以来的 39 年、十八大以来的 5 年的不懈奋斗，我国经济实力、科技实力、国防实力、综合国力进入世界前列，国际地位实现前所未有的提升。根据 IMF 的购买力平价指数计算，我国 GDP 在 1999 年就超过日本、跃居世界第二，2014 年超过美国，跃居世界第一，2015 年超过欧盟的总和。我们党的面貌、国家的面貌、人民的面貌、军队的面貌、中华民族的面貌发生了前所未有的变化，中华民族正以崭新姿态屹立于世界的东方。中国特色社会主义进入了新时代，这是我国发展新的历史方位。

中国特色社会主义进入了新时代，这意味着近代以来久经磨难的中华民族迎来了从站起来、富起来到强起来的伟大飞跃，迎来了实现中华民族伟大复兴的光明前景；意味着科学社会主义在二十一世纪的中国焕发出强大生机活力，在世界上高高举起了中国特色社会主义伟大旗帜；意味着中国特色社会主义道路、理论、制度、文化不断发展，拓展了发展中国家走向现代化的途径，给世界上那些既希望加快发展又希望保持自身独立性的国家和民族提供了全新选择，为解决人类问题贡献了中国智慧和中国方案。这是承前启后、继往开来，在新的历史条件下继续夺取中国特色社会主义伟大胜利的时代，是决胜全面建成小康社会、进而全面建设社会主义现代化强国的时代，是全国各族人民团结奋斗、不断创造美好生活、逐步实现全体人民共同富裕的时代，是全体中华儿女勠力同心、奋力实现中华民族伟大复兴中国梦的时代，是我国日益走近世界舞台中央、不断为人类做出更大贡献的时代。

新时代的深刻变革还体现在我国社会主要矛盾已经实现了转化。我们解决了十几亿人的温饱问题，总体上实现小康，不久将全面建成小康社会，人民美好生活需要日益广泛，不仅对物质文化生活提出了更高要求，而且在民主、法治、公平、正义、安全、环境等方面的要求日益增长。同时，我国社会生产力水平总体上显著提高，社会生产能力在很多方面进入世界前列，更加突出的问题是发展不平衡不充分，这已经成为满足人民日益增长的美好生活需要的主要制约因素。我国社会主要矛盾已经转化为人民日益增长的美好生活需要和不平衡不充分的发展之间的矛盾。社会主要矛盾的变化是关系全局的历史性变化，必然要对党和国家工作提出了许多新要求。我们要在继续推动发展的基础上，着力解决好发展不平衡不充分问题，大力提升发展质量和效益，更好满足人民在经济、政治、文化、社会、生态等方面日益增长的需要，更好推动人的全面发展、社会全面进步。

二、雄起奋斗姿态：凝聚起同心共筑中国梦的磅礴力量

走进新时代，绝不是轻轻松松、敲锣打鼓的事情。新中国成立前夕，毛泽东在西柏坡召开的党的七届二中全会上说："夺取全国胜利，这只是万里长征走完了第一步。革命以后的路更长，工作更伟大、更艰苦。"改革开放以后，邓小平也告诫全党，"发展起来以后的问题不比不发展时少"。习近平总书记也在报告中指出，行百里者半九十。我们正日益走近世界舞台的中央，但进入新时代以后的事业更伟大、更艰巨！

中国共产党一经成立，就把实现共产主义作为党的最高理想和最终目标，肩负起实现中华民族伟大复兴的历史使命，团结带领人民进行了艰苦卓绝的斗争，谱写了气吞山河的壮丽史诗。我们党团结带领人民进行了28年浴血奋战，完成了新民主主义革命，1949年建立了中华人民共和国，实现了中国从几千年封建专制政治向人民民主的伟大飞跃。新中国成立后，我们党团结带领人民完成了广泛而深刻的社会变革，为当代中国一切发展进步奠定了根本政治前提和制度基础。改革开放后，我们党团结带领人民进行改革开放新的伟大革命，破

除阻碍国家和民族发展的一切思想和体制障碍，开辟了中国特色社会主义道路，使中国大踏步赶上时代。96 年来，为了实现中华民族伟大复兴的历史使命，我们党都初心不改、矢志不渝，团结带领人民历经千难万险，付出巨大牺牲，敢于面对曲折，勇于修正错误，创造了一个又一个彪炳史册的人间奇迹。今天，我们比历史上任何时期都更接近实现中华民族伟大复兴的目标。面对新时代更加光荣、更为艰巨的历史使命，全党必须雄起奋斗姿态，在新时代的大道上阔步前进。

实现伟大梦想，必须进行伟大斗争。要团结带领人民有效应对重大挑战、抵御重大风险、克服重大阻力、解决重大矛盾，必须进行具有许多新的历史特点的伟大斗争。必须充分认识这场伟大斗争的长期性、复杂性、艰巨性，发扬斗争精神，提高斗争本领，不断夺取伟大斗争新胜利。实现伟大梦想，必须建设伟大工程。要更加自觉地坚定党性原则，勇于直面问题，敢于刮骨疗毒，消除一切损害党的先进性和纯洁性的因素，清除一切侵蚀党的健康肌体的病毒，不断增强党的政治领导力、思想引领力、群众组织力、社会号召力，确保我们党永葆旺盛生命力和强大战斗力。实现伟大梦想，必须推进伟大事业。要更加自觉地增强道路自信、理论自信、制度自信、文化自信，保持政治定力，坚持实干兴邦，始终坚持和发展中国特色社会主义。“四个伟大”紧密联系、相互贯通、相互作用，其中起决定性作用的是党的建设新的伟大工程。要确保党在世界形势深刻变化的历史进程中始终走在时代前列，在应对国内外各种风险和考验的历史进程中始终成为全国人民的主心骨，在坚持和发展中国特色社会主义的历史进程中始终成为坚强领导核心，以党的坚强领导和顽强奋斗，激励全体中华儿女不断奋进，凝聚起同心共筑中国梦的磅礴力量！

三、提出根本遵循：习近平新时代中国特色社会主义思想

新时代必须拥有新思想的指导。中国共产党之所以能够完成近代以来各种

政治力量不可能完成的艰巨任务，就在于始终把马克思主义这一科学理论作为自己的行动指南，就在于坚持把马克思主义基本原理同中国革命、建设和改革开放实际相结合，不断推进马克思主义中国化。在中华民族复兴的伟大进程中，毛泽东思想、邓小平理论、“三个代表”重要思想、科学发展观，相继写在了我们党的旗帜上。

十八大以来，国内外形势变化和我国各项事业发展都给我们提出了一个重大时代课题，这就是必须从理论和实践结合上系统回答新时代坚持和发展什么样的中国特色社会主义、怎样坚持和发展中国特色社会主义，包括新时代坚持和发展中国特色社会主义一些基本问题，并且要根据新的实践对各方面做出理论分析和政策指导，以利于更好坚持和发展中国特色社会主义。围绕这些重大的时代课题，以习近平为主要代表的中国共产党人，坚持以马克思列宁主义、毛泽东思想、邓小平理论、“三个代表”重要思想、科学发展观为指导，坚持解放思想、实事求是、与时俱进、求真务实，坚持辩证唯物主义和历史唯物主义，紧密结合新的时代条件和实践要求，以全新的视野深化对共产党执政规律、社会主义建设规律、人类社会发展规律的认识，进行艰辛理论探索，取得重大理论创新成果，形成了习近平新时代中国特色社会主义思想。

习近平新时代中国特色社会主义思想，明确了坚持和发展中国特色社会主义的总任务、新时代我国社会的主要矛盾、中国特色社会主义事业的总体布局和战略布局、全面深化改革的总目标、全面推进依法治国总目标、党在新时代的强军目标、中国特色的大国外交、中国特色社会主义的最本质特征、中国特色社会主义制度的最大优势、新时代党的建设总要求等一系列重大理论和实践问题。

习近平新时代中国特色社会主义思想的精神实质和丰富内涵，就是坚持党对一切工作的领导、坚持以人民为中心、坚持全面深化改革、坚持新发展理念、坚持人民当家作主、坚持全面依法治国、坚持社会主义核心价值体系、坚持在发展中保障和改善民生、坚持人与自然和谐共生、坚持总体国家安全观、坚持党对人民军队的绝对领导、坚持“一国两制”和推进祖国统一、坚持推动构建人类命运共同体、坚持全面从严治党。这十四条，构成了新时代坚持和发展中国特色社会主义的基本方略。全党必须全面贯彻党的基本理论、基本路线、基本方略，高举习近平新时代中国特色社会主义思想的伟大旗帜，决胜全面建成小康社会，夺取新时代中国特色社会主义伟大胜利。

四、勾勒发展蓝图：新时代中国特色社会主义发展的战略安排

新时代必须有新战略。根据发展阶段，制定发展战略，一届接着一届办、一代接着一代干，是我们党治国理政的一条重要经验。

1964 年，周恩来在三届全国人大一次会议上，正式把实现四个现代化作为中国的战略目标。1987 年党的十三大前夕，邓小平提出“三步走战略”：1981—1990 年，GDP 翻一番，实现温饱；1991—2000 年再翻一番，达到小康；2000—2050 年，再翻两番，达到中等发达国家水平。由于前两步目标提前实现，党的十五大提出了新三步走奋斗目标：2000—2010 年实现 GDP 翻一番，使人民的小康生活更加宽裕；2010—2020 年即建党一百年时，使国民经济更快发展；2020—2050 年即建国一百年时基本实现现代化。十六大将第一个百年目标具体化为“全面建设惠及十几亿人口的更高水平的小康社会”。十七大把十五大、十六大提出的 2020 目标进一步具体化，提出到 2020 年建成小康社会。十八大提出“确保到 2020 年实现全面建成小康社会宏伟目标”。回顾改革开放以来我国现代化的时间表和路线图，我们已经走过了 1990 年主要解决人民温饱的第一阶段、2000 年使人民生活达到小康水平的第二阶段、2010 年的“人民的小康生活更加宽裕”的第三阶段。

党的十九大在我国现代化进程中具有特殊意义，既要部署和落实第一个百年目标，又要对第二个百年目标做进一步的安排。习近平总书记在报告中明确指出，从现在到 2020 年，是全面建成小康社会决胜期。我们要按照十六大、十七大、十八大提出的全面建成小康社会各项要求，紧扣我国社会主要矛盾变

化，统筹推进经济建设、政治建设、文化建设、社会建设、生态文明建设，坚定实施科教兴国战略、人才强国战略、创新驱动发展战略、乡村振兴战略、区域协调发展战略、可持续发展战略、军民融合发展战略，突出抓重点、补短板、强弱项，特别是要坚决打好防范化解重大风险、精准脱贫、污染防治的攻坚战，使全面建成小康社会得到人民认可、经得起历史检验。

从十九大到二十大，是“两个一百年”奋斗目标的历史交汇期。我们既要全面建成小康社会、实现第一个百年奋斗目标，又要乘势而上开启全面建设社会主义现代化国家新征程，向第二个百年奋斗目标进军。党的十九大综合分析国际国内形势和我国发展条件，从 2020 年到 21 世纪中叶可以分两个阶段来安排。第一个阶段，2020—2035 年，在全面建成小康社会的基础上，再奋斗十五年，基本实现社会主义现代化。第二个阶段，从 2035 年到 21 世纪中叶，在基本实现现代化的基础上，再奋斗十五年，把我国建成富强民主文明和谐美丽的社会主义现代化强国。这样，我国改革开放以来现代化建设总共就是六个阶段，2010—2020 年全面建成小康社会、实现第一个百年目标，这是第四阶段，2020—2035 年基本实现社会主义现代化是第五阶段，2035—2050 年把我国建成富强民主文明和谐美丽的社会主义现代化强国是第六阶段。

我们党过去提出的奋斗目标是到 21 世纪中叶基本实现现代化，这次提出到 2035 年就要基本实现社会主义现代化，而 21 世纪中叶则是建设成社会主义现代化强国。这一方面说明我们发展的成就巨大，超出了预期；另一方面也表明未来我国发展的潜力仍然很大，长期向好的态势没有改变。做出这样一个安排是非常有把握的，也有利于激励全党全国各族人民为之奋斗。

综合我国的国情等方面的因素，按照 IMF 统计数据，按照当年价格计算，2016—2035 年我国 GDP 年均增长 6% 是有可能的，那么，2035 年我国的经济总量将接近 34 万亿美元，人均收入也将跨进发达国家行列。依据同样的逻辑，按照美国 3% 的年均增长预期，美国 2035 年的 GDP 总量约为 33 万亿美元。也就是说，2035 年中国基本实现现代化的时候，不但人均 GDP 进入发达国家行列，而且总量上跃居世界第一。如果在 2035—2050 年的 15 年里，中美两国按照当年价格计算的经济增长速度分别下降到4%和2%，那么2050年中美两国经济总量分别是61万亿美元和44万亿美元，中国人均收入也将接近4万美元。如果按照国家统计局统计数据分析，我国经济发展水平还将更高。此时，中华民族伟大复兴中国梦即成现实，社会主义现代化强国将屹立于世界的东方！

党的十九大报告对于两个阶段的布局没有提出经济速度指标，因为，我国社会主要矛盾已经发生变化，我国经济发展已转向高质量发展阶段。我们不是不要增长速度，而是要通过质量、效率、动力“三个变革”来实现增长和发展，着力解决不平衡不充分的发展问题，推动党和国家事业全面发展。

十九大报告明确指出，2035年基本实现现代化的时候，我国经济实力、科技实力将大幅跃升，跻身创新型国家前列；人民平等参与、平等发展权利得到充分保障，法治国家、法治政府、法治社会基本建成，各方面制度更加完善，国家治理体系和治理能力现代化基本实现；社会文明程度达到新的高度，国家文化软实力显著增强，中华文化影响更加广泛深入；人民生活更为宽裕，中等收入群体比例明显提高，城乡区域发展差距和居民生活水平差距显著缩小，基本公共服务均等化基本实现，全体人民共同富裕迈出坚实步伐；现代社会治理格局基本形成，社会充满活力又和谐有序；生态环境根本好转，美丽中国目标基本实现。

2050年成为现代化强国的时候，我国物质文明、政治文明、精神文明、社会文明、生态文明将全面提升，实现国家治理体系和治理能力现代化，成为综合国力和国际影响力领先的国家，全体人民共同富裕基本实现，我国人民将享有更加幸福安康的生活，中华民族将以更加昂扬的姿态屹立于世界民族之林。原来的目标是到新中国成立一百年时建成富强民主文明和谐的社会主义现代化国家。党的十九大加上了“美丽”两个字，并且把原来的“国家”改成了“强国”，这样提升了第二个百年奋斗目标的内在要求。

实干兴邦、空谈误国。党的十九大报告立足于新时代、新姿态，高举新时代中国特色社会主义思想伟大旗帜，按照实现新时代的发展目标的战略安排，对我国社会主义现代化新征程的经济、政治、文化、社会、生态、国防军队、国家统一、大国外交、党的建设等九个方面做了全面部署，既是政治宣言，又是行动纲领，既指明了奋斗方向，又明确了重点任务。报告是既有重大理论创新、又有重大实践指导意义的马克思主义光辉文献。

构建现代金融监管框架

董小君*

【导语】党的十九大报告指出，要突出抓重点、补短板、强弱项，特别是要坚决打好防范化解重大风险。本文结合十九大以及第五次全国金融工作会议精神，从危机后国际金融监管改革的逻辑主线出发，提出我国现有金融监管体制要从加强统一监管、宏观审慎监管、双峰监管、功能性监管这四个方面补短板，要提升金融安全，防范金融系统性风险。

十九大报告强调指出“要突出抓重点、补短板、强弱项，特别是要坚决打好防范化解重大风险”。那么，构建现代金融监管体系，也需要补短板。我国金融监管有哪些短板？在第五次全国金融工作会议上，习近平总书记提出了四个方面的短板：一是设立“国务院金融稳定发展委员会”，以强化综合监管；二是加强宏观审慎管理，以强化中央银行的系统性风险防范职责；三是突出功能监管，以防止监管套利；四是加强行为监管，以保护消费者权益。从危机后国际金融监管改革的趋势看，世界各国都结合自身的问题，对本国金融监管体制进行改革。其中，加强统一监管、宏观审慎监管、双峰监管和功能性监管，成为危机后国际金融监管改革的四条主线。这四条主线，恰恰是我国现有金融监管体制的短板。

*董小君，国家行政学院决策咨询部副主任，教授、博士生导师。主要研究领域为金融学。

一、设立国务院金融稳定发展委员会：补“统一监管”的短板

从监管体系看，金融监管分为统一监管体制与多边监管体制。多边监管体制以美国为代表，统一监管体制以英国为代表。

美国是一种典型的“多边监管”模式。次贷危机表面上是美国银行利率上涨导致房地产价格下跌，引发的资金链断裂造成的，其深层原因却在于美国的“多边监管”体制的缺陷。美国的多边监管，纵向上是联邦政府与州政府的双重监管，在联邦层面主要包括美国联邦储备系统、货币监理署、联邦存款保险公司、证券交易委员会、商品期货交易委员会、储蓄管理局、信用合作社管理局等七个机构；横向上则是各专业机构的分业监管，对商业银行的监管由美国联邦储备系统、货币监理署、联邦存款保险公司三家机构共同负责，对证券业的监管由证券交易委员会负责，对商品期货和金融期货的监管由商品期货交易委员会监管，对储蓄贷款协会和储蓄贷款控股公司的监管由储蓄管理局负责，对信用合作社的监管由储蓄管理局负责。① 次贷危机极大地暴露出美国多边金融监管体制的缺陷，即监管疏漏与监管重叠并存。一些跨机构、跨市场、跨部门的穿透产品（如次贷证券化）拆除了各类市场之间的藩篱，形成了一体化的联动市场和产品链，多边金融监管难以对这样的产品进行有效监管。危机后，美国成立了跨部门的金融服务监督委员会（Financial Services Oversight Council , FSOC）以扭转以往监管疏漏、协调不力和监管职权受限的困境。

英国经历过从多边监管向统一监管的转型。1997 年之前，英国实施分业金融监管，9 家金融监管机构九龙治水，不仅协调成本高，而且缺乏一个足够权威的机构来应对危机。以致当危机来临之时，监管部门无法通过协调一致行动。

① 陈斌彬：《危机后美国金融监管体制改革述评 ——多边监管抑或统一监管》，《法商研究》2010 年第 3 期。

1995 年，英国巴林银行就因其新加坡分行投资业务失控，监管部门因协调困难错过了应对危机的最佳时机。1997 年，英国开始实施统一的金融监管，设立英国金融服务管理局（FSA）；2000 年英国通过了《 金融服务与市场法》，标志着英国金融统一监管体系的正式形成。该法堪称英国金融业的一部“基本法”，该法规定英格兰银行不再兼有银行服务管理职能，只承担货币政策职能，对金融行业的监管职能由金融服务管理局（ FSA）全面承担。2009 年英国在《改革金融市场》中提出，拟建立金融稳定理事会，负责防范系统性风险，以维护金融整体稳定。由于英国的统一监管模式对全球金融改革产生了广泛的影响，据统计，目前世界上采用统一监管机构模式的国家有 56 个。这次危机中，采取统一监管的英国 、日本和德国受损较小，这也充分说明了统一监管模式的优越性所在 。

我国现行的金融系统，与美国以及英国早期（1997 年之前）有较多相似之处。我国从 20 世纪 90 年代开始，逐渐形成了“分业＋分段”监管模式，“一行三会”各司其职，缺乏政策协同性，协调成本高，容易形成政策叠加或政策背离。如 2010 年 9 月，为有效盘活信贷资源，人民银行指导银行间同业拆借中心推出全国银行间市场贷款转让平台，但同年 10 月份，银监会以规范银行业金融机构信贷转让业务为由，造成该业务实质停滞。2014 年 8 月，银监会又单独打造推出功能相同的银行业信贷资产登记流转中心，人为造成信贷转让市场分割。不同金融行业在金融业创新和交叉监管上缺乏协作和配合，监管套利层出不穷。“一行三会”之间，虽然有“金融监管部际联席会议”制度，但各监管部门之间协调难度大，一旦出现跨机构、跨市场、跨行业的交叉金融风险时，由哪个监管机构来负责很难确定。这种分业监管体制与国际上金融监管已形成的统一监管趋势相背离。为了克服在分业监管体制下的弊端，有必要建立统一监管体制。统一监管符合金融机构混业经营发展趋向。成立国务院金融稳定发展委员会，协调金融监管机构之间的关系，不仅能解决“一行三会”的协调统一问题，而且从体制上根本上解决“铁路警察，各管一段”的弊端。国务院金融稳定发展委员与原有的金融监管协调部际联席会议相比，在统筹协调方面，职能完整，这标志着中国的金融监管基本框架从分业到统一的转型。

二、强化人民银行宏观审慎管理：补防范“系统性金融风险”方面的短板

在监管方法上，金融监管分为宏观审慎监管（Macro-prudential Supervision）与微观审慎监管（ Micro-prudential Supervision）。

传统监管理论认为，单个金融机构的微观审慎监管，就能防范系统性金融风险。危机以来，国际社会普遍认识到，个体金融机构的稳健性并不意味着系统稳定。缺少宏观审慎监管难以应对系统性风险，这也是本次金融危机的重要诱因。金融体系与实体经济的风险防范要有一个有效连接点，在微观审慎监管制度安排下，由于监管机构的过度划分，使得各家监管机构都关注自身职责范围内的风险，这样会在金融体系内产生负外部性。于是，需要从宏观的视角运用审慎政策工具，才能有效防范和化解系统性金融风险。

“宏观审慎”理念早在20世纪70年代国际清算银行就提出来了。1997年亚洲金融危机后，“宏观审慎”开始广泛运用到金融领域。次贷危机则在制度上将“宏观审慎监管”引入国际金融监管框架。2009年以来，历次G20峰会都将宏观审慎政策纳入公告文件。危机以来，宏观审慎政策理论已经成为全球范围内金融监管和宏观调控框架改革的重要依据，并成为后危机时代国际金融监管的主要发展趋势。

“宏观审慎监管”主要是维护整个金融体系的稳定。国际清算银行认为，宏观审慎监管不仅是从系统性角度出发，对金融体系进行风险监测，而且对单一金融机构的风险敞口也起到防范作用。宏观审慎监管是微观审慎监管的拓展和互补，不是简单的加总（二者区别见表1）。①

① 苗永旺、王亮亮：《金融系统性风险与宏观审慎监管研究》，《国际金融研究》2010年第8期。

表 1　宏观审慎监管与微观审慎监管的不同特点

	微观审慎监管	宏观审慎监管
监管目标	防范单一金融机构风险	防范金融体系风险
监管的主体	各专业监管机构	中央银行承担 或成立专门机构
监管方式	静态的监管、事后控制	动态的监管、全程控制
功能作用	在金融体系内易产生负外部性	可将负外部性内部化
风险模式	认为风险是外生的	认为风险是内生的
机构之间的风险关联性	不相关	密切相关
监管范围	每家监管机构关注自身职 责范围内的风险	游离于金融监管体系之外的风险，如金融衍生品和影子银行
校准方式	采取自下而上的校准方式	采取自上而下的校准方式

那么，谁来行使宏观审慎监管呢？国际上有两种模式：第一种模式，是成立专门的机构来行使宏观审慎监管职能。IMF 的调查样本中，有 1/3 的国家成立一个专门协调中央银行与其他监管机构的协调委员会。如美国成立金融稳定监督委员会（Financial Stability Oversight Council），主要负责监测美国金融体系的稳定性和潜在的风险。英国成立一个新的金融政策委员会（Financial Policy Committee），是将微观审慎监管整合进英格兰银行，负责监测系统性风险。欧盟也成立了欧洲系统性风险委员会（European Systemic Risk Board），负责监测整个欧洲的金融体系稳定性。

第二种模式，是由中央银行承担宏观审慎监管的职能。从历史演进看，中央银行是在不断应对金融危机中产生的，具有天然的稳定金融体系的责任。2010 年，IMF 对 50 个国家进行了调查，有 50% 的国家对微观审慎监管与中央银行进行了整合，专门成立了宏观审慎监管机构。美国尽管成立了金融稳定监督委员会，但美国的宏观审慎监管职责主要集中在美联储，美联储在金融稳定监督委员会中有其独立的席位。在韩国、瑞士、爱尔兰、秘鲁则没有专设金融稳定委员会机构。

在国内，中国人民银行是否应该成为宏观审慎监管的实施部门，一直是个

争论的焦点 。《中国人民银行法 》规定，中央银行有维护金融稳定和防范系统性金融风险的职责，但该法律并没有明确授权中国人民银行实施宏观审慎监管。而中国人民银行下设金融稳定局，又说明中国人民银行完全拥有进行宏观审慎监管的条件。理论上，“三会”是负责微观审慎监管，是控制金融机构个体风险，“一行”负责宏观审慎监管，是为了确保整个金融体系的稳定；但在实践中，央行作为名义上的监管协调者，与发达国家相比，我国的央行暂不具备对金融市场进行全方位监管的职能，在与“三会”协调过程中，常有冲突。因此，有必要强化人民银行在宏观审慎管理方面的突出地位和作用。这次全国金融工作会议，明确了由中央银行实施宏观审慎监管，这对于识别、评估、处置系统性金融风险具有深远意义。

三、重视行为监管：补“双峰”监管理念的短板

从国际监管改革趋势看，行为监管的作用日趋重要，即要体现“双峰”监管。所谓“双峰监管”，就是将金融监管机构分成两个，一个是维护金融体系稳定，一个则是保护消费者，即“审慎监管 + 行为监管”的“双峰”。

“双峰”（Twin Peaks Model）理念是英国经济学家迈克·泰勒（Michael Taylor）在 1995 年提出的。泰勒形象比喻审慎监管像医生，目标是治病救人，发现了问题会积极采取措施加以医治；而行为监管则类似于警察执法，发现违法、违纪行为后会立即处罚，对当事人严肃问责。[①] 双峰监管模式起源于英国，却由澳大利亚率先践行 。在 2008 年以前，澳大利亚就成立了两个跨部门的监管机构：一是“消费者保护委员会 ”（Consumer Protection Commission），是针对金融机构商业行为规范进行监管的；二是“金融稳定委员会”（Financial Stability Commission），是针对金融领域系统性风险进行审慎监管的。与澳大利亚专门成立两个独立双峰机构不同，荷兰则选择中央银行来行使审慎监管

① 王敏：《“双峰监管”模式的发展及对中国的启示》，《陕西行政学院学报》2016 年第 2 期。

职能，行为监管则继续由金融市场管理局负责。由于权力配置与机构设置完全契合双峰理论的特征，故称之为“经典双峰”。本轮国际金融危机后，在全球33个发达国家中，澳大利亚和荷兰的金融机构盈利水平保持稳定，没有出现任何金融机构倒闭或需要政府救援的机构，与其最早采取“双峰式监管”有着密不可分的关系。鉴于澳大利亚、荷兰等实行“双峰监管”的国家在危机中的出色表现，危机后，如何体现“双峰”监管理念，各国都在探索。2007年英国政府开始对金融危机所作反应进行反思，英国财政部认为，三方金融监管模式（“tripartite” model of financial regulation）的缺陷是英国未能预测金融危机的一个重要原因①。英国于2013年4月开始启动双峰监管改革。与澳大利亚和荷兰“经典双峰模式”（机构设置与权力配置模式完全契合双峰理论的要求）不同的是，英国实行的是“准双峰”模式，即以中央银行为主导，在英格兰银行内下设审慎监管局（PRA），并单独设立金融行为监管局（FCA）直接向英国财政部和议会负责，即PRA与FCA双峰的机构层级低于英格兰银行，其最终确定的监管机构设置与权力配置方式有别于澳大利亚。危机后，美国也朝着一种修改的双峰监管模式改进，成立全新的消费者金融保护署（ Consumer Financial Protection Agency , CFPA），以保护消费者和投资者免受金融不当行为的侵害 。有人甚至提出“双峰监管”模式可能会是未来最理想的监管结构。“双峰监管”的不同特点归纳如表2所示：

表2　审慎监管与行为监管的不同特点

	行为监管	审慎监管
监管目的	保护消费者的合法权益	以金融机构稳健发展为目标
监管对象	对金融机构交易行为的监管	金融体系是否能稳健运行
监管出发点	降低交易中的信息不对称	动态的监管、全程控制
监管的重点	金融市场的需要方（即金融消费者）	金融市场的供给方

① 《一个新的金融监管方向：改革蓝图》，英国财政部，https://www.gov.uk/government/uploads/system/uploads/attachment-data/file/81403/consult-finreg-new-ap-proach-blueprint.pdf，访问日期：2011年6月。

“双峰监管”的优势是职责权限划分明确，将行为监管主体和审慎监管主体分离。由一个金融监管机构负责相关金融机构的审慎监管，即“左眼监管安全”；由另外一个独立的机构负责商业行为和消费者保护问题，即“右眼监管服务”。既避免功能重复，又消除监管漏洞，在很大程度上减少了监管机构之间的监管冲突和恶性竞争。当金融稳定目标与消费者保护目标发生冲突时，双峰监管模式明确规定，审慎监管机构首先应该以金融稳定为主。

从国内实践看，2011 年以后，“一行三会”都在各自领域设立了金融消费者权益保护部门，形成一种分业体制下“内双峰”监管体制。在这种“内双峰”监管体制下，监管当局与金融机构关系密切程度远甚于监管当局与金融消费者，消费者保护目标仍是弱于审慎监管，很难从根本上保证消费者的权益。[①]发生在 2015 年的中国股灾说明，单一行业的消费者保护部门没有能力来维护和稳定市场信心。当银行资金流入股市，场外配资快速增长，风险集中爆发时，监管部门却无法全面掌握融资的真实状况，也就无法及时采取有效的应对策略。

这次金融工作会议提出加强行为监管，但并没有提到要成立新的部门来落实。建议可整合目前“一行三会”的金融消费者权益保护功能，在金融监管制度安排上将审慎监管与行为监管区别对待，确保金融消费者合法权益。随着国务院金融稳定发展委员会的设立，我国并不需要像英国一样对金融监管框架做出大调整，可以考虑在央行内部设立行为监管部门。由于央行不负责金融机构的微观审慎监管，能着眼于整个系统、系统内各方关系，在行为监管方面具有天然的优势。

四、加强功能监管：补“机构监管”的短板

从监管职能划分，金融监管分为“机构监管”和“功能监管”两种方式。“机构监管”是以金融机构法律地位来区分监管对象，是由不同的监管当

---

① 王敏：《“双峰监管”模式的发展及对中国的启示》，《陕西行政学院学报》2016 年第 2 期。

局对不同的金融机构分别实施监管，是由企业的法律属性决定其相应监管机构。这是历史上金融监管的主要方式，是对一家金融机构从生到死的全过程“纵向”监管，由于设置了“great wall（防火墙）”，避免了各金融机构间的风险传导。但“机构监管”由于监管标准难以统一，无疑会造成监管差异，甚至诱发监管套利，不利于公平竞争。由于机构监管模式很难对跨行业的金融创新产品实施有效监管，监管部门往往用行政手段来限制金融创新的发展。另外机构监管对于金融控股公司不能实行有效的监管，由于受各个机构的法定授权的限制，监管只能在母公司层面行使。对于金融控股公司拥有较多跨行业子公司，则由不同部门监管，这样实际上是分割了金融控股公司的经营。由于没有一个监管部门拥有全部信息，也没有一个权威部门对系统性风险进行监控。

“功能监管”能够弥补“机构监管”的不足。

美国经济学家罗伯特·默顿认为机构监管转向功能监管，是不可避免的趋势。功能监管是以商业行为（bussiness）来判断监管边界，是以金融产品的性质及金融体系的基本功能来设计的，不论这种功能由何种性质的机构行使，不必考虑企业的法律地位；是一种对穿透式产品的“横向”全链条式监管，防止监管套利，实现公平竞争。与“机构监管”模式相比较，功能监管的优势在于：不仅能够有效地判断金融创新产品监管权责的归属问题，而且由于标准的统一，提高了监管的公平性。但是，功能监管会提高管理成本，加重监管负担。而且，“良好区分产品边界”是功能监管的前提，随着创新产品不断增加，越来越难以界定产品的边界。因此，功能监管与机构监管各有其优势和局限性。混业经营的发展，为加强功能监管提供了合理逻辑，但机构监管仍有存在的必要。

20世纪80年代，美国最早提出了“功能监管”概念，但第一个付诸实践的是新加坡。巴西、法国 、意大利和西班牙也是功能监管的典型代表。美国直到1999年才确定功能监管的框架，但采取的是“机构性监管＋功能性监管”的伞型监管模式，即美联储负责监管整个金融体系的稳定，同时又根据功能特点划分不同监管机构的职能范围。这种监管体制不是纯粹的功能型监管，因为保留了较多“机构监管”的痕迹。在“伞型监管模式”下，美国的监管仍是各自为政，其弊端在次贷危机中得到了充分的体现。2008 年以来，美国在《美国金融监管体系现代化蓝图》和“金融白皮书”中，提出“伞 + 双峰”的新型监管模式，由审慎金融监管、保护消费者权益和整个金融市场稳定监管三个部分构成。其中，美联储作为市场稳定监管者，充当“伞骨”，两个监管机构充当“双峰”来执行目标型监管职能。[①] 功能监管与机构监管的不同特点归纳如表 3 所示。

表 3　功能监管与机构监管的不同特点

	机构监管	功能监管
监管对象	金融机构原则	金融产品原则
监管方式	对一家金融机构从生到死的全程“纵向”监管	对穿透式产品的“横向”全链条监管
监管标准	监管标准不统一，容易出现监管套利	监管标准统一，公平竞争
监管成本	监管成本相对较低	增加合规成本，加重监管负担
监管效果	很难对跨行业的金融创新产品实施监管	有效地解决金融创新产品的监管权责归属问题

目前，我国实行的是机构监管。但近年来，随着金融综合经营的发展，对于一些横跨不同金融领域的“穿透式产品”，由谁审批、由谁监管，容易出现监管真空地带。而功能监管能有效避免“监管真空”与“交叉监管”同时并存的现象。

参考文献：

[1] Burrows Oliver and Low Katie, Mapping the UK Financial System, Bank of England, Bank of England Quarterly Bulletin 2015 Quarter 2.

[2] FSA, The Turner Review a Regulatory Response to the Global Banking Crisis, 2009.

[3] FSB, Macro-prudential Policy Tolls and Frameworks—Update to G20 Finance

① 邓翔、李雪娇：《“次贷危机”下美国金融监管体制改革分析》，《世界经济研究》2008 年第 8 期。

Ministers and Central Bank Governors, 2011.

[4] FSB, Effective Resolution of Systemically Important Financial Institutions: Recommendations and Timelines, 2011.

[5] 钟震、董小君：《双峰型监管模式的现状、思路和挑战》，《宏观经济研究》2013年第2期。

[6] 刘晓星、卢菲：《金融监管模式选择：从牵头模式向统一监管模式的过渡》，《天津财经大学学报》2012年第10期。

[7] 史炜、瞿亢、侯振博：《英国金融统一监管的经验以及对中国金融监管体制改革的建议》，《国际金融》2016年第7期。

[8] 刘志洋：《宏观审慎监管机构安排的国际实践》，《国际金融研究》2012年第8期。

民生是人民幸福之基

丁元竹*

【导语】十九大报告以新的高度强调了坚持以人民为中心，“使人民获得感、幸福感、安全感更加充实、更有保障、更可持续”，这既是习近平新时代中国特色社会主义思想的重要内容，也是新时代坚持和发展中国特色社会主义的基本方略。本文对十八大以来习近平治国理政思想与实践进行了梳理，对民生是人民幸福之基进行了论述，并围绕完善共建共享的民生事业保障机制提出了一些建议。

习近平总书记指出，“让老百姓过上好日子是我们一切工作的出发点和落脚点”。中国共产党坚持立党为公、执政为民的本质要求就是增进民生福祉。民生就是人民生活。保障和改善民生就是动员全体人民为自己的生活奋斗，鼓励和帮助人民实现美好生活的愿望，不断提升人民的幸福感和获得感。就业是民生之本，有就业才能有稳定的收入和可靠的社会保障，良好医疗卫生及教育，才能改善居住条件。

只有民生需求得到了满足，人民才会有更多的获得感和幸福感。发展的目的就是要使人民群众在实际中得到实惠，在生活上得到改善，在权益上得到保障，不断满足人民日益增长的物质和文化需要，实现人的全面发展。现代国家发展经济，创造财富，推动社会进步的目的就是让人民获得幸福。如果发展不能回应人民对幸福的期待，不能让群众得到实际利益，这样的发展就会失去意义，因此，一切工作必须时刻心系百姓，努力让老百姓过上好日子。

---

* 丁元竹，国家行政学院社会与文化教研部主任，教授、博士生导师。主要研究领域为社会治理。

一、幸福就是让老百姓过上好日子

在浙江工作期间，习近平同志就要求，一切工作要让人民群众受益、让人民群众满意，真正使群众成为利益的主体。只有让人民群众受益了，满意了，才能谈得上人民群众的幸福。幸福是人们享受物质和文化发展成果的过程以及在这个过程中的主观感受与满意程度。幸福感直接产生于客观的生活品质和主观的生活品质。客观的生活品质是指经济社会发展给人们带来的工作岗位和收入的不断提高以及在工作生活基础上获得的包括基本公共服务在内的各类服务，具体说来包括完善的教育体系、充足的就业机会、合理的收入分配体制、公平和可持续的社会保障体系、便利的健康医疗卫生，以及安定祥和的社会环境和均衡的人口发展与布局，等等。主观的生活品质是指人们对于经济发展给自己带来的工作岗位和收入的不断提高，以及对在工作生活基础上获得的包括基本公共服务在内的各类服务的主观感受和满意程度，满意的教育服务，令人愉悦的工作岗位，舒心的收入分配体制，便利的社会保障和福利体系，便捷的公共卫生和医疗服务，清新的生态环境，和睦的邻里关系等会使人们心情愉悦、生活充满信心。客观生活品质和主观生活品质共同构成完整意义上的美好生活。它们支撑着人民的生活，也是民生工作的重点和主要任务。由此也可以理解，为什么习近平总书记一再要求民生工作“必须让群众看到变化，得到实惠”。

2015 年 2 月 27 日，习近平总书记在中央全面深化改革领导小组第十次会议上强调，要处理好改革“最先一公里”和“最后一公里”的关系，突破“中梗阻”，防止不作为，把改革方案的含金量充分展示出来，让人民群众有更多获得感。人民的幸福感和获得感是在他们日常生活中实现的。让人民群众真正有获得感就必须建设好“最后一公里”。幸福感和获得感所包含的物质生活水平及其主观满意程度，每一方面都只能构成反映人民幸福程度的必要条件，而不是充分条件。只有把二者有机结合起来，才能反映人民获得感和幸福感的程度。个人幸福是个体对自己身心健康状况的感觉，对自己生活的满意感和对社会的反馈性行为。在人民生活中，影响个人层面幸福的主要因素有收入、健康、家庭关系、邻里关系、工作、娱乐、休闲等。由于每个个体生活目标、价值观念、文化背景以及对同一事物的心理感受不一样，个体对幸福的追求也各不相同。但人民幸福也具有共性的一面，例如，每个人都普遍追求更舒适的生活条件、更高的收入水平和更大的自我发展空间等。个体幸福的改善受社会环境的影响。人民幸福的改善是个体、政府和社会共同努力的结果。让每个个体获得更多幸福，需要党和政府与全体人民共同努力，也是中国改革开放事业获得久久为功的原动力。这一方面要求深化第一次分配领域的改革，另一方面又要加强基层的公共服务体系建设和构建共享共建的社会治理格局。换句话说，各级党组织和各级政府部门，尤其是基层党组织和政府部门，必须在充分、深入调查研究人民要求的基础上，制定经济社会发展战略、发展规划和发展政策，充分发扬民主，通过人民群众广泛参与政治、经济、社会和文化管理来实现包括经济参与、公共物品和公共服务在内的各类物质和精神产品的供给，实现人民幸福的目标。最近，一些地区就本地区发展质量开展全域大讨论，倾听居民对本地区发展的看法和愿景，就是践行五大发展理念，从人民群众的生活出发，建设本地人民的美好生活，让人民群众随着经济发展不断享受发展成果，获得幸福感。正如习近平总书记所说的，“基础不牢，地动山摇”。民生就是基层人民的生活，民心就是力量。

党的十八大以来，面对复杂多变的国际国内形势，以习近平同志为核心的党中央紧紧围绕经济建设和保障改善民生这个中心不动摇，努力践行“人民对美好生活的向往，就是我们的奋斗目标”这一庄严承诺，领导国家稳步前进，实现了国内生产总值稳步健康增长，城镇居民人均可支配收入年均增长 7.5%，农村居民人均纯收入年均增长 9.2%，城镇登记失业率保持在 4.1% 以内。全国城镇保障性安居工程基本建成 2428 万套。基本医疗保险参保率 95% 以上，基本养老保险参保率超过 80%。公共服务体系基本建成，教育公平得到更好落实，全民健康状况明显改善，互联网为公民享受文化权利提供了更便捷条件。

二、民生是人民幸福之基和社会和谐之本

保障和改善必须把脱贫攻坚作为“十三五”期间头等大事和第一民生工程来抓，坚持以脱贫攻坚统揽经济社会发展全局。重视扶贫工作是习近平同志的一贯思想和工作作风。早在浙江工作期间，习近平同志就高度重视扶贫工作，要求把帮扶困难群众放在更加突出的位置，十八大以来，我国农村贫困人口减少6663万人，扶贫工作摆在了“十三五”规划和全面建成小康社会的中心位置，习近平总书记要求把农村贫困人口脱贫作为全面建成小康社会的基本标志，强调实施精准扶贫、精准脱贫，确保我国现行标准下农村贫困人口实现脱贫、贫困县全部摘帽、解决区域性整体贫困。同时，他还要求关心城镇低保人口、65岁以上的老年人、城镇务工的农民工、上千万在特大城市就业的大学毕业生和城镇登记失业人员等特定人群的生活，努力践行邓小平同志提出的走共同富裕道路的制度设计，完善和发展中国特色的社会主义制度。

保障和改善民生必须坚持公平正义，不断完善收入分配制度。我国经济发展的“蛋糕”在不断做大，但分配领域存在问题仍然比较突出。在共享改革发展成果上，无论是现实情况还是制度设计，都还有亟待完善的方面。习近平总书记指出，“公平正义是中国特色社会主义的内在要求，所以必须在全体人民共同奋斗、经济发展的基础上，加紧建设对保障社会公平正义具有重大作用的制度，逐步建立社会公平保障体系”。2016年5月16日，在中央财经领导小组第十三次会议上，习近平总书记强调，扩大中等收入群体，关系全面建成小康社会目标的实现，必须坚持有质量有效益的发展，为人民群众生活改善打下更为雄厚的基础。

保障和改善民生必须推动公共服务体系更加健全。一是坚持积极的就业政策，以稳定增长促进就业，以创新扩大就业，帮助经济困难地区解决就业问题。在经济下行压力加大情况下，要防止出现较大范围失业风险。从2012年到2015年，我国城镇新增就业人数为5210万人，城镇登记失业率保持在4.1%以内。同时，积极开展面向城乡劳动者的职业培训，鼓励各类人员创新创业，截

至 2015 年年底，全国技能劳动者总量达 1.67 亿人，其中高技能人才 4501 万人占技能劳动者的 27.28%。当前，面对经济转型升级和科技革命，更要通过教育改革和加强培训提升劳动力技能。二是完善和改革社会保障制度，构筑人民生活的安全线。完善社会保障体系，既要学习发达国家的经验，更要基于中国国情，建设符合中国国情的社会保障体系。截至 2015 年年底，全国养老保险参保人数达 8.58 亿人，31 个省（区、市）建立了职工基本养老保险省级统筹制度，企业退休人员基本养老金连续 5 年按 10% 左右的比例上调。“十三五”时期，要在保基本、全覆盖、可持续的基础上，通过深化改革和创新驱动，推动社会保障体制的进一步完善，为在 2020 年建成制度更加完善的社会保障体制奠定基础。三是继续深化医疗卫生体制改革，努力解决人民群众看病难、看病贵等最基本、最现实、最直接的问题。截止到 2015 年年底，我国医疗保险参保率 95% 以上，新型农村合作医疗参合率保持在 99%。职工基本医疗保险、城镇居民基本医疗保险、新型农村合作医疗政策范围内报销比例分别达到 80%、70%、75%。新型农村合作医疗普遍建立门诊统筹制度，支付比例 50% 以上，医疗卫生服务体系逐步向基层延伸并服务于基层居民。四是努力办好人民满意的教育，教育是人民群众最关心、最直接、最现实的问题之一。2015 年，全国人大常委会修改并发布教育法和高等教育法。2015 年，小学学龄儿童净入学率为 99.88%，初中毛入学率为 104%，九年义务教育巩固率为 93%。随着科技革命的蓬勃兴起，努力探索适应建设创新型世界科技强国目标的教育体制正在成为教育体制改革创新的核心和重点。五是努力提供宜居的生态环境。习近平总书记说，青山就是美丽，蓝天也是幸福，绿水青山就是金山银山。

保障和改善民生必须完善和发展共享共建的社会治理格局。一是加强基层建设对提升公共服务质量至关重要。2015 年年末全国各类提供住宿的社会服务机构 3.2 万个。年末共有社区服务中心 2.4 万个，社区服务站 12.5 万个，极大便利了居民的日常生活。2012—2015 年，中央财政累计投入资金 346 亿元，近 90% 的进城务工人员随迁子女得到政府财政保障，流动人口子女就地接受义务教育的矛盾正在得到缓解。二是推动基层人民生活的改善。要把社会治理和基本公共服务结合起来，“十三五”时期社会治理和公共服务之间的联系一定要比“十二五”时期更加密切。为什么要这样？以老龄事业发展为例，“十二五”时期老龄服务事业发展迅速，养老服务机构和养老服务床位都基本可以实现预期目标，但是护理人员的问题成为短板，成为“十二五”时期养老服务事业发展的突出难题。公共服务体系建设中，若是没有人力资源的合理配置，床位和机构这些硬件就难以形成现实的服务效果。对于其他公共服务，诸如就业服务、卫生医疗、教育等，也是如此。三是“最后一公里”不仅是指基层，也包括公共服务体系建设中的人力资源配置。社会建设不仅仅是硬件建设，更是一个软件如何配置，服务效果如何实现的问题。解决好这个问题，要从根本上转变理念，从用经济手段建设社会转向按照社会发展的规律来建设社会。历史经验证明，不能仅仅依靠投资方式和大规模的设施设备建设来刺激民生改善。公共服务是一种资金投入与人力资源和体制机制有机结合的过程。人力资源配置既涉及人事制度体制，也涉及整个社会对于人力资源本身的认识，尤其是像那些在养老服务业中从业的服务人员，更涉及全社会如何看待养老服务业，如何评价为老年人服务的各类养老护理人员，给他们什么样的社会地位和社会评价。社会治理恰恰是要去维护社会秩序，激发社会活力，动员家庭、社区社会组织参与社会公共事务，解决社会问题，化解社会矛盾。在这个意义上，社会治理与公共服务是可以打通的，在深层次实现融合，并在日常生活中推动人民生活的改善。四是“十三五”时期，如何把“十二五”时期在社会领域中投入形成的巨大产能（各类服务设施、设备等）变成现实的公共消费，用来改善民生。要在设施设备建设的基础上，有效地配置人力资源，实现设施、设备与人力资源的有机结合，形成现实的公共服务，让人民群众有真正获得感和幸福感。把基本公共服务规划和社会治理规划有机结合起来是推动民生事业发展的关键一招，不能回避，也是经济社会发展到当前这个阶段的必然选择。这需要有全新的理念，党的十八届五中全会提出的“创新是引领发展的第一动力”的理念同样适用于保障和改善民生这一重要任务。

三、完善共建共享的民生事业保障机制

（一）把保障和改善民生摆在党委和政府工作的重要议事议程

习近平总书记在谈到脱贫攻坚战时强调指出，各级领导干部要保持顽强的工作作风和拼劲，满腔热情做好脱贫攻坚工作，加强党对民生和脱贫攻坚工作的领导。当前，在经济转型升级过程中，一些地方党委和政府立足于本地环境优势和生态优势，大力发展旅游经济，发展适合本地实际的新型城镇化，既保护了当地的环境生态，又改善了当地人民的生活，推动了经济发展，取得显著成效，为新时期经济发展探索了新路子，践行了“绿水青山就是金山银山”这一发展理念。实践证明，党委政府一班人保持对民生工作的满腔热情和顽强的工作拼劲，是做好民生工作的关键。

（二）以共享理念引领民生事业发展

早在浙江工作期间，习近平同志就指出，发展观决定发展道路，要求凡是为民造福的事一定要千方百计办好。十八大以来，以习近平同志为总书记的中央领导集体提出了创新、协调、开放、绿色、共享的五大发展理念。按照共享发展理念的基本要求，“十三五”时期的民生工作，一是举全民之力，调动各方面的积极性，集国内外力量，不断把“蛋糕”做大；二是把做大的“蛋糕”不断分好，让人民群众有更多获得感和幸福感，在发展中感受公平正义。积极探索扩大中等收入阶层，逐步构建橄榄型分配格局。

（三）在经济发展基础上不断加大财政保障力度

面对经济下行压力，要正确处理发展经济和保障民生的关系，坚持量入为出，积极调整财政支出结构，既要不断加大保障民生力度，又要保持经济持续稳定增长。要重点加强基本公共服务建设和完善，特别要支持革命老区、民族地区、边疆地区、贫困地区等特定人群和特殊困难地区的基本公共服务体系建设，加快推进基本公共服务均等化。在确保特定人群和特殊困难地区优先发展

的基础上，进一步做好教育、就业、收入分配、社会保障、医疗卫生等各项民生工作。

（四）坚持人民主体地位，努力形成解决民生问题的合力

要通过进一步完善社会治理体制，全面调动全体社会成员的积极性、主动性、创造性，为各行业各方面的劳动者、企业家、创新人才、各级干部创造参与以民生为重点的社会建设的环境。脱贫致富终究要靠贫困群众用自己的辛勤劳动来实现。发挥各类社区组织、社会组织和居民个人在保障和改善民生中的作用，动员一切可以动员的社会力量推动民生事业发展。大力支持企业履行社会责任，承担社会责任。

（五）推动各项改革措施与保障和改善民生紧密结合

“十三五”时期供给侧结构性改革和扶贫攻坚等重要任务要紧紧围绕人民群众的生活水平提高和生活质量改善展开，使生活物品和公共服务质量更适应人民生活的要求。各项改革举措要紧紧围绕人民需要的安全食品、清洁空气、纯净饮用水以及其他高质量的产品和服务来制定。教育、医疗卫生、社会保障、社区建设、住房等，都需要从质量入手，通过供给侧结构性改革，与人民群众的要求对接起来。在此基础上扩大内需，实现经济由投资和出口拉动转向消费拉动，推动国家经济社会走上健康持续发展的道路。

学习习近平人才建设思想的启示

王宏亮*

【导语】党的十九大报告明确指出，人才是实现民族振兴、赢得国际竞争主动的战略资源。习近平总书记多次指出，要着力完善人才发展机制，要用好用活人才，建立更为灵活的人才管理机制，打通人才流动、使用、发挥作用中的体制机制障碍。当前，我国需要解决存量人才的激励和增量人才的培养两个问题，本文对照中央精神，围绕存量人才的激励问题进行了探讨。

2013年，习近平总书记在中共中央政治局第九次集体学习时强调："要着力完善人才发展机制，要用好用活人才，建立更为灵活的人才管理机制，打通人才流动、使用、发挥作用中的体制机制障碍。"① 他在会见清华大学经济管理学院顾问委员会海外委员时表示："我们将秉持科技是第一生产力、人才是第一资源的理念，兼收并蓄，吸取国际先进经验，推进教育改革，提高教育质量，培养更多、更高素质的人才，同时为各类人才发挥作用、施展才华提供更加广阔的天地。"② 习近平实际上指出中国要建设人才强国，主要需要解决两个问题：一是激发存量人才的活力，最大程度为人才松绑，为人才最大程度发挥其潜力提供良好的环境；二是要真正建立鼓励创新，具有前瞻性的教育体系，以实现人才增量的不断提高。其中，为存量人才松绑，为各类人才发挥作用提供良好

* 王宏亮，北京师范大学中国社会管理研究院／社会学院博士研究生。

① 《习近平在中共中央政治局第九次集体学习时强调 敏锐把握世界科技创新发展趋势 切实把创新驱动发展战略实施好》，央视网，http://news.cntv.cn/2013/10/01/VIDE1380638280415972.shtml，访问日期：2013年10月1日。

② 《习近平会见清华大学经济管理学院顾问委员会海外委员》，央视网，http://news.cntv.cn/2013/10/23/VIDE1382526962531817.shtml，访问日期：2013年10月23日。

环境是当务之急。问题在于如何能从根本上实现为存量人才松绑。人才的成长需要时间，人才的创新工作以及科研成果也需要时间来开发和检验，人才的劳动也是在一定年龄范围内实现的，因此，时间和年龄就是人才面对的基本约束。不合理的年龄限制将造成巨大的人力资源浪费，剥夺一部分普通人平等参与社会竞争的机会，加剧社会阶层的两极分化，造成不良的社会情绪，加重青年人的社会抚养负担，为社会建设埋下巨大的风险。

一、年龄限制的基本情况及其问题

目前，国家人才政策中的年龄限制主要体现在机关、事业单位、公派留学、优秀人才选拔计划等方面，企业单位的年龄限制则在很大程度上延续了公共部门的基本标准。下表列出了存在年龄限制的主要人才政策，实际上这些政策也是国家最具引领性的人才政策。

下表的情况表明，我国的人才政策正在形成一条强有力的年龄约束线，进而在实际生活中影响了人才的成长历程。从理论上来看，如果我们不考虑性别差异，我国界定的劳动适龄人口是16—60岁，这个就是大部分劳动者成长和发挥作用的基本约束线。人才作为劳动者中能力最突出的部分，他们可能突破这一约束线，但大部分仍然会受到这一约束线的限制。而从实际上来看，我们的大量制度改变了这一理论的年龄约束线。以中央及各地方政府及事业单位招聘为例，中央国家机关公务员和地方政府公务员以及事业单位的招聘年龄通常规定上限是35岁，个别岗位可以放宽到40岁。高校教育系统属于事业单位，一般的年龄要求与公务员一致，只有针对教授、长江学者等高级人才可以放宽到45岁左右。而在企业部门，一般岗位的年龄要求同样和公务员相似，部分私营和外资企业会将年龄放宽到40岁左右。这些情况意味着实际的年龄约束线是40岁而不是59岁。如果我们假设一个劳动者大学毕业是22岁，到60岁退休，其间的38年就是人才成长和发挥作用的时间。但以实际年龄约束线45岁左右来计算，大量人才的成长和发挥最大作用的时间被压缩了约39%。只有很少数的在45岁之前成长为特殊高级人才的劳动者才能将自己的年龄约束线扩展到理论值甚至突破理论值。因此，为人才松绑的关键就是解决这个年龄约束线的问题。从实际情况来看，人才的年龄约束线被压缩之后，产生了大量的负面社会成本和个人成本，在很大程度上成为限制人才最大程度发挥作用的重要障碍，也在很大程度上造成了人力资源的浪费。

我国主要人才政策的年龄限制情况

与职业发展有关的项目和计划	年龄要求
硕士	招生简章中已无年龄条件，但实际招生中偏向35岁以下
博士	招生简章中已无年龄条件，但实际招生中偏向40岁以下
博士后	一般不超过35岁
国家公派留学	公派硕士不超过30岁，公派博士不超过35岁，高级学者不超过55岁
国家公务员	本科毕业35岁以下，应届硕士博士放宽至40岁
地方公务员	18—35岁
事业单位	35岁以下初级岗位，40岁以下中级岗位，45岁以下高级岗位
千人计划	不超过55岁
长江学者	自然科学、工程技术不超过45岁，人文社会科学不超过55岁
人才引进政策	针对博士毕业生一般不超过35岁；针对具有高级职称者，副教授级别一般不超过40岁，教授级一般不超过45岁，知名学者不超过50或55岁
国有企业招聘	一般岗位不超过35岁
其他企业招聘	一般不超过40岁

注：本表格中的数据根据相关公务员招考、研究生招考、事业单位招考等文件整理总结得出

二、年龄限制是对人才成长机制的忽视

人才的成长需要时间和环境的配合。如果我们界定那些拥有熟练技术和受过高等教育的劳动者为人才，尽管不同的行业和专业可能会有差异，但我们大致可以估算他们的成长时间在10年左右。假设以一般的科研人才为例，18岁

读本科，到博士毕业一般是 28 岁，离 45 岁的约束线只剩下 17 年。但每个人的成才之路并非都一帆风顺，很多人可能会在中间有不同的经历，如更换专业、落榜、家庭事务等，这些都是人才成长不可或缺的部分，对他们来说，面对 45 岁的约束线剩下的时间就更少。实际上，不同年龄段的人都可能通过学习、工作成为高级专业人才，习近平主席强调“中国要永远做学习大国”也是对此的肯定。[①] 人们学习成才就需要有机会发挥作用，如果年龄约束线限制了他们发挥作用的机会，那我们又如何为人才松绑，如何激励人才为国家做出贡献，人们又为什么要努力学习和终身学习呢？因此，政府、企事业单位招聘中的年限限制实际上忽视了人才成长机制，忽视了人才的多元性，这种忽视违背了我们的基本人才政策。

三、年龄限制客观上强化了急功近利的社会情绪，压抑了创新

市场经济极大地激发了个体的理性主义，但同时也带来了急功近利的社会情绪。而年龄限制正在客观上强化这种情绪。我曾利用上课的机会对百余位研究生进行非正式的调查，他们大部分都希望 35 岁以前实现“有房”、“有车”、“有孩子”、“工作稳定”、“生活无忧”，而他们当时读书的年龄是 26 岁左右，这意味着他们要在八九年的时间里实现以上想法。而上面的那些目标如果按照一般的收入状况来计算，至少要二十年左右才能实现。因此，当问及他们对未来的感受时，他们几乎一致的回答是“着急”。这种急功近利的情绪主要表现为人们生活和工作压力大、精神紧张、科研造假、频繁跳槽、无法安心本职工作。以高校教师为例，教师评职称需要核心期刊发表论文，没有论文就没有职称，40 岁以前如果无法升任高级职称，意味着 40 岁以后基本不可能进入待遇

① 《习近平在同外国专家座谈时强调 中国要永远做一个学习大国》，央视网，http://news.cntv.cn/2014/05/23/VIDE1400843703406698.shtml，访问日期：2014 年 5 月 23 日。

更好、机会更多的单位而只能在原单位等退休，甚至在原单位都可能被淘汰，那意味着 40 岁以后下岗。而核心期刊资源有限，客观上使发表论文成为“灰色产业”，他们通过科研造假来解决以上问题。类似的例子在很多行业都非常普遍，而社会上流行的“出名要趁早”的说法也是这种状况的表现。

年龄限制也压抑了人才创新的动力。不同的创新需要不同的时间。自然科学和社会科学中的基础研究通常都需要十几二十年的坚持和不断跟踪，其间可能完全看不到有意义的成果。然而，年龄限制意味着如果你从事的研究无法在 40 岁以前出成果，那么你将无法通过自己的科研工作获得体面的报酬、较高的社会声望和良好的生活水平。而以上三方面需求的满足是人的基本需求，也是人们不断努力工作的基本目标。因此，从事基础研究的科研人员明显少于从事应用研究的，科研领域出现了用“新瓶装旧酒”策略不断提出所谓的新概念，而实际上完全没有实证研究作为根据，更没有创新可言。

四、公共部门选拔人才的年龄标准误导了人才市场的正常机制

理论上，在法定劳动年龄内，年龄约束在不同的行业是不同的，用人主体会根据行业和岗位的不同挑选适合的劳动者，而不是简单偏好年轻人。但我们的人才市场为何更倾向于招聘 40 岁以下的年轻人呢？公共部门的年龄标准在一定程度上误导了整个人才市场的正常机制。2002 年，陆学艺先生的《当代中国社会阶层研究报告》[①] 曾指出，排在整个社会顶端的阶层是国家和社会管理者阶层，这个阶层主要存在于机关和事业单位法人之中。这意味着，最上层用人单位的用人标准具有标杆意义。从社会声誉来看，机关事业单位也受到人才的普遍青睐，这也造成了机关事业单位的榜样作用。而从现实的不同行业的招聘年龄来看，企业用人的年龄标准也和机关事业单位不谋而合。这种巧合恐怕不能

① 陆学艺：《当代中国社会阶层研究报告》，社会科学文献出版社 2002 年版。

单纯用不同招聘单位需求一致来解释，企业用人的年龄标准实际上受到了机关事业单位法人的引导。

五、年龄限制造成了人才的浪费

由于年龄限制在全社会范围内普遍存在，人才浪费的现象实际上非常严重。对40岁以下人才的偏好一方面造成40岁以上人才被忽视；另一方面也束缚了青年人才开拓创新、勇于冒险的精神，应有的能力得不到极大的发挥。最典型的例子是20世纪90年代后期的下岗大潮，大量高级技术人员和工人因企业经营不景气下岗，进而被归入所谓的“4050”人员，因为转换岗位很困难，使得他们只能从事低工资的公益岗位等待退休。而实际上从客观条件来看，40岁以上的人才通常都有了稳定的家庭，有了基本住房，孩子一般也都在10岁以上能够完全照顾自己，也就是说没有家庭负担。在事业上，他们有专业的技术和良好的职业操守，更关注稳定的发展和个人职业的稳固，不再单纯追求高收入和高职位，可以说，他们在任何岗位上都可以成为最踏实、最稳定、最肯付出、也最无后顾之忧的员工。但现实是他们却不受用人单位的青睐，一旦失业，将面临只能从事低端职业的风险，对于那些曾经的高级技术人员来说，这无疑是巨大的浪费。

而对40岁以下的年轻人来说，年龄限制虽然增加了他们受市场青睐的程度，但他们也深知总有一天自己也会步那些40岁以上人的后尘，摆脱那种宿命的办法：一是尽快升任高级职位成为高级人才；二是积累尽可能多的财富以备不时之需；三是寻找最稳定的单位以解除后顾之忧。前两者并不那么容易实现，而最后的方案相对容易，只要能进入机关事业单位，基本上就可以消除这种风险。所以，总会有长辈对后辈说要找个稳定的工作，而不是关注是否能实现个人理想。尽管当前有公务员离职创业的现象，也有很多人才投入到创业大潮之中，但社会总体的氛围仍然是强调稳定。这实际上是对青年人才的浪费。

从整体人口的情况来看，我国2010年第六次人口普查数据显示，[①]23—35岁就业人口是该年龄段经济活动人口的85.5%，而41—59岁就业人口为该年龄段经济活动人口的79.7%，这两个数据一方面表明青年人有较好的就业状况，另一方面也表明40岁以上人力资源没有得到充分的利用。另一组数据可以更好地揭示这个问题，23—35岁年龄段经济活动人口是非经济活动人口的7.76倍；而41—59岁年龄段经济活动人口只是非经济活动人口的4.34倍，同样表明我们的人力资源政策在很大程度上忽视了40岁以上年龄段人口的职业发展，在很大程度上造成了人力资源的浪费。

六、年龄限制为社会保险改革增加了阻碍

早在2008年，人力资源和社会保障部就开始考虑延迟退休政策，2014年表示该政策将在2020年前推出。延迟退休普遍受到关注的一个重要原因是人们实际上希望早退休，很多单位也出现了提前退休、内退的现象。“延迟退休”政策的障碍在很大程度上与年龄限制有关。人们的工作动力来源于两个方面，一是个人理想；二是工作带来的报酬、声望、权力的不断提升。以上二者的结合就是个体的自我实现。但年龄限制明显给这两者的实现带来了阻碍。年龄越大，个人理想实现路径越窄，工作机会的减少和上升空间的限制使其对未来丧失信心。以基层公务员而论，40岁时如果还是普通科员，未来基本没有更大的空间了，职位、声望的提升都无法实现。对企业的专业技术人员来说，如果40岁前在企业没有很好的发展，40岁后如果想去做公务员更是完全不可能，只能在原来的企业坐等退休。这使得人们普遍接受这样一种观点：如果没机会在事业上取得较大的成就，还不如早日退休，回家享福。这样的想法在高校、科研机构、企业、机关事业单位都普遍存在。40岁以上没有任何发展前途，越早退休越有利。

① 数据计算是根据国家统计局网站第六次人口普查相关数据计算得出，http://www.stats.gov.cn/tjsj/pcsj/rkpc/6rp/indexce.htm，访问日期：2017年11月15日。

全社会都不希望延迟退休的情绪在很大程度上给这项改革带来了困难和阻碍。

七、年龄限制可能剥夺一部分人平等参与社会竞争的机会

2015 年之前，我国重点大学农村学生比例平均不超过 10%，2016 年该比例达到 15%。[①]尽管比例提高了，但从人口比例来看，农村学生的机会仍然很少。这样的数据意味着农村学生要想考入重点大学，可能需要复读一次甚至多次才能考取。而随着社会竞争对重点大学的青睐，很多学生想要通过教育改变命运的想法都可能无法实现。无法考上重点大学本科的学生经常希望通过考取重点大学的研究生来提升学历的含金量，为自己寻找更好的机会。然而，从 2008 年以来，高校录取研究生时出现了青睐“985”、“211”高校的风气，很多高校在研究生调剂阶段都直接写明只允许重点大学学生调剂。在 2018 年的硕士招生简章中，佛山科学技术学院更提出“985”、“211”高校的推免生学术硕士和专业硕士分别可享受 20 万元和 14 万元的奖学金。[②]

对于很多人来说，他们要想通过接受更好的教育参与社会竞争就需要延长受教育时间，而年龄限制就客观上使他们在完成学业后已经超出了年龄范围，无法考公务员、事业单位、做博士后研究或者申请国家的公派留学，减少了平等参与社会竞争的机会。而处于弱势的农村学生面对这一限制的可能性会远远大于城市学生，“寒门难出贵子”的感叹不会因为个别高校提高农村学生比例而消除。

由此带来的更大的风险是社会阶层两极分化可能更加严重，阶层固化更加严重。受教育机会的不平等，更好就业机会的减少，会直接导致社会阶层流动性下降，普通人无法通过个人努力实现向上流动。社会资本的马太效应会加剧这种情况的发生，上层阶层会通过自身拥有的社会资本独占大部分发展机会，下层阶层将完全被排除在外。

---

① 王庆环、邓晖：《北大清华复旦农村学生比例超 15% 寒门学子圆梦重点高校》，光明网，http://edu.gmw.cn/2016-09/08/content_21876438.htm，访问日期：2016 年 9 月 8 日。

② 佛山科学技术学院 2018 年硕士研究生招生简章，http://web.fosu.edu.cn/yanjiusheng/?p=3239，访问日期：2017 年 11 月 15 日。

八、结语

年龄限制造成的以上几方面的问题已经明显显露出来。在不同单位的招聘公告中，年龄限制正在成为一种歧视，这种歧视还是以光明正大的方式出现在招聘文本之中，相比隐晦的性别歧视而言，年龄歧视可能更为严重。而对于女性来说，更是要面对性别和年龄的双重歧视。年龄限制已经成为人才成长和发挥作用的无形魔咒，每个人都会面对这种限制带来的损害。人才不是用年龄界定和衡量的，更不应用年龄来束缚人才的发展。因此，取消年龄限制是给人才松绑的关键。让人才可以在更长的时间内规划个人的工作，安心从事自己的工作；让人才不必担心自己的未来，也不必屈从于眼前的短期利益，从而为个人、国家和社会做出更多贡献不正是人才政策的根本要义吗？

参考文献：

[1] 国务院发展研究中心课题组：《大国崛起与人力资本战略：从人力资本角度溯源大国崛起征程解读大国崛起规律》，中国发展出版社 2017 年版。

[2] 加里 · 贝克尔：《人力资本》，陈耿宣等译，机械工业出版社 2016 年版。

[3] 罗纳德 · G. 伊兰伯格、罗伯特 · S. 史密斯：《现代劳动经济学：理论与公共政策（第十版）》，中国人民大学出版社 2011 年版。

[4] 孙劲悦：《关于就业年龄歧视原因的调查分析》，《财经问题研究》2004 年第 4 期。

[5] 唐世平：《社会流动、地位市场与经济增长》，《中国社会科学》2006 年第 3 期。

[6] 王月明：《消除年龄歧视是劳动权平等保护的首要内容》，《法学》2010 年第 3 期。

[7] 张时飞、唐钧：《中国就业歧视：基本判断》，《江苏社会科学》2010 年第 2 期。

党的十八大以来生态文明建设新进展

李　娣*

【导语】生态文明建设是新时代中国特色社会主义思想的重要内容。党的十八大以来，我国生态文明建设不断取得新突破、新进展，取得了重大成果。党的十九大报告进一步提出，要建设人与自然和谐共生的现代化中国。本文总结了党的十八大以来习近平总书记关于生态文明建设的重大理论与实践创新，有助于全面领会贯彻落实党的十九大报告，推进我国生态文明建设走向新时代。

党的十八大以来，我们党把生态文明建设提到一个前所未有的战略高度，要求把生态文明建设放在突出地位，融入经济建设、政治建设、文化建设、社会建设各方面和全过程，努力建设美丽中国，实现中华民族永续发展。党的十九大召开，开启了生态文明建设的新征程。

一、五年来生态文明的新思想

党的十八大把生态文明建设纳入中国特色社会主义事业总体布局，并指出建设生态文明是关系人民福祉、关乎民族未来的长远大计。同时，把加强生态文明建设写入党章，进一步明确生态文明建设的战略地位，以动员全党全国各族人民更好地全面推进建成富强民主文明和谐的社会主义现代化国家，实现中

---

* 李娣，中国国际经济交流中心经济研究部副教授。主要研究领域：宏观经济学、产业经济学、财政理论与政策。本文系 2017 年中国国际经济交流中心重大基金项目“党的十八大以来理论创新研究”研究成果之一。

华民族伟大复兴的中国梦。五年来，习近平总书记创新性地提出了生态文明建设总体部署、正确处理经济发展与环境保护关系、新的生态环境保护方法、生态红线观念、完善生态文明建设制度体系、解决损害群众健康的突出环境问题等思想深邃、内涵丰富、系统全面、指向明确的指导思想和总体要求，深刻回答了生态文明建设的若干重大理论和实践问题，是近五年来生态文明建设领域最为重要的创新性进展与创新性成果。初步学习和研究认为，习近平总书记生态文明建设思想十分丰富，突出体现在以下八个方面。

（一）生态环境保护全球观

生态环境保护是习近平总书记构建“人类命运共同体”思想的重要内容。他强调：地球很大，也很脆弱。工业革命以来，自然生态系统发生巨大变化，出现森林消失、湿地退化、水土流失、干旱缺水、洪涝灾害频发、全球气候变暖等严重生态危机。地球上的物质资源必然越用越少，大量耗费物质资源的传统发展方式显然难以为继。面向未来，世界现代化人口将快速增长，如果大家依照现存资源消耗模式生活的话，那是不可想象的。习近平总书记向全球倡议，保护生态环境，应对气候变化，维护能源资源安全，是全球面临的共同挑战。中国将继续承担应尽的国际义务，同世界各国携手共建生态良好的地球美好家园。十九大报告指出，构建人类命运共同体，建设清洁美丽的世界。

（二）良好生态环境是最公平的公共品

“良好生态环境是最公平的公共品，是最普惠的民生福祉”体现出习近平总书记深厚的民生情怀和强烈的责任担当。他强调：环境就是民生，青山就是美丽，蓝天就是幸福。人民群众对清新空气、清澈水质、清洁环境等生态产品的需求越来越迫切，生态环境越来越珍贵。我们必须顺应人民群众对良好生态环境的期待，推动形成绿色低碳循环发展的新方式，并从中创造新的增长点。要提供更多优质生态产品以满足人民日益增长的优美生态环境需要。

（三）“天蓝、地绿、水清”的中国梦

走向生态文明新时代，建设美丽中国，是实现中华民族伟大复兴的中国梦的重要内容。习近平总书记向全球系统阐述的中国梦是追求和平的梦；中国梦是追求幸福的梦；中国梦是奉献世界的梦。习近平总书记阐述的“天蓝、地绿、水清”的中国梦，就是要把生态文明建设融入经济建设、政治建设、文化建设、社会建设各方面和全过程，形成节约资源、保护环境的空间格局、产业结构、生产方式、生活方式，为子孙后代留下天蓝、地绿、水清的生产生活环境。“天蓝、地绿、水清”的中国梦中蕴含着习近平总书记“生态兴则文明兴，生态衰则文明衰”的生态观，这既是对中国传统哲学思想的继承，又彰显了中国共产党人对人类文明发展规律、自然规律和经济社会发展规律的深刻认识，丰富发展了马克思主义生态观，是对人类文明与生态关系的全新认识。

（四）生态环境就是生产力

“生态环境就是生产力”是习近平总书记生态文明建设思想的核心内容。他强调：要正确处理好经济发展同生态环境保护的关系，牢固树立保护生态环境就是保护生产力、改善生态环境就是发展生产力的理念，更加自觉地推动绿色发展、循环发展、低碳发展，决不能以牺牲环境为代价去换取一时的经济增长。良好生态环境是人和社会持续发展的根本基础。生态环境就是生产力的理论判断，不仅彰显了以习近平同志为核心的中国共产党高度的历史责任感和使命感，更是对马克思主义生产力理论的完善。

（五）绿水青山就是金山银山

习近平总书记关于“绿水青山”与“金山银山”的辩证统一关系的论述，是我们党积极探索经济规律、社会规律和自然规律的认识升华，推进了发展理念和方式、执政理念和方式的深刻转变。习近平总书记以实事求是的态度，把在实践中对绿水青山和金山银山这“两座山”之间关系的认识分为三个阶段，

认为在不同的发展阶段，“绿水青山”与“金山银山”表现为不同的关系特征，要遵循“三个阶段”的特定规律运动变化，但“宁要绿水青山，不要金山银山，而且绿水青山就是金山银山”的根本性质是不会变化的，“绿水青山”与“金山银山”会产生矛盾，但始终是辩证统一关系。“绿水青山”和“金山银山”绝不是对立的，关键在人，关键在思路。“两山论”揭示了“绿水青山”与“金山银山”相互作用过程中固有的、本质的、必然的、稳定的联系，是生态文明建设必须遵循的客观规律。

（六）生态安全观

生态安全观是习近平总书记生态文明建设思想的重大创新。他指出：森林是陆地生态的主体，是国家、民族最大的生存资本，是人类生存的根基。他提出：要划定并严守生态红线，构建科学合理的城镇化推进格局、农业发展格局、生态安全格局，保障国家和区域生态安全，提高生态服务功能。生态遭到破坏，对国家全局会产生影响。面对新形势，习近平总书记强调构建集政治安全、国土安全、军事安全、经济安全、文化安全、社会安全、科技安全、信息安全、生态安全、资源安全、核安全等于一体的国家安全体系。把生态安全纳入国家安全体系中，构建有中国特色的国家安全体系，极大地丰富了国家安全的内涵和外延。对推进国家治理体系和治理能力现代化，实现国家长治久安的迫切要求，促进经济社会可持续发展，引导全国人民提升生态安全重要性认识，破解生态安全威胁，具有重要意义和深远影响。

（七）生态思维方法论

建设富强民主文明和谐美丽的中国，实现中华民族永续发展，是我们党与习近平总书记心中的梦想和力量之源。这力量，根植于生生不息的“仁者爱人、与人为善、天人合一、道法自然、自强不息”等传统文化思想。他引导全国人民随时随地要有“劝君莫打三春鸟，儿在巢中望母归”的自然观，“一粥一饭，当思来之不易；半丝半缕，恒念物力维艰”的生态思维。习近平总书记认为，人类追求发展的需求和地球资源的有限供给是一对永恒的矛盾。解决好“天育物有时，地生财有限，而人之欲无极”的矛盾，是一场关系到人与自然和谐相处的社会革命。因此，他坚持认为“杀鸡取卵、竭泽而渔式的发展是不会长久的”，要求以谋万世的眼光和责任感来建设“美丽中国”。习近平总书记强调，要清醒认识保护生态环境、治理环境污染的紧迫性和艰巨性，清醒认识加强生态文明建设的重要性和必要性。我们必须通过制度建设、加强法制等行动来贯彻落实。在治气、净水、增绿、护蓝上下功夫，保得住青山绿水，留得住乡愁，努力走向社会主义生态文明新时代，建设美丽中国，实现中华民族永续发展。

（八）山水林田湖草是一个生命共同体

生命共同体的理念既是习近平总书记对中国传统天人合一智慧新的理解与认识，又是生态文明建设思想创新的显著标志。习近平总书记指出，山水林田湖草是一个生命共同体，人的命脉在田，田的命脉在水，水的命脉在山，山的命脉在土，土的命脉在草（树）。用途管制和生态修复必须遵循自然规律，由一个部门负责领土范围内所有国土空间用途管制职责，对山水林田湖草（树）进行统一保护、统一修复是十分必要的。他强调：一个良好的自然生态系统，是大自然亿万年间形成的，是一个复杂的系统。如果种树的只管种树、治水的只管治水、护田的单纯护田，很容易顾此失彼，最终造成生态的系统性破坏。建设生态文明要采取综合治理的方法，把生态文明建设融入经济建设、政治建设、文化建设、社会建设的各方面与全过程。生命共同体的理念从系统论的角度补充完善了现代生态学中生物链理论，说明了田、水、山、土、草（树）在生物链中与生物处于同等地位，打破了现代生态学仅把田、水、山、土作为外在条件对生态链形成影响的理论模式。在加快推进生态文明建设过程中，要用生命共同体的思维指导生态文明建设实践。

二、五年来生态文明实践创新

党的十八大以来的五年里，在新时代中国特色社会主义思想的指引下，我国生态文明建设实践创新取得重大进展。从宏观到微观，从工业领域到生产生活的各领域，从生态脆弱区到全国陆海空各区域，全方位深入推进生态文明建设，取得了新突破、新进展、新成效。在此，从资源节约、环境保护方面简要阐述主要成效。

（一）加强生态文明制度体系建设

党的十八大以来，我们党不断加强生态文明制度体系建设与创新。党的十八届三中全会提出加快建立系统完整的生态文明制度体系；十八届四中全会要求用严格的法律制度保护生态环境；十八届五中全会将“绿色发展”作为“十三五”乃至更长时期经济社会发展的一个重要发展理念。2015 年中共中央、国务院先后出台《关于加快推进生态文明建设的意见》、《生态文明体制改革总体方案》，审议批准“十三五”规划纲要，将生态环境质量改善作为全面建成小康社会目标，提出加强生态文明建设的重大任务举措。在巴黎气候变化大会上，我国成为《联合国气候变化框架公约》196 个缔约方通过的《巴黎协定》履约国与重要的推动国。2016 年，中央全面深化改革领导小组审议通过《关于划定并严守生态保护红线的若干意见》，31 个省（区、市）均已启动生态保护红线划定工作。2016 年，在两部生态文明建设和改革文件的指导下，结合实际需要，中央深改组和中央有关机构审议通过了一系列改革文件，以问题为导向，配合以强有力手段推进措施落地，新气象由此而生。

（二）推进资源节约

（1）保障土地资源可持续发展。2015 年年末，我国农用地较 2012 年减少了 100.88 万公顷，减少幅度大大降低；随着工业化与城镇化的快速发展，为推进土地资源集约利用，2015年，全国建设用地供应较2012年减少了21.25万公顷。

（2）矿产查明资源储量保持稳定增长。与2012年比较，2015年煤炭资源储量增长1455.1亿吨，石油储量增长1.7亿吨，天然气增加0.8亿吨，发现丰富的页岩气储量，并取得突破性增长。铁、铜、铅、锌、钨、锡、钼等矿产资源储量都有较大增长。

（3）海洋生态环境状况基本稳定。2013年，我国第一次启动海洋经济调查，与2013年比较，2016年海洋资源产值增长了30%。符合第一类海水水质标准的海域面积占管辖海域面积的95%，保持在2013年的水平。截止到2016年年底，我国已建立了各类海洋自然和特别保护区250多个，总面积约12.4万平方千米，开展10处“生态岛礁”工程，批准1处无居民岛开发利用项目，实施28个海洋可再生能源利用项目。

（4）水资源节约步步推进。与2012年比较，2016年，我国水资源总量增加了1.04%，全国供水总量减少了0.31%，工业用水减少了51亿立方米，生活用水增加了75亿立方米，生态用水总量增加了17亿立方米，全国人均用水量减少了18立方米，万元国内生产总值（当年价）用水量减少了37立方米，万元工业增加值（当年价）用水量减少了16.2立方米。

（三）加强环境污染治理

（1）水质改善成效明显。与2013年比较，2016年全国Ⅰ—Ⅲ类河流水河长占评价河长比重提升了6.8个百分点，水功能区水质满足水域功能目标占评价水功能区数量的比重提升了9.3个百分点。化学需用量排放量逐年减少。

（2）大气环境持续改善。2013年以来，我国启动了城市PM2.5及城市空气质量优良率监测，不断提高人们对大气环境的关注；全面加强对涉气“散乱污”企业综合整治、燃煤小锅炉淘汰改造、挥发性有机物（VOCs）治理等，强化扬尘治理、工业烟尘整治与燃煤污染治理，与2012年比较，2015年二氧化硫排放量减少了259万吨。2016年，338个地级及以上城市平均优良天数比例为78.8%，较2013年提升了8.3个百分点。

（3）污染治理财政投入总量稳步加大。2012—2015年，我国环境污染治理投资总额占国内生产总值比重分别为1.53%、1.52%、1.49%、1.28%，2016年，中央财政分别安排大气、水、土壤污染防治专项资金112亿元、140亿元、91亿元。

（四）持续推进生态系统保护

（1）生态环境质量不断改善。2015年生态环境质量以“优”“良”和“一般”为主，约占国土面积的67.1%，其中，生态环境质量为“优”的县域较2012年增加了202个，“良”的县域减少了98个。

（2）生态环境保护平稳向好。2012—2016年，我国森林面积保持在20769万公顷，森林覆盖率21.63%，造林面积保持逐年增长。湿地面积保持在5360万公顷，湿地面积占国土面积的比重为5.6%。2016年，自然保护区数较2012年增加了81个，其中，国家级自然保护区增加了83个。

三、进一步全面贯彻落实党的十八大以来生态文明建设思想

当前及今后一段时期，中国发展处于特别重要的历史阶段，是全面决胜小康社会的关键阶段，也是带领全国14亿人口开启全面建设社会主义现代化国家新征程的重要阶段，中国特色社会主义进入新时代，我国社会主要矛盾已经转化为人民日益增长的美好生活需要和不平衡不充分的发展之间的矛盾。既需要庞大的经济规模来支撑发展，又要着力解决发展中的不平衡、不协调、不充分、不可持续等问题。问题的解决，必须贯彻落实“五位一体”总体布局，推进“四化”同步发展，有效遏制“污染爬坡”，既要“金山银山”，也要“绿水青山”，既要发展，又要治污，既要“发展权”，又要“健康权”。坚持以“五大发展理念”推动“四化”同步发展，建议未来生态文明建设的任务可重点体现在以下几个方面。

第一，加快推动产业迈向中高端，提高生态效益。我国在逐步迈进工业化后期，正与全球新一轮产业革命形成历史性交汇，要把以互联网为代表的信息化深度融入工业、农业，进一步以信息技术装备工业、农业，加快传统产业转型升级与向中高端迈进，在提高生产效率的同时，提高资源利用效率，减少环境污染。现代信息技术大幅度提升了工农业发展水平与现代服务业水平，催生了新资源、新业态、新产业，不仅创造了更为庞大的经济体量，也有效改善了生态环境、减少了资源消耗。人工智能、虚拟现实等新技术的加速兴起，为发展新产业提供了无限空间。分享经济新的模式正广泛渗透到各类生活资源和生产资源利用中，要进一步通过提高生产环节中产品的循环利用率来减少产品生产，节省资源和能源；也要利用各类新技术来降低流通环节的生态消耗，进而推动生活方式向资源利用更为高效、更加节约转变。

第二，加快新型城镇化与农业现代化建设步伐，推进集约高效发展。要着力推进工业化与城镇化良性互动、城镇化与农业现代化相互协调。解决后工业化阶段，农村转移人口落户扎根城镇、城中村改造、以工业化带动中西部地区农村人口就地城镇化等问题。要健全和完善推进城镇化战略布局、形态、功能的体制机制，全面提升以人为本的城镇化发展质量与效益。推进农业现代化、促进产城融合，合理引导大中小城市协调发展，培育和发展城市群，建设特色乡镇和美丽乡村，形成要素自由流动，优势互补、互相繁荣的城乡发展新格局。加强国土空间开发管制，有效节约资源，促进城镇集约高效发展。尊重自然生态规律，坚持以人为本，统筹城乡生产生活，全面推行城乡全覆盖的绿色规划，促进清洁生产、低碳生活与循环发展。

第三，加快形成绿色生产生活方式，改善生态环境。要把绿色低碳理念贯彻在生产的每个环节，加快形成绿色生产方式。要加强对燃煤电厂、钢铁厂等高排放产业全面实施超低排放和节能改造，最大限度减轻这类产业的污染排放量，提高资源和能源利用效率。要进一步推动和发展好节能环保产业，培育再生清洁能源和可替代能源，逐步补充乃至取代污染排放大的传统能源行业。引导企业能源消费革命，建设消耗低、排放少、能循环的绿色生产体系，打造绿色工厂、绿色车间。健全和完善覆盖各领域的生态保护补偿制度，建立多元化的生态补偿机制，提高全社会资源节约意识和环卫意识。

在日益紧密的全球化和过度消费的工业化大潮中，必须推动全体公民从能源、食物供给、交通出行、住房等方面实践应对能源和环境危机的解决方案。引导个人最大化地发挥创造力，降低能源耗量，循环利用各种资源，自觉参与优美环境建设，打造富有生态理念的两型社区。倡导居民使用绿色产品，参与绿色志愿服务，树立良好公民环卫意识和绿色增长、共建共享的理念，把绿色消费、绿色出行、绿色居住转化为自觉行动，让人人既能充分享受绿色发展所带来的便利和舒适，又能自觉履行好应尽的可持续发展责任，推动全社会生活方式向自然、节俭、环保、健康方向转变。

第四，积极参与国际合作，提高生态环境国际话语权。绿色没有国界，但由于各国的国情不同，经济社会发展的阶段，生态文明建设所面临的挑战也不同。中国作为最大的发展中国家，发展是解决一切问题的关键，而发展所处的阶段决定了未来建设生态文明还将继续面临严峻的挑战。必须坚持开放发展，既要正视全球性生态环境挑战和危机，承担保护地球的共同责任和义务，又要认识到各国发展阶段、生态环境保护水平和能力不同的客观现实，继续坚持共同但有区别的责任原则，参与全球生态文明建设。要继续构建更加广泛的生态利益共同体与责任共同体，凝聚各方力量，形成生态文明建设国际新合力，搭建环境治理的国际合作平台，积极主动参与全球生态治理，共同维护和促进国际生态安全。积极参与生态技术国际合作研发，以促进国内绿色低碳技术、环保产业升级，来推动国内绿色工业体系建设；进一步拓展生态环保新技术、新产业，提升生态环境治理水平和治理能力。对国内先进生态环境保护要有技术自信与经验自信，积极参与国际竞争与合作，尤其要加强新能源、新材料、新资源开发等领域技术交流与合作，提高我国先进绿色低碳技术和产品的国际市场占有率与全球竞争力，宣扬中国特色社会主义生态文明新理念，传播中国传统生态文化，在国际舞台上展示绿色中国形象。要积极参与全球环境保护、气候变化、能源资源等领域国际规则制定，推动形成制度化合作机制，更为积极主动地参与国际生态环境制度建设和国际环境公约谈判，在全球生态环境治理议题上，提出有成效的新倡议、新理念和新行动方案，不断提高我国在全球生态环境治理中的话语权。

要紧紧围绕建设“美丽中国”深化生态文明体制改革，进一步筑牢生态文明的“四梁八柱”，健全国土空间开发，资源节约利用，生态环境保护体制机制，推动形成人与自然和谐共生的现代化建设新格局，还要进一步推动以下几项工作。

一是要进一步把生态文明建设贯穿在“四个全面”战略布局之中。党的十八大提出，资源节约、环境友好社会建设取得重大进展是2020年实现全面建成小康社会宏伟战略目标时间表中的重要内容之一。全面深化改革、全面依法行政、全面从严治党是全面建成小康社会的动力源泉、法治保障和政治保证。

把生态文明建设贯穿在全面深化改革中，是全面深化改革的要求。新的时代背景下，解决错综复杂的矛盾和问题，推进中国特色社会主义建设、建设社会主义现代化强国乃至全面建成社会主义现代化强国，实现中华民族伟大复兴的中国梦，必须依靠与不断探索实现“四化”同步的发展路径，保持全面、系统、协同推进政治、经济、社会、文化、生态全方位发展。全面依法行政是适应时代变化，推动生态文明建设全面走上法制轨道，实现生态环境治理制度化、规范化、程序化，确保生态文明体制改革稳步推进，维护生态安全、防止生态红线被践踏的法治保障，更是彰显社会主义现代化国家基本内涵的基本要求。全面从严治党是坚持在党的领导下，全面推进生态文明建设的关键所在，是引导各级党组织在生态文明建设中主动思考、主动作为的基础，是确保生态文明建设的整个制度体系贯彻落实到位、推动生态文明建设及生态环境治理能力现代化的政治保证。生态文明建设涉及生产生活方方面面，只有把生态文明建设融合贯穿到经济、政治、文化、社会建设的各方面和全过程，贯穿在“四个全面”中，把推动生态文明建设与各领域改革、全面依法行政、全面从严治党紧紧融合在一起，才能筑牢生态文明建设的“四梁八柱”，才能把生态文明建设的决策部署落到实处，才能着力解决生态环境方面的突出问题，从源头上扭转生态环境恶化趋势，为人民创造良好生产生活环境，为全球生态安全做出贡献，走向社会主义生态文明新时代。

二是要进一步凸显生态文明建设也是生产力。“绿水青山”也是“金山银山”。生态环境治理所投入的人力、物力、财力是其他物资生产的“机会成本”，减少环境污染与破坏，就是提高其他物质资料的生产能力；在生态环境治理中所积累的经验、各类发明创造、科技创新，可以转化为新的生产力；转变经济发展方式，合理利用资源，提高资源利用效率，就是提高生产效益；生态环境改善，提高了人民幸福感与健康指数，提高了人类改造自然的能力，也就提高了生产力水平。未来要进一步完善和贯彻落实好党的十八大以来建立的关于生态文明建设“四梁八柱”的制度体系，凸显生态文明建设的生产力特征，解决人民群众最关心的大气污染治理、饮水安全、土壤污染等问题；着力全面完成十九大报告提出的推进绿色发展、着力解决突出环境问题、加大生态系统保护力度、改革生态环境监管体制等四项战略任务；化解生态危机，确保生态安全，让人民群众逐渐感受到“美丽中国”带来的生产红利。凸显生态文明建设的生产力特征也是打消人们面临新的情况与挑战时，不可避免出现的要求重返经济社会粗放发展老路子的念头，是发动人民群众投入到生态文明建设中来，坚定建设“美丽中国”的信心，坚决抵制破坏环境、污染环境的行为，自觉养成良好消费习惯，转变不利于生态文明建设生产生活方式的最现实“引导力”。凸显生态文明建设的生产力特征，让人民群众在“美丽中国”建设中有更多的获得感，有利于树立全体人民坚定不移地推进生态文明建设的信心，坚定凝聚力量，攻坚克难，奋力前行的决心。

三是以山水林田湖草是生命共同体来指导生态文明建设实践。人山水林田湖草是一个生命共同体，要求在建设生态文明实践中，要按照习近平总书记指出的“对山水林田湖草进行统一保护，统一修复”，认真总结过去资源有效利用和环境保护等治理方面的方式方法，创新管理手段，优化管理资源配置，提高管理水平，按照“由一个部门负责领土范围内所有国土空间用途管制职责”方式理顺管理职责。山水林田湖草，各有各的管理特征，管理部门各有各的权益，行使各自的职责，但山水林田湖草，更是一个生命共同体。要总结河长制管理实践经验，不断打破条块分割的“博弈思维”，割舍“部门利益”，科学构建管理体制，形成更科学合理的协调机制，把各类生态资源纳入统一治理的框架之中，盘活山水林田湖草的生命共同体。

参考文献：

[1]《习近平谈治国理政》，外文出版社2014年版。

[2]《习近平报道专集》，新华网。

[3]魏礼群：《党的十八大以来社会治理的新进展》，《光明日报》2017年8月7日11版。

[4]中华人民共和国国土资源部：2012—2016年《中国国土资源公报》，中华人民共和国国土资源部网站。

[5]中华人民共和国水利部：2012—2015年《全国水利发展统计公报》、2012—2016年《中国水资源公报》，中华人民共和国水利部网站。

[6]中华人民共和国统计局：《2016年中国统计年鉴》，中国统计出版社2016年版。

第二编　全球治理

完善全球公共产品供给体系及中国的路径选择

张茉楠*

【导语】2017年1月，习近平主席在出席冬季达沃斯世界经济论坛时发表了《共担时代责任 共促全球发展》的主题演讲，向世界明确阐述了中国新的“全球治理观”。十九大报告中再次明确，中国将继续发挥负责任大国作用，积极参与全球治理体系改革和建设，不断贡献中国智慧和力量。本文认为，在不可阻挡的全球化趋势面前，我国应当积极参与全球经济治理和公共产品供给，提高我国在全球经济治理中的制度性话语权，构建广泛的利益共同体，这是中国成为真正的全球化大国的根本体现。

当今世界正发生重大变化，全球公共产品供给体系已无法适应国际利益格局变迁的挑战，其供给机制也越来越难以调节发达国家与发展中国家间的结构性矛盾与冲突。本文深入分析当前全球公共产品面临的供给困境，提出在新型全球治理框架中的中国角色转变及其参与完善全球公共产品供给体系的路径选择与策略。

近年来，随着美国综合实力对比下降，以及全球公共物品消费数量的日益增加，使其无意或无力向世界进行足够的单向支付，更不愿在多边协议框架中让惠。特别是特朗普政府宣布退出TPP、重新修订NAFTA，引入边境调节税、减少国际责任分担等都明显带有本土主义、保护主义和“去全球化”倾向，这是对二战后美国所拥护的全球化政策的重大背离。因此，世界普遍对“全球领

* 张茉楠，中国国际经济交流中心战略研究部研究员。主要研究领域为全球宏观经济、国际贸易、国际金融、中美经贸等。

导力真空”期加剧世界秩序动荡表示担忧，中国作为新兴发展中大国如何定位全球公共产品供给者角色与策略，如何参与完善全球公共产品供给体系也是中国新的全球化战略核心利益所在。

一、全球公共产品供给是参与完善全球治理的必由之路

一般而言，全球公共产品是一个国家提供给其他国家，特别是国际社会共同使用的资源、制度、物品和设施等。联合国《执行联合国千年宣言的路线图》报告中有比较明确的界定。报告指出在全球公共领域，需要集中供给的公共产品包括基本人权、对国家主权的尊重、全球公共卫生、全球安全、全球和平、跨越国界的通信与运输体系、协调跨国界的制度基础设施、知识的集中管理、全球公地的集中管理、多边谈判国际论坛的有效性等十类。另外，联合国开发计划署认为对金融腐败、疾病传播、生物多样性、文化传统的丧失、全球环境污染、战争与冲突（包括地区纷争对国际大环境的影响）、移民和难民潮、保护主义措施、贪污、洗钱及国际犯罪等的治理都属于全球公共产品范畴。

最早研究全球公共产品的美国学者金德尔伯格（Kindleberger）认为，国际经济体系的稳定运转需要某个国家来承担“公共成本”。这一观点后来被吉尔平（Gilpin）发展成“霸权稳定论”，即在政治、经济、军事和科技等各方面占据绝对优势的霸权国家，通过为国际社会提供稳定的国际金融体制、开放的贸易体制、可靠的安全体制和有效的国际援助体系等全球公共产品，来获得其他国家对由霸权国所建立的国际秩序的认同，从而实现体系内的稳定和繁荣。二战至20世纪50年代后，全球主导地位转移至迅速崛起的美国，其经济总量超越西欧占到世界经济总量的27%，单极世界的建立使得美国凭借占绝对优势的综合国力取得霸主国地位，逐步建立了以布雷顿森林体系为核心的国际金融体系、以关贸总协定为核心的国际贸易体系、以北大西洋公约组织为核心的国际安全体系。不可否认，以美国为核心的霸权体系对二战后西方国家的经济恢复和政治稳定发挥了举足轻重的作用。

二、当前全球公共产品供给体系面临的结构性难题与困境

长期以来，全球公共产品供给方式呈现三种态势：第一种是霸权稳定供给；第二种是全球主义的集体供给；第三种是地区主义的合作供给。二战以后全球公共产品供给一直是霸权稳定供给，美国是全球公共产品的唯一供给者，并通过经济霸权、政治霸权、军事霸权、文化霸权的四大支柱实现全球资源配置和控制权。但随着其综合国力经过长期冷战消耗出现下降，以及近年来全球力量格局和利益格局对比的变化，全球公共产品领域面临几大方面突出挑战。

（一）“霸权国家”承担全球公共产品支出不堪重负

美国为全球公共产品特别是安全产品支付了高昂成本。美国军费开支明细显示，2016 财年美国国防军费预算总额超过 7700 亿美元，不仅继续高居全球首位，而且超过了世界多个主要大国国防预算的总和。其中，海外军事行动基金划拨约 506 亿美元预算，位列国防预算第三位，美国长期为其盟友提供了高昂的安全防卫开支使其不堪重负。根据美国财政部数据，2016 财年美国债务规模达 19.98 万亿美元，比 2015 年年底 18.92 万亿美元的政府总债务高出约 1 万亿美元，占 GDP 比重超过 106%。高昂的全球公共产品成本导致美国陷入“霸权困境”。在这种背景下，霸权国可以选择两条行动路线恢复体系的平衡：其一是寻求资源的增加，用更多的资源保持霸权地位，承担霸权义务；其二是减少现在所承担的国际义务和责任，特朗普政府选择了第二条路径。

（二）“免费搭车”现象导致全球公共产品出现“供给赤字”

作为全球公共产品垄断提供者也面临其收益—成本不匹配问题。由于全球公共产品供给边际成本递增而边际收益递减的规律，霸主国国力衰退不可避免。同时还因为存在“免费搭车”现象，霸主国往往在长时期内为保持公共产品的供给而付出远远超过它应该承担的成本，这也导致全球公共产品供给不足风险

越来越大。

（三）全球公共产品资金供给面临巨大的融资缺口困境

全球公共产品供给需要大量的资金投入，主权国家公共产品由国家政府通过征税来为其筹集资金，由于主权国家固有的自私性，任何一个国家对于国内公共产品的投入远远超过对全球公共产品的资金投入。在没有世界性政府的状态下，全球公共产品由于没有固定的资金来源和融资渠道也导致了全球公共产品供给困境。根据国际公共融资机构 Inge Kaul 统计，目前，全世界所有国家花费在公共产品上的公共开支大概有 6 万亿美元，其中，5 万亿来自于发达国家，1 万亿来自于发展中国家，其全球公共产品资金投入只占国家公共产品资金投入的 1/400 到 1/200 之间。供给全球公共产品的国家公共开支可以分成发达国家和发展中国家公共开支及全球所有国家财政收入国际协调三部分，发达国家主要是通过官方发展援助（ODA）和债务减免及债务换发展协议来投入供给公共产品的资金，发展中国家则通过减少不必要的财政补贴来融资，这种资金投入总量的严重不足使得实现全球公利的全球公共产品难以有效供给。

（四）全球公共产品利益分配与成本分担的严重不公平性

在全球公共产品供给中，尽管需要全球各主权国家的共同努力，但是目前全球公共产品的供给中发达国家作用更为关键。在享受全球公共产品带来好处的过程中各国政府的地位是不平等的，经济强国处于主导地位，弱国处于从属地位。强国可以根据自己的利益偏好，对自己最关切或利益攸关的问题，通过自己设定的规则程序，优先给予解决；而对弱国所关切的问题，则往往由于种种理由不能得到及时的解决。例如，在 2010 年国际货币基金组织对特别提款权进行改革之前，西方发达国家占据了总体份额的五分之三以上，其中美国一国就占据了 17.6% 的份额。可见，全球公共产品供给中的利益分配与成本分担的不公平性，严重影响了全球公共产品供给的国际合作，导致全球公共产品供给的非合作困境，因此需要建立公平透明的需求表达和成本分担机制。

（五）全球公共产品供给负外部性导致监管困境和治理失灵

在全球范围内“全球政府”并不存在，所以常常由于缺乏监管而导致全球公共产品被过度使用，引发“公地悲剧”和“治理失灵”问题。以全球金融公共产品为例，面临较大的监管困境：其一是全球货币政策的负外部性，国际储备货币的发行国货币政策具有较强的外溢性可以影响全球资本流动性及各国金融周期，以致各国会丧失货币政策独立性；其二是全球系统重要性金融机构的负外部性，系统重要性出现危机时会牵一发而动全身，造成整个金融体系的动荡甚至可能面临系统性风险；其三是全球金融监管的负外部性，各国金融监管各自为政，但全球金融治理要求金融监管的全球化，而各国存在利益冲突导致多数监管者制定政策更多地追求短期利益，而忽视全球金融的长期稳定。

三、中国在全球公共产品供给体系中的角色转变及其挑战

当前，全球化进入大国利益博弈的新阶段，亚太地区“经济上依赖中国、安全上依赖美国”的二元化趋势日趋明显，亚太正浮现一种新的公共产品供应比较优势结构，即中国在经济类公共产品供应方面拥有优势，而美国仍主导着对安全类公共产品垄断供给。二战后亚太区域经济类公共产品供应大致经历了四个发展阶段，中国也由此实现从资金供给到制度设计再到理念创新的角色转变。

（1）第一阶段：二战结束后的头20余年，亚太经济类公共产品的主要供应方是美国，其公共产品的最大成果是包括日本在内的东亚经济体快速崛起；

（2）第二阶段：自20世纪60年代中后期日本成为世界第三大经济体及美国自70年代战略调整后，美国逐渐将亚洲经济类公共产品供应权移交给了日本，后者主要通过其雁形发展模式为地区提供经济公共产品；

（3）第三阶段：随着日本经济在20世纪90年代中期陷入增长停滞，亚太经济类公共产品供应出现空白。而今中国为亚太各国提供经济类公共产品的能

力和意愿上升。1997 年亚洲金融危机之后，中国为亚洲国家提供的金融稳定公共产品便迅速得到其余国家的认可，2000 年 5 月东盟“10+3”财长会议通过了“清迈倡议”，一方面完善东盟货币互换安排，另一方面在“10+3”范围内建立货币互换网络，作为稳定地区金融环境的手段。2009 年 5 月，中国与东盟 10 国和日本、韩国强化了“清迈倡议”，正式签署了清迈倡议多边化协议，标志着区域外汇储备库建成成为东亚应对金融冲击的重要公共产品。

（4）第四阶段：近年来中国持续增长的前景使其提供区域性公共产品的能力和意愿都大幅增加，特别是 2013 年以来，在“一带一路”重大倡议与亚欧互联互通合作框架下，积极推动搭建 AIIB、丝路基金等新型国际金融组织，以及推动 RECP、FTAPP 贸易协定谈判进程标志着中国在亚洲区域经济公共产品供给方面起到了核心作用。

由此可见，随着综合国力的大幅提升，以及全面深化对外开放型经济体制改革，中国对现存国际秩序更加开放包容，为中国参与全球公共产品供给，应对全球、区域和国内挑战奠定了坚实基础。但我们认为，在全球领导力真空期和全球治理的调整期中国还不具备国际战略基础取代美国成为全球公共产品的“超级供给者”，总体而言，挑战大于机遇。

（一）中国还没有足够实力拓展经济类以外的全球公共产品供给

超越发展阶段和综合国力的全球公共产品供给可能是一个“陷阱”。以海洋公共产品为例，作为海洋霸权国家的美国几乎控制着包括马六甲海峡、苏伊士运河、曼德海峡、波斯湾、霍尔木兹海峡、直布罗陀海峡、斯卡格拉克海峡、卡特加特海峡、格陵兰—冰岛—联合王国海峡、巴拿马运河、佛罗里达海峡、阿拉斯加湾、非洲以南和北美航道等在内的全球 16 个主要航道，除此之外在海洋经济、海洋资源、海洋气候、海洋科技、海洋运输安全等海洋公共产品领域也拥有绝对的供给垄断和定价权。近年来随着中国逐步拓展海洋公共产品供给也引发了与美国的冲突，导致“四海危机”（台海危机、东海危机、南海危机、黄海危机），以及在美国主导的两洋同盟制衡之下的“两洋困境”。

（二）美国战略制衡中国并全面强化全球公共产品供给垄断权

从权力角度看，全球公共产品供给在很大程度上也是一种权力的运用。在美国看来，随着中国经济崛起和提供地区经济类公共产品的能力、意愿和接受度的提升，中国为地区提供的经济类公共产品越多，其威胁态势就越明显。因此，奥巴马政府不仅增加了全球公共产品的排他性，通过跨太平洋伙伴关系协定（TPP）形成“公共产品俱乐部”将中国排除在框架之外，还继续强化包括维持巩固现有同盟关系、构筑亚洲小北约、发展新型同盟朋友关系，以及议题联盟、临时性联盟等“软”同盟关系，全面加强全球及区域安全产品供给垄断权。

（三）美国通过“选择性供给”等方式挤压中国战略空间

“霸权稳定论”认为，在霸权国和国际体系出现危机的情况下，霸权国很难再依靠生产率优势，在国际体系恢复稳定开放的过程中迅速获得足够的收益。同时，霸权国的相对地位开始动摇，霸权国对挑战国通过“搭便车”行为从国际公共产品中获得不均衡收益的行为非常敏感。霸权国一方面希望利用有限的资源挽救其主导的国际体系，另一方面试图通过更加灵活有效的排他性操作，避免挑战者从中获益，威胁霸权地位。近年来，美国在全球公共产品供给方式上从“多边主义—区域主义—双边主义”的转变也遵循了这一规律。例如国际金融危机期间，美国通过美元货币互换网络逐步建立了“美元配给制”。2013年10月31日，美联储、欧洲央行、英国央行、日本央行、加拿大央行和瑞士央行启动美元互换机制，将现有的临时双边流动性互换协议，转换成长期货币互换协议。全球性金融危机救助需要大规模的资源投入，衰退中的霸权国需要收缩国际金融救助的范围，通过排他性措施精准地配置美元流动性，在稳定国际金融体系的同时确保霸权国际地位。美联储等6家央行的货币互换协议，构建美元最后贷款人的垄断配给机制，以美元为中心的货币互换机制长期化，很可能意味着，一个以美联储为中心、主要发达经济体央行参与的排他性超级国际储备货币供求网络已经形成。

综合以上分析，在当前全球现实条件下，单靠一国独立承担全球公共产品供给成本的可能性越来越小，依靠现存国际规制协调国际集体行动也会面临代表性不足等问题都增加了中国参与协调全球公共产品供给模式的风险。因此，国际秩序和经济全球化暴露出来的诸多问题表明，全球治理体制已站在一个历史拐点上，全面改革与完善全球公共产品供给体系与机制已是大势所趋。

四、参与完善全球公共产品供给体系的基本原则与路径

从全球利益格局演变以及全球公共产品供给体系发展走向上看，尽管中国已经是经济体量巨大的超级经济体，但仍是发展中国家，自身面临的瓶颈问题还很多，对外开放与结构性改革进入深水区，需要集中精力办好自己的事。特别是在美国通过国际政治、经济和安全领域的一套制度安排来确定利益分配模式，限定各国追求近期利益和远期利益范围的大背景下，中国还不能成为填补“权力真空”的“世界领导者”，“适度承担责任”应该是一项长期性坚持的均衡策略，不是权宜之计，而是国家长久大计。

我们认为，当前以及未来相当长时期应统筹考虑全面建成小康社会（建党一百年）、实现中华民族伟大复兴（新中国成立一百年）、社会主义初级阶段取得胜利（改革开放一百年），把三者贯穿起来形成“三个一百年”战略构想，提升国家综合实力。在“三个一百年”宏伟蓝图战略指引下，应该按照“先易后难、先经后政、先周边后区域”的方针量力而行，稳步推进，要处理好“大与小”、“远与近”、“破与立”的辩证关系。同时把握好与霸权国竞争及合作的边界，应依靠共同合作，相互协调，携手行动，减少过度“免费搭车”的成本支出，降低收益过度被透支，努力规避被第三方绑架的风险。从供给内容来看，要更多地在小型倡议、次领域安排、局部创新等国际公共产品上做文章；从供给对象来看，应重点关注周边地区特别是邻近国家；从供给模式来看，应在改进现有国际公共产品不足的同时，在融入大国行列的过程中实现软着陆；从供给路线上看，根据不同发展阶段，分步骤、分区域、分重点地规划全球公共产

品供给路线图和行动纲领，采取“区别对待，分类管理”的策略。

五、政策实施建议

（一）积极探索“中国模式”的全球公共产品供给之道

作为成熟和负责任的大国，贡献思想品和方案是更为高级的公共产品。当前，诸边、多边、区域和全球各个层面的国际协定与规则需要完善与重构。在积极构建新型大国关系，避免掉入“修昔底德陷阱”的前提下，应妥善处理好与美国等大国的战略互动以及供给机制上的协调与互信，并应该着力在培育制度和规则性公共产品的能力上下功夫，通过“改制”与“建制”双管齐下来谋求全球治理体系的变革。

（二）优先供给经济、贸易和气候变化等全球公共产品

从经贸领域的公共产品或准公共产品入手，以周边为优先，向国际社会提供富有中国特色的、有竞争力的全球经济公共产品，这可以达到“以小博大”的效果。进一步强化承担减排、减贫、国际对外援助、可持续发展等方面的公共产品供给。应积极培育除政府之外的市场、非政府供给主体，逐步从“低领域”到“高领域”，形成多层次稳定机制安排，分阶段逐步扩展到地区环境和全球公共安全等领域的全球公共产品供给。

（三）以“一带一路”为重点构建全球公共产品供给新机制

“一带一路”的非排他性、正外部性以及“三个共同体”的互惠共赢理念具有灵活性、共享性和开放性的弹性空间。可制定“一带一路”国际公共产品供给指导纲要，研究各国家公共产品的需求，各国家在公共产品供给上的比较优势，通过更为高效的方式提供国家公共产品，实施国际公共产品的级别分类，有计划、有步骤地付诸实施。重点通过与沿线国家共同探讨建立包括全球价值链伙伴关系、基础设施融资制度、贸易投资便利化、金融风险与

稳定互助等方面在内的公共产品，构建可以在全球范围内推广复制的公共产品供给新机制。

（四）全球公共产品融资须发展融资与合作性融资制度安排

针对全球公共产品融资困境，应积极发挥国际税收、国家公共资本、国际公共资本、特别提款权融资、公共产品融资债券，以及公私合作PPP模式的综合融资优势，建立全球层面的公共产品预算分配机制与全球公共产品市场化定价机制。

参考文献：

[1] 樊勇明、薄思胜：《区域公共产品理论与实践——解读区域合作新视点》，上海人民出版社2011年版。

[2] 苑基荣：《东亚公共产品供应模式、问题与中国选择》，《国际观察》2009年第3期。

[3] 刘丰：《安全预期、经济收益与东亚安全秩序》，《当代亚太》2011年第3期。

[4] 巴里·布赞、奥利·维夫：《地区安全复合体与国际安全结构》，潘忠岐、孙霞、胡勇等译，上海人民出版社2012年版。

[5] 张仕荣：《美国"亚太再平衡战略"及对中美关系的影响》，《当代世界与社会主义》2012年第4期。

[6] 刘昌明、孙云飞：《安全公共产品供求矛盾与东亚安全困境》，《当代世界社会主义问题》2014年第1期。

[7] 苏长和：《全球公共问题与国际合作》，上海人民出版社2000年版。

[8] 许航敏：《全球公共产品：演进的公共产品理论》，《地方财政研究》2007年第4期。

[9] 英吉·考尔、佩德罗·康赛桑：《全球公共产品在当今世界为何举足轻重？》，引自英吉·考尔等编：《全球化之道——全球公共产品的提供与管理》，人民出版社2006年版。

[10] A. B. Atkinson,（ed.）, " New Sources of Development Finance", *UNU-WIDER Studies in Development Economics*, Oxford University Press, 2004.

[11] Daniel G. Arce M. and Todd Sandier, " Transnational Public Goods：Strategies and Institutions", *European Journal of Political Economy*, 2001（17）.

[12] 参见美国国际贸易委员会网站："The Trans-Pacific Paternership"，http:///www. Trade.gov /mas/ian /tradea-greements/multilateral/index.Aspa。

着力资本市场能力建设　服务“一带一路”倡议

刘青松*

【导读】“一带一路”倡议提出三年多来，为越来越多的国家和国际组织认可和接受，必将对全球经济复苏和世界政治经济格局重塑发挥十分积极的作用。十九大报告特别强调要以“一带一路”建设为重点，坚持“引进来”和“走出去”并重，加强创新能力开放合作，资本市场参与并服务“一带一路”建设责无旁贷。因为，既涉及到中国资本和服务“走出去”参与国际竞争，又涉及到沿线国家企业、组织、投资者的投融资活动“引进来”对国内市场的冲击。资本市场要以此为契机，进一步深化改革提高资本市场的执行力和竞争力，扩大开放提高资本市场的包容度和影响力，克服能力恐慌，不辜负党中央、国务院对资本市场的希望和重托。

资本市场能力建设涉及方方面面，从近期可操作的角度来讲，我们认为比较重要的有三个层面：一是当前必须重点抓住投资银行国家队建设这个“牛鼻子”。投资银行是资本市场服务的载体，哪里有投资银行，哪里才有可能提供投资银行服务。无论是“引进来”还是“走出去”，都需要投资银行穿针引线、保驾护航。一个国家的投资银行强不强，基本上决定了这个国家资本市场的服务能力和服务半径。二是加大对沿线国家的开放和服务力度。这里要同时做好内地市场和香港市场两篇文章。既要推进内地资本市场优先对沿线国家的开放，又要发挥香港国际金融中心的传统优势。三是加大人才交流和培养力度。我们对沿线国家和地区了解还是很少的，“有经验、靠得住”

* 刘青松，中国证监会研究中心正厅级研究员。主要研究领域为制度经济学、金融法学。

的人才极度匮乏，还谈不上开拓市场，或者提供有竞争力的服务。具体措施有以下八点意见。

一、综合施策大力推进投资银行国家队建设

资本市场服务“一带一路”建设迫切需要做大做强投资银行。到目前为止，我国资本市场对“一带一路”建设的参与度不高、成效不明显，很大程度上是由于我们缺少具有较强国际竞争力的投资银行。投资银行尽管过去几年发展较快，但是资本实力仍然偏小，国际市场布局不均衡，国际市场业务经验和竞争力、执行力严重不足。全国 129 家证券公司中 34 家在境外设立了 51 个一级分支机构，只有 2 个设在沿线国家；其余主要集中在香港，所谓国际业务也主要是服务内地企业和投资者在香港的投融资活动，涉及到“一带一路”沿线的很少；部分机构，如中金公司、中信证券、海通证券等，虽然已经有所布局，形成了一定的竞争力，但是相对于整个资本市场来讲，在国际竞争中力量非常薄弱。如此情况下，资本市场如何能够有力有效地服务“一带一路”建设呢？造成这种局面的原因是多方面的，有传统因素，也有现实因素；有机构自身的微观因素，也有与监管有关的宏观因素，等等。解决问题的办法必须深化改革，在坚持“强监管”总基调的前提下顺应资本市场和投资银行发展的内在规律，实行“差异化”监管，有保有压，综合施策，大力推进投资银行国家队建设。

建设投资银行国家队就是要建设一批有意愿、有能力、肯担当的投资银行群体，能够始终自觉以落实国家战略、体现国家意志、代表国家利益为己任，在国际市场为沿线国家提供资本市场服务，发出中国的声音。在全国证券经营机构中选择各项经营指标都靠前的若干家机构作为国家队建设的基础，给予他们比较宽松的运行环境和有力的资本、政策支持，监管部门动态实时监测，及时防控风险。具体措施有很多，比如，放开对这些机构的行政管制，减少对这些机构的内部干预，给公司治理自治留下足够空间；适度放宽业务创新自主权，

可以根据沿线国家金融需求自主设计、提供相应的金融产品和工具；从总量和业务两个层面放宽杠杆倍数限制，由全国统一的4—5倍提高到10倍左右，机构自己根据各自的经营风格、风控能力评估各自的经营模式、风险水平，决定杠杆倍数；放宽对外直接投资、并购投资等资金、用汇管理，提高在沿线国家投融资决策和用汇管理便利化程度，给予他们一定的用汇自主权；给予资本支持，设立“资本市场服务丝路发展基金”，增强投资银行国家队调动、配置资本的能力；鼓励投资银行国家队在沿线国家和地区布局设点，提升国际化运作的执行能力和水平；在市场竞争和服务过程中，综合发挥中国政府、外交等资源，助力投资银行开展业务等。

二、优先考虑推进资本市场对沿线国家的开放，设立“丝路国家板块”

为沿线国家的政府、企业、重大项目，以及投资者，在国内资本市场提供人民币投融资服务，既是“一带一路”建设的需要，也是国内资本市场国际化建设和打造“人民币资产国际定价中心”的要求；但是，我国资本市场在国际化程度和对外开放方面与沿线的新加坡、印度等市场相比并不具有明显优势，如外资不能直接投资A股市场、境外企业不能到A股市场发行证券并上市等。相比较而言，对沿线国家开放比对欧美发达市场开放来讲，我们更有经验和制度上的比较优势，可以优先考虑A股市场、期货市场向沿线国家和地区开放，鼓励沿线国家尤其是中亚、中东欧、独联体、非洲等地的符合条件的政府、企业、个人到A股市场、期货市场等发行债券、股票融资，直接参与投资交易。可以在A股市场设立“丝路国家板块”，既方便沿线国家政府、企业、项目融资，又能够揭示风险，方便监管。为了方便市场推广和更加直观地服务沿线国家，可以在沿线关键节点，如新疆喀什等地，设立资本市场“丝路国家板块”服务站。

三、香港市场应在为东盟国家、环南中国海国家提供金融服务方面发挥引领作用

近些年来，港交所采取面向大陆的业务政策，随着大陆资金、交易等占比越来越高，国际资本占比相应下降，一些国际企业、机构和资金相继离开了香港市场，香港市场出现明显的A股化的趋势，国际认可度有所下降，服务除大陆以外的沿线国家的能力和意愿不强。巴西矿业巨头淡水河谷（06210.HK）在港股上市的首只HDR退出了香港市场，香港老牌上市公司新世界发展（00017.HK）选择了私有化并从香港市场退市。应当承认，它们所带来的影响是负面的，而且负面意义还是比较大的。

香港市场要发挥“一带一路”“超级连接点”的独特作用。香港是经验比较丰富、认可度比较高的国际金融中心，香港市场要扭转“A股化”趋势，在“一带一路”建设中有更大的作为和担当，在推进和内地市场互联互通的同时，应当花大力气继续保持和发挥其国际金融中心的优势，面向国际市场，要有能力和纽约、伦敦等老牌国际金融中心竞争，面向“一带一路”沿线国家，要发挥优势为“一带一路”建设提供优质金融服务；特别是，香港市场要在为东盟国家、环南中国海国家等提供金融服务方面起到引领作用，形成“东盟国家板块”、“环南中国海国家板块”等，以金融为媒介有效服务并增进中国和东盟各国、环南中国海各国之间的友谊。

四、以投资者保护为核心加强与沿线国家和地区合作，完善法规体系和金融基础设施建设

保护投资者尤其是中小投资者合法权益是资本市场有序有效运行的核心任务。沿线各国资本市场发展水平不同，法律制度不同，经济运行市场化程度不同，公司治理水平不同，投资者保护水平差异较大。我们认为，近阶段与沿线

国家资本市场的合作必须紧紧围绕投资者保护这个核心，有针对性地推进沿线各国加快相关法律法规制度和金融基础设施建设，使得投资者合法权益能够得到充分有效保护，有利于这些国家能够获得更多的机会参与国际资本市场投融资活动，也是沿线国家政府、企业和投资者的投融资活动进入A股市场的基本前提；审慎选择部分在关键节点上的国家和市场，参与其资本市场的框架设计、制度安排、交易系统和相关法律法规建设，推行交易所、登记结算机构间的双边业务和股权合作；必须审慎推动中国和沿线国家的金融基础设施和资本市场互联互通，切实防范资本市场联通带来的深层次风险。

五、设立“资本市场服务丝路发展基金”

资本市场参与和服务“一带一路”建设的影响力和竞争力归根到底来自于能够调动、筹措、配置资本资源的规模和能力。过去几年我国资本市场、投资银行发展较快，但是在国际市场竞争中和国际一流投资银行比较，国际融资规模和投资银行规模等都仍然偏小，市场竞争力和投融资能力较弱。我国规模最大的投资银行中信证券，2016年年底总资产和净资产规模分别是5874亿元人民币和1458亿元人民币，分别相当于美国高盛公司十分之一和四分之一。

国家已经决定“多元化运用外汇储备”，“通过股权、债券、基金等方式，大力度支持‘一带一路’国家战略”。近些年来，国家相继设立了“中非基金”、“中拉基金”、“丝路基金”等，通过国家开发银行提供开发性资金、进出口银行提供政策性资金、商业银行提供商业性资金等，各类基金规模还将增加。这既是服务国家战略的需要，也有利于改变过去连续十年国家外汇投资收益为负的被动局面。国家运用外汇储备资金设立“资本市场服务丝路发展基金”，可以直接向投资银行国家队注资、发债，可以直接委托投资银行国家队管理，也可以投资参与投资银行国家队发起设立和管理的混合基金，有利于增强我国资本市场及投资银行在“一带一路”建设中的资本实力、话语权、影响力；同时，投资银行是一支重要而且有丰富经验的投资管理力量，也应当在国家外汇储备运用中发挥应有的作用。基金规模第一期可以考虑 1000 亿美元。

六、要加强对沿线国家深入系统长期的跟踪研究

“一带一路”沿线 60 多个国家国别情况错综复杂，政治体制、社会文化、宗教习俗各不相同。有世俗化的现代化国家，也有传统的宗教社会，宗教的门派覆盖了几乎人类所有主要宗教，而且教中有教，教中有派；有些国家之间、国家内部民族、宗教、种姓矛盾尖锐复杂不可调和，爱恨情仇难以协调，甚至兵戎相见延续数千年。

经济发展不平衡是沿线国家和地区的另一个显著特征。以 2015 年各国 GDP 总量水平来看，中国第一，超过 11 万亿美元，印度第二，只有 2.1 万亿美元，最小的是东帝汶，只有 14.4 亿美元；从人均 GDP 水平来看，按照世界银行国家和地区分组指标（2012 年，单位：美元）：低收入国家 [0, 1035]，下中等收入国家 [1036，4085]，上中等收入国家 [4086，12615], 高收入国家 [12616，+ ∞]，沿线国家有高收入水平国家 14 个，人均 GDP 水平最高有卡塔尔，7.36 万美元，其次是新加坡 5.29 万美元等；上中等收入国家，共有 22 个，中国 8027 美元，大排名第 25 位，排名前一位的是黎巴嫩 8047 美元，后一位的是保加利亚 6993 美元；下中等收入国家 21 个；有低收入国家 3 个，如阿富汗人均 GDP 水平约为 594 美元，塔吉克斯坦约 925 美元。发展水平不同的国家和地区对资本市场服务需求不同，从而合作方式、存在风险也是显然不同的。

我国资本市场从经营机构到监管部门对沿线各国投资环境都缺乏深入系统长期的跟踪研究。对于资本市场如何服务“一带一路”建设的问题，大多数情况是“情况不明、决心不小、办法不多”。深入系统地了解“一带一路”沿线国家社会政治经济法律行政制度、经济发展阶段及其产业结构特点、宗教文化习俗等，充分识别、防控市场和国别风险，准确把握资本市场需求特点等，是有效提供资本市场服务的前提。对此，国际资本及国际投资机构一直持有审慎态度。目前全球机构资金充裕，管理资产规模达到 120 万亿美元，但是去年新

兴经济体和发展中国家获得的净投资额还不足它们GDP总和的1%，较2008年金融危机下降了2%。世界银行总裁拉加德女士在“一带一路高峰论坛”上表示，这“可能因为机构认为这些项目风险过大”。所以，资本市场服务“一带一路”既要积极投入又切忌盲目冒进，务必研究先行。

七、设立“资本市场‘一带一路’人员培训交流合作基金”

从整个行业来看，人才匮乏是目前制约资本市场服务“一带一路”建设的重要瓶颈。大家比较愿意去香港、新加坡、欧美等发达市场学习工作，而很少愿意去文化习俗差异较大，或者各方面都比较保守落后又危险重重的中东欧、中亚、非洲等地。联想到一个世纪以来的美国，美国之所以强大，很大的原因在于在世界各地，无论多么艰苦、多么危险，甚至是战火纷飞的地方，都能见到美国企业、美国人的身影，他们深入政府、经济、教育、民间各个角落。美国人因此掌握了大量一手信息，可以说，这些对于美国政府制定和实施国际战略发挥了至关重要的作用。

中国证券期货行业协会组织等应当设立专项基金，加快人才交流和培养。如，设立奖学金，鼓励更多的学生学习沿线国家的语言、文化，到沿线国家去留学；提供津贴，鼓励更多的行业从业人员去沿线国家工作、交流、合作；吸引更多的国际人才以各种方式加入到这支队伍中来，培养储备一批懂得当地风土人情，具有良好政商关系的专业化人才队伍。

八、加强沿线国家资本市场双边和多边监管合作协调

目前，中国证监会已经和近一半沿线国家证券期货监管机构签订双边合作机制——“合作监管备忘录”。顺应沿线国家资本市场合作由双边到多边的趋势，建议在继续加强双边监管合作的同时，考虑建立“丝路国家资本市场多边监管合作协调机制”，推动沿线国家资本市场多边开放、深度融合，维护沿线

国家资本合作共同市场有效有序运行。

参考文献：

［1］中共中央第十八届委员会决议，及三中、四中全会决议。

［2］《中国证监会年报（2015）》《中国证监会年报（2016）》，中国财经出版社。

［3］贾康、苏京春：《中国的坎 —— 如何跨越中等收入陷阱》，中信出版社 2016 年版。

［4］Thomas Piketty, *Capital in the Twenty-First Century*, The Belknap Press, 2014.

［5］Eric D. Beinhocker, *The Origin of Wealth*, Harvard Business School Press, 2006.

“一带一路”倡议下我国水域口岸开放和国际航运中心建设

朱　振*

【导语】十九大报告明确提出，要坚持陆海统筹，加快建设海洋强国。在“一带一路”的倡议下，加快我国水域口岸开放和国际航运中心建设是建设海洋强国的重要发展战略。本文主要介绍了我国水域主要特点、沿海五大港口集群和水运口岸开放情况，以及当前国际航运中心的发展阶段与主要特点，分析了“一带一路”倡议框架下推进我国水运口岸开放、着力建设国际航运中心所面临的问题，并提出了相应的对策建议。

从水域看，我国既是东北亚与东南亚之间的主要海上通道，也是连接太平洋、印度洋的重要纽带，东部、南部濒临大海，由北向南环绕大陆边缘的渤海、黄海、东海、南海与太平洋连成一片，拥有473万平方公里海域和3条海峡，有1.8万多公里大陆海岸线和1.4万多公里岛屿海岸线，沿海分布7500多个岛屿，海洋国土面积约300万平方公里，还拥有大洋海底7.5万多平方公里深水海底开采权，与我国隔海相望的国家有8个。我国海域3个边缘海，远洋运输须经岛链式海峡或海域才能进入太平洋、印度洋，不能直接入洋航行。我国特定的地缘环境特征，决定其在全球特别是亚太地区具有重要的战略地位，但也极易受到外来侵扰尤其是海上力量的冲击和影响。

---

*朱振，国家口岸管理办公室副处长，博士后。主要研究领域为宏观经济管理、口岸管理、金融等。

一、我国沿海地区主要港口集群及口岸开放布局

目前，我国沿海地区港口已发展形成布局合理、层次清晰、功能明确的五大区域港口集群，自北向南依次是环渤海港口群、长三角港口群、东南沿海港口群、珠三角港口群和西南沿海港口群。各港口集群情况如下。

（一）环渤海港口群

主要由辽宁、天津、河北和山东沿海港口群组成，环渤海覆盖面积遍及大半个中国，港口腹地覆盖东北、华北、西北等地区，目前有大小港口 60 多个，是中国乃至全球较为密集的港口群之一。环渤海港口群以建设东北亚地区国际航运中心为目标，以大连、天津、青岛、秦皇岛港为主要港口，以营口、烟台、日照、丹东、锦州、曹妃甸、黄骅、威海港等港口为补充，形成了分层次港口布局，主要服务于北方沿海和内陆地区发展。其中，辽宁沿海港口群以大连、营口港为主，为东北三省及内蒙古发展提供对外交流支撑；津冀沿海港口群以天津、秦皇岛港为主，连接华北、西北部分省份，为京津和华北地区提供口岸支撑；山东沿海港口群以青岛、烟台、日照港为主，形成山东半岛蓝色海洋经济增长带。

（二）长三角港口群

依托上海国际航运中心，以上海港为龙头，江苏、浙江为两翼发展起来，形成以上海港、宁波—舟山港为干线港，连云港、苏州、南京、南通、镇江、温州等港口为支线港，其他港口为喂给港的运输格局；该港口群由上海港、宁波—舟山港、嘉兴港、温州港、南京港、镇江港、南通港、连云港、扬州港、泰州港、苏州港（含常熟、张家港、太仓、江阴港）等港口及城市与腹地组合而成，主要服务长三角及长江沿线地区发展。

（三）东南沿海港口群

以厦门、泉州、福州港为主，以莆田、漳州港等港口为支线，以集装箱、陆岛运输和海峡间对台客货运输为重点，主要服务对台“三通”需要和海峡西岸经济区建设及江西等内陆省份发展。

（四）珠三角港口群

由粤东和珠三角地区港口组成，以香港国际航运中心为龙头，充分发挥香港在经济、贸易、金融、信息和国际航运中心等方面的比较优势；以广州、深圳、珠海、汕头港为主体，相应发展汕尾、惠州、虎门、茂名、阳江等港口，加强广东与港澳及内陆地区交流，服务华南、西南地区发展。

（五）西南沿海港口群

由粤西、广西沿海和海南省港口组成，以湛江、防城、海口港为主，相应发展北海、钦州、洋浦、八所、三亚等港口，是泛北部湾地区重要通道，为西南地区货物进入东南亚市场提供主要出海通道，为海南扩大与岛外客货运输提供保障。

（六）沿海主要港口集群间竞争与合作亟需统筹协调

目前沿海五大港口集群尚未形成良性竞争与合作局面，各港口群相互争夺货源，造成资源浪费并加剧港口间恶性竞争。各区域港口功能定位、分工不尽合理，重复建设严重，远未形成干线港、支线港、喂给港相互协调发展局面。鉴此，沿海五大港口群需在主要功能、区位条件、发展潜力、腹地资源、产业分布、集群特色等方面入手，明确各港口群的整体功能定位，以国际国内航运市场为导向，统筹规划、合理布局，形成结构合理、层次分明、功能完备、信息畅通、优质安全、便捷高效、文明环保的现代化港口集群，以更好地适应经济全球化趋势和区域一体化发展需求。

二、国际航运中心的发展阶段及其主要特征

航运是国际贸易的中心，全球约有 90% 的国际贸易货物通过水运实现，国际航运中心建设是世界各国包括我国抢占对外经贸合作制高点、提升开放型经济新水平的关键举措之一。

（一）国际航运中心的主要发展阶段

国际航运中心发展有赖于世界贸易动态调整及随之变化的海运航线、船舶、服务等变化，其在全球的分布变化有着深刻的空间转移脉络，空间转移特征较为明晰，即从“西欧板块”向“西欧板块”+“北美板块”，再向“亚洲板块”+“西欧板块”+“北美板块”方向递进，这种变化是国际航运中心复合的并立与分化过程。

目前，国际航运中心经历了四个发展阶段：一是第一代国际航运中心发展阶段（19 世纪初到第二次世界大战前），称为“航运中转型”模式，以在全球范围内转运、存储、发运等集散货物为主要功能，以伦敦、鹿特丹为代表。二是第二代国际航运中心发展阶段（20 世纪 50—80 年代），称为“加工增值型”模式，以能动开发港口产业、主动集散调配产品、实现在途与存储货物的加工增值，并配以集装箱化运输程度提高和自由港税收政策等为主要功能，以东京、中国香港、新加坡为代表。三是第三代国际航运中心发展阶段（20 世纪 80 年代开始至 20 世纪后期），称为“资源配置型”模式，以集约开发国际航运生产力为首要功能，集商品、资本、技术、信息集散于一身，以主动参与要素在国际间资源配置为主要功能，以纽约为代表。四是第四代国际航运中心发展阶段（20 世纪后期至今），称为“低碳智网型”模式，着眼节能环保、低碳减排、绿色港口、清洁运输，立足航运节点、塑造航运枢纽、构建智能网络，以便有效提升枢纽港口的洲际供应链与全球物流集成服务、资源优化配置能力和国际航运生产力。

（二）国际航运中心的主要发展模式

当前全球国际航运中心，主要发展模式有三种：一是腹地型国际航运中心，以为腹地货物集散服务为主，以鹿特丹、纽约为代表。二是中转型国际航运中心，以中转货物为主，以新加坡为代表。三是航运服务集聚中心型，以市场交易和提供航运服务为主，以伦敦为代表。国际航运中心发展模式会随着历史变迁而调整变化，是一个动态过程，随着全球经贸重心与地缘格局变化呈现漂移态势，近年来亚太地区逐步成为世界航运集中的重要区域。

（三）国际航运中心的主要特征

一是具有关键的地理区位优势。国际航运中心一般位于区域性贸易的航运枢纽城市，处于国际主干航线及其较近位置或本身就是国际主干航线的起终点，在国际航运网络中处于节点位置，拥有通航全球的便利条件，能通过航运网络与世界其他港口连通，同时还具有便利的陆路、水运、航空运输等集疏运条件。二是具有优质的港口设施条件。拥有深浅配套、功能齐全的万吨级码头泊位，有相应的各类货物装卸设备设施、货物中转和集散堆存设施场所，有适应现代船舶大型化、集装箱化趋势的深水港区码头、深水航道和吃水深度，有相应港口现代化技术支撑和先进管理手段，确保进出港口货物以最快方式、最先进手段到达目的地。三是具有广阔的腹地经济。港口所处区域国际化程度高，参与世界经济分工程度强，能为港口提供源源不断的货源客户群和市场基础，能促进地区国际贸易迅速发展和港口运输持续发展。四是具有发达的国际航运市场。重视系统培养本土航运人才，通过完善市场化运作机制不断改善航运市场环境，航运企业和航运从业人员能在公平竞争的市场化环境中从事各类航运交易行为。五是具有强大的航运资源集聚能力和充沛的运输吞吐量。船舶资源集聚度、集装箱吞吐量、货物吞吐量、航空货邮吞吐量等处于全球领先位置，有全球配置运输资源的吸引力和承载能力。六是具有高效便捷的集疏运系统和港口物流服务体系。有较为发达的铁路、公路、航空及沿海、内河等集多式联运于一体的集疏运体系，有高效的航运金融、保险、行政管理、代理、交易、信息化、口岸及船员等配套服务。七是具有良好的法律和税制等综合环境及国家政策扶植。有较为完善、规范、公开、透明的航运法制环境和富有竞争力、税率相对较低、较为稳定的税制环境，有按国际惯例办事的法律制度和金融体系，宽松可控的金融监管制度和便捷高效的海关监管制度，港口收费合理，有助于航运企业提升竞争力，同时辅以相应国家航运政策支持。八是具有科学的港口管理体制和管理方式。国际自由港一般都实行充分授权、高度统一、简化便捷的行政管理和“一站式”服务管理方式，形成统一规划、统一管理、统一协调、统一调度，实现港口资源科学合理配置，确保港口高效、安全、便捷运营。

三、“一带一路”倡议框架下加快推进我国国际航运中心建设

“十三五”时期是我国全面建设小康社会的决胜阶段，也是全面推进“一带一路”建设和着力加强国际航运中心建设的关键时期。《国民经济和社会发展第十三个五年规划纲要》强调推进“一带一路”建设，要求秉持亲诚惠容，坚持共商共建共享原则，围绕政策沟通、设施联通、贸易畅通、资金融通、民心相通，健全“一带一路”合作机制，畅通“一带一路”经济走廊，加强重要通道、口岸基础设施建设，参与沿线重要港口建设与经营，开展多领域互利共赢的务实合作，积极打造陆海内外联动、东西双向开放的全面开放新格局。这不仅为当前和今后一个时期在“一带一路”框架下加快推进国际航运中心建设指明了前进方向，更提出了具体要求。

（一）国内重点港口建设国际航运中心竞争激烈

目前，全国共有国务院批准的 5 个国际航运中心，即上海国际航运中心、大连东北亚国际航运中心、天津北方国际航运中心、厦门东南国际航运中心、广州国际航运中心，这 5 个国际航运中心是“一带一路”建设尤其是 21 世纪海

上丝绸之路的重要节点。但从国内港口集群建设发展看，环渤海、长三角、珠三角、东南沿海、西南沿海港口群之间竞争与合作并存、竞争多于合作；上述各港口集群内部重点港口之间以及邻近港口集群之间，空间距离相近、功能定位相似、所提长远规划发展目标相类，如何更好地厘清自身功能定位、分工合作、优势互补，这是各港口集群内重点港口建设国际航运中心的首要任务。目前，上海、大连、天津、厦门、广州以及宁波—舟山、青岛、深圳等重点港口都在着力打造国际航运中心，已形成鼎立与分割并存局面。

（二）全球视野下国际航运中心建设竞争激烈

仅亚太地区就面临香港、高雄、新加坡、东京、釜山、名古屋、大阪、迪拜等诸多重要港口间的激烈竞争。2014—2016 年新华·波罗的海国际航运中心发展指数报告研究结果显示，全球前 10 位的国际航运中心，2014 年依次是新加坡、伦敦、香港、鹿特丹、汉堡、迪拜、上海、东京、纽约、釜山，2015 年依次为新加坡、伦敦、香港、鹿特丹、汉堡、上海、迪拜、纽约、釜山、雅典，2016 年依次为新加坡、伦敦、香港、汉堡、鹿特丹、上海、纽约、迪拜、东京、雅典。经比较可知，新加坡、伦敦、香港处于前三甲领先地位，鹿特丹、汉堡处于第 4、第 5 名位置，上海由 2014 年第 7 位上升为 2015 年、2016 年第 6 位，2014 年处于第 8 名的东京，2015 年被挤出前 10 名全球梯队，2016 年位列第 9 位，纽约 2014 年排名第 9 位并逐年上升一位，2014 年排名第 10 的釜山在 2015、2016 年排名中被雅典取代而被挤出前 10 名。另据 2016 年该指数报告，广州、青岛、宁波—舟山、天津、深圳、厦门、大连等港口也跻身国际航运中心行列。近年来，随着“一带一路”建设大力推进，航运业发挥着先导作用，国际航运资源近年来向亚洲尤其是中国进一步集聚，国际航运中心东移趋势明显，这对我国抓紧建设国际航运中心具有重要意义。

（三）我国五大国际航运中心建设现状及存在的问题

一是就港口基础设施建设而言，码头泊位基本能满足“一带一路”建设和货物运输需求，相比较而言，上海、广州港的港口吞吐量、集装箱周转量及货物运输等基础设施建设最为完善。二是就港口集疏运体系建设而言，5个国际航运中心铁路集疏运基础设施不够完善，均存在不同程度的薄弱环节，集疏运主要靠公路（占50%以上），海铁联运、铁水集疏运比例较低（不足货运总量的10%）。三是就港口航线网络建设而言，5个国际航运中心均位于或靠近国际运输主航道，是集装箱运输的干线港口，都开通了较为密集的通往世界各港口的航线。四是就航运服务业发展情况而言，5个国际航运中心与国外航运中心相比有很大差距，航运服务业主要集中在码头装卸、货物运输、代理业务、劳务服务等劳动密集型环节，高端航运服务业是发展短板，在航运金融和保险服务、法律环境、航运咨询、航运信息化、船舶交易服务水平等方面有待进一步提升专业化、国际化程度。五是就港口集群及国际航运中心竞争合作而言，5个国际航运中心尚未形成科学合理的港口集群分工体系，港口间竞争合作未实现良性互动、互利共赢，利益基本趋同、同质不良竞争、相互抢拉货源、各自交叉为战情形时有发生，亟需加强协作配合，合理调配航线等资源，实现良性互动、错位发展，避免恶性竞争、两败俱伤的零和博弈局面。六是就航运市场建设和高端人才培育而言，与境外成熟国际航运中心相比，5个国际航运中心相关税收政策有待进一步改革创新，政府监管服务类别较多、手续复杂，部分航运服务业准入条件高，高端国际化航运专业人才总量不足，有待进一步营造更加优质的航运市场环境。七是就港口集聚和资源配置能力而言，与成熟国际航运中心相比，5个国际航运中心在金融管制、海关监管、税费制度、人才培养、法治环境等方面还有差距，制约着全球航运要素资源向中国集聚，一定程度上影响全球资源配置能力。

四、有关对策建议

（一）全面推动落实《国民经济和社会发展第十三个五年规划纲要》

紧紧围绕全面推进“一带一路”建设，加强顶层设计和统筹规划，着力推动建设与国际接轨、航运资源高度集聚、航运服务功能健全、航运市场环境优良、现代物流服务高效、集疏运网络体系优化、以智慧航运为中心的航运信息化服务完善、具有全球航运资源配置能力的国际航运中心。一是着力完善对外开放区域布局。加强内陆沿边地区口岸和基础设施建设，开辟跨境多式联运交通走廊。加快海关特殊监管区域整合优化升级，提高边境经济合作区、跨境经济合作区发展水平。二是着力营造优良营商环境。建立便利跨境电子商务等新型贸易方式的体制，全面推进国际贸易“单一窗口”、“一站式”作业、一体化通关和政府信息共享共用、口岸风险联防联控。三是着力推进“一带一路”沿线软件设施互联互通。推动与沿线国家发展规划、技术标准体系对接，推进“一带一路”沿线国家间的运输便利化安排，开展沿线大通关合作。四是着力推动国际物流和贸易大通道建设。加强重要通道和重点口岸基础设施及查验设施建设改造，积极推进公铁水及航空多式联运，全力畅通海上和陆上全域贸易通道。

（二）加快推动沿海港口集群与“一带一路”建设全面对接

沿海五大港口集群应充分发挥其比较优势作用，全面对接“一带一路”建设。一是对内要进一步提升港口基础设施建设水平，积极拓展港口集疏运功能，使沿海港口成为“一带一路”重要出海口。二是对外要重点关注霍尔木兹海峡、曼德海峡、苏伊士运河三大水运战略通道对我国国际贸易的重要影响作用，它们是我国商品出口到西亚、欧洲、非洲必经之路，也是我国石油进口主要来源运输通道，其畅通与否直接关系我国对外贸易和能源安全的核心利益。三是要通过五大港口集群对外合作交流，畅通我国与境外具有全球或地区航运枢纽、贸易支点地位的重要港口之间的安全运输航路，构建我国有一定主导权的全球贸易的安全、畅通、便捷运输网络。

（三）强化国际航运中心在“一带一路”建设中枢纽港地位作用

一是加强 5 个国际航运中心所在港口及其集群的软硬件基础设施建设。以第一和第二亚欧大陆桥、泛亚铁路等跨境铁路国际运输通道为载体，充分发挥水水中转、海铁联运、陆海联运、陆空联运等多式联运优势，既面向太平洋开放又面向印度洋开放，加快港口功能、口岸功能、自由贸易功能向经济腹地延伸，打造横贯东中西、纵贯南北方、从陆域和海域连接国内外的物流大通道。二是充分依托自由贸易试验区建设具有现代国际自由港功能的国际航运中心。上海、天津、厦门、广州、大连港等要利用好所在区域自贸试验区政策红利，充分发挥自贸试验区国际商品中转集散功能，推动开展离岸金融、订单贸易、跨境电子商务等新兴业态，大力支持建设以国际贸易结算、航运金融保险、融资融券等高端航运服务、贸易服务为主的高端航运与贸易服务的核心聚集区域，努力提升航运附加值。深化自贸实验区监管制度创新，在海关监管、金融管制、税费制度、运输监管等方面与国际成熟的航运中心对标接轨，完善相应的制度环境和政策措施。三是以国际航运中心港口为枢纽，国内各港口要组合建设利益共同体、命运共同体、责任共同体。通过参股、交叉持股、控股、收购兼并等形式形成组合港，组合港内发挥好国际航运中心港及支线港各自优势，其他港口为支线港，做到分工层次分明、功能定位准确、内部差异竞争、整体优势互补、对外一体竞争，不断提升国际航运中心综合竞争力。

（四）进一步提升国际航运中心的全球资源集聚和配置能力

一是拓展航运服务产业链向上游、下游、中游全产业链延伸。加大对上游、中游、下游航运服务企业和项目的政策扶持，促进航运服务业全产业链条发展，引导鼓励航运企业航线资源共享，吸引航运要素资源集聚，促使航运资源高效聚集和科学配置。二是结合移动互联网、物联网、智联网、大数据、云计算等科技应用，发挥“互联网 +”优势，将港口管理、航运服务、集疏运系统、物流体系等与现代科技进行融合，大力发展高端服务业。三是加强港城联动，推动港城一体化和“航运 +”产业 / 资本 / 跨境电子商务 / 文化教育等跨界融合，实现国际航运中心新型服务产业链条的全面优化和港城产业协同发展。四是促进投资便利化，鼓励中国航运企业通过“引进来”“走出去”，不断抢占全球航运市场，发展第三国运输，积极融入全球航运体系，形成覆盖全球的航运服务网络。

（五）打造高效智能完善的集疏运系统和物流体系

一是整合陆海空资源，优化水路、铁路、公路和航空运输方式配置，通过提高中转联运效率和服务质量，提升航运中心枢纽功能。二是建立健全多式联运监管体系，提高进出口联运货物通关效率，实现多种运输方式有机连接，提升多式联运管控的信息化、智能化、自动化、规范化监管水平。三是提升国际航运中心港口信息化智能化应用水平。深入推进“信息互换、监管互认、执法互助”大通关建设改革，加快推动国际贸易“单一窗口”建设，建立健全区域口岸信息共享平台，实现国际航运中心与其他港口间通关信息互换共享和区域通关信息远程对接、数据交换、联网共享。

（六）全面提升国际航运中心口岸通行效率

借鉴国际经验，紧紧围绕全球国际航运中心竞争实际，着力提升口岸通关效率，特别在整合优化通关流程、简化口岸通行手续、提高科技应用能力、降低企业通关成本、便利企业客货顺畅进出等方面加大软硬件投入，简化通关手续，优化通关流程，努力实现口岸通关“一站式”服务，全方位提升港口通行效能。

参考文献：

[1]《中华人民共和国国民经济和社会发展第十三个五年规划纲要》，2016 年 3 月 17 日新华社发布。

[2] 范晓莉：《国际航运中心形成与发展机理研究》，南开大学出版社 2017 年版。

[3] 上海国际航运研究中心：《2030 年中国航运发展展望》，人民交通出版社 2015 年版。

[4] 上海国际航运研究中心：《全球港口发展报告（2016）》，上海国际航运研究中心 2017 年版。

[5] 真虹等：《国际航运中心的形成与发展》，上海交通大学出版社 2012 年版。

［6］张丽君、时保国等编著：《“一带一路”背景下的中国陆路边境口岸》，中国经济出版社 2017 年版。

［7］竺彩华主编：《口岸在新一轮对外开放及“一带一路”建设中的现状与问题》，经济科学出版社 2016 年版。

用中国话语讲述中国民主进步故事

刘小丰*

【导语】开放带来进步，封闭必然落后。习近平总书记多次指出："要精心做好对外宣传工作，创新对外宣传方式，打造融通中外的新概念、新范畴、新表述，讲好中国故事，传播好中国声音。"在世界多极化、文明多样化、信息全球化的时代背景下，讲好中国民主进步故事，塑造有利的外部舆论环境，是我国通向民族复兴之路上必须解决的重大课题。本文认为，要在坚持道路自信的基础上，聚焦国家治理，突出特色优势，完善话语体系，创新宣传方式，把中国制度优势、发展优势转化为话语优势、传播优势，实现中国民主政治的有效传播。

话语权之争，是崛起中大国面临的共同问题。党的十八大以来，习近平总书记站在党和国家全局的高度、以全球视野审视和思考对外宣传工作，并就阐释中国道路、主动推介中国民主法制建设成就等，做出了一系列重要论述，为推进中国政治文明的对外传播，塑造良好的国家形象，提供了基本遵循。

一、抢抓外宣机遇

在世界多极化、文明多样化、信息全球化的时代背景下，如何争夺国际话语权，对外展示东方文明大国、社会主义大国形象，塑造有利的发展环境，成为民族复兴道路上的中国所必须解决的重大课题。当今世界和当代中国都在发

*刘小丰，北京市委讲师团研究室副主任，哲学博士，主要研究方向为中国道路、马克思主义理论。

生巨大变化，我国进入了一个新的历史时期，发展的成就前所未有，对世界的影响也前所未有。

改革开放以来，我国经济进入了一个高速发展期。2016年年末，我国GDP达74.4万亿元，约为美国的60%，全球的14.84%，对全球经济增长的贡献率超过30%，而在改革开放初期，我国GDP仅占全球的1.8%。改革开放以来，我国经济增长年均超过9%，保持如此长时期的高速增长，在世界上是罕见的。按照我国现在发展态势，把人民币升值因素考虑进去，到2023年我国GDP总量将会超越美国；如不考虑人民币升值因素，2030年左右我国GDP总量将会超越美国。1820年，我国GDP总量占当时全球的比重是32.6%，居世界第一。[①] 这意味着，经过200年左右的时间，我们将重新回到世界"第一"的位置。

今天的中国，已经实现了从"站起来"到"富起来"的转变，正在向"强起来"迈进。美国学者萨默斯认为，在过去300年的世界历史中，社会主义与资本主义、美国与苏联之间的冷战，是非常重要的历史事件，然而放到更长时段的历史来看，这个事情只能排第三。伊斯兰世界与西方世界的纷争排第二位。而对世界历史、对未来人类的走向来说，最重要的事件是中国的崛起。随着综合国力的迅速增强和国际地位不断提升，国际社会对一个更加完整真实的中国的认识意愿更加强烈，不仅积极关注中国经济发展奇迹，也对中国政治发展道路和经验表现出浓厚兴趣。对于中国的态度，21世纪以来仅仅十几年的时间，从"中国崩溃论"到"中国威胁论"，再到"中国机遇论"，这是很大的一个变化。

与此同时，当今世界出现了自冷战结束以来最为深刻复杂的变化，加速进入经济大动荡、体系大变革、格局大调整的新阶段。除了中国外，新兴经济体迅速壮大，生产活动重心向非西方世界转移，世界经济一体化和政治多极化趋势进一步加深。这是继20世纪从一个文明对其他文明单方向影响支配，走向多种文明之间持续和多方向的相互作用的又一个新阶段。这种重大的变化，也标

---

① 刘伟：《当前我国宏观经济调控的路径选择》，http://www.71.cn/2016/0630/894675.shtml，访问日期：2017年11月15日。

志着西方话语一支独大的时代正在发生改变。中国及其他国家的话语和声音在世界上的影响力日益提升。经济强势带来政治、文化强势和话语强势，其背后是制度文明的进步。

文明互鉴是人类文明发展的推动力量。历史表明，没有文明的多样、开放、包容、交流，就不会有人类历史上五彩缤纷的文明景观。习近平总书记指出，文明相处需要和而不同的精神，多样带来交流、交流孕育融合、融合产生进步，只有在多样中相互尊重、彼此借鉴、和谐共存，这个世界才能丰富多彩、欣欣向荣。在政治文明上，从来就没有绝对唯一和完善的政治形态和政治模式。世界格局和力量对比的变化，极大地促进和提升着各国的文化自觉。各国对多元化发展道路的认知更加充分，对道路自主探索的意愿更加强烈。在人类进入21世纪的今天，全球化程度进一步深入，你中有我、我中有你，各国相互依存、休戚与共，结成命运共同体。单一文明论只能是“死亡哲学”，所谓的“文明追随”必然造成“文化断层”，西方的“普世”政治只能是局域性政治。尊重各种文明，平等相待，互学互鉴，兼收并蓄，成为推动人类文明实现创造性发展的必由之路。

二、坚持道路自信

习近平总书记强调，人类历史上，没有一个民族、一个国家可以通过依赖外部力量、跟在他人后面亦步亦趋实现强大和振兴。一个国家选择什么样的政治发展道路，选择什么样的治理体系，是由这个国家的历史传承、文化传统、经济社会发展水平决定的，是由这个国家的人民决定的。他还强调：当今世界，要说哪个政党、哪个国家、哪个民族能够自信的话，那中国共产党、中华人民共和国、中华民族是最有理由自信的。将西方政治模式视为唯一和必由，既不符合历史事实，又违背历史潮流。即使是西方自身政治发展也是多样的，英国等国家的虚君制下的三权分立、美国总统制三权鼎立、法国特色的总统制分权模式等政治制度，其形成和发展都与本国的国情分不开，都是在现实政治需要、政治价值认知，以及政治文化传统基础之上，历史合力的结果。在政治道路的选择上，没有更好，只有适合。适合不适合，要看事实，要有自己的判断。

中国的政治发展有其自身逻辑。对这一问题，一定要有深远、广阔的历史眼光。现行的民主政治、国家治理模式是中国历史长期发展、渐进改进、内生性演化的结果。与西方主要国家走的是一条社会造国家、国家造政党的资本主义道路不同，中国走的是一条“政党造国家，国家造社会”的社会主义道路。[①] 而且，它是以实现一个拥有 13 亿人口，56 个民族，传承 5000 年文化基因的文明国家伟大复兴为目标的。党的领导是实现这一发展的根本前提和基本条件。在建设政治文明的历史进程中，中国共产党人带领人民积极稳妥地推进政治体制等相关改革，成功开辟和拓展了中国特色社会主义政治发展道路，交出了民主政治的中国答卷。特别是在改革开放以来，中国着力完善民主政治制度体系，人民代表大会制度与时俱进，爱国统一战线不断巩固壮大，基层民主进一步发展，全面依法治国战略有序推进，党的领导方式更加完善。这显示了中国共产党高度的政治自觉、政治勇气和政治智慧，也得到了国际社会的积极评价。事实证明，中国的民主政治发展是和基本国情、国家制度、经济社会发展水平相匹配的。

美国学者奈斯比特认为，中国没有以民主的名义使自己陷入政党争斗的局面，在未来几十年中，中国不仅将改变全球经济，而且也将以其自身模式来挑战西方民主政治。美国学者约瑟夫·奈认为，中国独特的发展模式被很多国家视为可效仿的榜样，更为重要的是，中国倡导的政治价值观念、社会发展模式、对外政策，会在国际社会产生越来越大的影响力和共鸣。中国道路的开创颠覆了西方的传统发展理论。世界各国看到了另一条非西方道路和世界前景的可能性。据《中国国家形象全球调查报告 2015》显示，有 26% 的发展中国家受访者认为，中国道路是中国快速发展的主要原因，对本国的发展有借鉴意义。

相较之下，在西方国家，经历了几百年发展的民主政体依然面临着许多问

---

① 储建国：《国家治理现代化的新意》，《人民论坛》2013 年 12 月上（总第 425 期）。

题，特别是民主往往与“短视、民粹与分裂”紧紧联系在一起。在一些欧美国家，精英专制、政治极化、党派争斗问题严重，利益集团和金钱政治无法消弭，政府施政效率低下，能力不足，出现经济、政治乱象，制度疲态尽显，甚至出现衰败情形。21世纪以来，全球性经济危机、西方国家治理困境以及民主输出引发的世界乱局，让以自由、民主、人权为核心价值，以“三权分立”、多党制为基本特征的西方政治文明陷入理论与现实的双重困境。近年来，欧美等国通过价值观外交、民主输出等，促成乌克兰、格鲁吉亚以及中东、北非的“民主化”，但没有一个运动成功地建立起稳定、运行良好的民主政体。据统计，全世界采用选举民主制的国家，从1970年的35个增至2014年的110个。这本应成为所谓的“普世文明”胜利的标志。但这其中诸如巴西、土耳其、泰国等许多国家民主表现不尽如人意，一些国家甚至出现社会动荡乃至内战。所谓的民主转型，再度出现一哄而起、乱象丛生的态势。西方国家内部出现民主倒退和民主危机论的声音。有人认为，全球民主化趋势近年来整体受挫，出现40年以来连续最久的民主倒退现象。①

三、聚焦国家治理

任何国家发展到战略崛起阶段，都会面临着形象被扭曲、话语权被打压的情况。② 中国在成功解决“挨打”、“挨饿”两大问题后，“挨骂”的问题更加凸显。在西强我弱的国际话语格局和舆论生态下，一个崛起中的大国在实现向世界贡献其政治文明的历史交代中，必须要找准和聚焦时代的问题，提出并引领、带动国际话语，为世界发展贡献智慧。英国学者斯蒂芬·哈尔珀指出，“关于国家治理的思想论战已经出现，这将产生深远影响”。中国在新的国际话语战略

① 弗朗西斯·福山：《为何民主表现得如此差劲》，参考消息网，http://mil.news.sina.com.cn/2015-03-28/0822826050.html，访问日期：2017年11月15日。

② 陈亦琳、李艳玲：《构建融通中外的新概念、新范畴、新表述——中国政治话语传播研讨会综述》，《红旗文稿》2014年第1期。

中，需要抓住国家治理这个关键，用“国家治理”丰富政治话语，实现话语聚焦，增强政治文明传播力。

国家治理是全球关注的重大课题。习近平总书记指出，古往今来，大多数社会动荡、政权更迭，最终原因都可以归结为没有形成有效的国家治理体系和治理能力。在大变革时代条件下，政治、经济、科技、社会的急剧变化和交互作用，使得各国的国家治理问题日益突出。出现战乱或局势动荡的国家，大都是国家治理失败的典型。新技术的运用、民主意识的觉醒、中产阶级队伍的扩大、对利益格局调整的呼唤等，对包括新兴经济体在内的许多发展中国家的国家治理结构提出了挑战。即便是欧美一些发达国家，同样面临着治理的问题。在全球化、多极化深入发展的今天，国内治理问题和国际治理的关联度日益加深，尤其是各大国的国内治理溢出效应将明显影响全球共同利益。

民主政治实践是国家治理的要义。国家治理的要义，是国家各行为主体通过一定的体制设置和制度安排，共同管理各项事务。同民主相比，治理更强调多主体。在国家治理中，以执政、行政、司法、基层自治等为主要内容的民主政治建设是重要的关节点，具有牵一发而动全身的作用，直接关系到国家制度科学性和制度执行能力以及整体运行效能。国家治理体系和治理能力的新要求，意味着对国家的政党制度、行政制度、决策制度、司法制度等民主政治方面进行相应的调整和革新。[①]这也就是说，国家治理实质上是民主实践的具体体现和保障。一国的民主政治理念和制度实践对该国国家治理发挥着关键作用。国家治理出了问题，其重要原因是政治体制和经济社会发展要求不匹配。中国在经济、文化、社会等方面进步明显，整个国家和社会治理有序推进，这表面上得益于国家战略的科学规划，政府执行决策的果断有效，实际上说明了中国政治体制的有效。

在推进政治文明互鉴、提高传播有效性方面，“治理”话语比“民主”话语更具优势，这也是避开西方“民主”话语陷阱的关键所在。西方政治话语已

---

① 俞可平：《推进国家治理体系和治理能力现代化》，《前线》2014 年第 1 期。

经提前预设了一个非此即彼的所谓的“民主——专制”架构，不实行选举制民主、三权分立的政体形式，不搞多党轮流执政，就是专制。“治理”话语的兴起则反映了一种对政治文明理解的新的思考视角和尺度。“国家治理”概念本身真实地反映了国家政治的方方面面，更能体现一个国家的综合指标，而“民主”则更具意识形态性质，况且民主选举只是政治制度和政治生活中的一个方面。[①]西方谈及民主政治，往往侧重于“形式”和“程序”民主，对“实质”民主相对不重视。衡量“国家治理”重在效果，看其是否有利于国家的富强民主，人民的自由幸福，社会的公平正义。以国家治理为视角对政治合法性和民主真实性进行评判，显然要客观得多。前世行驻华代表皮特·鲍泰利认为，“多党制并非民主的精髓，民主的要义是能够对人民负责”。在国际政治中，基于民主政治之上的中国良好的国家治理实绩有助于更好地抢占政治话语高地，更能彰显中国发展的优势所在。事实上，中国把发展民主政治的目标和实现路径同国家治理体系和治理能力现代化的改革任务有机地统一起来。党领导人民开展现代化建设，把制度建设摆在关键位置，强调多元治理特色，共同治理理念，推进政府由“发展型”向“公共服务型”转变，党执政方式由“善政”向“善治”转变，确保政治的平稳、决策的高效、民主的实现。这是对世界政治文明的贡献。

四、完善话语体系

话语的自主性和影响力是大国崛起的标志。加强政治话语建设是做好中国政治文明对外传播权的基础性、战略性工程。习近平总书记强调，要加强话语体系建设，着力打造融通中外的新概念、新范畴、新表述。当前，在政治文明互鉴上，中国仍缺少被世界广泛接受的学术和传播话语。要立足中国实践，秉持开放、包容心态，构建以我为主、特色鲜明、融通中外的融治理话语于其中

① 杨光斌：《用“国家治理”引领时代的话语权》，《北京日报》，2014年8月4日。

的政治话语体系，以此把中国民主政治发展的理论、价值、逻辑、成就讲清楚。这是推进中国政治文明对外传播的核心问题，也是体现一个民族的理论思维高度和一个国家的文化软实力的必然要求。

一是要立足中国实践。国内一些学者习惯用西方政治概念和范式，解构、诠释中国政治，不自觉地落入西方话语体系的窠臼。历史传统、文化积淀、基本国情都不同，套用西方的概念和分析框架来审视评判中国政治只能是"削足适履"。中国的问题只能用中国理论来回答，用中国话语来解读。目前，现代化理论、转型理论和一党制理论仍然是西方学界主流的中国政治研究框架。这些解读，由于其脱离中国历史文化和政治实践土壤，无法反映中国真实的政治。中国丰富的民主政治和国家治理实践为话语建构提供了充分的素养。走以"中国问题"为导向、为起点，以"中国实践"为基础、为生长，以"中国特色"为品质、为特征的话语创建之路，是应有的态度和方法。要结合实际，把中国制度的优势、韧性、活力和潜能讲出来，让人信服。

二是要彰显价值内核。价值导向是国家政治之基，决定着国家政治的走向。价值观宣传是对外宣传的灵魂。要加强提炼和阐释，突出政治话语的价值内核，拿出立得住、叫得响、传得开，清晰明了的核心价值。在中国政治文明发展中，人民民主和公平正义无疑是最具核心意义的概念。人民民主是社会主义的生命，公平正义是社会主义的内在要求。对于价值的认知，中国共产党承认包括民主、自由在内的人类共同价值的存在，但对于这些概念的理解，则有自己的主张。特别是把对民主的理解与秩序和稳定，公正和效率，自由和活力结合起来，以政治和政党制度的合理调适和大胆改革，确保民主的实现。同时，积极促进社会公平正义，加紧建设对保障社会公平正义具有重大作用的制度。完善话语体系就是要把这些实践中的价值遵循转化为价值话语，并传承发展中国传统文化中的讲仁爱、重民本、崇正义、尚和合等理念，作为对外政治传播的文化底色和价值内核。

三是要突出特色优势。从国家治理层面审视和看待中国民主政治发展，进行价值和绩效评价以及话语建构，需要有宽广的视域，应将其视为政治体制改革、党的制度建设，以及与之相关的各领域改革和改进的联动和集成。推进民主政治建设的总体思路、要求和部署内在于治国理政战略布局之中，是其重要内容。突出话语的特色优势，就是要抓住治国理政战略布局的特色优势。具体而言，首先要突出党的执政话语。党的领导是中国特色社会主义的最本质特征，也是中国国家治理的鲜明特色和优势所在。在话语建构中，要把党的领导核心的历史形成、实践经验、现实作用和特色优势讲清楚，把提高党的领导水平和加快推进社会主义民主化、法治化，保障人民群众民主权利行使之间的逻辑讲清楚。其次要突出改革创新话语。要把改革中诸如社会主义民主的特有优势，也是我们的独特优势的协商民主的创新实践，及时有效地转化为传播话语。最后要突出法治话语。要把坚持依法治国、依法执政、依法行政，发扬人民民主，规范权力运行的创造性实践体现在话语建构中。

四是要实现融通中外。实现中国政治文明有效对外传播，要在着眼文明互鉴的基础上，本着“中国立场、国际表达”的原则，以开放融通的新概念、新范畴、新表述，在国际舆论场上努力形成中国定义、中国修辞、中国语义。融通中外意味着中国政治传播话语建构需要大胆吸纳包括世界上一切国家、民族的优秀的政治文明思想成果和理论成就。这就要求以开放包容的心态，积极改造、利用外部政治话语，赋予中国涵义。同时，结合对中国传统政治文化资源和话语体系的积极挖掘，把移植、改造和创新结合起来，不断概括出理论联系实际的，既具有科学严谨性和逻辑说服力，又具有道义感召力的政治话语。这些概念和话语要有足够的科学性，体现宽广的国际视野和足够的文化包容度，既说明自己，也能用来观察世界。

五、讲好民主故事

“讲述好中国故事，传播好中国声音”，是习近平同志站在国家软实力构建、国际话语权竞争的高度，提出的对外传播根本要求。当前，国际政治经济格局和舆论传播生态环境发生重大而深刻的变化。话语权的掌控取决于“谁的故事更有说服力”。讲好、讲活、讲深中国民主进步故事是打破西方政治话语垄断和霸权的关键所在。

一要克服文化差异，贴近国外受众的思维习惯。历史上形成的东西方思维存在着很大的不同。中国人思维方式是由宏观到微观，分析问题往往从整体入手，重悟性、重直觉、重求同、重和谐。相对来说，西方人思维方式是由微观到宏观，分析问题往往从具体入手，注重理性、逻辑和实证。这就要求，政治话语传播要实现叙事方式的转变，实现传播个案化、事件化，实现由宏观到微观、从务虚到实证的转变，变“大”传播为“小”传播，实现由抽象到具象、由严肃向活泼的转变，变“硬”传播为“软”传播。要注重表达方式上的现场感、亲和力和贴近性，通过生动鲜活、富有感染力说服力的中国民主进步故事吸引国际社会关注，在讲故事中渗透政治价值观，实现由强制到吸引的转变。

二是用好话语资源，主动设置议题。议题设置能力是话语权强弱的直接表现，也是国际话语权竞争的重点。当前，中国政治话语传播的主要问题是议题设置能力不足，阐释权旁落，存在明显的话语逆差。中国故事是对外传播的最大资源，也是最大优势。随着中国与世界互动日益深入，包括民主政治在内的中国国家治理成就引起世界越来越广泛的关注，为中国设置具有引导性的议题准备了充分条件。要增强借机求显的意识，因势利导，加强沟通对话、增信释疑，化发展优势、制度优势为话语优势、传播优势。要突出特色成就，对外介绍中国政治制度、政党制度的科学内涵、鲜明特色、实践经验和国际影响；要抓住重大节点，把中国政治体制改革和党的制度化建设重大举措向世界推介；要做好复杂问题的应对工作，通过坦诚的交流，回应国际社会关切、质疑。

三是加强规划统筹，联动立体发声。要发挥各方作用，建多层次、全方位的传播格局，形成多方联动的传播机制，促进更多的沟通与对话，形成联动立体发声之势。在全球新的话语传播生态和格局下，政党、政府、智库、媒体、社团，甚至普通民众，各主体都应积极参与，发挥作用，增强话语合力和应对的灵活性。在此之中，要重视加强民间特别是智库间交流，发挥智库的知识生产能力优势，借助其学术研究、理论中立等效应，提升政治对外传播公信力。

同时，要用好媒体平台，充分发挥各类媒体包括网络新媒体的作用，特别是要利用当前媒体融合发展的契机，结合国家关于提高国际传播能力的战略规划，打造一批与国际接轨的市场化媒体机构。

四是依托国家战略，加强文明交流。要具备全球视野，树立战略传播理念，综合运用政策工具和各种手段，实现外交政策、国家战略和对外传播的“三合一”。当前，中国正在积极走向世界，要善于运用国家战略巧妙地将中国民主政治、治理理念嵌入国际体系和制度的调适优化中。要建构一个契合国际需求的中国身份，强调本国利益和全球利益的结合，以更加积极的姿态参与国际制度安排和重大事务活动，加强各方合作和对外援助，悄然促进各国在国家治理和民主政治建设上的自主发展能力，真正形成和壮大国际民主力量；要以双边、多边、区域性的经济合作为契机，积极搭建平台，形成制度化机制，增强政治交流和互信，重点加强在国家治理方面的交流、合作，把强有力的党的领导、廉洁高效的政府、成熟稳健的体制等，借他人之口实现有效传播；要通过“一带一路”等重大国家战略将各利益相关方紧密结合起来，大力推进文化互通，通过实施人才培训计划等加强话语传播。

荷兰早期分流教育制度及其启示

孟庆瑜*

【导语】党的十九大报告指出，建设教育强国是中华民族伟大复兴的基础工程，必须把教育事业放在优先位置，加快教育现代化，办好人民满意的教育。本文通过对荷兰中小学教育早期分流制度的考察和分析，探讨和揭示其实现优异教育质量的奥秘。研究表明，公平的社会环境、较小的职业差别是荷兰教育观念形成的前提基础，依据兴趣和禀赋对职业的选择是教育现代化和社会创新的内在动力，学习的立交桥是教育观念现代化的现实社会依据。这些都为我国深化教育改革提供了重要启示和参考。

一、教育观念的现代化是教育现代化的灵魂和基础

党的十九大报告指出，建设教育强国是中华民族伟大复兴的基础工程，必须把教育事业放在优先位置，加快教育现代化，办好人民满意的教育。《国家中长期教育改革和发展规划纲要（2010—2020年）》也指出，到2020年我国要基本实现教育现代化，基本形成学习型社会，进入人力资源强国行列。

2016年4月，时任教育部部长的袁贵仁提出，“教育现代化是一个国家教育发展的较高水平状态，是对传统教育的超越，它包括教育观念、教育体系、教育内容、教育装备、教育体制和师资等诸多方面内容”。教育观念的现代化是教育现代化的灵魂，只有教育观念转变，才有制度的转变和内容方法的改革。观念隐藏在人们头脑中根深蒂固、不易变化，它与长期积淀的文化传统、

---

* 孟庆瑜，中国驻荷兰使馆教育参赞。

民族心理有关，也与现实的社会环境有关，教育观念的转变是最主要也是最艰难的转变。

教育的本质是促进人的全面发展。超越狭隘的功利主义和实用主义，顺应人的天性，树立皆可成才的理念，“物之不齐，物之情也”“物固有所然，物固有所可”，采取开放的学习方法，挖掘和发挥个人潜能，通过成就一个人进而成就一个社会，这是现代化教育观念的一个重要内容。

二、荷兰政治经济社会取得斐然成绩很大程度得益于优异的教育质量

荷兰是老牌的发达资本主义国家，西方十大经济体之一。荷兰只有 4.2 万平方公里、1700 万人口，却创造了一个又一个的“奇迹”。荷兰 2015 年 GDP 总量世界第 18，为世界第二大农产品（还不包括花卉）出口国。2015 年，荷兰共有 14 家企业进入世界 500 强，其中荷兰皇家壳牌石油公司位居世界第三。

除经济指标之外，荷兰的社会发展也取得了斐然的成绩。联合国公布的 2014 年“人类发展指数”排名中，世界所有国家中荷兰排名第 4。联合国儿基会 2013 年发布的针对 29 个发达国家“儿童幸福指数”的调查，荷兰名列全球第一。2016 年，Mercer（美世咨询公司）发布的最新全球退休金指数排名榜，荷兰的退休金制度仅次于丹麦，再度位居世界第二。2017 年全球创新指数荷兰名列第三。

荷兰有句谚语：“上帝创造世界，荷兰人创造荷兰。”对于这个国土面积仅有约 4.2 万平方公里，三分之一面积低于海平面的水乡泽国而言，荷兰人对大自然的改造，可谓艰苦卓绝。数百年来，荷兰人通过多处围垦，获得了一片又一片的土地。然而，面对寸土寸金的土地，他们拿出近一半面积用于农业及畜牧业，反哺自然，促进人类与自然的和谐发展。

荷兰政治经济社会之所以能取得如此斐然成绩，很大程度上得益于其优异的教育质量。世界经济论坛发布的《2015—2016 年度全球竞争力报告》中，荷

兰整体教育水平位列全球第三。荷兰共有13所研究型大学，根据2015—2016年英国《泰晤士高等教育副刊》排名，有12所进入世界二百强，仅次于美国、英国，位于世界第三。据2016年QS大学学科排名，荷兰农业全球第一，环境科学、建筑、化学工程、传媒等9门学科位于全球前十，13所研究型大学累计共有60门学科位列全球前50名，131门学科进入全球前100名。荷兰有37所政府资助的应用技术大学，教育质量在欧盟国家位居前列。荷兰应用技术大学是工业革命和产业升级的产物，时至今日继续扮演着适应和引领产业升级的角色。荷兰基础教育不追求高、精、尖，将目标定位于教育的均衡发展和人的全面发展。2015年，荷兰被全球经济合作与发展组织（OECD）评为基础教育最成功的十个国家之一。

OECD对荷兰教育评价颇高，指出荷兰基础教育和高等教育质量优异、教育均衡，与劳动力市场成功衔接，为社会进步、经济发展提供了强大的支持和动力。

三、从荷兰中小学12岁的早期分流反映出的荷兰社会的教育观念

荷兰的中学不仅不分初中高中，而且与将来所就读高校类型直接对应。荷兰中学可以分为三类，一是精英中学（VWO），学制六年，毕业后直接进入研究型大学（WO）。二是普通中学（HAVO），学制五年，毕业后可进入应用技术型大学（HBO）。三是职业中学（VMBO），学制四年，毕业后进入高等职业教育学校（MBO）。

荷兰十分尊重学生的意愿和选择，同时正视学生学习能力的差异。荷兰小学教育从5岁开始（4岁也可入学），学习7—8年。小学毕业即12岁的时候，参加全国统一考试。根据统考成绩和平时成绩、学习能力和兴趣爱好，学校向家长提出学生升学建议，既而决定学生所要选择的中学。因为所选中学类型与将来的高等教育类型直接对应，也就是说，荷兰小学生在十二岁的时候就要基

本决定其将来的大学升学方向和未来职业前途。据测算，每年仅有 20% 的小学毕业生进入精英中学，而约 53% 的学生进入职业中学学习。

荷兰中小学教育学制复杂、分流早，这项制度在荷兰得以平稳实施，与荷兰的教育理念有直接的关系。从政府方面，奉行“高效务实”的教育理念，认为对所有学生过度不当的教育不仅不能产生应有的经济效益，反而可能会造成人才浪费。据测算，荷兰劳动力市场，超过 40% 的劳动者只具有中等职业教育学历。2014 年，研究型大学学生占全部高等教育（含高等职业院校）学生的比例仅为 21%。从学校方面，奉行“有教无类”“因材施教”的教育理念。从小学起，学校和家长根据学生的学习状况、兴趣爱好和天性禀赋，引导学生思考未来职业规划，培养孩子将来进入社会的能力和专长。从家庭方面，家长主张“人人成才”的教育理念。大多数荷兰家长认为每个孩子都是有用之才，都能在社会中找到恰当的位置。他们鼓励孩子大胆地追求兴趣爱好，关注内心意愿，以梦想为目标寻找适合自己未来的道路。

四、荷兰现代化教育观念形成的社会基础和借鉴意义

（一）公平的社会环境、较小的职业差别是荷兰教育观念形成的前提基础

荷兰作为成熟的发达资本主义国家，其社会阶层分化不明显，通过征收高额个人所得税，调节后的收入差异较小。2016 年，荷兰国民个人收入税收起征比例为 36.65%，超过 66421 欧元的部分，更需交纳高达 52% 的个人所得税。

2013 年 OECD 国家的平均基尼系数为 0.32，而荷兰为 0.28。荷兰收入最高的 10% 人群与最低的 10% 人群的收入比为 6.6∶1，远远低于 9.6∶1 的 OECD 国家的平均值。比较收入最高 10% 的人群与收入最低 10% 的人群的差异，荷兰是全世界五个收入最为均等的国家。例如，荷兰 2016 年公布“社会最底层”的工资标准为 1524 欧元 / 月，缴完税后约 1300 欧元（2013 年，全球工资指数

基金发布报告称，荷兰公民每月1120欧元可以维持体面生活）；作为“社会精英”研究类大学所毕业的博士，刚工作的税后收入也仅约1800欧元。

较为公平的社会环境以及较小的职业差别，使得“唯有读书高”观念失去产生的土壤，使得教育促进社会阶层流动的作用不再突显，这为家长和老师客观讨论什么样的未来和发展适合孩子发展提供了良好的社会基础。

（二）依据兴趣和禀赋对职业的选择是教育现代化和社会创新的内在动力

荷兰小学后分流的做法其精髓在于充分尊重学生的自由选择。家长和教师充分尊重学生的兴趣爱好。从小学毕业后早期分流实施多年的情况看，极少出现学校推荐与父母意愿相背甚远的情况。究其原因，在于校方和父母在“择校”问题上的出发点不是越高越好，而是更多考虑遵循孩子发展的天性，符合孩子自己的兴趣，即让每个人找到自己的人生舞台，找到自己的长处，做自己喜欢做的、擅长做的事情，通过成就个体从而成就社会。

中国古代的道家也认为，教育应“辅万物之自然而不敢为”，强调“知常曰明”，意味着教育有其自身规律和内在发展态势。应树立“自然人本主义”教育观，了解学生的成长规律和自身特性，顺应其性格禀赋，因势利导，让教育规律和学生的成长“自然而然”地迸发和呈现。

职业生涯依据兴趣的自由选择在荷兰高等教育领域也得到充分体现，荷兰高校很少有学生因为改变“命运”而选择科研这条道路。相比荷兰的基础教育，荷兰的高等教育更加令人瞩目，荷兰13所研究型大学均为世界一流大学，更令人佩服的是13所大学所有专业均能达到欧洲甚至世界一流水平。荷兰高校没有特殊的人才引进计划，没有严格的绩效考核体系，执行两个聘期即长久合同的聘用制度，原则不允许全职教授在外兼职兼薪制度。上述这些规定，不仅没有妨碍荷兰高校保持世界一流水准，而且保证着荷兰高校的良性运转。这说明，与外在的制度约束和经济刺激相比，个体内在的兴趣天赋以及社会所具有的创新土壤不仅是个人成功的前提，也是整个社会善于创新、富有活力的重要因素。

（三）学习的立交桥是教育观念现代化的现实社会依据

在荷兰，与小学毕业后分流制度相匹配的是其完备的“条条大路通罗马”的升学体系。即学生在受教育过程中，拥有多次再选择的机会。在荷兰的教育体系中，每个人都是自己命运和人生的设计师，可以随着自己兴趣和职业发展规划的变化，在教育的立交桥中不断调整选择。例如，就读职业中学（VMBO）的学生在四年学业完成后，可以继续就读高等职业教育学校（MBO），也可以选择转轨到普通中学（HAVO），继而升入应用技术型大学（HBO）。普通中学（HAVO）的毕业生在五年学业完成后，也可以转轨就读精英中学（VWO），继而就读研究型大学（WO）。

可以说，立体化以及终身学习的教育体系，彻底改变了“一考定终身”或“一选定终身”的局面，是荷兰之所以能够建立起现代教育制度和奉行现代教育观念的现实社会依据。

美国政府推动数字转型发展战略及其启示

任　宇*

【导语】2017年7月7日，习近平总书记在杭州出席G20峰会时提出，要加强各国在数字经济和新工业革命领域的合作，发掘世界经济增长新动力。数字转型已成为当今世界各国拓展经济发展新空间的重要手段之一。随着中国特色社会主义建设进入新时代，必须高度重视数字经济的全球发展态势。本文梳理了美国政府在数字转型领域颁布的主要战略及相关政策措施，总结了美国政府在推动数字转型方面的主要思路和举措，并提出了对我国数字转型的启示。

数字转型概念最早由IBM公司于2012年提出，2015年引起全世界产业界巨头的重视。目前，学术界和产业界对数字转型的内涵与外延的界定尚未完全达成共识。IBM认为，数字转型是阶段性的，包括采集数据、搭建数据库、制定个性化服务及数字转型。本文认为数字转型是通过数字技术、网络技术等现代信息技术的应用，来推动传统产业结构形态、商业模型、运营模式和营销理念根本性转变。数字转型是信息革命和信息化发展的新阶段。

一、美国数字转型历程及现状

20世纪90年代初，美国商务部制定“国家信息基础设施”计划（简称NII），大力推进信息基础设施建设和互联网应用，推动了全球信息产业革命。1997年的“全球电子商务框架”、“计算、信息与通信计划”及1999年“21世

* 任宇，中国国际经济交流中心博士后。主要研究领域为工业经济。

纪信息技术计划”，确保了美国在全球电子商务和通信领域的领先地位。2004年，“美国创新的基础”实施的关于信息技术一系列重大研究发展计划，进一步捍卫了美国在全球信息产业核心技术领域的前沿阵地。但是到21世纪初，由于战略上的短视，美国减小了对信息基础设施建设投资力度，导致美国信息基础设施一度落后，并制约了电子商务的发展。2009年，奥巴马上台后，通过减税、政府财政补贴等措施，大力推动更新美国“信息高速公路”。2009—2012年，美国无线网络的年投资额以40%的速度增长，从每年210亿美元增长到300亿美元。近年来，奥巴马政府不断加快在物联网、大数据、云计算、人工智能等领域的战略部署，以持续保持美国世界领导者地位。

目前，在谷歌、苹果、脸书、微软、IBM、亚马逊等世界巨头推动下，美国数字转型一直走在世界前列，发展优势十分明显。在信息基础设施领域，截至2016年10月，美国家庭的宽带网普及率已从两年前的51%增长至64%。2017年第一季度，美国平均宽带网速同比提高了22%。在云计算领域，2015年美国云计算市场占据全球56.5%的市场份额，增速达19.4%。在人工智能领域，截至2017年6月，美国拥有1078家人工智能企业，占全球人工智能企业总数的42%。2017年8月《福布斯》杂志发布“全球最具创新力企业”榜单，美国共有6家企业进入前十强，其中一半都是互联网企业。

二、美国政府的数字转型战略和政策

美国信息技术及相关产业的高速发展，离不开政府的政策引导和扶持。自1993年制定NII以来，美国政府在信息基础设施、物联网、大数据、云计算、超级计算机、人工智能、网络安全等相关领域不断出台一系列战略和政策来引导国家数字转型，为美国实现向数字社会转变提供了动力和制度保障。

（一）在信息基础设施领域的战略举措

美国政府鼓励向数字化转型，期望通过宽带基础设施建设来大幅改善各种社会服务，刺激银行业或医疗保健等行业发展。美国的信息基础设施建设主要由私有企业投资。信息基础设施由私有企业主导，会造成市场机制失灵。因此，美国农村与城市地区的宽带使用率存在一定差距。美国30岁以上农村人口使用互联网的比率比城市用户低10%—13%。美国国会可能为电话、有线电视公司提供大量税收优惠，也可能大幅度增加补贴力度，以弥补企业在乡村提供宽带的成本问题，或者给各州增加补贴以提供更精准的互联网服务。多年来，美国信息基础设施领域政策的核心目标没变：让所有美国公民能够以合理的价格获得现代化的通信服务。奥巴马上台后，信息基础设施建设上升为“总统工程”。从2010年3月美国出台《国家宽带计划》可看出美国政府在信息基础设施建设上的主要政策举措。一是建立竞争机制。要求宽带服务提供商公布其宽带服务的价格和性能等信息，授权州和地方实体在其社区内提供宽带服务等。二是降低竞争门槛。鼓励频谱拍卖；创建有关频谱的网站，确保频谱的分配和使用透明化；制定并优化对通信杆路、管道、屋顶和通行权等资源的使用制度等。三是创建激励机制，普及宽带服务。建立连接美国基金（CAF）、移动基金，向低收入家庭或偏远农村地区提供宽带补贴，或对一段频谱发放许可证，为民众提供免费或价格便宜的服务等。

（二）在大数据领域的战略举措

美国推动大数据产业的发展，其战略目的就是成为全球大数据技术和产业的领导者，带动相关产业发展，提升就业率，促进经济增长。主要政策措施有：一是集中资源加快重点领域技术研发。美国国家科学基金、美国国家卫生研究院、国防部高级研究局、美国能源部等6个联邦部门和机构承诺，将投入超过2亿美元资金用于研发“从海量数据信息中获取知识所必需的工具和技能”。如，美国国家科学基金和美国国家卫生研究院主要推进大数据科学和工程的核心方法及技术研究；国防部高级研究局主要推进大数据辅助决策，集中在情报、侦查、网络间谍等方面。二是启动了美国政府与民间共同推动大数据应用的局面。政府协调投入大量资金并提供项目需求，尽量公开政府掌握的数据。美国一些大企业为高等院校的大数据研究提供资金。EMC、惠普、IBM、微软等 IT 巨头通过收购大数据相关企业来实现技术整合。三是非营利机构提供公共服务。行业协会组织积极提供公共服务，高等院校开始培育大数据领域的相关人才等。

（三）在云计算领域的战略举措

作为云计算的“先行者”，美国政府是全球最早在云计算方面进行战略布局的国家。美国政府力图将云计算作为一种面向未来的主流商业模式进行打造，从 IT 作为一种生产资源的投资转向一种可以定制的商品及服务，用新思维整合部门之间的管理资源，制定完整的云战略路线图，发挥效率优先、灵活应对、鼓励创新等手段，协助企业开发云计算商业案例库，整合联邦政府分散的数据中心环境，加速云计算商业及公共应用的步伐。在完成商业及公共云迁移计划过程中，联邦政府同步采取了相关降低云计算风险的措施，如建立云计算加速器、制定 NIST 云计算标准、加速数据中心整合、鼓励多元化组织参与政府云计算战略等，制定云计算《风险管理框架》，确保在控制的广度、深度与云计算发展风险之间找到平衡点，让云产业链条中的各方能够协调开展工作。目前，美国是云计算市场发展最快、规模最大的国家，IBM、微软、思爱普等企业在云计算方面均已形成了自己的特色服务。

（四）在物联网领域的战略举措

美国的物联网发展遵循着一条“自下而上”的清晰轨迹：最初由个人提出概念，高校的实验室进一步研发推出系统设计。随着科技的发展，物联网相关技术先后引起了美国军方、国家自然科学基金和一些跨国企业的重视，这些政府部门、研究机构和企业等陆续开展了对无线传感器网络研究和开发工作的积极资助。进入 21 世纪，物联网产业研究进入国家政府层面，美国国家情报委员会（NIC）以及奥巴马总统等先后颁布了扶持产业发展的报告政策，积极有效地推动了物联网信息产业的发展。IBM 是全球最早针对物联网技术提出智慧地球概念的企业，并且形成了一个较为系统的理论。总之，美国凭借其在芯片、软件、互联网、高端应用集成等领域的技术优势，通过龙头企业和基础性行业的物联网应用，已逐渐打造出一个实力较强的物联网产业，并通过政府和企业一系列战略布局，不断扩展和提升产业国际竞争力。

（五）在人工智能领域的战略举措

人工智能是互联网诞生以来的第二次技术社会形态在全球的萌芽。美国作为科技强国，一直注重人工智能的研发，2013 财政年度，美国政府将 22 亿美元的国家预算投入到先进制造业，机器人技术是重点投入之一。目前，美国已将人工智能当作未来的主导型战略，其在人工智能领域的技术一直处于世界最前沿。主要举措有：一是美国人工智能研究以私人部门为主，未来将加强政府对人工智能研究的支持力度，重点关注人工智能基础研发和应用。二是组建多元化联邦团队制定监管制度，监督人工智能发展过程中的安全和公平，加强对无人驾驶汽车以及无人机的监管。三是加强人工智能人才培养。增加人工智能相关的教育和培训机会，建设并保持一个完整的人工智能研发人才队伍，同时在各高校的人工智能课程中增加道德、保障、隐私和安全等主题内容。四是推动人工智能在制造、物流、金融、交通、农业、营销、通信等行业的应用，提升商品和服务的质量和效率，创造新市场。当前，美国在人工智能基础学科建设、高端研发人才、创业投资和领军企业等关键环节上，已形成能够持久领军世界的格局。

（六）在高性能计算机领域的战略举措

高性能计算机也称为“超级计算机”，是一个国家科技发展水平和综合国力的重要体现，具有战略意义。美国在高性能计算机领域具有传统优势，整体实力较强。近年来美国连续出台多项国家计划，力争早日实现在高性能计算机领域的革命性突破。具体措施：一是加紧研制具有革命性的下一代超级计算机；二是提高建模仿真技术基础与数据分析计算技术基础之间的连贯性；三是突破半导体技术发展限制，探索未来高性能计算系统发展路径；四是增强美国国家高性能计算生态系统可持续发展能力；五是构建长效的公私合作机制，以确保政府、产业界及学术界能够最大限度地共享高性能计算项目的研发成果；六是控制技术外流。禁止将国内运行速度最快的计算机芯片供应给外国顶尖的超级计算机项目。目前，美国政府正加大资金投入，帮助美国主流技术公司整合强大的技术、专业知识和资源，加快超级计算机研究进度。

（七）在信息安全领域的战略举措

美国作为网络技术的发起国和强大网络空间势力的拥有国，其信息基础设施安全保障的战略思路和法律政策从一开始就与国家安全挂钩，相比其他国家，站位更高，布局更广。如，1996 年 7 月，美国总统克林顿发布第 13010 号行政令《关键基础设施保护》，宣布成立关键基础设施保护总统委员会（PCCIP）。小布什时期又组建国土安全部（DHS），实施多项具体的技术研发计划和项目，开发信息系统以保护关键基础设施。奥巴马时期，更加注重基础设施的网络安全。美国政府在信息安全领域的主要举措有：一是加大数据整合力度。2015 年，美国成立网络威胁与情报整合中心（CTIIC），负责分析和整合国土安全部、联调局、中情局、国安局等部门搜集到的网络威胁信息，并与美国企业保持紧密合作，该机构已成为全国性防范网络威胁情报中枢。二是提升网络事件应对能力。要求相关部门进一步推广强化身份认证，开展信息安全系统教育和培训，提升快速侦测和高效响应针对关键基础设施网络攻击的能力。三是推进政企信息共享。鼓励私营部门间的网络安全合作，完善公私信息共享，强调个人隐私和公民自由的保护。

三、美国数字转型的经验做法

在数字转型领域，美国在技术、商业模式、市场应用、标准制定、法律法规和战略制定等方面都处于超前部署地位，并引领全球数字转型发展。从政府角色来看，美国政府特别重视政策引导，在数字转型领域的布局倾向于支持基础性、关键性技术的研发与应用，对于商业模式创新以及市场开发则交由企业自主完成，并在此过程中特别注意政府的先行示范作用，形成了其独特的政策体系。

（一）出台前瞻性战略和政策，抢抓全球技术前沿

美国政府在数字转型领域的研究部署超前，在技术进步刚出现一些苗头时，政府就组织力量进行研究，提示产业发展方向与前沿，提出产业发展可能存在的风险及一些有待讨论的问题，并出台相应政策促进其发展。早在20世纪60年代，美国政府便资助了互联网和深度学习（人工智能的基础）两项技术的研发。近年来，白宫更是围绕人工智能举办了多场专题讨论会，出台一系列研究报告和战略，指明人工智能未来发展方向及政策建议，继续引领人工智能领域发展。在电子商务领域，20世纪90年代电子商务刚刚出现时，美国政府就颁布了“全球电子商务框架”，并成为全球具有示范性与引领性的政策性文件。在云计算领域，美国联邦信息委员会推出的“联邦政府云计算发展计划”，是全球最早的政府云计算计划之一。美国政府勇于抢抓全球技术前沿，并积极组织相关机构进行研究，出台国家战略和配套措施，体现了美国在数字转型领域一贯的超前意识。

（二）设立专门职能机构，推进特定领域发展

美国一直将信息技术作为经济发展、技术创新的重点，把数字转型作为其谋求竞争新优势的战略方向。基于这一理念，美国在政府内新设了很多跨部门、全国性、专业性的组织机构或职位，以更好贯彻实施国家重大战略。这些专门机构主要分为两大类：一类主要负责制定数字转型特定领域国家战略及指导产业发展。如，2009年成立的“云计算工作组”，确立在云计算方面的思维领导力并提供相关指导；2016年成立的物联网商业局，旨在向国会提出如何推动物联网技术在美国的普及以及与产业领军企业进行合作的相关建议。另一类主要

负责特定领域的情报收集、技术研发、现状分析、问题剖析、形势研判及政策建议等。如，2015 年成立的“网络威胁与情报整合中心”（CTIIC），专门负责分析和整合搜集到的网络威胁信息；2016 年成立的“机器学习与人工智能分委会”（MLAI）负责监督、跟踪 AI 技术研发，及提供人工智能领域的技术和政策建议等。这些专门机构的设立，有利于政府站在技术、经济、社会的视角，对数字转型发展进行谋划与支持，其所提出的政策也更具前瞻性与适用性。

（三）注重需求端引导，数字政府先行先试

在数字转型发展过程中，美国政府强调需求刺激，通过各类政策措施刺激市场需求、政府直接采购及数字政府等举措，全力推进整个社会数字转型。首先，通过《透明和开放的政府》和《数字政府战略》，将数据公开纳入政府的义务范围，向公众公布了健康、能源、气候、教育、公共安全等领域的数据和信息。目前，基于 Data.gov 的数据产生大量的数据服务需求，为美国数字转型打下了坚实基础。其次，政府通过发布大量大数据、云计算、物联网、高性能计算机等合作项目，推动信息技术在各领域的应用。最后，数字政府始终是美国数字转型的最前线，对信息技术在各领域应用起着先行先试的作用。如，美国政府要求政府各项数据服务迁移至云计算服务上，美国审计署（GAO）还对有关政府部门云服务采用情况进行了审计。政府需求正不断推动着各行业的数字转型，吸引着各市场主体投身到数字转型大潮中来。

（四）强化政策引导，加大资金扶持力度

美国政府非常重视基础研究和技术研发，不断投入巨资支持研究开发和民间不感兴趣及公共服务领域一系列项目。在研发领域，2011 年美国政府宣布计划每年投入约 200 亿美元进行云计算的研发和应用；2012 年白宫宣布投入 2 亿美元进行大数据相关技术的研发；2014 年，在美国政府发布的 2015 财年网络与信息技术研发预算中，对高端计算研发领域资助达 5.35 亿美元。在民间不感兴趣及公共服务领域，2009—2014 年，美国政府共投入 220 亿美元用于对医疗

保健大数据进行收集、整合、开发和利用。2015—2020年间，美国政府计划每年支取18亿美元用于宽带补贴，以帮助居住在乡村地区的美国人享受到高速宽带接入。2017年6月，美国能源部向惠普、英特尔、IBM和英伟达等企业资助2.58亿美元，帮助这些企业开发亿亿次级的超级计算机系统。从信息技术研发、基础设施到公共服务领域，美国政府每年都投入巨额资金到市场机制失灵或研发领域，不断引导着产业持续健康快速发展。

（五）建立动态监管机制，营造包容性创新环境

数字转型带来了一些全新的技术与商业模式，有些领域还涉及社会、经济、伦理、政治、法律等相关有争议性议题，这些新技术、新模式和新问题对传统的监管框架提出了挑战。在数字转型发展过程中，美国政府的态度是先发展后监管，包容创新。2015年版《美国创新战略》指出，美国将继续保持网络中立，保证互联网环境的开放，在保持互联网开放、自由、创新的同时，建立监管完善的网络机制。在人工智能领域，奥巴马曾明确指出“在人工智能的早期发展阶段，监管框架应当百花齐放。政府要尽量少地进行干预，更多地投资于科研，确保基础研究和应用研究之间的转化。随着技术的开发和成熟，考虑如何将其纳入现有监管框架中”。在自动驾驶领域，美国政府也倾向于研发机构先进行技术研发，再根据技术发展制定配套的相关方案，为车辆留出测试空间，以此积累更多的安全行驶案例。

四、主要启示

我国数字转型已基本覆盖技术、平台、产品、应用等产业链的各个环节，在技术研发与产业化方面取得了一定成效。基础研究方面，各科研院校积极推动数字转型研究工作，高性能计算机、机器人、无人机等应用领域的技术和产品位居世界前列。但同时，当前我国数字转型在组织工作推进、产业协同创新、服务平台建设、专业人才储备、优化发展环境等方面与美国仍存在较大差距。

美国数字转型战略对我国推进数字转型有以下几个方面的启示。

（一）设立工作推进机制，增加资金扶持力度

在国家层面推动成立数字转型工作小组，探索建立数字转型工作推进机制，统筹和制定数字转型相关的法律法规、战略规划、行动方案等，组织推进“产学研用”协同发展，建立良好的数字转型生态环境。在国家重大项目中进行长期的资金投入，用于推动数字转型相关的重要基础研究、前沿技术以及复杂系统的研发，弥补市场调节机制不足或缺失的领域，实现重大关键核心技术的突破。

（二）强化综合研究，成立跨部门专家咨询委员会

成立跨部门跨学科数字转型专家咨询委员会，推动数字转型重大、基础、前沿、法律法规、综合问题研究。定期评估技术演进、产业发展态势、路径选择以及对经济社会发展的贡献与影响。推动对数字转型可能带来的商业模式、研发模式、生产模式、服务模式、新业态、就业、法律、伦理等经济社会问题的研究，并提出适当的建设性、前瞻性的概念表述、技术架构、实施框架、路径选择和公共政策建议等。组织数字转型相关的组织、院校、企业等机构开展广泛讨论和系统研究，定期将相关研究内容和建议措施以政府白皮书形式发布，扩大公众对数字转型的参与意识和创新意识。

（三）以信息技术为基础，建设集中统一共享的开放式平台

对现有平台和数据中心进行整合，建立云计算、大数据、物联网、人工智能等公共服务平台。在研发领域率先实现数字和信息的开放共享，降低企业数据重复搜集和数据中心建设的成本。建设强大的数字开放平台，促进电子政府服务体系的形成，不断丰富服务层次和内容，构建智慧城市服务体系。积极推行数字身份识别和认证体系建设，搭建数据采集平台。行政事业单位应积极购买云计算等服务，并允许提供数据平台的企业优先进入政府采购目录。

（四）促进数字转型与实体经济融合发展

加快我国工业互联网发展的顶层设计，重视尽快将信息技术应用于生产领域，促进工业化和信息化的深度融合，推动生产效率和效益提升，利用数字转型改善民生领域或助推其他产业，驱动生产系统智能化，实现“智能工厂—智能产品—智能数据”闭环，实现生产制造与市场需求间的动态匹配，逐步形成创新链、产业链、价值链和产业生态系统的良性互动，努力实现工业发展的智能化数字化绿色化。

（五）高度重视数据和网络安全，加大政府监管力度

网络已全面渗透到社会经济中，要依据新形势不断出台更新完善信息安全方面相关的法律法规，继续强化对网络攻击、僵尸网络威胁及信息盗窃等犯罪行为的执法力度。尤其是对移动运营商、电商等平台企业掌握的个人信息进行严格审查，严禁用于其他商业用途。

（六）建设人才队伍，完善数字转型人才培养体系

推动各类高校的数字转型学科建设，梳理与数学、工程管理、计算机、生物、医学等相关交叉学科之间的关系，重点培养具有创新力的高级复合型人才。探索并设立数字转型辅导和培训项目，支持高校、科研机构、行业协会、企业联合建设培训基地。探索设立“数字转型培训计划”，通过人力培训和开发建立起民众对数字转型特征和发展情况的了解，提高数字转型参与者的数字职业技能水平。强调数字转型的普惠性，重视和实现对中小企业、弱势群体的数字包容支持建设。

参考文献：

［1］陈骞：《美国超级计算机发展战略》，《上海信息化》2015 年第 9 期。

［2］尹昊智、刘铁志：《美国人工智能报告解析》，《电信网技术》2017 年第 2 期。

[3] 李丽、李勇坚：《美国在互联网产业的布局与政策趋势》，《全球化》2017 年第 7 期。

[4] Saul J. Berman and Ragna Bell, "Digital Transformation: Creating New Business Models Where Digital Meets Physical", IBM Report, 2011.

[5] World Economic Forum, Accenture, "Digital Transformation of Industries: Digital Enterprise", *World Economic Forum White Paper*, 2016.

论美国税改与中国“一揽子”减税降费方略

冯俏彬*

【导语】习近平总书记指出，要改善投资和市场环境，加快对外开放步伐，降低市场运行成本，营造稳定公平透明、可预期的营商环境，加快建设开放型经济新体制，推动我国经济持续健康发展。税收法律与税收政策是营商环境的重要组成部分，十九大报告也特别强调继续深化税收制度改革。本文以美国新一轮税改为背景，分析了我国税收制度的基本情况，并提出了我国减税降费的“一揽子”政策建议。

2017年4月26日，美国特朗普政府公布了税改纲要，美国新一轮税改正蓄势待发。总体而言，美国新税改的主要做法是修改现行企业所得税和个人所得税法案，大幅度降低税收负担，以达到吸引制造业回流、刺激投资与消费、促进经济增长的目的。

一、美国新税改的主要内容

（一）大幅度降低企业所得税

企业所得税是美国新税改的主要方面。当前，美国企业所得税率为39%，其中联邦政府35%，州政府4%左右，既高于全球平均水平（22.9%），也高于OECD国家的平均水平（24.99%）。新一轮美国企业所得税改革主要涉及五个

---

*冯俏彬，国家行政学院经济学部教授、博士生导师。主要研究领域为财政与税收、政府经济管理、供给侧结构性改革等。

方面。一是大幅度下调企业所得税税率到 20%。二是调整企业所得税的税前扣除项，将企业投资支出（可能包括土地）由现在的按折旧年限逐渐扣除的方法，改为一次性扣除。三是拟以全球范围内该企业可享有的最低税率对其海外利润征税，以为美国企业在海外的巨大利润回流扫清障碍。四是将税收征管原则由“属人”改为“属地”，放弃对美国企业海外收入部分的征税权。五是撤销对特殊利息的税收优惠。六是对于独资经营、合伙经营和股份制的小企业和家族企业，即税赋转由合伙人缴纳的公司（pass-through business），税改框架将最高税率由 39.6% 下调至 25%。

（二）大幅度降低个人所得税

个人所得税是美国联邦政府的主要收入来源，占财政收入的比重通常在 50% 左右。因此无论对于美国政府还是对于美国人民，个税都极端重要。当前，美国的个人所得税共分为 7 档，税率从 10% 到 39.6% 不等，同时分纳税人身份不同而有不同的税前扣除规定。新税改方案拟将个税由 7 档并为 3 档，税率分别调减为 12%、25%、35%。同时，新税改方案还将标准扣除额度扩大约一倍，纳税人夫妇两人合计标准扣除额增至 2.4 万美元，单身人士增至 1.2 万美元，并为有子女和附属成员的家庭提供税收优惠，以达到为中低收入家庭减税的目的。

（三）简化纳税法规

主要包括：撤销主要让富人受益的税收优惠；除了抵押贷款利息和慈善税收减免之外，还将消除个人的所有扣税。撤销对遗产征收的死亡税。撤销 3.8% 的奥巴马医改税，以此减轻小企业和投资收入的纳税负担。

除了以上几个方面，新税改方案还有许多细致考虑，如拟取消对于企业和个人所得税的最低替代税率、取消遗产税、降低资本利得税率、扩大研发支出等，不一而足。

二、美国税改可能达到的效应

尽管“看上去很美”，但新税改方案目前仍然只是特朗普的一厢情愿，能不能在国会顺利通过，还是一个未知数。对新税改到底会给美国社会带来什么，各方也议论纷纷。一般认为，新税改的正面效应主要有以下几个方面。第一是刺激经济增长，恢复经济活力。特朗普政府表示，希望新税改能达到将美国经济重新带回 3% 以上的目标。美国税收基金会的测算也表明，新税改方案将使美国长期经济增长提高 6.9%—8.2%。第二是增加资本，提高收入。美国税收基金会对此的测算结果是，新税改将提高工薪收入 5.4%—6.3%，增加资本存量 8.2%—23.9%。第三是增加就业岗位，如果新税改方案得以实施，将创造出 180 万—215 万个全职就业岗位。但是，新税改同时也有着巨大的负面效应，一是可能带来联邦政府财政收入的巨额减收，美国税收基金会对此的测算是，如果不考虑新税改可能带来的经济增长因素，未来十年内联邦财政收入将减收 4.4 万亿—5.9 万亿美元。二是新税改方案将进一步恶化当前美国已十分严重的收入分配差距，从而加剧社会分裂。

笔者以为，对新税改可能达到的效应，还可在一定程度上参考美国历史上的减税行动。在近代，美国曾有过两次大规模的减税，最近的一次是 20 世纪 80 年代里根政府期间通过的《1981 年减税法案》和《1986 年税制改革法案》，这两个法案都有效地促进了经济增长。1980 年即里根上台之前，美国以失业率和通胀率合并计算的所谓“悲惨指数”高达 20.8，但是执行减税政策之后的两年，美国经济迎来了反弹，失业率开始下降、经济增长回升、财政收入增加。到 1988 年 5 月，美国经济持续增长 65 个月，成为战后和平时期经济增长持续时间最长的一次。因此可以断言，只要新税改方案获得通过并且特朗普有里根当年的政治定力，挺过税改方案实施之后两三年左右的剧烈财政冲击，美国经济重回 3% 以上并非不可能。

对美国新税改的影响，还要放在世界范围内全面看待。鉴于美元的强势地位，新税改一旦实施，几乎必然造成美元的大量回流，这对许多国家的资产负债表将产生重大影响。另外，分布在全世界的美国制造业也将大量回流，而这对于新兴经济体将产生重大影响。进一步地，从现在的情况看，美国税改很可能会引发全球性减税浪潮。据悉，英国首相特蕾莎·梅就已正式批准了进一步下调企业税的政策，承诺到2020年将企业税下调至17%。法国新总统马克龙在其竞选纲领中，也有将企业所得税率降至25%的提议。其他欧盟各国尽管对美国税改持反对态度，但也在紧锣密鼓地筹谋自己的减税方案。有鉴于此，我国也应当未雨绸缪，做好减税方面的研究与政策储备，以应对可能来到的全球税收竞争。

三、我国减税降费的总体背景与出发点

但是，我国税收制度与美国，甚至与大多数的发达国家存在重大差异。简言之，我国是以间接税（含增值税、消费税等）为主，而西方主要发达国家是以直接税（含企业所得税、个人所得税、房产税等）为主。统计数据表明，近年来我国直接税与间接税之比一般都在40:60左右。以2016年为例，我国间接税总额占全部税收收入的比重为57%（由于全面推开营改增而有所下降），而企业所得税仅为21%，个税仅为7%。与之形成鲜明对比的是，多年来OECD国家直接税与间接税之比大约为55:45，而美国则为75:25，英国为64:36。

更值得重视的是，从整个政府收入体系的角度看，多年来我国税收占全部政府收入的比重仅在50%左右。简言之，有一半左右的政府收入是来自于税外，包括各类费、政府性基金、社保缴费、国有资本经营利润等。以2016年为例，全部政府收入为26万亿元左右，其中税收与税外收入正好各占50%。

以上两个数据决定了“中式减税”不可能是对“西式减税”的简单复制。我国财政税收的实际情况清楚表明：第一，就总量而言，税收减无可减；第二，就结构而言，企业所得税与个税减无可减。第三，与西式减税主要向所得税动刀子相比，中式减税的重点应主要集中于“三个加快”。加快推进税制由间接

税为主向以直接税为主转型，加快清理税外收费体系，加快形成控制社会负担总水平螺旋上升的体制机制。

四、中国式减税降费的“一揽子”方案

2013年以来，本届政府始终致力于推进“简、放、服”改革。2015年以来更是将供给侧结构性改革作为整个政府工作的主线。以全面实施营改增、清理收费为主要内容的减税行动“始终在路上”。今年“两会”上，李克强总理郑重承诺，2017年将为社会减负10000亿元。这些都有力地支撑了中国经济社会的发展，成绩有目共睹。但综观起来，要应对新一轮的全球减税浪潮，还需要形成一个更加综合、全面、明确的“一揽子”减负方案，一方面稳定和明确社会预期，另一方面争取有利的国际舆论位置，在可能到来的全球减税浪潮中取得先机。

（一）加快推动税制转型，尽早推出相关直接税改革

党的十八届三中全会明确了我国税制改革的基本方向是从以间接税为主向以直接税为主转化。无论是从当时还是现在的情况看，这一决策方向都是十分正确的。近年来，通过大力实施营改增，我国税制结构已有了明显改善，目前间接税的数量已从三个下降到两个，在全部税收收入中的占比也由过去的65%左右下降到2016年的57%。相对而言，由于种种原因，直接税方面的改革迟迟未能取得重大突破，房产税已议论了十年，到现在仍然是“只闻楼梯响，不见玉人来”，个人所得税改革也是“犹抱琵琶半遮面”，遗产与赠予税则是连讨论都几乎绝迹。历史地看，从间接税向直接税转化的过程往往伴随着社会剧烈变革，因此把握好转换的节奏和时机，十分重要。现在的情势是外推内滞，如何突破，十分考验执政者智慧。

（二）采取切实行动，力争2020年实现税收法定

税收关涉政府与企业、公民的经济关系，需要用法律进行规范。当前，我

国整体税收环境未能在较大程度上实现“税收法定”，税收法律陈旧粗放，18种税仅有三部税法，其他皆为条例。即使如此，由于种种原因，有关部门在执行过程中不断打“补丁”，导致具体税收政策变换无穷，企业对此十分头痛。2014年通过的《立法法》对此已经明确，“税种的设立、税率的确定和税收征收管理等税收基本制度”要制定法律。《财税体制改革总体方案》也明确，到2020年要实现税收法定。从现在的情况看，能否实现，形势并不容乐观。需要采取切实行动，保证在2020年实现税收法定。

（三）整理企业所得税的优惠条款，降低名义税率

当前，我国企业所得税的名义税率为25%，略高于世界平均水平。但由于广泛存在各式各样的优惠、减免、补贴等，企业实际承担的所得税并不高。据世界银行“Paying tax 2017”报告中的测算，我国企业的总税率（68%）虽远高于美国（44%），但其中所得税部分仅10.8%，低于美国的28.1%。这一看上去不可思议的结果，主要是因为在三十多年改革开放的过程中，各级政府都出台了形形色色的招商引资政策，而所得税优惠正是其中重要政策之一。另外，我国以间接税为主的税收结构，也决定了企业可将其缴纳的大部分税收，通过价格、渠道等方式转嫁出去，企业真正承担的税负并不如人们直观感觉的那么多。笔者自己的研究也表明，我国企业与居民的实际税负之比仅为4∶6。

基于以上情况，即使全球减税浪潮来袭，我国也不可能、也不必照搬美、英、欧盟的做法，直接削减企业所得税率。一个更现实可行的方法是：全面、深入梳理企业所得税的各类优惠政策，将此前仅适用于一些行业、一些地区甚至一些产业园区的政策中具有普遍价值的方面，上升到法规层面，正式进入《企业所得税法》。这样既可以缩小与其他国家之间的企业所得税税率差异，也可以收敛我国名义税率与实际税率之间的缺口，优化税收结构。

（四）认真、彻底整顿税外各类收费是“中国式减税”的主要着力点

我国收费体系庞大而复杂。按主体分，有行政事业性收费、中介组织收费、

行业协会收取的会费、考试考务费以及“准市场主体”收取的经营性收费，等等。按性质分，又具有公共性质的“准税收”，政府作为所有者取得的各类国有资源、资产收入，以及基于服务的各类使用者付费等。按名称分，有费、基金、社保、国有资本经营收入，等等。实质性地讲，长期以来形成的税、费、租、价概念混淆，相互之间你中有我，我中有你，令人如堕五里雾中。加之缺乏一个社会负担的总体控制机制，常常出一事、立一费，经年累积之后，各种收费“叠床架屋”、臃肿不堪，社会负担由此不断趋重。

正税清费，渐进式推进行政零收费。对于政府部门提供普遍性公共服务的行政性收费，要树立“不收费为正常，收费为特殊”的理念，明晰税收是政府提供公共产品和公共服务的价格，在政府相关部门履行其天赋职责时，如无特殊情况，不应再在税外收费。对已经存在的这类收费项目，要在全面清理的基础上，将其中确有必要保留的项目归并到相应的税收之中，正税清费。除此之外的收费项目，则或考虑借鉴广东、湖北等地的经验，推广“行政零收费”。取消行政性收费后所形成的财政支出缺口，要通过正常的预算安排予以解决。考虑到清理收费需要与事业单位改革、社会组织改革等协同推进，需要考虑财政承受能力，因此可采取渐进的方式，逐步取消。但强烈建议有关部门给出行政性零收费的时间表，以增强社会信心，稳定预期。

完善使用者付费项目的公共定价机制和相关管理制度。我国收费体系中存在大量的“使用者付费”项目，量大而广，情况复杂。这类收费项目存在的必要性是肯定的，但需要完善公共定价机制，加大成本信息的公开力度。目前，这方面的机制非常不完善，在成本核查、信息公开、审计、问责等方面，有很多需要改进之处。一是要加强对公共定价各类技术方法的研究。二是建立收费与成本之间随时间、余额甚至物价变化而动态调整的机制。三是要通过一系列制度建设保证相关信息真实可靠、公开透明，切实增强社会公信力。另外，针对众多事业单位、行业协会、中介组织所提供的服务收费，短期主要应从打破垄断、增强竞争方面着手，以形成合理的服务价格与优质的服务质量，长期而言则需要加快事业单位社会组织改革。

将具有“租”性质的收费纳入一般公共预算管理。我国有庞大的国有资产和资源，由此产生的收入可归于经济学意义上的“租”。针对这些，近年来我国已初步建立起公共资源交易制度，各地都有公共资源交易中心。但公共资源交易的程序、方法、范围还应进一步规范，“公开、公平、公正”的程度也需要进一步提高。从管理上看，国有资源收益、部分国有企业改制、上交等形成的收入等，都属于我国国有资源（产）制度下的特殊收益，归全民所有，应采取措施剥离管理部门与此类收益之间的利益连动关系，将其并入一般公共预算。

建立控制社会总负担水平的体制机制。一方面，要借此次减税降费之机，全面整理我国政府收入体系，该收税的纳入税收体系，该取消的一律取消，该纳入公共预算的进入公共预算，形成正税为主、收费为辅的政府收入格局。另一方面，可赋予人大财经委控制宏观税负水平的职能，定期对政府收入体系进行回溯与检查，任何新出台的税、费，都应当经过相关的法定程序。

（五）整并政府性基金要与价格改革协同进行

在经过多轮收费清理之后，当前政府性基金已成为企业的主要负担。同样，我国政府性基金里面也是内容多样，既有“准税收”，也有使用者付费，也有国有资源（产）收益等，还有相当部分是具有“价格”性质的收入。建议对具有税收性质的政府性基金，与税制改革同步整并。属于国有资源（产）收益的，纳入一般公共预算。与水、电、道路通行有关的政府性基金，结合正在进行的电力体制、交通运输体制改革，在理顺电价、水价时，同步整并，以切实减轻社会负担。形式上看，这类政府性基金是加价收入，实质上是国家层面重大基础设施建设项目的成本补偿问题。长期以来，我国类似于南水北调、民航、铁路等重大工程建设项目的资金来源，主要是财政支出和银行贷款，缺口部分通过设施投入使用后的加价收入进行弥补。项目建成后的营运、管理、维护等日常支出，既有来自价格收入部分，也有国家财政补贴的部分，相互之间的数量关系比较含混，难以明白表述。究其实质而言，是财务管理不健全所致。努力的方向是要明晰化国家重大工程建设项目的成本补偿机制。如建设成本这一部分，要将国家投资之外的贷款或债务部分作为收费定价的“天花板”因素，建立债务与价格之间的准确的数量关系并定期进行调整，由此可望建立一个收费与成本之间随时间、余额甚至物价变化而动态调整的机制。针对重大建设项目建成后的营运、维护部分的支出，要按实际发生计入成本，据实定价，明白公示。与此同时，还要通过一系列制度建设，保证成本信息的真实可靠、公开透明。

（六）继续降低社保缴费水平

过高的社保缴费是我国企业负担的主要成因之一。近年来，我国持续推进社保降费。目前，“五险”总费率已从41%下降到39.25%，社会减负1300亿元左右。但是，相对于主要发达国家，我国社保综合缴费率仍然明显较高。世界银行的相关报告指出，2015年中国企业的劳动力税费（主要指社保）高达48.8%，而美国仅为9.8%，差距巨大。要将社保降费与深化社保体制改革结合起来，以降费倒逼改革，加快养老保险全国统筹、社保异地转移接续、国资补充社保以及社保资金入市等的步伐，向改革要效益、向制度要红利。

（七）加快推进中央地方财政体制改革，健全地方收入体系

有必要反复指出，以上减税降费方案，如想达到实际减负效果，必须同时伴有中央和地方财政体制改革的配套支持，明确地方政府的事权与支出责任范围，形成保障地方政府正常履职的综合性财政收入体系。笔者多次指出，结合当前的实际情况，一定要跳出仅仅“构建地方税体系”的思维惯性，考虑构建一个更加综合的地方收入体系。一是以一般转移支付为主、专项转移支付为辅的中央给付体系。二是内含正确激励导向，能引导地方政府致力于提供地方性公共产品和公共服务的地方税体系。三是少量的费和基金。四是受到合理规制的地方债和PPP。如若不然，减税降费浪潮冲击下的地方政府很可能会被逼出新的花样，加大组织收入的力度，进而对冲掉中央政府减税政策的效果，造成“中央减税、地方加税”这一令所有各方均不满意的后果，徒增烦恼。

总之，在当前全球减税浪潮和国内经济稳中向好的势头仍需进一步巩固的大背景下，有必要改变此前“挤牙膏”式的做法，出台我国综合、全面、明确的减税降费“一揽子”方案，一方面稳定和明确预期，增强全社会的发展信心，另一方面争取有利的国际舆论位置，在可能到来的全球减税浪潮中取得先机，为全面建成小康社会、跨越中等收入陷阱、实现中华民族伟大复兴的中国梦夯实基础。

参考文献：

[1] 克里斯·爱德华、翟雨实：《特朗普税改：前踏一步，后退一步》，《中国经济报告》2017 年第 9 期。

[2] 付伯颖：《美国特朗普税制改革方案与评析》，《地方财政研究》2017 年第 3 期。

[3] 革昕：《从美国哈佛商学院竞争力报告看国际税收和中国所得税改革》，《财政科学》2017 年第 3 期。

[4] 叶君、田淑慧：《美国减税政策的历史演变及启示》，《工业技术经济》2010 年第 12 期。

第三编　经济发展

中国新经济的若干问题研究

边泉水*

【导语】党的十九大报告指出，要加快建设制造强国，加快发展先进制造业，推动互联网、大数据、人工智能和实体经济深度融合，在中高端消费、创新引领、绿色低碳、共享经济、现代供应链、人力资本服务等领域培育新增长点，形成新动能，这为发展新经济提供了新的历史机遇。本文在对新经济进行全面介绍的基础上，重点探讨了我国新经济的未来以及如何形成促进新经济大发展的相关政策环境。

一、什么是新经济

20世纪90年代，“新经济”在美国兴起，随即在全球范围内广泛传播与使用。新经济主要从两个方面进行衡量：一是从经济发展的动力角度；二是从宏观经济运行特征和状态角度。本文发现，当全要素生产率比较低，传统经济收缩，经济增长效率下降时，可能出现新经济快速发展的情形。从国际经验看，当前阶段我国可能会迎来新经济的大发展，原因在于经济下行压力下新经济的表现亮眼，而新经济的发展对于GDP的拉动作用也日益凸显。新经济发展离不开财政和货币政策环境，得益于结构性财政宽松与宽松加中性货币政策，欧美新经济快速发展。当前我国支持新经济发展的政策环境较为缺乏，与习近平主席大力发展创新经济的要求还有距离。我们判断，未来几年，随着政府对发展

*边泉水，国金证券有限公司首席经济学家、宏观分析师。主要研究领域为宏观经济周期、宏观政策与大类资产配置。

新经济的重要性更加强调，财税对新经济的支持力度将上升，货币政策也需要为发展新经济提供相对宽松的融资环境。

（一）新经济到底是什么

关于新经济的内涵与外延并没有一个非常明确的界定。其原因在于新经济是相对于旧经济而言的，它的含义随着经济发展阶段的不同而逐步变换。从表1可以看出，欧美主要权威刊物也难以对新经济有个统一的定义。表2从投入方式、产生过程与结果、增长方式、市场状况等方面对新经济与传统经济做了区分。

既然难以界定清楚，为什么还有研究新经济呢？从经济发展史的角度看，新经济推动创新和经济发展，是经济增长的重要动力。研究新经济，对当前中国经济的转型和升级尤为重要。

从实践上看，"新经济"的概念起源于西方发达国家20世纪80年代的滞胀和90年代的经济新增长，最早出现在20世纪90年代的美国①。1991年4月至2000年5月，美国实现了长达110个月的经济繁荣，实体层面表现为高增长、高就业率和低通胀的"两高一低"，资本市场表现特别亮丽，道琼斯指数以及标普500指数大幅跳升，其中标普500指数1991—2000年上涨了200%多。

继美国之后，1997—2000年间，以意大利为代表的欧洲国家也通过技术通信领域的发展推动了经济的增长和股市的高涨，欧洲的新经济与美国不同的是，不仅将信息通信技术作为经济发展的动力，还将生物医药业纳入了新经济的主要发展范畴。

① 刘树成、李实：《对美国"新经济"的考察与研究》，《经济研究》2000年第8期。

表 1　欧美新经济的定义

来源	新经济的定义
美国科技性杂志《Wired》	长期繁荣将由技术方面的 5 个波所推动：个人计算机、电信、生物技术、超微技术和可替代能源
美国《商业周刊》	一是经济的全球化；二是信息技术革命
1999 年美国《总统经济报告》	一是指美国正处于其历史上最长的经济扩张之中和正处于经济转变之中；二是指信息革命正在改变着人们的工作、学习、生活和交往方式
《新范例》：1999 年美国达拉斯地区联邦储备银行年报	计算机、软件、互联网、电子商务等有关的四个技术层面的内容
1995 年《欧洲创新的第一个行动计划》	确定了欧洲新经济的产业核心：信息与生物技术产业
1999 年欧盟赫尔辛基理事会通过了“电子欧洲——全民参与信息社会”计划	要求利用新经济（特别是网络）带来的机会，在信息技术领域全面追赶美国

表 2　新经济与传统经济的区别

	传统经济	新经济
投入方式	资本或者低端劳动力	人力资本和科技投入
产出过程与结果	低劳动生产率、低附加值	高劳动生产率、高附加值
增长方式	边际收益递减	边际收益递增
市场状况	资本实力垄断，存在进入壁垒	创新能力竞争，高端市场锁定
新经济的衡量	产出效率上看：高劳动生产率、全要素生产率；投入结构上看：轻固定资产	
共同点	新经济并不意味着经济周期的消除，并不意味着通货膨胀的消亡，更不意味着资本市场波动的消失	

关于新经济的定义，目前还没有形成统一的口径，但是大体上可以分为两个层面：一是侧重从经济发展的动力角度来衡量新经济，认为以信息通信技术革命为中心的技术创新是新经济增长的根本动力，相应的信息通信技术行业对于 GDP 增速的拉动作用会不断上升[①]；二是侧重于宏观经济运行特征和状态来衡量新经济，并且以美国 20 世纪 90 年代的“两高一低”作为新经济的内涵，

① Stephen B. Shepard, “The New Economy: What It Really Means?”, *Business Week*, Nov. 17, 1997.

认为新经济就是经济高增长的同时，就业率不断上升，而通胀相对低位平稳。

目前对于新经济微观层面的衡量也并没有统一的口径，其中《美国各州的新经济指数》是相对较早的对于新经济进行衡量的探索，我国的财智 BBD 指数则是在《美国各州的新经济指数》的基础上，进行边际的完善和修正。我们认为新经济的微观衡量包含两个层次：（1）从产出效率上看，要具备可持续的增长特征，通常表现为具有较高的劳动生产率和全要素生产率，其中 BBD 指数选择劳动者报酬与营业盈余之和占增加值比重大于 70% 左右为标准。要符合产业发展的方向，一般而言要与国家经济发展方向的产业要求相一致。（2）从投入结构上看，表现为“轻资产”的特性，具体而言重视对于人力资本、科研创新的投入，按照 BBD 指数要求，劳动力平均受教育年限大于 12 年以及 R&D 经费支出占主营业务收入的比重相对较高，而与此同时固定资产比例较低，一般而言固定资产占总资产 30% 以下。

（二）如何认识我国现阶段的新经济

1. 1998 年供给侧改革时期的新经济：房地产、教育和医疗市场化

早在 20 世纪美国新经济时期，我国当时也面临着经济增速的大幅下滑以及长期的通货紧缩，CPI 连续 22 个月处于负值域。当时我国重点实施了以国有企业改革为重点的供给侧改革，特别是对纺织、煤炭等领域的改革成效显著，与此同时，又加快了房地产、教育和医疗等新兴经济的市场化改革，90 年代后期，改革与新引擎驱动了需求与持续性。表 3 归纳了不同时期新经济的比较。图 1 显示了国企改革后纺织业重生、房地产新引擎崛起的变化。

表 3　不同时期新经济的比较

	新经济（1998 年国企改革）	新经济（本轮供给侧改革）
经济背景	GDP 增速持续下滑、CPI 连续 22 个月负值域	GDP 增速持续下滑、CPI 相对低位徘徊
传统经济领域	纺织、煤炭、兵器等领域	煤炭、钢铁、有色金属等领域

续表

	新经济（1998 年国企改革）	新经济（本轮供给侧改革）
新经济领域	房地产、教育和医疗行业的市场化	现代服务业、高端装备制造业以及新兴经济业态
财政政策	1998—2000 年财政政策扩张明显，赤字率显著提升：从 1998 年的 1% 提升至 2000 年的接近 2.5%	2015 年财政赤字率达 3.5%，创历史新高。2016 年财政宽松超过市场预期
货币政策	下调法定存款准备金率，三次下调中央银行存贷款利率、贴现率和再贴现率	资产价格高涨下，货币政策争议较大，但边际宽松的空间仍然存在

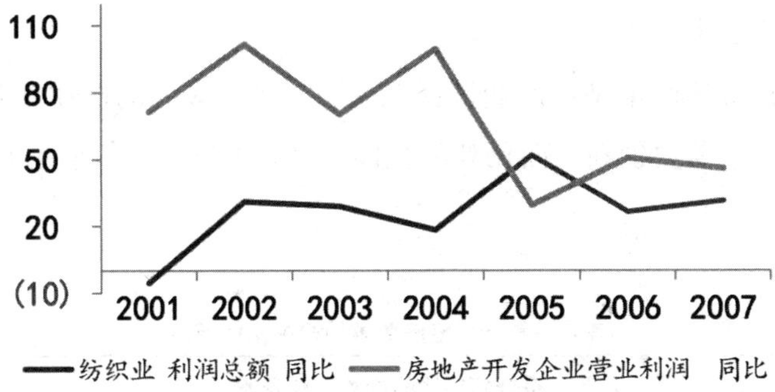

图 1　国企改革后纺织业重生、房地产新引擎崛起

数据来源：Wind

1998 年国企改革与新经济发展时期，我国实施了积极财政政策和宽松货币政策，从财政政策上看，1998—2000 年财政政策扩张明显，赤字率显著提升，从 1998 年的 1% 提升至 2000 年的接近 2.5%；从货币政策上看，下调法定存款准备金率，从 1998 年的 13% 下调至 1999 年的 6%，1998 年三次下调中央银行存贷款利率、贴现率和再贴现率，其中金融机构存款利率累计下调 1.15 个百分点，贷款平均利率下调 2.22 个百分点，再贷款平均利率累计下调 4.13 个百分点，再贴现率累计下调 4.06 个百分点。

2. 我国新一轮的新经济到底是什么

新经济首次纳入 2016 年的政府工作报告之中，报告指出，当前我国发展正处于这样一个关键时期，必须培育壮大新动能，加快发展新经济。我们先按照新经济的第二条判断原则，即符合产业发展方向，我们详细梳理了与本轮新经济相贴切的国家产业发展指导方案，主要包括三大文件：一是《国务院办公厅关于加快发展高技术服务业的指导意见》（2011 年），指出了信息服务等九大类行业发展规划；二是《国务院关于加快培育和发展战略性新兴产业的决定》（2012 年），指出加快节能环保、信息技术等领域的发展；三是《中国制造 2025》（2015 年）提出了新一代信息技术、新材料等重点发展领域；《政府报告》（2016 年）则指出了互联网 +、智能制造等领域为新经济；四是财智 BBD 新经济指数则表归纳了符合新经济要求的相关文件阐述。表 4 归纳了符合新经济要求的相关文件阐述。

我国新经济的政策是从产业选择入手的，具有较强的操作性和现实意义。新经济的产生，需要创新，而创新的主体是“企业家”。产业是企业家生存的土壤。

表 4　符合新经济要求的相关文件阐述

符合新经济的相关文件表述	
相关文件	具体涉及领域
国务院办公厅关于加快发展高技术服务业的指导意见（2011 年）	信息服务、电子商务服务、检验检测服务、专业技术服务业中的高技术服务、研发设计服务、科技成果转化服务、知识产权及相关法律服务、环境检测及治理服务和其他高技术服务等九大类型
国务院关于加快培育和发展战略性新兴产业的决定（2012 年）	节能环保、新一代信息技术、生物产业、高端装备制造、新能源、新材料、新能源汽车作为七大战略新兴产业
中国制造 2025（2015 年）	新一代信息技术产业、高档数控机床和机器人、航空航天装备、海洋工程装备及高技术船舶、先进轨道交通装备、节能与新能源汽车、电力装备、农机装备、新材料、生物医药及高性能医疗器械以及与之配套的生产性服务业定义为需要突破性发展的重点领域
政府工作报告（2016 年）	三产中的“互联网 +”、物联网、云计算、电子商务等新兴产业和业态；物联网、云计算、电子商务等新兴产业和业态；工业制造当中的智能制造、大规模的定制化生产等

综合高新技术产业、战略性新兴产业、中国制造2025和2016年政府工作报告产业发展方向内容，以及美国各州新经济指数的划分和财智BBD新经济指数的衡量标准，可以将我国的新经济行业部门归结为以信息传输、计算机服务和软件业与高端装备制造为主体，涵盖环保、科学研究、生物医药、新能源和新材料等七大领域，涉及十多个行业部门的多层次经济发展新动向。与欧美以信息通信技术为主体相异，我国的新经济更注重制造业与服务业的协同发展，强调信息技术的同时，更注重高端制造业的培育和发展。表5归纳了我国的新经济主要行业部门。

表5　我国的新经济主要行业部门

	高新技术产业	战略性新兴产业	中国制造2025	政府工作报告（2016年）
信息传输、计算机服务和软件业	电子商务服务、信息服务、专业技术服务业中的高端服务	新一代信息技术	新一代信息技术产业	互联网+、物联网、云计算
水利、环境和公共设置管理业	环境监测与治理服务	节能环保		
科学研究、技术服务和地质勘查业	研发设计服务、科技成果转化服务、知识产权与相关法律服务、检验检测服务			
高端装备业		高端装备制造、新能源汽车	高端数控机床和机器人、航空航天装备、先进轨道交通装备、新能源汽车	智能制造、定制化生产
生物医药		生物产业	生物医药	
新能源		新能源	节能设备	新能源环保
新材料		新材料	新材料	

二、什么情况下可能出现新经济的快速发展

当前我们需要思考一个问题，什么情况下可能出现新经济的发展？

从美国的案例来看，20 世纪 30—80 年代和 90 年代是美国新经济发展较快的两个时期，它们的共同点是此前都面临经济的停滞或者低速增长，那么企业为了生存只能进行创新，再加上税收和金融政策的支持，新经济出现了快速发展。当前的经济环境有可能孕育出新一轮的新经济的发展。从中国来看，发展新经济的必要性很大，可能性也存在。下文的分析表明，2015 年中国新经济已经开始萌芽，如果后期支持政策跟上步伐，那么未来几年中国新经济的发展前景将是非常广阔的。

（一）全要素生产率比较低，为了提升全要素生产率必须发展新经济

全要素生产率 TFP 的增长是改革开放后中国经济增长的主动力。1979—2007 年 GDP 平均增速 10%，其中 TFP 贡献了 4.5 个百分点。但近几年情况发生了逆转，全要素生产率增长大幅下降，对 GDP 贡献从 2007 年的 61% 下降到目前的 38%。2012—2015 年，GDP 平均增速 7.4%，TFP 贡献了 34%，约 2.5 个百分点。[①] 参见图 2 所示。

从国际比较看：一方面，我国目前的全要素生产率水平较美国而言还比较低，截至 2010 年只占美国全要素生产率的 23%。另一方面，从韩国、日本和英国的全要素生产率比较上看，我国也存在着较大的差距，截至 2010 年，英国全要素生产率占美国的比重为 78%，而韩国和日本的全要素生产率水平也占到了美国的 64%，由此可以看出，我国的 TFP 水平与发达国家相比，还存在着较大的差距。参见图 3 所示。

① 边泉水：《以稳为纲——2016 年下半年经济与政策展望》，《国金证券宏观研究报告》，2016 年 6 月 27 日。

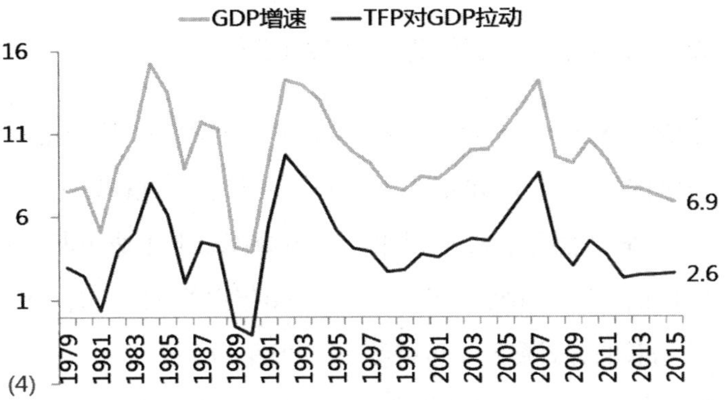

图 2　TFP 的拉动作用再次下降

数据来源：Wind

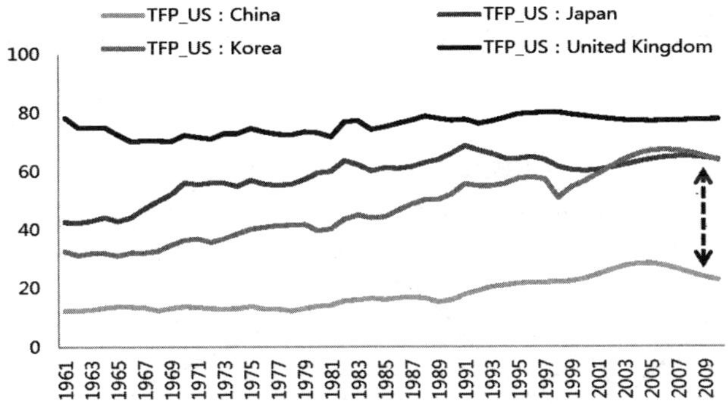

图 3　全球主要国家 TFP 比较

数据来源：Penn World Table

我们知道，全要素生产率主要是指生产活动在一定时间内的效率，其来源主要包括三个方面：一是效率的改善，二是技术进步，三是规模效应[①]。新经济内涵就包括重视技术进步，具有规模递增效应等特征，因此在全要素生产率大

① Dale Weldeau Jorgenson："Information Technology and the U.S. Economy", *American Economic Review*, 2001, 91（1）, pp. 1-32.

幅下滑的情况下，新经济的发展可以促进我国整体全要素生产率水平的提升。

（二）传统经济收缩，经济增长效率下降

从资本报酬率来看，2009 年金融危机以来，我国在“四万亿”投资刺激计划作用下，短期内推升了 GDP 的高速增长，同时也将规模以上工业的 ROE 保持在了较高的水平。然而 2011 年以来，我国规模以上工业企业的 ROE 呈下滑趋势，由 2011 年高点的 10% 下滑到了 2015 年年中的 3% 左右，传统的高资本投入获得经济增长的方式愈发不可持续。参见图 4 所示。

更为严重的是，我国资金的实际成本却在不断上升，2010 年我国的资金实际成本甚至处于负值域，而 2012 年以后一个突出的特征是资金的实际成本在不断上升，并且超过了规模以上工业企业的 ROE，此后的几年里，两者的差距不断扩大。从美国的上市公司 ROE 上看，2009 年金融危机低谷后迅速回升，2014 年开始有所下滑，2016 年后开始企稳，实际水平仍然相对较高（9.30%）。

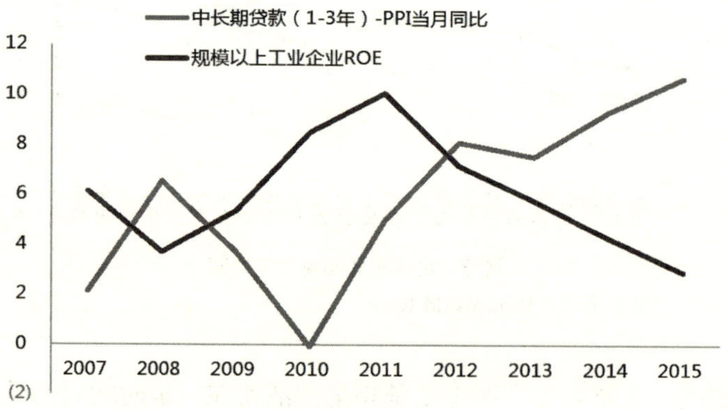

图 4　资本报酬率下滑明显

数据来源：Wind

与传统经济部门相比，新经济部门 ROE 仍然表现相对较好，以医药和计算机为例，2015 年 ROE 分别为 8.7% 和 8.2%，而同期的黑色金属冶炼与煤炭开

采的 ROE 水平只有-3.5% 与-6.4%，效率相对低下。参见图 5。

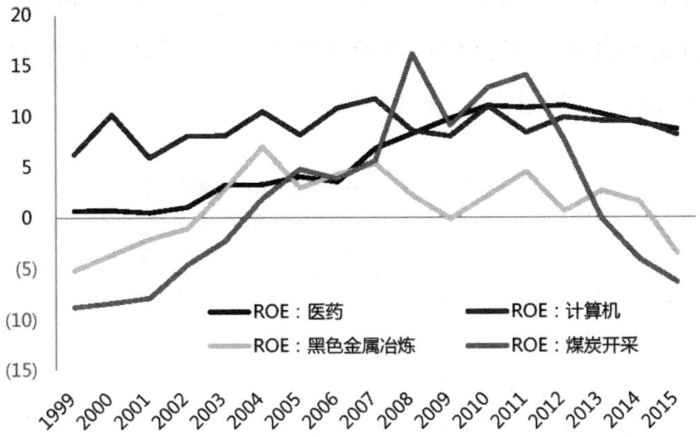

图 5　新兴经济 ROE 水平相对较好

数据来源：Wind

（三）从国际经验看，当前阶段我国可能会迎来新经济的大发展

从 20 世纪 90 年代的美国以及欧洲的经验可以看出，经济出现长期的下滑时，均通过新经济的发展，催生了新的经济繁荣周期。而目前我国也经历了经济的下行，传统经济收缩，在经济效率低下的情况下，可能会迎来新经济的大发展，通过发展新经济从而促进内生增长动力的再次上升。

1. 美国的新经济：以信息技术产业为主导

美国的新经济是指 1991 年 4 月至 2000 年 5 月实现的长达 110 个月的经济繁荣，其间美国的 GDP 平均增速达 3.8%，而通胀只有 2.7%，就业率也高达 63.1%，并且使得菲利普斯曲线发生了改变，实现了低通胀与低失业的并存。

而支撑这一阶段大繁荣的是以信息通信技术为核心行业的快速发展①，其间，信息通讯行业占 GDP 比重平均为 11%，信息业增加值占 GDP 比重平均为

① Kevin J. Stiroh, "Information Technology and the US Productivity Revival: What do the Industry Data Say?", *American Economic Review*, 2002, 92（5）, pp. 1559-1576.

7%，计算机与电子产品增加值占 GDP 比重平均为 9%。而按照 2000 年 6 月 5 日，美国商务部发布的《数字经济 2000 年度报告》中的内容说明，1995—1999 年美国实际 GDP 的 30%来自科技革新（IT 产业），这还不包括 IT 产业对于其他行业的溢出效应。参见图 6、图 7。

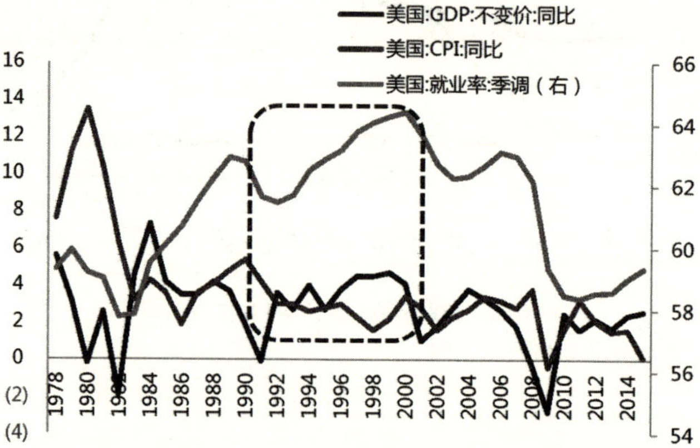

图 6　20 世纪 90 年代美国的新经济

数据来源：Wind

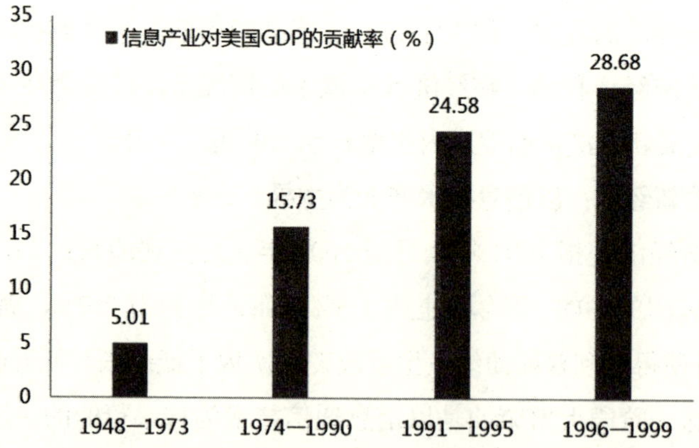

图 7　新经济时期信息产业对 GDP 拉动明显上升

数据来源：Wind

此外，从资本市场领域的表现上看，美国道琼斯工业指数和标准普尔 500

指数在新经济时期，也出现了较大幅度的提升，其中美国道琼斯工业指数从1991年的2743点上升到2000年的10793点，而标准普尔500指数从1991年的346点上升到2000年的1395点，其中新经济的代表信息技术领域的涨跌幅大大超过了标普500指数整体的市场表现，在实体经济大发展的情况下，资本市场也出现了繁荣发展。参见图8、图9。

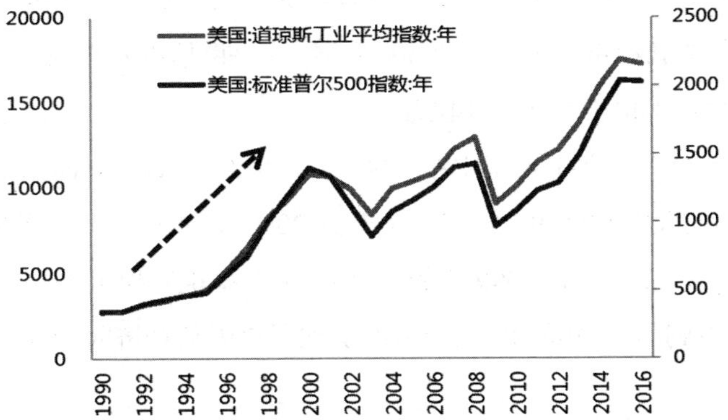

图8　20世纪90年代美国的股市高涨

数据来源：Wind

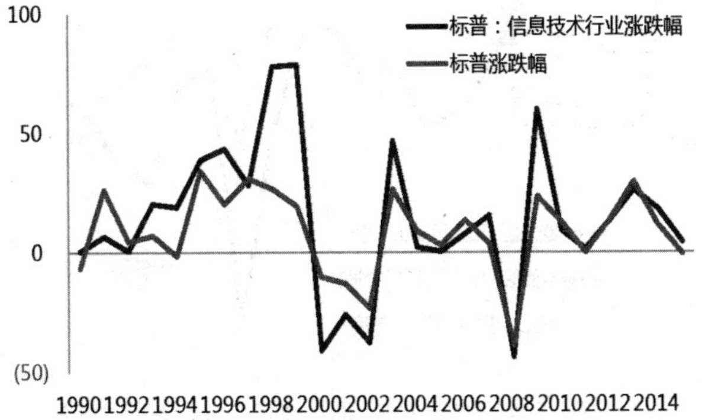

图9　信息技术领域超额收益率

数据来源：Wind

2. 欧洲的新经济以信息技术和生物医药为主导

（1）欧洲新经济对于经济的影响

20 世纪 90 年代，美国进入了“两高一低”的新经济繁荣阶段，而此时欧洲则经济发展相对落后，为应对新经济革命的挑战，缩小与美国的差距，欧洲在 1995 年颁布了《创新政策绿皮书》，之后将其转化为《欧洲创新的第一个行动计划》。欧洲的新经济跟美国不尽一致，除了信息通讯技术外，欧洲还将生物技术产业作为新经济的重点产业领域发展①。在欧盟的各项新经济政策中，信息技术和生物技术也被置于首要位置。

欧洲的新经济时期主要集中在 1997—2000 年，从 GDP 同比增速上看，欧元区的 GDP 增速从 1996 年的 1.5% 上升到 2000 年的 3.8%，与此同时，CPI 则从 1996 年的 1.6% 下降到 1999 年的 1.1%，失业率也实现了大幅下滑，从 1996 年的 11% 下滑到 2000 年的 8.5%，从而实现了美国新经济时期的“两高一低”。参见图 10、图 11。

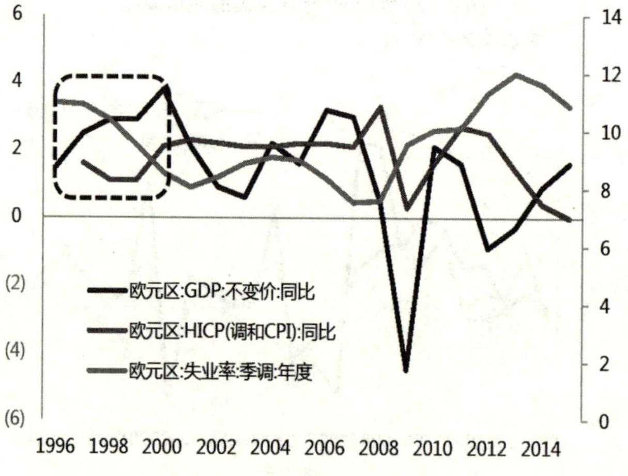

图 10　欧洲新经济时期的表现

数据来源：Wind

① 桑倞、杨伟国：《欧洲新经济的政策结构探析》，《世界经济与政治》2001 年第 6 期。

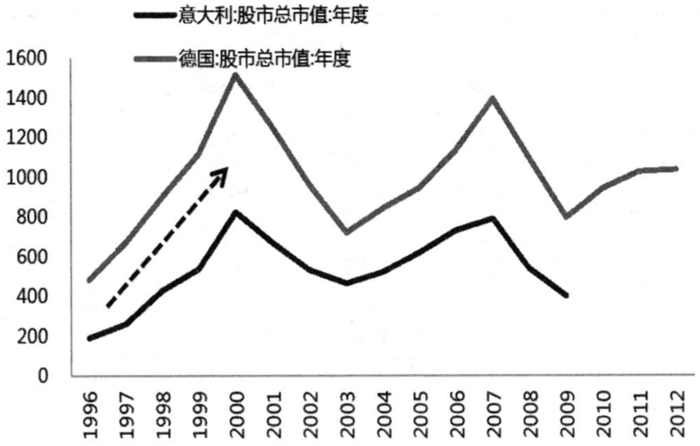

图 11　新经济时期的股市表现强劲

数据来源：Wind

从资本市场的情况看，也出现了与美国新经济时期一样的繁荣，意大利股市总市值从 1996 年的 189 点上升到 2000 年的 823 点，德国股市总市值从 1996 年的 481 点上升到 2000 年的 1514 点，均实现了实体经济与虚拟经济的共同发展。

（2）欧洲新经济到底有多新：意大利的经验分析

从意大利的新经济情况来看，从 ICT 行业与机械行业的比较可以明显发现，新经济与传统经济相比，一是新经济的劳动生产率较高，增加值增加较快。意大利的 ICT 行业增加值 1997—1999 年平均 26.4 亿欧元，而机械行业增加值只有 19 亿欧元。从营业毛利率上看，新经济领域平均毛利率为 15%，而传统经济毛利率只有 6.5%。

另一方面，新经济 ICT 相对于传统的机械行业而言，轻固定资产、重无形资产的特性较为明显，从无形资产的角度上看，新经济 ICT 行业的无形资产 1999 年为 0.18 亿欧元，而传统机械行业的无形资产 1999 年则为-0.02 亿欧元，而从固定资产上看，新经济 ICT 行业 1999 年为-0.23 亿欧元，而传统机械行业的固定资产 1999 年则为 0.26 亿欧元。而在无形资产比重较高的新经济中，1999 年的净收益为 25.6 亿欧元，而传统经济的净收益 1999 年则只有 1.55 亿欧元，体现出了无形资产对于净收益的作用在不断上升。参见表 6、表 7。

表 6　新经济高生产率特性

新经济：ICT（亿欧元）			
	1997	1998	1999
增加值	23.93	26.58	28.55
产出	57.94	65.12	75.63
劳动成本	10.85	11.2	11.86
营业毛利率（%）	13.08	15.38	16.69
传统经济：机械行业（亿欧元）			
	1997	1998	1999
增加值	18.44	18.88	19.65
产出	68.52	71.75	72.56
劳动成本	12.31	12.46	12.7
营业毛利率（%）	6.13	6.42	6.95

数据来源：Wind

表 7　新经济轻有形资产特性

新经济：ICT（亿欧元）			
	1997	1998	1999
增加值	23.93	26.58	28.55
产出	57.94	65.12	75.63
劳动成本	10.85	11.2	11.86
营业毛利率（%）	13.08	15.38	16.69
传统经济：机械行业（亿欧元）			
	1997	1998	1999
增加值	18.44	18.88	19.65
产出	68.52	71.75	72.56
劳动成本	12.31	12.46	12.7
营业毛利率（%）	6.13	6.42	6.95

数据来源：Wind

三、中国新经济已经萌芽，可能迎来新一轮的快速发展

（一）经济下行压力下新经济的表现亮眼

2015 年以来，我国经济不断下行，但新经济领域的表现相对较好。从工业领域来看，计算机通信与医药制造业工业增加值同比增速好于工业整体水平，从 2016 年上半年来看，医药制造业增加值累计同比 10.4%，计算机通信累计同比 9.2%，而规模以上工业企业增加值累计同比只有 6%，体现出了新经济领域的发展优势和内生动力较强。参见图 12。

从服务业中看新经济，则表现更为明显，特别是信息传输、计算机服务和软件业，2013 年同比增速达到 15%，科学研究、技术服务和地质勘查业更是实现了 17% 的同比增长，与此对应的是 GDP 同比增速却只有 7.7%，也体现出了新经济的发展后劲。参见图 13。

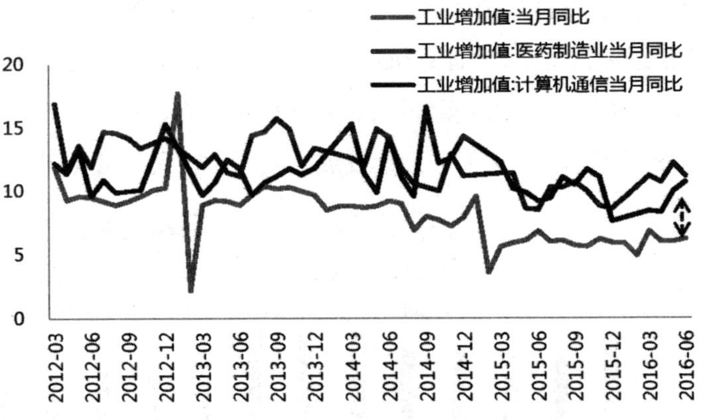

图 12 工业领域中的新经济表现超平均水平

数据来源：Wind

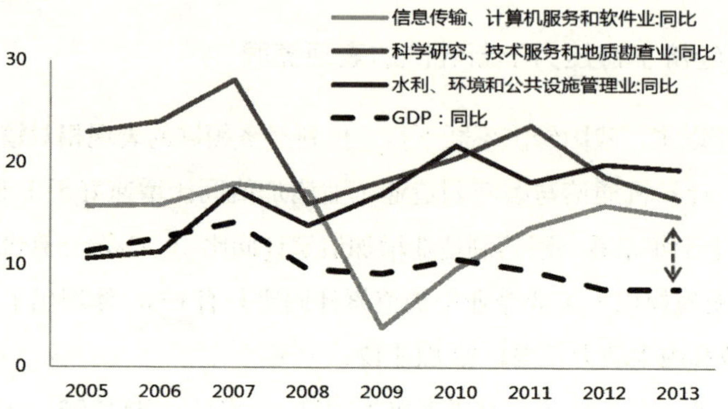

图 13　服务业中的新经济增速远超全国 GDP 同比

数据来源：Wind

此外，从新经济领域在经济增长中的占比表现上看，一方面规模以上工业企业的总主营业务收入中，医药、计算机和高端装备制造业占比已经达到了 29%，其中医药占比 2%，计算机占比 8%，而高端装备制造业占比则达到了 19%。另一方面从服务业中的新经济占 GDP 比重上看，信息软件业与科学研究类占 GDP 比重均只有 2% 左右，后续发展空间还比较大。参见图 14、图 15。

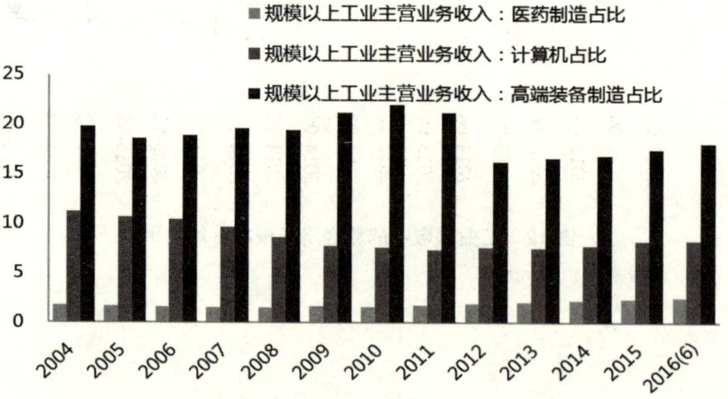

图 14　规模以上工业企业主营业务收入构成

数据来源：Wind

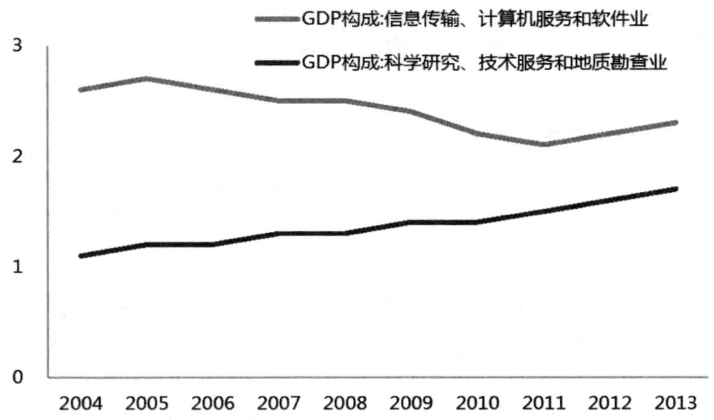

图 15　服务业中的信息与科学研究类占 GDP 比

数据来源：Wind

（二）新经济的发展对于 GDP 的拉动作用日益凸显

为进一步考察新经济对于我国 GDP 的作用到底有多大，我们相对宽泛地选择二产中的医药制造业、计算机业、装备制造业以及三产中的信息传输业、科学研究和水利环保为新经济领域相关部门（按照美国新经济衡量指标、我国的 BBD 新经济指数内涵以及符合我国产业发展方向的原则），核算后，我们发现扣除新经济对于 GDP 的拉动作用后，2017 年第二季度我国的 GDP 累计同比只有 5.3%，如果将新经济的范围再拓展一点，增速甚至还要低于这一数据。参见图 16、图 17。

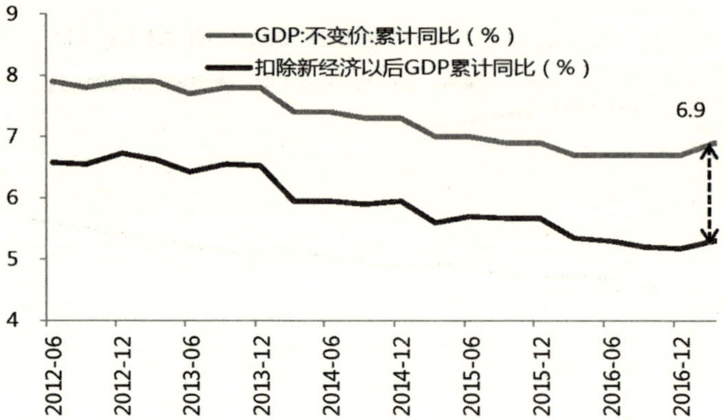

图 16　扣除新经济后的 GDP 增速持续下滑

数据来源：Wind

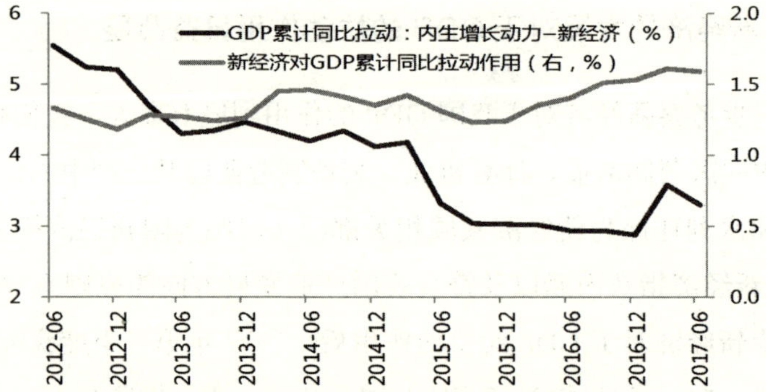

图 17　新经济的拉动作用逐渐提升

数据来源：Wind

四、新经济发展对于宏观经济和政策将产生重要影响

（一）欧美新经济发展时期的宏观政策环境分析

1. 美国新经济时期的财政货币政策：结构性财政宽松与宽松加中性货币政策

从财政政策上看，新经济时期的美国采取了结构性宽松财政政策，表现为财政支出重点逐渐从消费领域转化为经济长期增长奠定基础的投资，特别是向基础设施、教育、科学研究等领域，从而为私人投资创造良好的投资环境，同时又通过结构性的税收杠杆政策，重点向高新技术产业领域倾斜，鼓励高新技术产业的发展。参见图 18。而美国新经济时期的增长表现，相当程度上归功于因特网与电子产品等科技产业领域的突破性发展，而这离不开财政的大力支持，政府加大了在研究开发上的投入，并且对科技创新实施多项优惠政策。此外，在中后期美国的财政赤字率从 1995 年的 7% 下滑到 2000 年的 0.1%，通过降低政府赤字率，从而压缩国债规模，实际上增加了向市场的融资，有利于降低长期利率。参见图 19。

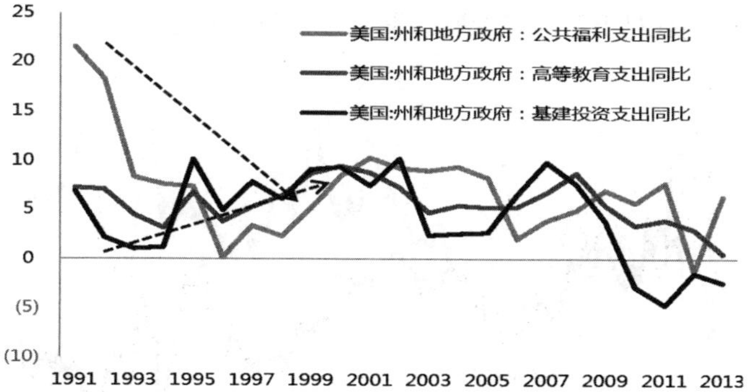

图 18　高等教育和基建投资高增长

数据来源：Wind

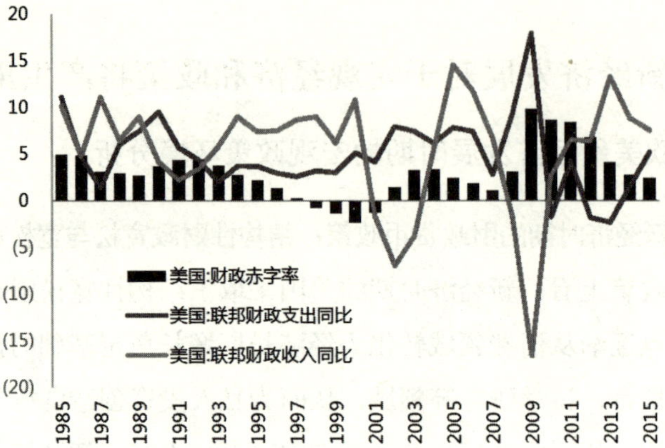

图 19　财政赤字下降，但支出增速相对稳定

数据来源：Wind

从货币政策上看，呈现出了先松后紧、灵活调整的货币政策。1990—1992年间，美国实行了相对宽松的货币政策，贴现率从 1990 年的 7% 下滑至 1992 年 7 月的 3%，实际利率（联邦基金利率-CPI 当月同比）从 1992 年下半年持续到 1999 年年底接近于零水平。正如美联储主席耶伦所阐述的，新经济时期的高速发展，很大程度上得益于 80 年代开始的持续宽松货币政策的时滞效应，可见初期宽松货币政策对于新经济发展的重要性。参见 图 20。

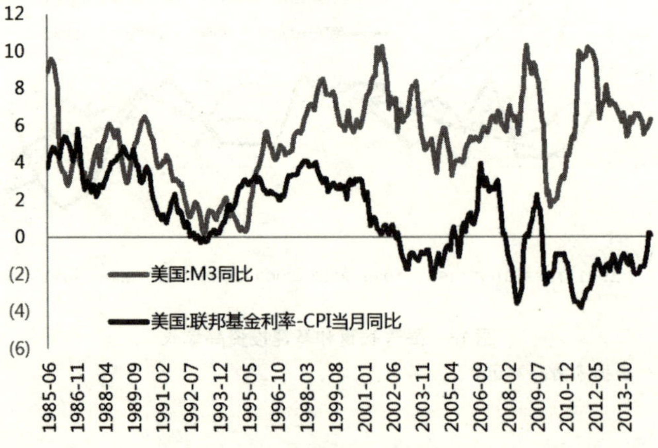

图 20　前期持续宽松的货币政策

数据来源：Wind

1993年以后，为防止经济过热，美国开始采取所谓的中性货币政策，使利率水平保持中性，既不对经济产生过多刺激作用，也避免对经济产生抑制作用，从而使得经济在低通货膨胀条件下实现相对稳定的增长。与此同时，美国开始采取“放长抑短”的货币政策，放松长期利率，从而可以在实现防止通胀的同时，刺激投资，促进经济发展。参见图21。

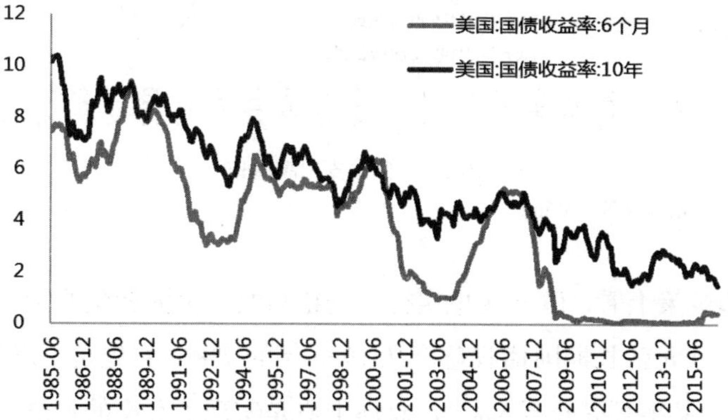

图21　“放长抑短”的货币政策

数据来源：Wind

长端利率的放松，为风险投资提供了较为宽松的环境。1988年美国的风险投资金额大约为50亿美元，占当年美国研发投资总额的4%左右。然而1999年仅对小型创新公司的风险投资额就达到了480亿美元，2000年更是达到了1000亿美元，占当年研究投入总额的1/3。风险投资得到快速发展。

2. 欧洲新经济时期的财政货币政策

从财政政策上看，欧洲新经济时期的财政政策也是结构性宽松财政，一方面，改革福利制度的同时，平衡财政收支，另一方面采取结构性减税政策，加大对研发投入方面的支持力度。如英国政府在1999—2001年间投入英国科学技术的财政支出超过200亿英镑，为90年代以来的最高水平。1999年年底，英国政府实施了针对中小企业研究开发的税务信贷，以利于调动企业的研发创新动力。参见图22。

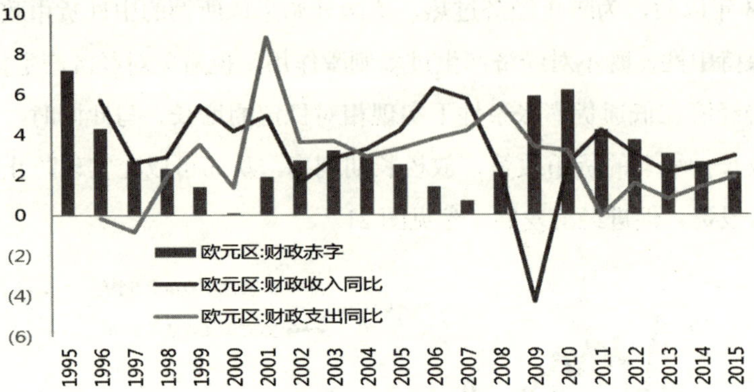

图 22　财政支出高增长

数据来源：Wind

从货币政策上看，欧元区也实行了先松后紧、灵活调整的货币政策。从利率端上看，欧元区长期国债收益率从 1996 年的 7% 左右先是下降到 1998 年的 4% 左右，后又小幅提升至 5%，但总体上看是实现了利率的下滑。从短期借款利率上看，也从 1996 年的 5% 左右下滑到了 1999 年的 3% 后又小幅上升至 4% 左右。而从货币供应量上看，其间 M2 同比高增长，从 1995 年的 2.6% 上升至 1999 年的 7%，后又下滑至 4.7%。相对宽松的货币政策为新经济发展提供了相对稳定的经济环境。参见图 23。

宽松货币政策也为风投市场的发展提供了较为宽松的环境，这对于信息通信技术的发展至关重要。1999 年欧洲的风险投资规模约为 12 亿欧元，其中对软件、通信等通信信息产业投资额仅为 5 亿欧元左右，而美国 1999 年仅对小型创新公司的风险投资额就达到了 480 亿美元，为此欧盟提出了风险投资行动计划，包括斥资 2.3 亿欧元对企业获得贷款和风险投资等进行支持，这对欧盟电子信息行业的快速发展至关重要。

图 23 国债收益率总体下行

数据来源：Wind

（二）新经济下我国的财政货币政策选择

我们注意到，2012 年之后习近平总书记多次重点讲到创新的重要性[①]，但是从欧美对新经济政策支持的经验看，我们还没有形成支持新经济发展的政策环境。我们判断，未来几年，随着政府对发展新经济的重要性更加强调，财税对新经济的支持力度将上升，货币政策也需要为发展新经济提供相对宽松的融资环境。

1. 财政政策：支出与税制的结构性调整

从欧美国家新经济时期的财政政策上看，主要体现在两个方面：一是财政支出的结构性调整；二是通过结构性减税来扶持新经济领域的发展。从支出结构上看，2015 年我国政策积极倡导推进的新兴项目科学研发（3%）与高等教育（2%）等领域占支出比只有 5% 左右，而从同比增速上看，新兴项目的同比增速也相对较低，其中 2015 年科学技术类支出同比增速只有 10%，而农林水事务、城乡社区事务等领域的同比增速均达到了 23% 左右。参见图 24、图 25。

---

① 中共中央宣传部：《习近平总书记系列重要讲话读本》，学习出版社、人民出版社 2016 年版。

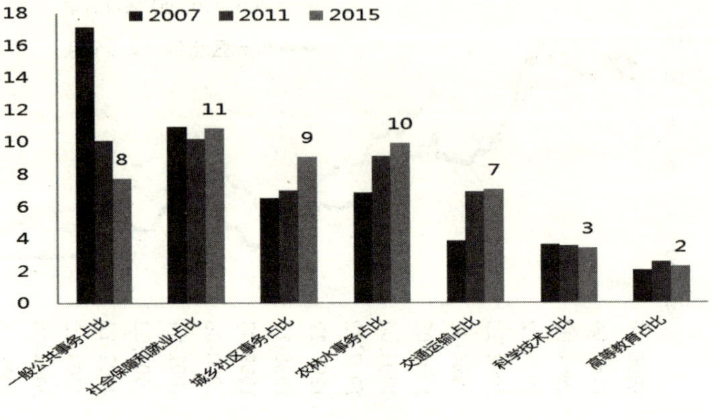

图 24　科学研究与高等教育占比还很低

数据来源：Wind

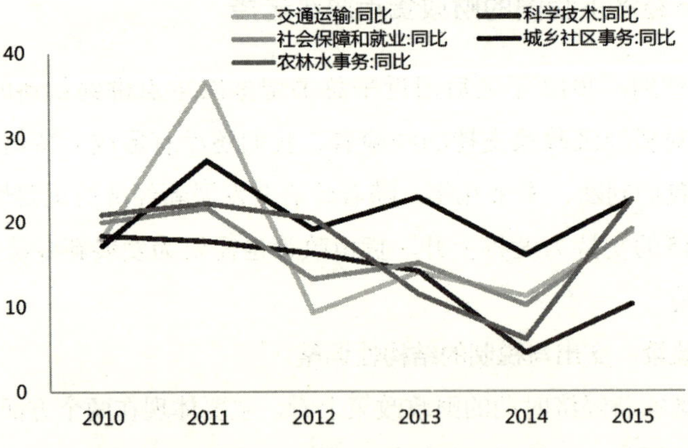

图 25　科学技术研究增速相对不高

数据来源：Wind

反观美国新经济时期，在 2000 年度美国的《总统经济报告》中，曾经就指出美国 90 年代的繁荣，归因于经济政策的三大支柱（一是财政约束以利于降低利率和刺激商务投资；二是投资于教育、医疗保健，以及科学和技术；三是打开国外市场，以便美国人能有更好的机会参与海外竞争），不难看出加大教育、医疗和科学技术领域的财政投资力度，从而更好地为经济增长提供持续的技术创新，成为了美国新经济时期的重要政策支柱之一。

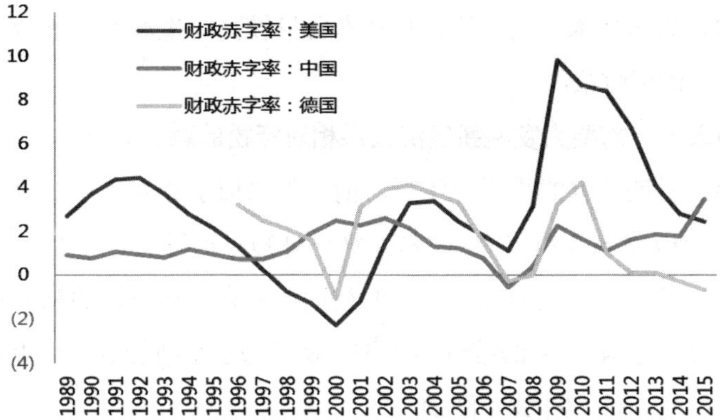

图 26　我国的财政赤字率开始超欧美国家

数据来源：Wind

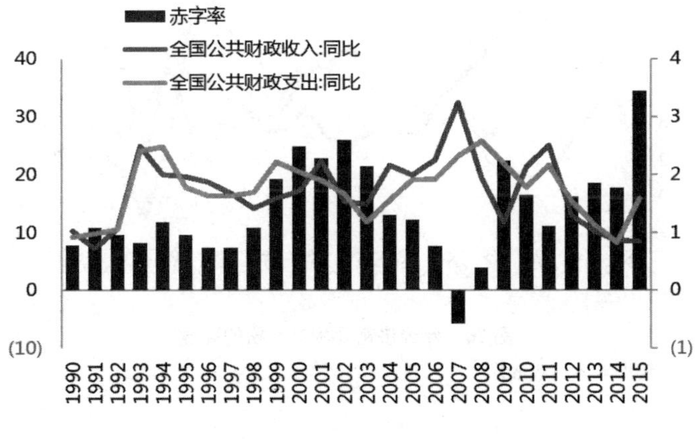

图 27　又至财政扩张时

数据来源：Wind

从税收角度看，也需要通过减税等手段支持新经济行业的发展。美国新经济的成功，离不开里根政府所实施的大规模的税收削减计划，里根当政期间颁布《经济复兴计划》强调通过减税来增加储蓄和鼓励投资的同时，努力减轻企业负担，从而为创新型企业的发展提供了一个良好的税制环境。由于新经济发展的前期投入大，回报见效周期长，因此需要税收方面的支持，对于研发投入大、自主创新的高技术企业，特别是技术含量较高的生产性服务业，可以采取结构性的税收优惠政策。

2. 货币政策：需要为发展新经济提供相对宽松的融资环境

从新经济时期美国的货币政策看，前期都采取了相对宽松的政策选择，美国1992年的剪刀差达到了13%左右（M1-M3），而欧元区1999年达到了9%左右（M1-M3）。美国在新经济发展的初期，一直实行较低的利率水平，实际利率甚至维持长达18个月的接近零水平，就是为了给新经济发展提供一个相对宽松的融资环境。参见图28、图29。

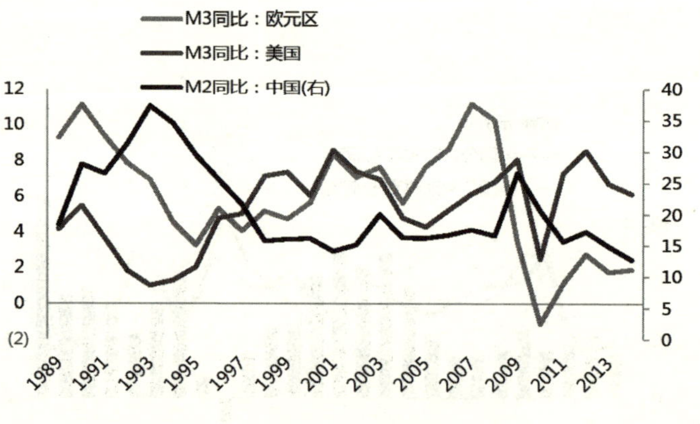

图28　新经济需要相对宽松的环境

数据来源：Wind

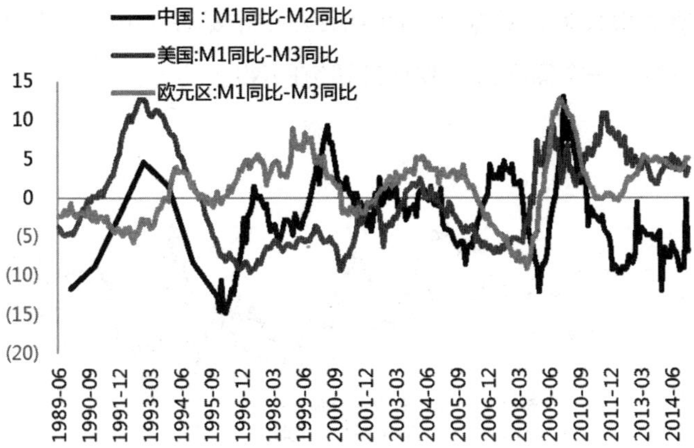

图 29　剪刀差都经历一个上升过程

数据来源：Wind

高资金成本也需要宽松货币政策进行缓解。目前我国企业的 ROE 比较低，民营企业的实际资金成本比较高，ROE 低，资金成本高，那么肯定不容易投资。央行货币政策放松，市场利率就会下来一点，对于提高货币政策边际效果，还是有作用的。

而从各国的实际利率上看，我国仍然处于相对较高的水平。美国新经济初期，实际资金成本从 1990 年的 5% 下滑到 1993 年的接近零水平，欧元区也同样实现了企业实际资金成本的下降，从 1996 年的 7% 下滑到 2000 年的接近零水平，而反观我国的实际资金成本，2010 年还能保持在负值域，而年初上升至 10%，目前也有 7% 左右，相对较高。参见图 30。

值得警惕的是从新兴经济部门的 ROE 与资金成本的关系上看，2014 年资金实际成本超越医药和计算机典型新经济部门的 ROE，虽然近期均出现下滑趋势，但是实际资金成本仍旧保持在 ROE 水平之上。今年以来，随着 PPI 的大幅上涨，企业的实际利率均大幅下滑，但本轮 PPI 价格的上升是部分上游行业供应收缩造成的，不可持续，明年随着价格的回落，企业的资金成本将重新上升。参见图 31。

创造支持新经济发展的金融环境也需要与当前金融去杠杆的政策协调。发展新经济需要货币政策相对宽松，而金融去杠杆要求货币政策相对偏紧，如何处理二者的关系是一个需要进一步详细研究的课题。

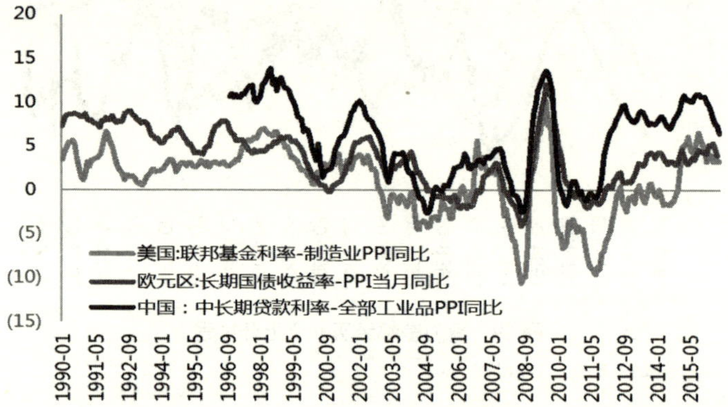

图 30　实际利率仍然高居不下，企业的资金成本较高

数据来源：Wind

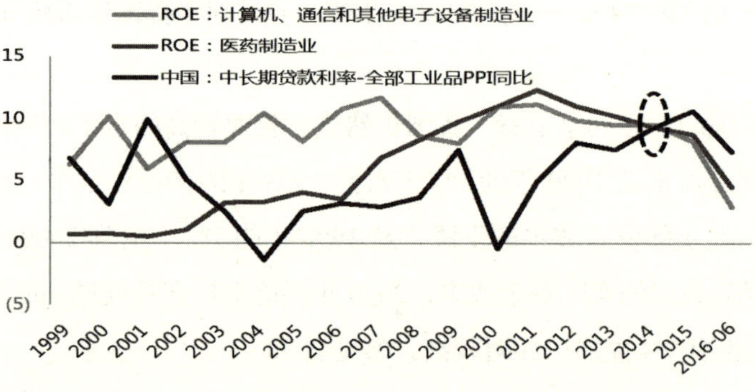

图 31　新兴经济 ROE 也不足以抵消高资金成本影响

数据来源：Wind

推进军民融合深度发展

王　露*

【导语】习近平总书记在党的十九大报告中指出，“坚持富国和强军相统一，强化统一领导、顶层设计、改革创新和重大项目落实，深化国防科技工业改革，形成军民融合深度发展格局，构建一体化的国家战略体系和能力”。本文对此进行了分析解读。

自军民融合发展上升为国家战略以来，军民融合发展领域顶层规划不断推出。2017 年 1 月 22 日，中共中央政治局召开会议，决定成立中央军民融合发展委员会，作为中央层面军民融合发展重大问题的决策和议事协调机构，统一领导军民融合深度发展，习近平总书记任主任。6 月 20 日，中央军民融合发展委员会召开第一次全体会议，审议通过《中央军民融合发展委员会工作规则》等四份文件。9 月 22 日，中央军民融合发展委员会第二次全体会议召开，审议通过《“十三五”国防科技工业发展规划》等四份文件，部署了当前和今后一个时期工作。10 月 18 日，习近平总书记在党的十九大报告中三次提到“军民融合”。那么，什么是军民融合发展国家战略？实施军民融合发展国家战略有什么重大意义？怎样推动军民融合国家战略深度发展？这些问题需要结合学习贯彻十九大精神认真思考、深入研究。

---

* 王露，中国行政体制改革研究会副秘书长。近年来主要从事大数据、军民融合方面的研究。

一、军民融合发展国家战略的内涵和要求

军民融合发展战略是国家战略体系的重要组成部分，深刻理解军民融合的丰富内涵和本质要求是理解和把握军民融合发展战略的重要意义、在实践中切实推动军民融合深度发展的前提。

（一）军民融合的基本内涵

目前，多数国家接受美国国会技术评估局在1994年的《军民一体化的潜力评估》报告中提出的军民融合概念，即军民融合或军民一体化是把国防工业基础同更大的民用工业基础结合起来，组成一个统一的国家科技工业基础。具体来说，军民融合包括七个方面的基本形式：一是发展军民两用技术；二是加强技术转移；三是实行国防部门采购商业市场上可获得的产品、技术和服务策略；四是在采购全过程（基础研究、预先研究、装备需求生成、立项论证、方案探索、部件开发、工程研制、维修保障等阶段）推进军民一体化；五是在部门层次上推进军民一体化；六是在产业链分工层次上推进军民一体化；七是在科研生产活动的各个环节推进军民一体化。

我国已经出台若干军民融合发展的文件，我们提出，军民融合是在国家层面统筹军队和地方关系，通过建立完善军地资源优化配置、合理共享、平战结合的制度体系和运行机制，打破军民二元分离结构，统筹布局、整体推进经济建设和国防建设，使二者在更广范围、更高层次、更深程度上协调发展、平衡发展、兼容发展，形成全要素、多领域、高效益的军民深度融合发展格局，使经济建设为国防建设提供更加雄厚的物质基础，国防建设为经济建设提供更加坚强的安全保障。

（二）军民融合的基本要素

军民融合发展体系主要包括融合主体要素、引导调控要素、融合资源要素、

支撑服务要素和融合环境要素等。

一是融合主体要素。包括供给主体和需求主体两个方面。供给主体，负责生产和交付满足国防和军队建设以及经济社会发展所需要的各类技术、装备、物资、工程和服务等，由军地各类高校、科研院所、军工、民企等构成；需求主体，负责使用和消耗供给方所提供的产品，同时也提出相应的建设需求。在“军委管总、战区主战、军种主建”的军队新体制下，军民融合发展的需求主体主要由战区和军种两大系统承担。

二是引导调控要素。主要包括中央军民融合发展领导机构、国务院有关部门和各军委机关等。引导调控要素的主要职能包括制定军民融合发展规划，协调军地关系，整合军地资源，加强法律、制度建设和重大工程项目协同，营造有利于融合发展的市场环境和完善的法律体系保障，同时，还需要提供必要的军民融合发展公共服务产品（如军民融合发展信息服务平台等），培育引导行业协会和服务机构等。

三是融合资源要素。指经济建设与国防建设中的生产力要素和战斗力生成要素，主要包括技术、人才、设施、资金、信息等。

四是服务保障要素。主要由军民融合发展中的各类中介机构和金融机构组成。包括军民融合咨询服务机构、信息服务平台、技术交易平台、知识产权管理机构和相关的银行、基金、投资机构等。

五是融合环境要素。主要包括文化环境、制度环境、政策环境和市场环境等。

（三）军民融合国家战略的基本要求

习近平总书记在中央军民融合发展委员会第一次会议上提出，要“加快形成全要素、多领域、高效益的军民融合深度发展格局，逐步构建军民一体化的国家战略体系和能力”。全要素、多领域、高效益分别从军民融合的本质、军民融合的范围、军民融合的标准三个方面规定了军民融合国家战略的基本要求。

首先，全要素融合是融合的本质要求。推动全要素融合，就是要针对军民融合跨军地、跨领域、跨部门、跨层级的特点，充分运用系统思维，将构成军民融合发展体系的各相关要素进行统筹考虑，明确各自的功能地位，协调相互关系，形成整体推进合力，最终达到促进信息、技术、人才、资金、设施等各种资源要素在军民两大领域的优化配置、合理共享和平战结合的目的。

其次，多领域融合是对融合范围的要求。要巩固深化基础设施建设和国防科技工业、武器装备采购、人才培养、军队保障社会化和国防动员的融合发展。军队保障社会化的范围，可向装备维修保障和军事训练保障等领域延伸。要适应新一轮世界科技革命、产业革命和军事变革的发展趋势，加快推进海洋、太空、网络空间、生物、新能源等新兴领域的军民融合，抢占科技创新和国家安全的战略制高点。要按照军民双向融合的要求，推动空域、频谱、导航、测绘、气象、水文等战略资源的军民共享共用。实现多领域发展，就是要按照中央《关于经济建设和国防建设融合发展的意见》所要求的，构建更加全面的基础领域资源共享体系、中国特色先进国防科技工业体系、军民科技协同创新体系、军事人才培养体系、军队保障社会化体系、国防动员体系，进一步加强“基础领域、产业领域、科技领域、教育资源、社会服务、应急和公共安全、海洋开发和海上维权、维护国家海外利益”八个方面的统筹建设重点任务，加快形成全方位、多领域的融合发展态势。

最后，高效益融合是对融合标准的要求。推动军民融合深度发展，就是要通过军地资源的一体配置和双向流动，使国家一笔投入产生双重效益，从而达到最大限度地减少国防建设对经济建设的“挤占效应”，合理发挥国防建设对经济建设的“溢出效应”，实现经济建设与国防建设协调发展和良性互动，实现国家整体上的战略竞争效益、军事效益、经济效益和社会效益的最大化。

二、军民融合发展国家战略的重大意义

习近平总书记将军民融合发展上升为国家战略，提出了丰富的军民融合发展国家战略思想，具有重大的理论意义和现实意义。

（一）军民融合发展战略是习近平新时代中国特色社会主义思想的重要内容

十八大以来，以习近平同志为核心的党中央赋予军民融合发展战略新的时代内涵。在战略考量上，就是着眼实现“两个一百年”奋斗目标，服务支撑“四个全面”战略布局，努力开创强国强军新局面；在发展定位上，仍处于由初步融合向深度融合的过渡阶段，融合的领域和范围需进一步拓展；在战略价值上，就是有利于促进经济发展方式转变和经济结构调整，有利于增强国家战争潜力和国防实力；在总体目标上，就是加快形成全要素、多领域、高效益的军民融合深度发展格局；在基本原则上，就是要强化大局意识，强化改革创新，强化战略规划，强化法治保障。习近平总书记关于深入实施军民融合发展系列重要论述，明确了“为什么融”、“融什么”、“怎么融”等一系列根本性、全局性、方向性问题，形成了完善、系统的军民融合发展战略理论体系，把军民融合发展战略提升到了新高度、新境界、新水平。军民融合发展战略是贯彻“四个全面”战略布局，落实创新、协调、绿色、开放、共享五大发展理念的战略之举，标志着我们党对经济建设和国防建设规律的认识达到了新高度，内在反映了执政兴国理念方略的与时俱进，成为习近平新时代中国特色社会主义思想的重要内容。

（二）军民融合发展战略是建设世界一流军队、推进国防和军队现代化的根本保障

当前，世界新军事变革深入发展，军事斗争呈现新态势，表现出军民一体、平战一体、前后方一体等特征，军事与政治、经济、社会、文化的关联度空前紧密，战与非战、平民与战士间的界限更加模糊，战斗力生成规律和战争制胜机理更加强调军民两种力量、两种技术、两种资源之间的转化和融合。战争的胜负不仅仅取决于战场和军事体系的对抗，更取决于综合国力的较量。战争形态的这种变化客观上要求更新战斗力生成模式，要想取得战争的胜利，就

必须推进国防和军队现代化建设。习近平总书记在十九大报告中提出，“力争到2035年基本实现国防和军队现代化，到21世纪中叶把人民军队全面建成世界一流军队”的目标要求。要建成世界一流军队，就必须在更广范围、更高层次、更深程度上将国防建设融入国家经济社会发展体系之中，使经济建设与国防建设协调发展、兼容发展，发挥好军民融合对国防和军队现代化建设和经济社会发展的双向支撑拉动作用。

（三）军民融合发展战略是经济保持快速发展、实现经济转型升级的重要动力

目前，我国经济发展仍处于新常态，面临增速换挡、结构调整、动力转换以及风险防控等多重挑战，迫切需要更好发挥国防建设对经济建设的拉动作用。国防建设绝非纯粹消耗性的，同时也是社会生产力和经济增长驱动力，只要向民用开放，与市场对接，就可以催生新动能、新业态、新经济。“北斗系统”对国民经济技术产业群产生数千亿元的带动效应；“神舟”飞天、“嫦娥探月”等大型国家工程，也都有力拉动了相关高端技术和产业的快速发展。我国市场经济改革的方向是形成创新型增长结构，军民融合产业市场的特征决定了其在我国市场创新增长体系中必然是这一增长结构的重要组成部分和先行先导产业。军民融合产业市场深刻反映着我国大市场增长转型的情况和由增长转型引发的对于创新的基本需求，能够有效推动我国经济转型升级。

（四）军民融合发展战略是提升国家战略能力、赢得国家战略优势的重要抓手

党的十八大以来，以习近平同志为核心的党中央已提出了较为完整的国家战略体系。这一体系包含不同层次、不同领域、不同视野的战略。所有战略的实施都离不开安全的发展环境，而军民融合发展战略则不仅能够为上述所有战略的实施提供安全保障，也能够有效带动经济社会发展。从这个意义上说，军民融合发展战略不仅是国家战略体系的重要组成部分，而且处于特别重要的地

位，对其他战略具有协同、渗透和统领作用。习近平总书记对我国军民融合发展战略给出了明确的定位，即目前我国的军民融合正处于“由初步融合向深度融合过渡，进而实现跨越发展的关键期”。这要求我们要承认目前我国军民融合发展战略的体制环境、经济环境、法治环境和政策环境等都还不完善。推进军民融合深度发展，需要进一步完善战略规划、增强大局意识、推进改革创新、强化法治保障。完成这一系列方面任务的过程，也就是系统推进国家治理体系和国家治理能力现代化的过程，从而大力提升国家战略能力。习近平总书记强调，要把军民融合发展战略与创新驱动发展战略有机结合起来，加快建立军民融合创新体系。深入贯彻习近平总书记的要求，就必须抓住当今世界新一轮科技革命的浪潮，把科技创新作为军民融合发展的核心，加快各类军民科技创新资源的整合利用，加速前沿性、革命性和颠覆性技术创新突破。唯此，才能大大提升国家创新能力、赢得国家战略优势。

（五）军民融合发展战略是激发爱国热情、凝聚民族精神的有效手段

在中华人民共和国成立初期的艰苦岁月里，尽管国力很弱，条件很差，“两弹一星”创造了人间奇迹，根本经验就是发挥了社会主义制度能够集中力量办大事的优越性。军民融合发展战略是一个关系到军地双方、各个系统、诸多领域、众多部门共同参与的系统工程。将军民融合发展战略中所涉及的各领域、各要素有机融合在一起，实现横向协调、纵向贯通，必须按照习近平总书记的要求，“要发挥我国社会主义制度能够集中力量办大事的政治优势”，坚持国家层面的顶层设计和资源整合，综合运用规划引导、体制创新、政策扶持、法治保障以及市场化等手段，把经济社会发展中最优质的资源、最先进的知识、最前沿的科技、最优质的人才资源整合起来，这必然是一个彰显社会主义制度优越性的过程。纵然在推进军民融合发展战略的伟大实践中，我们必然会遇到诸多困难和挑战，但正是这些困难和挑战的存在，才愈能激发军地双方、海内外华人的爱国热情、有力汇聚民族精神，从而为实现中华民族伟大复兴的中国梦提供强大的精神力量。

（六）军民融合发展战略是推进和完善全球治理、维护世界和平的重大力量

我国军民融合发展战略的目的不是为了霸权，其本质是一个在全民支持基础上的军事斗争准备过程，目的是以全社会可承担的最小成本，保持对敌人的最大战略威慑，以此达到“不战而屈人之兵”的目的。因此，我国军民融合发展战略是遏制霸权、维护世界和平的重要力量。军民融合发展战略所要求的经济建设与国防建设的协同，也包含对外经济合作布局与国防战略布局相结合的内在要求。在此意义上，可以说军民融合发展战略能够与“一带一路”建设相互支撑。目前，“一带一路”建设中的空间信息走廊建设与应用工程取得重大进展，既能有效维护我国海外经济利益，也能深化与周边国家的军事和安全合作。因此，我们既可以说军民融合发展战略为“一带一路”建设提供支撑保障；反过来，也可以认为，目前“一带一路”建设中与沿线国家在民用基础设施、经济发展、公共服务、安全保障等方面的合作成就，符合我国军民融合发展战略的内在要求，体现了军民融合发展战略的价值之所在。我们相信，军民融合发展战略与“一带一路”建设的紧密结合，必将有效推动我国与周边邻国在交通通信、文化教育、医疗卫生、能源保障等方面建设加强合作，从而推动与周边国家建立睦邻友好合作关系。

三、推动军民融合国家战略深度发展的基本要求

在中央军民融合发展委员会第一次全体会议上，习近平总书记强调，推动军民融合由初步融合向深度融合过渡，进而实现跨越发展，一定要抓住机遇，开拓思路，在“统”字上下功夫，在“融”字上做文章，在“新”字上求突破，在“深”字上见实效，把军民融合搞得更好一些、更快一些。

（一）在“统”字上下功夫

在“统”字上下功夫，就是要运用系统思维，统合一切相关因素，最大限度凝聚军民融合发展的整体合力。

思想认识要“统”。军地双方各地区、各部门必须认真学习习近平总书记军民融合战略思想，把思想统一到中央决策部署上来，树立“一盘棋”意识，以国家发展和安全利益大局为重，正确处理好局部与全局、个人与整体的关系，摒弃部门本位主义和个人狭隘得失观念，打破和消除各种利益藩篱。

政策规划要“统”。要对军民融合方针政策和规划措施进行整体性设计和系统性谋划，将国防和军队现代化建设纳入国家经济发展总体规划，统筹协调安全与发展、军用与民用、计划与市场、改革与稳定等重大关系，真正从顶层把军民融合重点领域、重大项目统起来，以取得最佳的军事和经济效益。

管理体制要“统”。要构建起纵向贯通、横向兼容、政令通畅、运行高效的军民融合管理体制，切实解决制约经济建设和国防建设融合发展的体制性障碍、结构性矛盾和政策性问题。厘清中央军民融合发展领导机构与国务院有关部门、中央军委各机关的权责关系，充分发挥中央军民融合发展委员会在国家层面的统一领导、军地协调职能。各省（市、区）要加快设置军民融合发展领导机构，完善职能配置和工作机制。

与国家其他战略要“统”。军民融合战略贯穿于国家创新驱动战略、海洋强国战略、航天强国战略、网络强国战略、“一带一路”建设、京津冀协同发展、长江经济带建设等其他国家一系列重大战略实施的全过程、全领域。应考虑到军民融合战略与国家其他战略的统筹，以此保证国家军事领域与各行业和各区域层面法规、政策、制度、标准的有机配套，形成能够体现国家战略体系要求、支撑各大战略实施，系统完备、衔接配套的政策法规体系。

（二）在“融”字上做文章

在“融”字上做文章，就是要扫除军民融合的障碍，融合经济建设和国防建设中一切能够融合的资源和要素，从而建立起完善的军民融合发展体系。

推动重点领域和新兴领域“融”。要充分挖掘基础设施建设和国防科技工业、武器装备采购、人才培养、军队保障社会化、国防动员等重点领域的军民融合潜力，强化资源整合力度，盘活用好存量资源，优化配置增量资源。要大力推动海洋、太空、网络空间、生物、新能源等军民共同性强的战略性新兴领域的军民融合，努力抢占科技创新和国家安全的战略制高点。

推动在更广空间和不同区域“融”。要有步骤、有重点、因地制宜推进东中西部及东北老工业基地的军民融合，统筹革命老区、民族地区、边疆地区、贫困地区军民融合，统筹区域主体经济功能和五大战区使命任务，合理规划各区域军民融合的基本定位、主要目标和建设重点，逐步形成各具特色、优势互补、衔接配套的军民融合国土空间布局，促进国家发展战略和安全战略相统一、相协调。

推动军民科技、标准“融”。充分发挥科技在军民融合中的基础性推动作用，大力推动军民科技融合。要逐步消除军民间的技术壁垒，改变军用和民用标准各自独立的局面，大力推动军民通用标准制定和整合，推动军民技术标准兼容，逐步建立起军民一体化的技术标准体系。加强军民技术转移机制建设，打破技术成果转化壁垒，促进军民技术双向转移转化。

推动军民各类人才“融”。人才融合是军民融合的基础工程。军工企业要建立科技人员自由流动机制，集聚高端科技人才，合作创新重大先进技术，发展壮大国防科技合作基地和研发机构。要加强军地优质教育资源共享合作，拓宽军地人才教育培训渠道，增强国民教育和社会资源对军事人才培养的支撑带动作用。

（三）在“新”字上求突破

在“新”字上求突破，就是要通过军民融合发展战略与创新驱动发展战略的有机结合，建立军民融合创新体系，推动军民融合创新发展。

创新军民融合运行机制。军民融合发展的驱动力，既来自于政府治理，也来自于市场推动和科技引领。要优化军民融合市场环境，将一些非涉及国防安全和机密的军事装备生产、研发，尽可能地面向市场和社会招标。要健全军民融合科技创新机制，建立国防产权激励和国防成果有偿使用制度，引导更多的优势民营企业进入军品科研、生产和维修保障领域，形成多种所有制经济、各类经济主体全方位竞相发力的融合格局。

创新军民融合产业布局。要着眼于有效发挥产业规模经济的集聚效应、壮大具有核心竞争力的军民融合产业集群，在战略地位突出、军事需求明确、创新要素聚集、具有引导带动作用的地区，着力打造一批辐射带动作用强的军民融合创新示范园区，努力形成军民产业相互促进、自主创新、技术领先、协调发展的产业融合发展布局。

创新军民融合管理和服务方式。要加快以国家实验室为引领的创新基础平台建设，统筹安排国防科技基础条件平台建设，增强其公益性和军民兼容程度，推动军民科技资源与创新活动各环节有效衔接，优化和充分利用创新资源。要紧跟世界军事科技和高端产业发展前沿，探索建立军民融合发展所需要的跨学科、跨领域军民协同创新中心、军民科技信息服务平台、知识产权服务平台等中介服务机构，切实提高军民融合的管理和服务水平。

（四）在“深”字上见实效

在“深”字上见实效，是从军民融合的程度和水平来要求的，也就是要通过军民深度融合，实现经济建设的国防效益最大化和国防建设的经济效益最大化。

升级传统军民融合模式。传统军民融合模式表现为军民之间简单的机械结合，即单纯的军转民、民转军，或者军建民用、民建军用。升级传统军民融合模式，就是要通过统筹军地两大资源，实现国防和民用两大领域技术、人才、资金、物品、信息等要素双向扩散、交流和融合，实现两大体系资源的优化配置。在统筹利用军地资源的过程中，军地双方能够在重大事项的决策、关键技术的研发、基础设施的建设等方面共同商议、协同开发、联合攻关、共用共享，这种“共商”“共建”“共享”的无缝对接模式，是深层次、高水平的军民融合。

完善军民融合制度、法规。制度法规是军民融合战略深度发展的根本保障。要优化军民融合发展的制度环境，紧密围绕国防领域科学研究、技术开发、产品研制到产品使用与保障等不同活动环节，健全系统完备、衔接配套、有效激励的政策制度体系，推动不同层面军民融合制度设计的体系化，使各项政策制度系统配套、覆盖军民融合全过程。要改变军法与民法不兼容的情况，建立对军地双方均有较强法律约束力的综合性法律，健全有利于军民融合的法规体系。

强化军民融合战略贯彻落实。目前，国家层面的军民融合战略规划还较为原则性。各地区、各部门在落实国家层面军民融合总体发展规划实践中，要细化本地区、本部门军民融合的体制、机制和政策法规等，使每一项规定都具有针对性、可操作性。要以钉钉子精神，加快推动卫星导航、海洋、太空、网络空间、生物、新能源等重点和新兴领域军民融合龙头工程落地见效。要健全评价机制、激励机制，努力形成军地干部群众联合推动军民融合发展的生动局面。

深化军民融合国家战略研究。要集中力量、集中资源、集中智慧，针对军民融合深度发展中的重大理论和实践中的难点、热点问题，联合开展攻关研究，推出高质量的研究成果，为推进军民融合深度发展提供理论支撑和决策咨询建议。

国有企业混合所有制改革意义、原则与路径研究

吴长军 *

【导语】党的十九大报告提出，要深化国有企业改革，发展混合所有制经济，培育具有全球竞争力的世界一流企业。本文指出国有企业实施混合所有制改革的若干重大意义，并进一步就我国国有企业推进混合所有制改革的原则、路径进行了阐述。

一、国有企业混合所有制改革的重要意义

（一）贯彻国家全面深化国有企业改革战略的需要

积极推进国有企业混合所有制改革，是全面贯彻国家国有企业改革战略的客观要求。积极推进国有企业混合所有制改革，是推进国家或地区所有制结构的非单一性，实现所有制结构中既有公有制经济也有非公有制经济的改革战略的要求，是响应中央支持鼓励公有制和非公有制共同出资成立的股份制的经济政策的要求。在中国公有制为主体的社会主义市场经济体制下，国有企业基于其公益性特征天然具备“节制资本”的功能，通过国有资本对私人资本予以适当节制，可以防止私人控制国计民生进而改变国体之社会主义性质，也可有效遏制乃至缩小贫富差距。[①]

＊吴长军，北京师范大学中国社会管理研究院博士后，北京物资学院法学系副主任，中国商业法研究会副秘书长。主要研究方向经济法、社会法、社会治理法治化。本论文系作者主持北京市社会科学基金项目“京津冀电子商务立法协同机制研究”（16FXB014）的阶段性研究成果。

① 史际春：《国企公益性之辨》，《中国社会科学报》2014 年第 581 期。

（二）破解国有资本相对固化的局面的需要

混合所有制改革能够解决一些国有企业国有股比重偏高、“一股独大”导致的国有资本相对固化的问题。发展混合所有制是传统垄断行业向民营资本或社会资本扩大开放的必然要求。引进私营资本投资国有企业，实现国有企业混合股权结构，符合国有企业改革国际惯例，实践证明有利于克服国有独资公司国有资本固化、现代激励约束机制不健全等问题。国有独资企业法人治理结构难以适应现代公司制度要求。“不同所有制的资本联合经营的企业，依靠所有者对其资本保值增值的关心而促使企业有效经营的内在动力，要比单纯国有资本的企业大得多。”① 例如，英国国有企业改革方式包括出让国有企业的股权和引入私人资本；实行私人承包；推行公民股份所有权和雇员股份所有权等。②

（三）发挥国有企业和民营企业的相对优势的需要

国有企业与民营企业共同实施混合所有制改革，能够实现民营企业与国有企业优势互补、互利共赢。国有企业与民营企业具有各自的优势资源，有较好的装备、技术、人才、渠道和品牌基础。有的国有企业独资国有公司存在一定的劣势，如管理体制僵化、所有者缺位与越位并存、效率不高、市场竞争力弱等问题。而民营企业具有产权明晰，以追求利益最大化为企业发展的目标，不受行政管理限制，具备更加灵活的机制，对市场的反应也更加灵敏，员工激励机制到位等优势，因而表现出更高的积极性、市场竞争力和效率效益。公有制的利就是公有资本有效运作，跟市场有效融合；私有资本的利就是给它更多的出路，可以更稳定地获取利润。③

---

① 史际春：《国有企业法论》，中国法制出版社 1997 年版，第 49—50 页。

② 石祥君：《论撒切尔政府的国有企业改革及启示》，重庆师范大学学位论文，2014 年。

③ 史际春：《公司资本制度和国企混合所有制改革》，载《经济法学评论（第 15 卷）》，中国法制出版社 2015 年版，第 331 页。

（四）引导民营资本注入实体经济的客观需要

当前国家推进供给侧结构性改革，强调去杠杆，鼓励资本支持实体经济发展。国有企业混合所有制改革也是供给侧结构性改革的重要一环。民营经济经营灵活性和短期逐利性较强，在当前宏观经济下行阶段，民营经济资金缺乏良好的投资渠道，大量涌入股市、房地产等行业，人为地推高房地产、股市泡沫，并积聚自身的经营风险。国家控股与参股国有企业有利于发挥国有资本对私人资本节制与引导功能，更好地贯彻国家发展实体经济的改革政策要求。

（五）促进国有企业完善法人治理结构的需要

长期以来我国国有企业存在的主要问题就是公司治理结构不完善、现代公司制衡机制不足等。民营资本进来后，能够按照现代公司治理机制，建立现代化股份制公司治理模式，组建现代化经营团队，聘请职业经理人队伍。通过混合所有制改革，推进股权多元化改革，能够通过完善现代企业制度，在国有企业内部建立起现代法人治理机制，不同利益主要相互合作，相互制约，完善激励与约束机制，克服国有独资公司的体制机制问题，做大做强国有控股公司。

二、国有企业混合所有制改革的基本法治原则

国有企业混合所有制改革涉及国家发展战略成败，涉及国有企业资产安全，涉及社会主义市场经济持续健康发展，涉及全面建设小康社会目标的顺利实现。因此，国企混合所有制度改革目标确定、方案设计、程序实施、组织保障、监督机制、法律责任等诸环节，都必须遵守最基本的经济法治原则，贯彻社会本位原则、平衡协调原则、安全原则、效率原则。

（一）社会本位原则

国有资本、集体资本、非公有资本等交叉持股、相互融合的混合所有制经

济，是基本经济制度的重要实现形式。国有企业混合所有制改革强调兼顾公有资本与非公有资本相互补充，互相配合，合作共赢。国有企业具有公益性特征，承担相应的社会责任与职能，必然要以社会本位原则为基本原则。社会责任本位是从社会整体利益立场出发，确立各类组织和个人的经济法律地位，调整它们之间的经济关系。国有大资本的重要职能之一就是节制垄断私人资本，防止私人大资本造就超级富豪，进而控制国家政权，而且事关国计民生的事业由国有资本来做，防止私人资本损害国计民生。国有企业的资本全部或部分地来源于国家，也即国家是企业的老板或所有人；国有企业的行为必须符合或不违背政府的意志和利益，符合国家的公共政策目标。①

（二）平衡协调原则

国有企业混合所有制改革要遵循平衡协调原则。平衡协调好公共利益、集体利益、个体利益的关系，平衡协调好当前利益、中期利益、长远利益的关系，平衡协调好中央与地方的关系，充分调动国有资本、集体资本、私人资本、外国资本主体的投资入股积极性。公私融合的基本原则应该是互补互惠，双方扬长避短，各自都得利。要平衡协调好政府与市场的关系。国有企业混合所有制改革，要发挥政府引导作用，同时要重视市场运作。平衡协调理念要求实现个体、集体、社会、国家之间的互补、互动和平衡协调发展，最终实现社会整体经济利益。只有贯彻平衡协调原则，才能保障国有企业混合所有制改革战略的有效实施。

（三）安全原则

国有企业混合所有制改革应当贯彻安全原则，保障国家资产与运营的安全。国有企业混合所有制改革要遵循《企业国有资产法》、《公司法》、《中外合资经营企业法》、《证券法》等法律规则，纳入法治化轨道，实现国有企业混合所有制改

① 史际春、温晔、邓峰：《企业和公司法》，中国人民大学出版社 2001 年版，第 296 页。

革的宏观安全与微观安全。国有资本投资运营要服务于国家战略目标，更多投向关系国家安全、国民经济命脉的重要行业和关键领域，重点提供公共服务、发展重要前瞻性战略性产业、保护生态环境、支持科技进步、保障国家安全。

（四）效率原则

国有企业混合所有制改革要贯彻效率原则，既包括宏观经济效率，又包括微观企业效率。国有资本效率提升、持续保值、总体保值是公有制为主体经济体制的基本要求。国家企业资源全部或部分属于国家所有或者说是全民所有，因此要讲求效率与效益，负有资产保值增值的责任。特别需要关注的是有些国有企业的效率具有特殊性，例如有的国有企业承担了航天、卫星、高铁等公共设施和重大国家项目的建设工作，但往往不盈利或盈利少、盈利慢，国企承担一定的公益性，其投入与产出比的计算不应是单纯的经济效率，应当包括政治效率、社会效率、生态效率。

三、国有企业混合所有制改革的科学路径与对策

（一）切实贯彻公私融合与公私兼顾理念

我国《宪法》规定，坚持以公有制为主体、多种所有制经济共同发展的基本经济制度。法律保护公共利益，同时也保障私人权益。国家保护各种所有制经济产权和合法利益，保证各种所有制经济依法平等使用生产要素、公开公平公正参与市场竞争、同等受到法律保护，依法监管各种所有制经济。混合所有制改革就充分体现公私融合理念。从中国改革开放实践情况看，混合所有制经济对国有企业改革的深化、资源配置效率的提高、企业竞争力的增强起到了重要作用。[①] 坚持权利平等、机会平等、规则平等原则。废除对非公有制经济各种形式的不合理规定，消除各种隐性壁垒，制定非公有制企业进入特许经营领

---

① 黄速建：《中国国有企业混合所有制改革研究》，《政府经济管理》2014 年第 7 期。

域具体办法。国家在发展国有企业的同时，大力支持非公有制经济健康发展。做到公私兼顾，发挥非公有制经济在支撑增长、促进创新、扩大就业、增加税收等方面的积极作用。

（二）平衡协调国有企业与非国有企业发展的辩证关系

国有资本与非国有资本能够相互补充与相互促进。国有企业改革的问题实际是我国公有制经济与市场经济对立统一矛盾的反映。必须探索解决两者协调结合的最佳途径，以较小的付出，取得最大改革效益。要建立的是以公有制为主体的社会主义市场经济体制。国有经济与非国有经济能够合作共赢协调发展。在发展和壮大国有经济的同时，必须依法保护和发展非国有经济，充分发挥其重要作用。国家既鼓励民营企业参股国有企业，又鼓励国有企业控股、参股优质民营企业。当前国有企业混合所有制改革工作，要正确协调处理好国有企业与非国有企业之间的关系，依法推进国有企业混合所有制改革，不是妨碍和削弱国有经济，而是巩固和促进国有经济，放大国有资本功能，增强国有企业竞争能力。[①]国有资本要加大对公益性国有企业的投入，提升公共服务与公共供给质量与水平。放开民营资本市场准入领域，凡是市场主体基于自愿的投资经营和民事行为，只要不属于法律法规禁止进入的领域，且不危害国家安全、社会公共利益和第三方合法权益，原则上不得限制进入。

（三）全面落实国有企业经济责任制度

1. 夯实国有企业经济责任制度

基于混合所有制度的国有企业仍具备公有制属性，要保障混合所有制国有企业经营安全与效率，落实经济责任制不可或缺。党的十八届三中全会决议要求，建立长效激励约束机制，强化国有企业经营投资责任追究。国有企业混合所有制度改革过程中，或者混合所有制国有企业经营过程中都必须贯彻经济责

① 李济广：《国有企业混合所有制的目的、形式与治理保障》，《社会科学》2015 年第 2 期。

任制，国家机关等具体的国有资本出资人或者说具体老板等国有责任主体都要执行经济责任制，履行好持股责任、资本保值增值责任、监督责任、资产与国家经济安全责任，切实做到责权利统一，落实法律责任追究制度。[①]笔者正在参与一家中央直属国有公司子公司混合所有制度改革方案设计工作，亲历了民营资本对自身利益的关注，国有企业代理人对国企经营责任与自身利益的特别关切，如果没有严格的经济责任制约束，很难保障混合所有制国有企业国有资本的安全与效率。国有资本控股或参股的国有企业属于混合所有制公司企业，本质上仍属于国有企业。国有资产管理机构对授权监管的国有资本要依法履行出资人职责。“所有权的两项核心的职能：控制权和剩余收益索取权。”[②]所有者支配是资本的基本原则，混合所有制国有企业也应当坚守，保障国有投资主体、非国有投资主体依公司企业法规则实现所有者支配，履行股东权利与义务。对国有企业的规制仍然要坚持法治原则，贯彻经济责任制，确保国有企业出资人职责到位，确保所有人到位履职，防范董事、监事等代理人失职与渎职腐败发生，这也是国有企业规制区别于纯粹私营企业规制的基本法治要求。

2. 切实履行国有企业社会责任

国有企业基于其公益性特征及特殊企业性质固然要承担一定的企业社会责任。国企的基础是国有资本，国有资本是全体人民所有的，由国家代表人民作为法律上的所有权人。[③]公司企业不能仅仅以最大限度地为股东们营利或赚钱作为自己的唯一存在目的，而应当能够增进股东利益之外的职工利益、消费者利益、债权人利益、中小竞争者利益、社区利益、环境利益等其他所有社会利益。[④]“国有企业因其资本和举办者的公共性，应当比一般企业承担更高标准的道德义务与社会责任。”[⑤]特别是公用事业企业、能源企业、军工企业等涉及国

① 史际春：《国有企业论》，中国法制出版社 1997 年版，第 179 页。

② 亨利·汉斯曼：《企业所有权论》，于静译，中国政法大学出版社 2001 年版，第 35 页。

③ 史际春：《公司资本制度和国企混合所有制改革》，载《经济法学评论（第 15 卷）》，中国法制出版社 2015 年版，第 326 页。

④ 刘俊海：《公司的社会责任》，法律出版社 1999 年版，第 6 页。

⑤ 史际春等：《企业国有资产法理解与适用》，中国法制出版社 2009 年版，第 98 页。

家经济安全、国家经济命脉行业的国有企业，天然地承担了相应社会责任。国企天然地承担社会责任，这也是其公益性的表现。企业社会责任是企业在守法的基础上对利益相关者和社区、国家承担公众所期待的更高道义责任。①

（四）依法有序推进国有企业混合所有制改革

1. 加快建立健全法律法规制度

健全混合所有制经济相关法律法规和规章，加大法律法规立、改、废、释工作力度，确保改革于法有据。根据改革需要抓紧对合同法、物权法、公司法、企业国有资产法、企业破产法中有关法律制度进行研究，依照法定程序及时提请修改。推动加快制定有关产权保护、市场准入和退出、交易规则、公平竞争等方面法律法规。非公有制性国有企业因其承担提供公共产品的职能，追求经济效益已成为推动国有企业改革的重要力量，不少非公有制企业通过并购、控股、参股等形式参与国有企业改革。为了规范国企改革，应当明确法治化的目标，把整个国有企业改革的运行尽快纳入法治化的轨道上来。建立完善的国企改革法律体系，增强国企改革法律约束。

2. 国有企业混合所有制改革要根据实际情况采取多元化途径

一是吸收非国有资本。国有企业主动吸收集体资本、私人资本等非国有资本参与国有企业混合所有制改革，形成混合所有制国有企业。二是扩大外商投资。适当放宽外商投资领域与范围，实行负面清单制度，放宽外资市场准入，鼓励外资投资、参股国有企业，吸引更多的外商参与我国国有企业的混合所有制改革。三是发展机构投资者。借鉴国际先进经验引进社保基金、养老基金、保险基金等机构投资者参股国有企业，完善资本市场，保障国有企业稳定增长。四是完善股权激励机制。健全员工股权激励，使得员工股东利益与员工利益有机结合。完善管理者股权激励，把国有企业管理者的人力资本适当权益化，允

---

① 史际春：《国企公益性之辨》，《中国社会科学报》2014 年第 581 期。

许管理者基于经营绩效考核而持有一定比例的股权。[①]五是推广政府和社会资本合作（PPP）模式。优化政府投资方式，通过投资补助、基金注资、担保补贴、贷款贴息等，优先支持引入社会资本的项目。六是鼓励国有资本以多种方式入股非国有企业。在公共服务、高新技术、生态环境保护和战略性产业等重点领域，以市场选择为前提，以资本为纽带，充分发挥国有资本投资、运营公司的资本运作平台作用，对发展潜力大、成长性强的非国有企业进行股权投资。七是探索完善优先股和国家特殊管理股方式。国有资本参股非国有企业或国有企业引入非国有资本时，允许将部分国有资本转化为优先股。在少数特定领域探索建立国家特殊管理股制度，依照相关法律法规和公司章程规定，行使特定事项否决权，保证国有资本在特定领域的控制力。

3．稳步提升公有制的主体地位

国有企业实施混合所有制的目的是“国有资本放大功能、保值增值、提高竞争力”。当前要坚持以资本为纽带完善混合所有制企业治理结构和管理方式，国有资本出资人和各类非国有资本出资人以股东身份履行权利和职责，使混合所有制企业成为真正的市场主体。国有资本、集体资本、非公有资本等交叉持股、相互融合的混合所有制经济，能够有效发挥各种所有制经济的优势，克服不足，发挥长处，有利于国有资本放大功能、保值增值、提高竞争力，有利于各种所有制资本取长补短、相互促进、共同发展，实现国家公共利益与私人利益结合起来，实现“有机统一、合作共赢”的局面。国家法律政策允许更多国有经济和其他所有制经济发展成为混合所有制经济。国有资本投资项目允许非国有资本参股。允许混合所有制经济实行企业员工持股，形成资本所有者和劳动者利益共同体。例如，中石化混合所有制改革，2014年9月12日公司签署了《关于中国石化销售有限公司之增资协议》，由全体投资者以现金共计1070.94亿元（含等值美元）认购销售公司29.99%的股权。国家企业实施混合

① 张兆国、陈华东、郑宝红：《关于国有企业混合所有制改革的实现途径问题》，《经济研究参考》2016年第24期。

所有制改革，建立完善现代公司法理结构，在国有企业建立现代企业制度。把公司的利益和国家的整体利益结合起来，实际上还扩大了国有经济的实力。引导民营资本合理布局，投资国有实体经济，规范发展，实现国有资本持续增值，总体资本总量增值。

4．建立健全协调运转、有效制衡的现代公司法人治理结构

实施股权多元化改革，建立完善公司现代企业制度，在国有企业内部建立起现代法人治理机制，克服国有独资公司的体制机制问题，做大做强国有控股公司。实施混合所有制改革，解决国有股比重偏高、“一股独大”导致的国有资本相对固化的问题，实现民营企业与国有企业优势互补、互利共赢。在公司治理机制层面建立强制性的小股东累计投票权制度，使混合所有制企业中的小股东存在有效的利益代表。建立规范、透明的公司治理是为了保障非公有资本投资者的合法权益，尤其是保障非公有资本投资者在混合所有制企业中的话语权，也就是如何让非国有资本在企业有利可图的情况下愿意来。深化产权制度改革，推动国有企业产权更加清晰、公司经营管理更加高效，推动国企改革取得新突破，建立起现代公司治理结构与机制。健全混合所有制企业法人治理结构。混合所有制企业要建立健全现代企业制度，明晰产权，同股同权，依法保护各类股东权益。规范企业股东（大）会、董事会、经理层、监事会和党组织的权责关系，按章程行权，对资本监管，靠市场选人，依规则运行，形成定位清晰、权责对等、运转协调、制衡有效的法人治理结构。

5．完善国有企业混合所有制改革监控机制

国有企业实施混合所有制的推进中，要加强国有资产的监管，确保国有企业混合所有制改革后新公司能够有效运行，确保实现国有资产保值增值。要明确出资人的监管责任，对各出资人的监管责任进行细分，填补监管空白。不断完善监管制度；提高监管队伍的素质，引进专业管理人才，优化监管机构人才结构。重视发挥注册会计师事务所、审计师事务所的中介机构的会计与审计监督作用，不断提升混合所有制企业的监管水平，确保混合所有制改革后新公司持续健康稳定发展。严格程序，规范操作。坚持依法依规，进一步健全国有资产交易规则，科学评估国有资产价值，完善市场定价机制，切实做到规则公开、过程公开、结果公开。强化交易主体和交易过程监管，防止暗箱操作、低价贱卖、利益输送、化公为私、逃废债务，杜绝国有资产流失。

综上所述，深入贯彻党的十九大会议精神，深化国有企业混合所有制改革，是贯彻国家全面深化国有企业改革战略的需要，破解国有资本相对固化的局面的需要，是发挥国有企业和民营企业的相对优势的需要，引导民营资本注入实体经济的客观需要，是促进国有企业进一步完善法人治理结构的需要。国有企业混合所有制改革要坚持社会本位原则、平衡协调原则、安全原则、效率原则。国有企业混合所有制改革要秉持公私融合与公私兼顾理念。国有企业改革要科学处理国有企业与非国有企业发展的辩证关系。保障国有企业经营安全与效率。依法有序推进国有企业混合所有制改革，重视发挥国有资本与私人资本的互补优势，整合资源，健全法人治理结构。

关于成立国家级中医药复兴产业基金的建议

陈明华 *

【导语】2015年12月，习近平总书记在致中国中医科学院成立60周年的贺信中指出，“中医药振兴发展迎来天时、地利、人和的大好时机”，要“切实把中医药这一祖先留给我们的宝贵财富继承好、发展好、利用好”。本文认为，在我国中医药产业发展之路上，可通过设立PPP基金的模式，建立起由中医药专家为主导的投资决策机制，以提高中医药产业资源配置的效率。

中医药文化植根于中国传统文化，它最全面、最系统、最具体、最生动地体现了中华优秀文化的核心。中医药在“走出去”的过程中，既输出了技术，又输出了文化，把“文化和价值观输出”这个敏感问题非敏感化，成为了一条极具战略性的文化输出途径，同时也有望成为国人在国际社会重拾文化自信的起点。然而，我国传统中医药正面临消亡的危险：民间中医亟须抢救性保护，中医市场“劣医驱逐良医”现象严重，道地药材资源也面临枯竭。面对如此错综复杂的紧要局面，如果继续沿用传统的政策传导机制与资源配置方式，难免出现既有的路径依赖与进一步的资源错配。如果在国家战略层面，以国家级产业基金的形式来引入资源配置的新方式，则有机会更高效地解决以上诸多问题。公共私营合作制（PPP）的基金模式有望成为中医药产业进行高效率资源配置的有效方式，同时需要建立起以中医药专家为主导的投资决策机制。

* 陈明华，高能资本合伙人。主要研究领域为股权投资。

一、中医是国人重拾文化自信的起点

党的十八大以来，以习近平同志为核心的党中央多次强调中医药在中华文化中不可替代的重要地位。习近平同志指出，中医药是“祖先留给我们的宝贵财富”，是“中华民族的瑰宝”，是“打开中华文明宝库的钥匙”，“凝聚着深邃的哲学智慧和中华民族几千年的健康养生理念及其实践经验”。

（一）中医药文化最全面、最系统、最具体、最生动地体现了中华文化的核心

中医药文化植根于中国传统文化，是传统文化哲学思想、思维方式和价值观念的综合体现。它最全面、最系统、最具体、最生动地体现了中华文化的核心。中国文化和哲学经过几千年的发展，始终没有离开“道”的观念。从原始儒家、道家、墨家，到魏晋玄学，再到宋明理学，整个文化思想和哲学体系都是围绕形而上的“道”发展演变而来。天道、地道、人道，天道中的阴阳、五行、动静、刚柔，人道中的心性、仁义、善恶、真理、博爱等，无不是从最高的范畴“道”中引申出来的，“道”不仅是中国哲学的最高范畴和文化的最高精神，也是中华民族的生命本原和价值源头所在。我国中医药学的发展最忠实地继承了以“道”为核心的哲学思想，逐渐构建了阴阳五行、五运六气、子午流注、藏象经络、气血津液、辨证论治、性味归经等一套完整的理论体系，实现了独具特色的医学与哲学、自然科学与人文科学的融合和统一，在几千年实践中形成了全球范围独树一帜、疗效确切、覆盖人生命全周期的医疗体系。

（二）中医与中华优秀文化水乳交融

中华文化既是中医理论形成的基础，又是发展中医理论的动力。《周易》、河图洛书等形成的哲学观、宇宙观、整体观是中医学理论体系形成的哲学基础；《黄帝内经》把中华文化应用于认识健康与疾病，是中医理论体系形成的标志。

中医学的许多理念受《周易》影响，并逐步融入儒、释、道的文化精髓，吸收了自然科学成果，逐渐形成独特的医学理论体系。中医有关医德的观念，深受儒家文化的影响，如“主中庸、倡中和”、“仁者寿”的理念，形成中医道德养生文化；中医学许多养生方法、技术和丸散膏丹的炮制又与佛家、道家文化密切相关。佛家“禅定”，道家“道法自然”、“恬淡虚无”与重视“精、气、神”的练气、保精、存神的养生方法以及倡导内丹、导引等促进了中医养生理论的发展。《伤寒杂病论》确立了中医辨证论治的理论体系，把中医理论应用于临床实践，其诊治疾病体现了整体思维、辩证思维与中和思维。可以说，历代中医名著的问世与重要中医理论的形成，既汲取中华文化的先进理念，又有机地结合了对人的整体把握与疾病发生发展规律的认识，促进了中医理论与实践的丰富发展。中医学史上，有“不为良相、愿为良医”之说。这其中，既有以张仲景为代表的医学大家，也有许多著名的跨文化学者。如亦道亦医者葛洪、孙思邈，亦僧亦医者鉴真、慎柔，亦儒亦医者朱丹溪、陈修园等，他们深厚的文化底蕴和精湛的诊疗技术都对中医学术的发展起到积极的推动作用。

历史上，中华民族屡遭天灾、战乱和瘟疫，却能一次次转危为安，人口不断增加，文明得以传承，中医药功不可没。中医与中华优秀文化水乳交融，从医家到病人，从养生到治病，从理论到实践，形成了广泛深厚的民众基础和社会共识，使其经几千年历史而不衰。

（三）中医药是中华文化极具战略性的输出途径

当前，我国中医药事业进入新的发展时期，出现了很多“墙内开花墙外香”的现象。屠呦呦凭借“青蒿素”的发明摘得诺贝尔奖，这一抗疟药物拯救了全球数百万人的性命；里约奥运会上，泳坛名将菲尔普斯身上的火罐烙印让世界了解了“中国印”。

在美国，前任总统奥巴马、克林顿及多位议员均对中医相当重视信任，著名旅美针灸专家和中医教授田小明凭借中医调理养生技艺被任命为白宫补充和替代医学顾问委员会委员。美国奥斯卡新晋影后桑德拉·布洛克在拍摄期间专门聘请一名中医针灸师随侍在侧，也曾向休格兰特推荐针灸的好处，现身说法：“人体经络很神奇，针灸确实能让人更健康快乐。”

在德国，中医逐渐获得官方的承认，德国国家医疗保险部门已开始尝试将中医治疗纳入医疗保险，从2006年10月以来，头痛、腰椎疼痛和关节疼痛3种常见疼痛性疾病的针灸治疗，已被作为保险对象。据德国卫生部门的统计数字，德国每年有超过200万人次接受中医治疗，每年有150万德国人接受针灸治疗。现在法定保险公司每年在试验的范围内支付约3亿欧元的偿付金，而且数值还在逐步增长中。柏林巴尔默医疗保险公司的负责人哈特说：“我坚信，用针灸治疗某些疾病不久将被列入疾病保险公司的正常偿付目录。”

早在2004年，奥地利有名的蒂罗尔省老年康复医院便将中国养生之道用于一个特殊疾病人群的治疗。该人群只要触碰其皮肤，全身上下都疼痛，但是检测后的所有指标都正常。从西医角度来看，这不是一种病，但却在发达国家3%—6%的人群中发生。1984年美国关节病协会还是将其认定为疾病“纤维肌痛综合征”。由于镇痛药对此没有效果，奥地利政府就邀请中国的养生专家制定了一套养生方法，至今已运作多年，效果显著，共有91名患者在这里康复。主持这项研究的著名医生沃尔夫冈·霍尔德（Wolfgang Halder）指出，“这是我所知道的治疗这种病的最好方法”。

我国著名老中医吕炳奎的传人、其子吕嘉戈说：“目前，西方国家抢注的中成药专利已达1000多种。像哈佛大学开辟了中草药园地，专程请四川的老药工去哈佛指导种植。日本欲把以中医药为基础的‘皇汉医学’、‘汉方医学’改称为‘东洋医学’。美国在中药研发上更是不惜重金。澳大利亚、新加坡、韩国、印度等国也投入大量人力、物力和财力，把中药当作一种战略产业来发展。”山东中医药大学药学院院长田景振说，我国的中医药研究现在在国际上已处于落后状态。据最新统计，国际中药市场销售中，日本产品占到了80％，韩国占10％，而我国只占了3％，其中大部分为原料中药材和保健药，且我国中药进出口已出现贸易逆差。目前，中医药已经传播到183个国家和地区，世界范围的“中医热”已然形成。

在中华优秀传统文化对外传播进程中，中医药文化对“人类健康共同体”的现代价值得以发掘弘扬，并成为中外人文交流的重要渠道，越来越被海内外人士所认同。在国外建立孔子学院对中国文化走出去发挥了很大作用，但也遇到一些困难，一些西方国家认为是中国文化和价值观的输出，比较敏感。中医药是一项造福当地百姓的技术，既输出了技术，又输出了文化，把“文化和价值观输出”这个敏感问题非敏感化，这是一个极具战略性的文化输出途径，同时也有望成为国人在国际社会重拾文化自信的起点。

二、我国传统中医药正面临消亡的危险

虽然中医药的独特价值越来越受到国际社会的广泛认可和关注，但在国内却日渐衰落。据中国科学技术信息研究所中医药战略研究课题组调查统计，1949 年，我国中医从业人员 50 余万人，而在人口从 5 亿剧增至 13 亿的今天，我国中医从业人员已锐减为 27.6 万人。其中，真正能用中医思路看病的不过 3 万人。相反，西医从业人员则从 1949 年的 8.7 万人发展到现在的 175 万人。目前，掌握纯中医技能的中医师几乎都是 50 岁以上老人，我国传统中医药正面临消亡的危险。

（一）民间中医亟须抢救性保护

现代中医药，无论是名药还是被国际公认的成果，大多也是来自于民间实践，例如云南白药、片仔癀、三九胃泰、王老吉凉茶等著名中医药产品，青蒿素提取物治疗疟疾，从砒霜中提取的三氧化二砷治疗急性粒细胞性白血病等。同时，中医的一些非药物特色诊疗技术，如舌诊、耳诊、手诊、刮痧、按摩、足疗、小夹板固定治疗骨折、旋转复位治疗腰椎间盘突出等，大多也来自于民间的实践。如果能将这些中医特色诊疗技术挖掘、整理、研究、推广，必会大大增强中医的核心竞争力，提升中医药的服务能力。然而，现实情况是，这些技术大都存在于民间，由于历史、文化、管理等原因，技术持有人往往仅停留

在操作层面，对于相关历史、理论以及方法的规范操作等无法进行深入研究。加上“技不外露”、“传子不传女”、“教会徒弟饿死师傅”等传统观念影响，使得一些宝贵方法的传承和发展无以为继。很多技术持有人年事已高，即便马上开始验证、保护、挖掘、整理，也为时已晚，只能眼睁睁地看着其消亡。

目前散落在我国民间尤其是农村地区的很多老中医都面临着后继乏人的局面。大量世代相传、效果神奇的民间药方已经失传或者正在失传，据济南著名老中医刘谟桐统计，这个数字高达90%。“在农村当中有好多民间医生，他们的方子太好了，有时候咱们为了找一张方子，再找着老先生就谢世了，不知道了。现在我知道的，和我年龄差不多，七十岁往上的老中医已经不多了，民间医生不多了。”1982年，刘谟桐在有关部门的帮助下，曾经在济南开设中医学习班，为300多名学生进行系统的中医培训。时至今日，只有30多人还以此谋生，大多数人都改行从事其他行业。“干中医的不挣钱啊，为了养家糊口就扔下了。”

除了经济因素之外，身份得不到合法认证，也是民间中医得不到传承的重要因素。在有些人眼里，民间中医属于“草医”、“野医”，他们的治疗方法没有明确的科学依据。因此，尽管医术高明、药到病除，但大量的民间中医却得不到政府部门颁发的行医资质，属于“非法行医”，所用的药品属于“非法药品”，他们要时刻提防着相关部门的查处，一旦出现医疗纠纷就会惹祸上身。“他们没有行医资格，没有学历，师傅带徒弟，兢兢业业好几代人干中医，他们没有这个行医资格证就不能干中医。”

（二）中医市场“劣医驱逐良医”现象严重

一方面民间中医绝学面临失传，民间大医无人继承；另一方面中医骗子甚嚣尘上，非法牟利、草菅人命等现象时有发生。当前市场上很多中医骗子有的自称天、神、圣，得秘籍，得真传，是某某神仙；有的包治百病，无论是什么病都承诺可以治好；有的广告上自称“世界名医”、“国际名中医”等世界级称号；有的打着祖传秘方，号称使用虎骨、犀角、野山参等珍稀药材行骗。很多中医骗子对患者讲不出病机，常常以病情严重、后果不堪来恐吓患者，对患者讲不清治则，故作神秘以骗取患者信任，云里雾里地引用几句经典，也是骗子常用的包装手段。他们经常把病人病情讲得极其严重，接着就是用大剂量的药，以求能改变现有症状，利用有症状改变和病人求医心切的心理行骗。这些中医骗子中，有的乱开药，以卖药为“谋财”手段，每副药加上天麻、全蝎、蜈蚣、人参等昂贵的珍稀药材，同时贩卖西药，营养品类；有的乱开检查单，不会四诊合参，要求患者做大量的检查，根据检查结果而做诊断；或者装模作样摸脉之后下些“内分泌失调”、“更年期综合征”、“植物性神经紊乱”之类的西医诊断。有的经常一方多用，且不变药量，以秘方为由不提供组方，指定地点或药店购买以谋取暴利。民间中医药市场的混乱，给本就困难重重的民间中医药蒙上阴影，给本就为数不多支持民间中医药的人士带来顾虑和尴尬。

（三）道地药材资源面临枯竭

中药有近 80% 的种类来源于野生资源。长期以来，由于人们对合理开发利用中药资源的认识不足，使得我国一些地区在不同程度上对中药资源进行了掠夺式的过度采收、捕猎；加之自然环境的恶化使一些药用动植物丧失了适宜的生长环境，减弱了中药资源的再生能力，造成了中药资源的减少和枯竭。

目前，在以利用野生植物为主的 300—400 味常用中药中，有 100 多种出现资源量急剧下降，如冬虫夏草、川贝母、甘草、千金藤、银柴胡、肉苁蓉、绞股蓝等野生资源的破坏十分严重，逐渐陷入“越贵越挖，越挖越少，越少越贵”的恶性循环。其中，川芎、三七、北沙参等的野生个体已很难找到。由于中药资源的开发与利用，黑熊、灵猫、蛤蚧、玳瑁等药用动物资源也在减少，有些种类正面临消失；同时物种的破坏难以或根本无法恢复。

一般来说，在破坏不太严重的情况下多年生草本植物的恢复期为 3—5 年，而木本植物却要 10—20 年以上。动物则由各自的生长繁殖周期和种群数量决定。虽然近年来在中药资源的保护与合理利用方面取得了一定的成效，但中药产业依旧面临着一方面是国民经济迅速发展和人口的增长，而另一方面是资源量减少的矛盾。

当前，600余种常用药材中，纯依赖野生药材资源的占400余种，人工种养的品种约占200种，被列入中国珍稀濒危保护植物名录的药用植物已达168种。以中药材大省贵州为例，山豆根、重楼、野生天麻、白芨、多种野生石斛、野生杜仲、紫金莲等都是贵州著名的道地药材，这些道地药材却因过度采集，野生资源已濒临枯竭。中国中药协会会长房书亭担忧地说，目前市场对野生药材的需求量在不断增加，野生中药遭遇“竭泽而渔”。道地野生中药材，正面临严重的资源短缺甚至枯竭。中医药的发展，面临着“无药可医”的尴尬局面。

三、成立国家级中医药复兴产业基金迫在眉睫

（一）国家级基金有利于避免过往资源配置的“路径依赖”

中医药作为中华传统文化的核心体现，正面临着逐步消亡的危险。其间既有长期累积的深层次机制体制问题，又有广泛存在的国内外经济、政治、人文、科学、社会问题。面对如此错综复杂的紧要局面，如果继续沿用传统的政策传导机制与资源配置方式，难免出现既有的路径依赖与进一步的资源错配。如果在国家战略层面，以国家级产业基金的形式来引入资源配置的新方式，则有机会更高效地解决以上诸多问题。

（二）公共私营合作制基金有利于引入市场机制协同促进产业复兴

在中医药产业复兴的过程中，营利与非营利行为并存。在中医药的研究、保护、挖掘、传承等方面，很多工作是无法找到商业模式的非营利行为；在中医药的产业化发展方面，很多工作是具备商业模式以及商业模式创新基础的营利行为。我们既需要政府对具有外在性和公共物品特征的领域给予政策性资源配置，也需要引入市场机制，对具有营利性的商业领域予以市场激励。同时，各种营利性与非营利性行为是中医药产业发展的有机组成部分，很难在不影响整体效率的情况下进行严格区分。

在这种情况下，公共私营合作制（PPP）的基金模式成为了在中医药产业

进行高效率资源配置的有效方式。对于公益类项目，可以以政府购买服务的方式保证项目现金流与相关收益；对于准经营性项目可以以政府补贴收入的形式保证项目收益；对于经营性项目，则取决于项目市场经营收入。

具体来说，基金的工作需要注重以下两个新环境的打造：第一，新的制度环境，包括建立与西医平等的顶层管理制度、完善侧重于师承与临床的教育制度以及使民间行医有所保障的法律制度；第二，新的文化环境，包括国内外的中医文化解读、文化传播与文化体验。同时，需要注重以下三个战略步骤的高效实施：第一步，抢救挖掘，包括濒临失传的中医理法方药的拯救与传承以及濒临灭绝的地道药材的培育与繁殖；第二步，正本清源，包括中医药国家标准与评价体系的建立、基于市场的大数据评价体系的建立以及中医药市场的法治监管；第三步，发扬光大，包括中医药绝学的推广与示范以及中国中医药文化“走出去”等。

目前，中医药复兴产业基金的成立已经具备了完善的政策基础。《政府出资产业投资基金管理暂行办法》（发改财金规〔2016〕2800号），共七章四十七条，针对基金的募资、投资、管理、退出等环节，对政府出资产业投资基金的募集、投资、管理、退出等环节的操作机制进行了规范，并明确了建立信用评价和绩效评价体系建立的具体细则。《关于进一步激发社会领域投资活力的意见》（国办发〔2017〕21号）明确指出：进一步扩大融资渠道，引导社会资本以政府和社会资本合作（PPP）模式参与医疗机构、养老服务机构、教育机构、文化设施、体育设施建设运营，开展PPP项目示范。发挥政府资金引导作用，有条件的地方可结合实际情况设立以社会资本为主体、市场化运作的社会领域相关产业投资基金。

（三）建立中医专家为主导的投资决策机制

国家级中医药复兴产业基金的投资领域既需要包括国家对中医药管理体制的研究与改革，进而改变西医思维下的中医药管理机制问题；包括对中医药教育体系的研究与实践，进而形成符合中医特点的师承与临症相结合的教育体系；

包括对民间濒临失传的中医药的抢救与挖掘；包括对道地药材资源、种子、炮制方法的抢救与挖掘等。所有这些领域的投资都需要与中医药行业的独特性相结合，需要由真正具备中医传承的专家以中医的思维方式、理论特点、临症经验乃至话语体系，以“大医精诚”的传统中医精神来把有限的资源高效率地配置到最需要的领域，实现中医专家对祖国传统中医药的自救，使中医药成为国人重拾文化自信的起点。

上市公司市值管理模式探析

胡　颖　黎杰生*

【导语】经过三十年的发展，我国建立起多层次的资本市场体系，作为我国证券市场的微观主体——上市公司成为我国社会主义市场经济建设的重要力量。随着上市公司数量和规模的提升，如何加强上市公司的治理和评价，是我国证券市场走向成熟的重要课题。上市公司通过采用价值管理、市值溢价、股权激励和整合的模式对上市公司进行市值管理，能够形成价值投资的理念，推动证券市场的健康发展，提升上市公司生产经营能力，科学合理地评价公司绩效和管理层经营能力。

一、上市公司进行市值管理的必要性

（一）形成价值投资的理念，推动证券市场的健康发展

在资本市场高度发达的经济体中，优秀企业大多选择上市，资本市场基本能够反映不同性质资本的实力对比。上市公司将重点关注公司的总市值，通过提升公司经营业绩以吸引投资者，不断提高公司股价，从而在资本市场中不断扩大股本规模和提升公司市值，形成价值投资的导向，推动证券市场的健康发展。

（二）提升上市公司生产经营能力的需要

实行市值管理，可以促进上市公司经营者关注股价，使其利益与股东利益

---

*胡颖，中国船舶重工集团公司第七一四研究所高级工程师。主要研究领域为管理科学与工程。黎杰生，中国船舶重工集团公司第七一四研究所高级工程师。主要研究领域为产融结合。

保持一致。通过市值管理，把市值规模作为主要评价指标，避免片面追求营业收入规模，甚至不惜人为制造虚假营业额的倾向，使其注意力集中到公司价值方面上，提高核心能力。

资本市场对上市公司的评价，并不是笼统地给出市盈率然后乘以净利润从而得到市值，而是对公司的不同业务板块分别给予不同的市盈率，板块的市盈率乘以各自的净利润得到板块价值，然后对所有板块的价值进行合并，得出公司的总市值。资本市场对不同产业的偏好与国家产业政策息息相关，这样上市公司就会按照国家产业政策和市场偏好不断优化业务板块，对投资结构进行动态调整，通过市场化方式收购兼并其他优质企业，卖出绩差业务。这既有利于提高公司估值水平和市值，也间接促进了国民经济结构的优化和转型。

（三）科学合理地评价公司绩效和管理层经营能力

在原有的制度安排下，科学合理地评价公司绩效和管理层经营能力并不容易，而通过市值规模的变动可以相对容易做到。剔除股票市场的系统性影响，纵向上可以观察公司经营层今年市值与上年相比是否有提高；横向上，可以对某一期间本公司与其他同行业、同地区所有公司市值变化的平均水平进行比较，也可以对本公司和标杆公司的市值变化水平进行对比。对于市值提升的公司，监管部门应给予更多的经营授权、利益激励和资源支持；对于市值下降的公司，则可以采取利益处分、经营层改组、资产重组乃至出售股份的措施。

二、上市公司市值管理主要模式

在我国经济进入新常态的大背景下，我国证券市场的改革发展也进入了一个新的阶段。新“国九条”鼓励上市公司加强市值管理，我国的证券市场也在逐步构建出中国特色的市值管理体系。由于市值管理是由国内研究者们首创，没有现成的管理模式可循，再加上我国资本市场新兴＋转轨的特色，近十年的市值管理实践衍生出诸多管理模式，有的将市值管理理解为管理市值，于是走上了操纵股价的道路；有的将市值管理等于投资者关系，以至于投资者调研越多公司市值跌得越多而不知其所以然。

在实践中，市值管理的模式多种多样。如信息披露、投资者关系管理、股份回购、股权激励与员工持股、分拆上市、并购重组、企业战略与品牌营销等。就目前我国上市公司市值管理的现状来看，可以是内外结合的组合拳，但更应该注重信息披露、投资者关系管理、企业战略与品牌营销等内部管理手段。并购重组扩张等当然也是进行市值管理的重要手段，但第一大前提就是必须严禁涉及内幕交易等市场操控的行为，这是底线和原则。针对国有军工集团上市公司的特点，本文结合国内相关的理论研究，提出以下几种国有军工控股上市公司的市值管理模式。

（一）公司价值创造的管理模式

上市公司的内在价值是上市公司市值的基础，上市公司的内在价值是由上市公司的价值创造能力决定的。因此，基于上市公司价值创造的管理模式，即以经营好公司的价值创造能力为核心，不断提高上市公司的市值管理水平，根据自身特点，实施价值管理方式，努力实现价值创造的最大化。实现价值创造管理模式的主要手段包括：优化商业模式、优化资本配置、优化业务经营战略、优化运营成本、优化资本结构、优化公司治理等。

（二）市值溢价的管理模式

溢价是指所支付的实际金额超过证券或股票的名目价值或面值。而市值溢价的管理模式就是通过投资者偏好溢价、主业溢价、品牌溢价等不同管理手段来达到社会和投资者的肯定，从而实现公司市值的不断提升。

（三）股权激励的管理模式

股权激励手段主要是通过给予经营者业绩股票、股票期权、虚拟股票、股票增值权、限制性股票等形式，促使其勤勉经营，以高报酬刺激经营者的工作积极性，设立长期业绩指标，对经营者形成一个与公司业绩相联系的长期激励机制；经营者持股实现经营者与股东利益的相对统一，使经营者不再是单一的经营者，在考虑经营利益的同时，也会考虑股东的利益追求，降低代理的成本与代理的道德风险；提高了员工的忠诚度，股权激励对于稳定关键员工提高其对企业的忠诚度有明显的作用。

近年来，国家层面越来越重视上市公司特别是国有上市公司的股权激励情况。党的十八届三中全会提出“允许混合所有制经济实行企业员工持股，形成资本所有者和劳动者利益共同体”的指导意见；新“国九条”强调股权激励与市值管理相融合，其中第六条指出“鼓励上市公司按规定通过多种形式开展员工持股计划”，可见国有控股上市公司的股权激励必须提到前所未有的重视高度。针对国有上市公司高管人员的股权激励，有利于扭转原有国企以政绩为导向的考核机制，有利于企业经营目标的转变，同时也有利于促进政府在国企中从“管理者”向“出资者”的身份转变，从而可以稳定提升国企蓝筹股被低估的价值。因此，实施股权激励计划对于国有军工控股上市公司来说也是一项进行市值管理的重要措施。

（四）公司整合的管理模式

整合模式是指上市公司通过资产重组、资产注入、整体上市等重要手段，帮助上市公司以较小的成本实现快速的增长，帮助上市公司做大做强。在这个过程中，一些股东财富创造能力差、公司市值低的上市公司容易成为整合模式中的牺牲品，如果市值很小，公司的资金流通不畅，市值表现比较劣质，上市公司较易被收购；如果市值较大，市值表现优质，在公司并购中就有了很大的权利。通过整合模式的运用，可以实现市值越大越强，优质资源的相对集中，进而实现公司价值的最大化。

三、上市公司市值管理的政策建议

（一）加强监管，完善市值管理政策制度

1．深化市值管理理念，传播市值管理实操方法

市值管理实际上是董事会最重要的职责，管理层主要是负责创造利润。董事会如何将利润的创造转变成市值的增长，为此就需要进行战略的思考，包括它的融资工具的选择、资本结构的设计、投资者关系的维护、股东结构的安排、管理层激励机制的安排等。上市公司的市值管理理念发展还不成熟，相关理论还未真正建立，管理的理念在深度和广度上还需要进一步深化。

2．完善市值管理的协调政策和配套制度

为提高上市公司市值管理效率，方便公司开展市值经营，结合当前政府职能转变和监管转型的要求，监管部门应进一步完善与市值管理相关的并购、增减持、增发、股权激励、分立等相关事项的制度设计，丰富支付手段，降低公司成本，缩短审批周期。同时在上市公司并购重组、再融资等审核过程中，将上市公司市值管理列为一项重要评价考核指标，推动上市公司强化市值管理。

3．增强上市公司市值管理信息披露透明度

资本市场是典型的信息不对称市场。在沪深股市，由于多种复杂的原因，投资者不能准确、及时、完整地了解上市公司的运营环境、经营业绩和发展前景，导致上市公司创造的投资价值不能被正确反映或充分发现。向市场揭示公司价值，最大限度消除信息不对称，争取投资者对公司价值的认知和认同，是上市公司信息披露应尽的义务和责任。

为最大限度地消除中小投资者的信息不对称，提高上市公司市值管理工作透明度，应当要求公司就市值管理制度和年度市值管理计划开展专项披露，在公司年报和半年报中对执行情况进行总结性披露，具体开展时就市值管理的实施进展进行定期披露，以增强对市值管理工作的外部约束。

4. 加强对上市公司市值管理的法制监管

由于现行法律法规在很多方面尚不完善，对各种违法犯罪行为惩治不力，市值管理很容易成为股价操纵行为的代名词。开展市值管理后，有可能出现管理层为了完成经营目标或者协助大股东套现，对外提供虚假信息或操纵公司业绩的行为。同时，对可能出现管理层和公司股东利用内幕信息开展内幕交易和市场操纵等违法违规行为，监管部门应在日常监管中对此类事项保持高度警惕，加大打击力度，强化责任追究与行政处罚，规范上市公司市值管理秩序。

（二）提高财务管理水平，增强公司内在价值创造能力

1. 优化资本结构和配置

上市公司应该不断制定和改善自身发展战略规划，保证自身发展战略规划与社会环境的动态适应性，明确公司的战略发展路径，并以此为基础，优化公司资本结构和配置，将公司有限的资源配置在可以不断提升核心竞争力的业务领域，努力将资本组合和业务组合保持最优化，实现公司各项业务的现金流，源源不断地创造出公司的内在价值。

2. 改善商业模式和经营战略，提高核心竞争力

结合社会发展趋势和行业环境，制定符合公司自身的商业模式和长远期经营战略，切勿追求公司的短期利益，以价值创新为灵魂，在资源有限的情况下科学合理地进行配置，不断地为客户创造价值。良好的商业模式和经营战略可以帮助公司适应信息化、市场化、全球化的环境，保持行业内经久不衰的核心竞争力。

3. 切实完善公司治理结构

上市公司治理水平的高低决定着企业是否可以持续增长。通过完善公司治理结构，可以提高上市公司对社会资本的吸纳能力，提升公司的管理水平和战略执行能力，同时增强投资者对公司的信心。具体做法包括：明确内部职能机构的设置和职责划分，形成股东会、董事会、监事会和经理层之间合理的制衡机制，强化董事会职能、确保董事职能型，有效发挥其对公司经理的监督作用；

加强建设管理团队等。

（三）运用价值经营手段，使公司市值充分反映内在价值

1．选准公司主业，提高主业溢价能力

上市公司不可盲目地实行多元化经营，应该努力成长为主业清晰、发展路径透明的专业化公司。前提为明确公司的主业选择和定位，并建立持续的主业发展能力，如果公司主业过多而且各主业间相关性较差，往往不利于公司集中资源做强主业，从而也不能吸引投资者对上市公司投资价值的认同。因此，上市公司应该有明确的主业定位，持续强化主营业务，获得主业溢价。

2．打造公司品牌影响力，维持客户关系

上市公司需要非常了解自己的目标客户群，以客户的需求和喜好为出发点，制定公司的品牌战略，从公司的产品、服务、广告、客户关系、客户体验五个维度，调整品牌定位，提供尽善尽美的产品和服务，建立产品与客户之间的情感联系，打造成功的品牌影响力。同时，公司管理层要高度重视品牌管理，将品牌意识自上而下贯穿到公司所做的每一件事情中，成为一种公司精神。

以客户为中心，根据市场的导向、服务客户的宗旨，在追求公司价值最大化的同时，做好客户关系管理工作。通过寻找优质客户、建立客户数据库、实施差异化服务营销策略等方式，来挖掘、满足客户的需求，从而不断扩大市场份额，提高公司业务的收益情况，提升公司内在价值。

3．科学制定股权激励，充分发挥激励作用

上市公司需要科学制定股权激励计划，借鉴国外成熟的做法，从多方面完善设计。首先，要确保薪酬制定机构决策的独立性，杜绝高层经理参与或影响决策。其次，要建立一种符合行业发展阶段、受益人个性化需求特点的综合激励方案，将股权激励与短期激励、精神激励相结合，合理确定股权激励收益占受益人总收益的比重，以避免过分依赖股权激励收益。再次，要科学设计股权激励要素，从激励对象、认股价、认股条件和方式、股票权利等方面对股权激励制度进行完善。最后，上市公司要切实履行信息发布职责，防止经营者通过

操纵期权的授予时间和消息发布时间而损害股东利益，让公众及时了解公司实施股权激励的情况。

4．合理运用资本运营手段，提高公司盈利能力

上市公司要合理利用资本运营手段，充分运用整体上市、资产分拆、并购重组、定向增发、大股东增持与减持、发放股票股利、股票回购等资本运营的手段提高公司盈利能力，增加公司价值。当股价走高时，可以将公司股份作为支付手段适时进行兼并收购或不良资产的剥离；当股价低迷时，为减少损失，防止恶意收购，可以进行股份回购或者提供股票收购门槛等。公司要从投资者的利益出发，合理地在资本市场中进行运作，不断地将市值溢价转化为股东财富，市值管理水平才会不断地提高。

（四）加强上市公司的社会责任

作为企业的一种自治范畴，市值管理是企业自治和履行社会责任的重要内容，也是提高上市公司质量和提升股票市值的重要手段。上市公司承担着重要的社会责任，会对社会施以最大的积极影响，同时收获最丰厚的商业利益。在运营活动和竞争环境的社会因素这两者间找到共享价值，从而不仅促进经济和社会发展，也改变企业和社会对彼此的偏见。上市公司把承担社会责任作为创造共享价值的机会，而非单纯的危机公关活动，这就应该具备全新的思维方式。同时，通过制定社会责任的年报等形式，来提升公司形象，给企业带来竞争优势。

参考文献：

［1］徐昭：《上市公司市值管理的有效性研究——基于企业并购绩效的实证分析》，《经济理论与经济管理》2017 年第 1 期。

［2］吴晓求：《市值管理需五大转变》，《资本市场》2014 年第 9 期。

［3］潘红波、余明桂：《支持之手、掠夺之手与异地并购》，《经济研究》2011 年第 9 期。

［4］潘敏、朱迪星：《市场周期、投资者情绪与企业投资决策——来自中国上市公司的经验证据》，《经济管理》2011年第9期。

［5］花贵如、刘志远、许骞：《投资者情绪、管理者乐观主义与企业投资行为》，《金融研究》2011年第9期。

［6］翁世淳：《从价值创造到市值管理：价值管理理论变迁研究评述》，《会计研究》2010年第4期。

［7］潘红波、夏新平、余明桂：《政府干预、政治关联与地方国有企业并购》，《经济研究》2008年第4期。

［8］施光耀、刘国芳、梁彦军：《中国上市公司市值管理评价研究》，《管理学报》2008年第1期。

我国粮食产业链存在的若干问题及对策研究

艾永梅*

【导语】党的十九大报告中指出，要确保国家粮食安全，把中国人的饭碗牢牢端在自己手中。本文认为，近年来随着农业供给侧结构性改革的推进，我国粮食产业结构已有所改善，但结构性矛盾仍较为突出，粮食产业链呈现出“两端散、中间弱”的格局，产业布局不尽合理，这在一定程度上制约了农业现代化和农民增收，也对国家粮食安全战略造成了不利影响。为此，需要加强供应链和价值链管理，以促进粮食产业向技术密集、资本密集型转变，进而提高我国粮食产业的国际竞争力。

粮食的问题不仅是经济问题，更是社会问题乃至国家战略安全问题。虽然经历了“十二连增”，但是近年来我国粮食结构性矛盾开始显现，产业链结构不够合理，产业经济较为薄弱，各链条衔接不畅，一定程度上制约了农业现代化和农民增收，对国家粮食安全造成了不利影响。现代粮食产业发展已不单纯是某个粮食流通组织、企业或服务的竞争，更表现为粮食产业链条和产业体系的整体竞争。为破解当前国内粮食领域结构性、体制性矛盾，2016 年 10 月国务院印发《全国农业现代化规划（2016—2020 年）》，2016 年中央工作会议、中央农村工作会议及 2017 年中央一号文件都对我国粮食产业经济发展提出了新的要求，《国务院办公厅关于加快推进农业供给侧结构性改革大力发展粮食产业经济的意见》、中共中央办公厅和国务院办公厅《关于创新体制机制推进农业

* 艾永梅，北京商业管理干部学院副研究员，中国国际经济交流中心 2015 级博士后。主要研究领域为农村经济。

绿色发展的意见》均特别指出要大力发展粮食产业经济。2017年10月18日，中国共产党第十九次全国代表大会开幕会在人民大会堂大礼堂举行，习近平总书记代表十八届中央委员会向大会做报告。习近平总书记在报告中提出，实施乡村振兴战略，确保国家粮食安全，把中国人的饭碗牢牢端在自己手中。本文通过分析我国粮食产业经济现状、存在的问题及大力发展粮食产业经济的重要性，对深入推进我国粮食供给侧结构性改革提出政策建议。

一、我国粮食产业经济现状及存在的问题

1983—2016年期间（见图1），我国粮食产量在1996年突破了1万亿斤以后，到1998年达到了峰值之后下降，经过5年的滑坡，到2003年时下降到8640多亿斤，粮食价格一度上升。2004年以来我国建立了粮食直接补贴制度，在中央一系列补贴政策的刺激下，全国粮食产量逐渐增长，基本保障了国家的粮食供给安全。2004—2015年期间我国粮食总产量“十二连增”，2016年我国粮食总产量61624万吨，虽同比减少0.8%，但仍处于2004年以来增产周期中的次高水平。总体看来，粮食产业经济呈现出“两端散、中间小”的格局，主要表现在生产和销售两个环节，即粮食生产的分散性和粮食消费的普遍性并存。我国粮食种植结构仍不平衡，绿色优质粮油供给相对不足，长期以来，我国粮食产业注重储备环节，却忽略加工、销售和运输环节，深加工业和产业经济发展水平总体偏低，缺乏全产业链控制与经营能力，产业链还处在互相割裂的初级阶段。

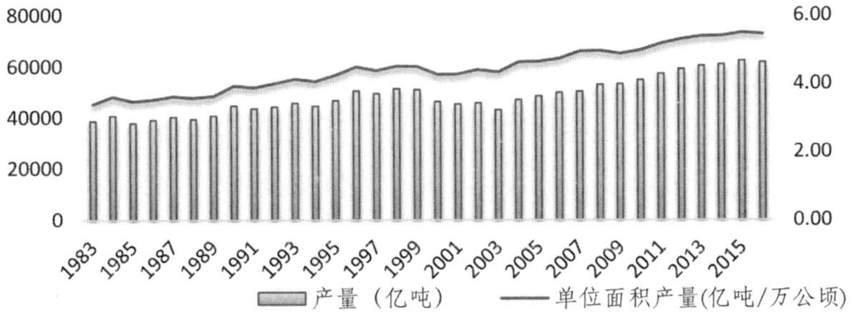

图1　我国粮食总产量及单位面积产量（1983—2016）

数据来源：国家统计局网站

（一）种植环节：资源环境因素制约粮食产业竞争力

1. 生产要素存在硬性约束

近年来，我国农地流转呈加快态势，截至2016年年底，全国家庭承包耕地流转总面积达到4.47亿亩，占家庭承包经营耕地面积的33.3%，粮食种植规模化水平明显提高，家庭农场、农民合作社、产业化龙头企业等各类新型农业经营主体已超过290万家，土地适度规模经营占比达到40%。但按第六次全国人口普查的平均每个家庭人口为3.1人计算，以家庭为经营单位的土地规模只有4.56亩/户，我国仍是世界上土地经营规模最小的国家。小规模分散经营不利于开展科学化、现代化的田间管理，从而影响产能的进一步提高。2016年全国粮食单位面积产量363.5公斤/亩，比2015年减少0.6%，仅有世界先进水平的60%。农业生产主体总体规模过小，导致农产品生产成本和交易成本过高。目前我国单位种植成本中人力成本是美国的近20倍，化肥成本是美国的3倍，直接影响了粮食价格及其国际市场竞争力。小规模分散经营还导致无法把握市场规律，造成价格大起大落；在相对分散的农业经营格局下，难以提高粮食生产标准化的水平，从而也难以从源头上保障粮食的质量安全。

由于耕地的细碎化，粮食产业还面临机械化、高科技和专业化障碍。“十二五”期间我国农业科技进步贡献率由2010年的52%提高到2016年的56%以上，单产提高对粮食增产的贡献率达到80%以上，三大粮食作物耕种收综合机械化率均超过 75%，表明我国粮食产业已从过去主要依靠增加资源要素投入进入到主要依靠科技进步的新阶段。但目前我国粮食产业核心技术、关键技术自给率偏低，高技术含量的关键装备基本依靠进口，技术创新以跟踪模仿为主，突破性的技术发明少。粮食科技人才队伍建设滞后，每 100 公顷耕地平均拥有科技人员 0.75 名，而美国为 15 名。人才培养开发、评价发现、激励保障机制不健全和粮食科技经费投入不足等原因，导致农业科技人才创新意愿不强，甚至导致农业科技人才流失。

种粮收入边缘化导致粮农种粮积极性不高。2016 年农民人均可支配收入突破 1.2 万元，近四年年均实际增长 8%，2016 年城乡居民收入之比为 2.72∶1，比 2012 年下降了 0.16，城乡收入差距持续缩小。但数据显示，我国农户粮食收入仅占家庭收入的 10%—20%，种粮收入逐渐边缘化，后果是小规模农户已不把粮食生产作为家庭收入的主业，而是作为留守老人、妇女的家庭副业，农村地区"老龄化"、"空心化"现象较为普遍，"谁来种地"、"地怎么种"问题突出。2016 年，全国农民工总量 2.82 亿人，其中，外出农民工占比 60.1%。王桂新等人（2016）对中西部七省调查显示，在被调查的 6548 名农村劳动力中，在"意愿外出打工"者中 45 岁以下年轻人占 71.23%，"不打算外出打工"者中 45 岁以上年龄较大者则占 60% 以上。虽然近几年越来越多的"新农人"进入农业领域从事粮食生产、流通和服务，但并没有改变劳动力配置的基本格局。

在家庭经营为主、规模化经营不足的情况下，规模化的社会化服务成为世界各国农业发展的通行选择，但我国目前尚未实际拥有种植产业的专业服务体系。2016 年农业部以小麦、水稻等 50 个主要农产品为单元组建了由若干科学家和综合试验站组成的产业技术体系，但我国基层的农业技术推广仍以基层政府主导的农技站为主，基层农业技术推广人员的综合素质普遍偏低，高能力的专业技术人员稀缺；从业人员积极性受经费和从业年限等因素影响，激励明显不足。我国非常需要构建农业社会化服务体系来为农户提供技术、供销、信息及金融等多种农业服务，以提高农业从业人员素质，从而提高粮食生产效率和质量。

要素资本化程度会直接影响到粮食产业链整合升级。美国的机械化、信息化、生物育种，荷兰的设施农业，日本的生物技术都体现出现代粮食产业高资本投入的特征，中国粮食产业也必然走向资本密集和知识密集的高投入时代，而粮食产业的规模化、机械化、高技术化无一不需要大量资金投入。目前粮食产业发展所需的资本主要来源于政府和金融机构。各级政府逐渐加大对粮食生产的资金投入，2016 年的农业三项补贴总额超过 1649.1 亿元，相比 2015 年的 1434 亿元增加 15%，农机购置补贴预算总额 228.09 亿元，但与实际需求还有很大差距。在金融机构方面，农村金融信贷资金非农化严重，现有的金融机构和政策难以满足现代农业发展的资金需求。一方面大部分的金融机构都是从农村农业“抽血”，“输血”的较少。而农村金融资金需求方 —— 新型农业经营主体往往很难获得金融信贷。据《经济日报》社 2017 年发布的《新型农业经营主体发展指数调查（四期）报告》，在一万平方公里内，新型农业经营主体可获取服务的金融机构数量仅为 89.61 个，远低于全国平均水平 659.65 个；另一方面农业保险发展滞后，农业保险机构及业务呈萎缩趋势，农业保险投入远远不能满足农村经济发展的需要。2015 年《国务院关于开展农村承包土地的经营权和农民住房财产权抵押贷款试点的指导意见》，2016 年中共中央办公厅、国务院办公厅《关于完善农村土地所有权承包权经营权分置办法的意见》鼓励开展农村承包土地经营权抵押贷款和农民住房财产权抵押贷款试点，赋予承包农户在抵押担保等方面更充分的土地权能，赋予新的经营主体在流转土地上享有占有、耕作并取得相应收益的权利，为激活农村土地资本、赋权农民提供了政策指引。

2. 农业资源环境“调绿”任务艰巨

经过结构性调整，2016 年华北地下水超采区、西南小麦条锈病菌源区、江淮赤霉病易发区调减小麦面积 500 多万亩。河北地下水漏斗区、湖南重金属污染区、西南西北生态严重退化地区实施休耕 200 万亩，比上年增加 84 万亩。截至 2017 年 9 月底，我国农田灌溉水有效利用系数提高到 0.55 以上，退耕还林还草 4240 万亩，耕地轮作休耕制度试点达到 1200 万亩，粮菜果茶等绿色防控技术应用面积超过5亿亩，秸秆资源综合利用率和农膜回收率均达到60%以上。但目前我国粮食产业面临的资源环境“调绿”任务仍较为艰巨，使用化肥仍存在“一高一低”的弊端。“一高”，是施用量高。我国是世界上最大的化肥生产和消费国，我国耕地面积不到世界的1/10，每年施用的化肥总量却占世界的1/3，单位耕地面积化肥投放量是美国的1.7倍。“一低”，是有效利用率低。过量施用化肥、缺施有机肥，造成土壤板结、有机质土层厚度下降。我国农用化肥单位面积施用量是国际公认安全上限（225千克／公顷）的1.93倍，然而，这些化肥的利用率仅40%左右，其余的成为污染源，其中，投入农田的氮肥成为地下水体氮素污染的主要来源。另一方面，土壤重金属和有机物污染加剧。现在我国70%的江河湖泊受到不同程度的污染，包括湖南、湖北，水稻种植区被重金属污染，土壤受到不同程度的污染面积超过1亿亩，全国受污染的耕地已占到耕地总面积的近20%。土壤污染直接危及粮食质量安全、生态安全和人体健康，制约了粮食产业可持续发展。

3．粮食种植区域及品种结构仍待进一步改善

2017年粮改饲面积超过1000万亩，增加400万亩，稻田综合种养面积达到2400多万亩，比上年增加200万亩。我国自2001年粮食流通体制改革以后，确定了13个粮食主产省区、7个主销区和11个基本平衡区，目前13个粮食主产区占全国粮食产量的75%以上，只有五个省份能够稳定地输出粮食，五个省份只略有盈余，而辽宁、湖北、四川已经成为粮食短缺省份，粮食生产日益向北方核心产区集中，粮食跨区域流通和平衡的压力加大，粮食主产区的萎缩已经严重威胁了国家粮食安全，如不及时调整区域种植政策，我国粮食产能将受到抑制。

2017年我国在稳定口粮品种的基础上，因地制宜调整优化种植结构，无效供给减少，有效供给增加。2017年7月中旬，市场紧缺的优质强筋弱筋小麦种植面积占27.5%，比上年提高2.8个百分点，优质稻、加工专用稻种植面积比例达到80%以上，比上年提高1.5个百分点。根据国家统计局有关数据预测，2017年市场紧缺的大豆面积增加约700万亩，杂粮杂豆增加约600万亩，青贮玉米和优质饲草增加约500万亩，马铃薯增加约200万亩。但随着消费结构的升级，我国粮食种植品种和空间结构布局还有待优化，在品种上，小麦优质品种仍供给不足，大豆产需缺口仍较大。

4. 粮食投入品产业核心竞争力仍较为薄弱

我国粮食产业对投入品核心环节掌控力相对不足。以粮食种子行业为例，种子行业是处于农业生产链条的上游行业，对稳定农业生产和粮食安全具有重要的意义。2016年全国持证企业4316家，比五年前减少一半，行业集中度有所提高。国内上市种子企业50多家，总市值超千亿元，市场份额已占到35%以上，比五年前提高了5个百分点。但与发达国家相比，仍存在粮食种子库存过剩、行业集中度低、规模普遍较小、研发能力不足、种子定价机制不合理等问题。2013—2015年3年时间我国种业企业注册资本1亿元以上的增加了28%，但总体占比仅为4.86%，国内种子行业CR10低于10%。2016年我国杂交玉米的可供种量为20亿公斤，而需种量仅为11.5亿公斤，仅为可供种量的一半左右，种子库存的高度过剩导致种子企业的业绩压力加大。然而，当前我国粮食种子的进口率已高达70%，外资种子已经占据了玉米种子市场10%的份额。

农资领域也存在类似隐患，农资行业“多、散、弱”特征显著。问卷调查显示，国内领先的150家农药企业，研发总投入只有32亿元，占销售收入的4%左右，在研发能力和资金投入上，国内外企业差距明显。目前世界农药企业的20强大都已在我国建立了公司或办事机构。其中来自欧美的六家跨国农药巨头已成为中国农药市场上主要的外资供应商。在中外合资的农药企业中，核心技术部分不为合资企业掌控，中国企业仅仅是廉价的加工厂，在技术上和价格上都失去自主性，并承担高昂的环保成本，对中国整个农药产业链构成威胁。

（二）流通销售环节：产业链布局有待优化

1. 收储环节：收储制度改革初显成效，多元化收储格局逐步形成

粮食收储制度改革初见成效，但粮食去库存仍然任务艰巨。针对我国粮食高产量、高进口、高库存的情况，我国政府从 2014 年开始对主要粮食价格形成机制、补贴政策、收储方面的政策进行了适度调整。例如，2014 年在新疆和东北三省、内蒙古东部地区开始实行棉花和大豆的目标价格改革。2016 年，国家率先在内蒙古和东北三省按照“市场定价、价补分离”的原则，将以往的玉米临时收储政策调整为“市场化收购”加“补贴”的新机制。推行供给侧结构性改革以来，随着产量、进口量减少和消费量的增加，我国粮食的库存消费比迎来下降的拐点。2016 年玉米产量迎来 14 年来的首次减少，进口量也大幅回落。2017 年 1 月，国内玉米市场价格首次低于进口价，这意味着，近些年来国内国际粮食价格长期“倒挂”问题在玉米领域开始得到解决，总体供需失衡情况有所缓解，但 2017 年总体依然保持供大于求的局面，玉米临储库存仍然维持在 2 亿吨以上，稻谷、小麦最低收购价库存继续增加。

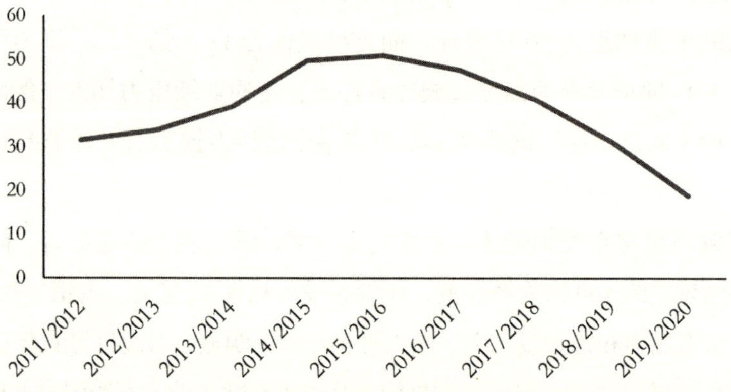

图 2　2011—2020 年我国玉米库存消费比变化趋势及预测（%）

数据来源：美国农业部，2017—2020 年期间相关数据通过预测模型得出

在收储主体构成上，市场化收购比重不断加大，多元主体共同收购的格局正在形成。2016 年全年各类粮食企业共收购小麦、玉米、粳稻、中晚籼稻、早籼稻、大豆及油菜籽 20281 万吨，同比下降 6.11%。其中国有粮食企业收购总量占到主产区粮食收购期间主要粮食作物收购总量的 79.98%，占到当年国内粮食总产量的 35.71%，2017 年秋粮收购期间，国有粮食收购 1529 亿公斤，较上

年减少 19.6%，粮食市场化收购量占比有所上升，但目前国内政策性收储仍为收储主渠道，其比重达到 85% 以上。与粮食储备率同为 40% 的美国相比，美国由政府主导的政策性储备仅占 12%，其余 88% 均为民间粮食储备，主要由农场主进行，政府给予相关存储补贴并提供低息农业贷款。过高的政策性粮食储备增加了存储成本，加重了国家财政负担。粮食流通体制改制后，地方尤其是县一级粮库多年来资金紧张，无粮存储，为外资粮食企业在中国的产业链战术布局提供大量机会，对国内粮食产业健康发展和粮食安全构成威胁。

在收储科技应用方面，2016 年国家粮食局实施“仓储智能化升级改造项目”的同时，继续实施“危仓改造项目”，中储粮启动了现代粮食仓储设施维修改造“全覆盖”工程。截至 2016 年年底，中储粮系统空调控温储粮规模达到 2000 万吨以上，中央储备粮科技储粮覆盖率达到 95% 以上，使中央储备粮更加优质、绿色、安全。但总体看来，我国粮食仓容闲置与不足并存，粮库硬件设施、信息化和智能化水平偏低，导致储粮环节损失大。在全国现有各类仓容中，高大平房仓、立筒仓、浅圆仓等现代化仓库只占六成，只有 78% 安装了机械通风系统，57% 安装了计算机粮情测控系统，41% 安装了环流熏蒸系统。据国家粮食局测算，每年全国粮食在储藏、运输、加工等环节损失 6% 的浪费总量。

在收储方式上，伴随粮食市场化的逐步深入，粮食贸易由以即期交易为主转变为以远期交易和远程交易为主，传统的对手交易模式正逐渐被信用交易、委托交易、网上交易等新的交易模式所取代。而目前多数地方粮食收储企业交易模式单一，导致粮食流通成本高，效率低下。

2．物流环节：物流体系建设步伐加快

近年来我国北粮南运的主通道已经形成，包括八大粮食物流通道，并逐步构建与之对接的进出口粮食物流通道，但据相关调查显示，粮食流通基础设施不完善、散粮物流专用设施设备不足、粮食物流信息化水平低等问题依然存在，导致我国粮食物流成本偏高。包粮运费高、损耗大、效率低，而目前国内企业粮食运输主要以包粮运输为主，散粮运输在流通比例中占比仅有 15%，即使在主产地东北地区也仅占总量的40%左右。我国的粮食物流企业正面临着高过国外同行10%以上的流通成本，我国粮食价格平均高于国际市场价格，与过高的流通费用有很大关系。据调查，国内粮食流通费用占销售区的粮食销售价格的30%—35%，撒漏损失一般占3%—5%，而欧美国家流通费用率不超过25%，撒漏损失不超过1%。未来随着散粮运输专列的开通以及散粮运输比例的提升，因流通造成的粮食损失将大幅减少，流通成本也会明显降低。

3．加工及销售环节：价值链管理是短板

2016年全国粮食加工业总产值27853亿元，同比增加13.3%，利润总额1321亿元，同比增加68.7%，效益显著提升，但也面临一系列问题。目前的中国粮食加工业总体上仍处于粗放式增长阶段，企业规模偏小，产品趋同，经营效率不高。稻谷加工企业中的65.2%日处理能力在100吨以下，小麦加工企业中的90.4%日处理能力在200吨以下。我国有40多万家从事食品生产的企业，有300多万个食品经营的主体，以及难以计数的小作坊、小摊贩，他们市场集中度较低，缺乏大企业、大品牌，这增加了监管的难度，存在着粮食与食品安全的隐患。

2016年农产品加工业与农业的产值之比达到了2.2：1，但现阶段整个粮食加工业仍以初级加工为主，粮食加工普遍存在成品率低、食用率低、利用率低、效益低、产业链条短的“四低一短”问题，产能过剩、价格倒挂、开机率偏低，产业链各环节衔接度不高。我国稻谷加工产能利用率仅为43%左右，小麦加工产能利用率也只有60%左右。我国能够加工1000种左右以玉米为原料的产品，但以低端、大宗为主。例如，赖氨酸加工量达200万吨，而全世界总需求量200万吨，库存积压在所难免。据测算，小麦过度加工每年损失粮食约50亿斤，稻谷过度加工每年损失粮食70亿斤以上。

相关统计显示，2016年全国大米入统企业8500多个，生产大米1亿多吨，实现销售收入4000多亿元，但利润不足5亿元，利润率仅为0.13%，而全球四大粮商ADM、邦吉、嘉吉、路易达孚2013年平均净利率为10.40%，主要通过农资销售、农业技术服务和金融服务，到农产品收购、仓储、物流，再延伸到下游农产品加工与销售，有效延伸粮食产业价值链。在人们的生活节奏加快和对食物安全日益重视的情况下，粮食品牌消费正得到越来越多消费者的认可。很多有高端需求的消费者青睐于高价购买国外的大米、面粉，却对国内同等优质的粮食产品视而不见。我国粮食品牌小而杂乱，缺乏全国和行业规划，品牌保护难度大，假冒伪劣产品多，全流程的质量追溯难以真正到位。

在经济全球化背景下，全球粮食产业呈现深度融合发展态势，形成了全球粮食产业价值链，且不断拓展和深化。与世界发达国家及资源丰富的发展中国家相比，我国粮食产业开放度高，而受资源环境约束竞争力较弱。加入 WTO 后，我国粮食贸易由顺差转为逆差且逐年大幅扩大。2016 年得益于人民币对美元贬值，带来国内部分粮食出口量提升，2016 年 11 月粮食出口总量约 21 万吨，同比增长 50.0%，但粮食出口量远远低于进口水平，显示当前中国粮食全球市场竞争力处于较低水平。2017 年 8 月海关统计显示，粮食进口占国内产量的比重重现高位，1—8 月累计粮食进口总额同比增长 19.7%，按照当前的进口进度，预计 2017 年粮食进口总量达到国内粮食产量的 21.6%，我国粮食自给率降到 82.3%，创下历史新低，较 2008 年下降 10.5 个百分点。

二、大力发展我国粮食产业经济的紧迫性及重要性

（一）是保障国家粮食安全及维护世界粮食市场稳定的重要手段

粮食产业经济是一项系统工程，贯穿了粮食从田间地头到餐桌的全过程，是市场经济条件下社会化分工协作的典型产物，涉及生产、收储、加工、运销等诸多环节，做好粮食产业化经营，可以为粮食安全提供有力的支撑。放眼当前，外资对我国粮食产业加速进入，不仅在传统的食品加工行业，还从生产源头控制了粮食生产，使得种子、化肥、农药、机械等多种生产性投入都被垄断，我国粮食产业表现出日益复杂的多变性、不连续性和不确定性。

以种业为例，中国是世界上最大的种子需求国之一，也是世界第二大的种子市场，我国商品化的种子用量占世界市场份额的 20%。而目前国外洋种子垄

断国内市场，国外种子无法自己留种，只能种一季。大豆、玉米等多种粮食种子的定价权、供货权被掌握在外国公司手中，外资企业操纵市场价格和供应，严重威胁到中国的粮食产业安全。以大豆为例，2016 年我国大豆进口量已达到 8323 万吨，对外依存度超过 85%。伴随不断攀升的进口量的则是一路上涨的大豆价格，中国消费者已然承担了输入型通胀，而作为消费世界大豆市场 60%份额的大市场，中国对大豆却毫无定价权。国际粮商主要通过操控期货市场实现对我国玉米产业的定价权，很容易干扰市场价格形成机制，恶意操纵价格，从而牟取暴利，这不仅会扰乱国内粮食市场，而且还会利用这种优势控制下游产业链，ADM、邦吉、嘉吉、路易达孚和益海嘉里等国际粮商已控制了 80% 的中国大豆压榨市场，威胁我国粮食产业安全。粮食安全问题业已波及其他粮食作物，并向小麦加工等领域延伸，四大跨国粮商已经控制了中国 75% 以上的油脂市场原料与加工及食用油供应。作为粮食生产第一大国与重要的粮食进口国，中国每年从国际市场进口的粮食超过一亿吨，因此在发展粮食产业经济、调整粮食政策时应统筹国内和国际粮食市场，寻求国内粮食生产和适度进口之间的最佳结合点，力求维护国内粮食安全和世界粮食市场稳定。

（二）是提高我国粮食产业国际竞争力的必然要求

2013 年以来我国大宗粮食作物普遍出现国内外价格倒挂，根本原因是我国粮食产业竞争力不够，与世界先进水平仍然存在较大差距。

在加入 WTO 以来，我国在农业领域针对农业生产经营的产前、产中、产后产业各个环节，逐次增加了对外商投资的开放度。我国虽然对外商进入种业、油脂、大米、面粉、玉米加工、生物液体燃料以及粮棉贸易、批发市场做出了限制，但实际上外资已经在这些领域占据了相当大的份额。正是因为开放时间过早、力度过大，我国农业科技贡献率和农产品竞争力始终与发达国家有较大差距，食品行业对外依赖度越来越大。为保持本国粮食产业国际竞争力，有必要采取适宜的产业扶持政策。美国政府对粮食产业的高额补贴包括贷款差额补贴、直接收入补贴、反周期补贴、资源保育补贴和农产品贸易补贴等五大类，农民收入中农业补贴占比达40%，有力助推其占据世界粮食市场的最大份额。另外，经合组织国家农业补贴平均水平为21.7%，韩国、日本的补贴水平高达52.1%和47.3%，均远高于我国的9.1%，相比而言，我国的农业补贴力度是较小的。

要全面提升我国粮食产业竞争力，粮食产业链融合升级将会是未来的一大方向。近年来，一些国内粮食企业在延长粮食产业链、重构粮食价值链方面进行了积极探索，但总体而言，土地、人力成本的升高，化肥的滥用导致我国种植成本增长，粮食产业链条短，粮食加工业与粮食产值比偏低，农民参与和分享的机制不顺畅，仍是我国多数地区粮食产业的软肋，也削弱我国粮食产业的国际竞争力。国际四大粮商之一的ADM不断研发新产品并推向市场，从亚麻、面粉、大豆、运输业、玉米甜味剂、乙醇、花生，到营养保健品、化妆品和功能性食品，每推出一个新产品都会增加新的赢利点，通过延伸产业链条降低了市场价格波动和需求风险对公司盈利的影响，提高了国际市场竞争力和抗风险能力，而我国粮企在价值链管理方面相对薄弱，直接影响了其在国内外市场上的竞争力。

（三）是推进粮食供给侧结构性改革的主要内容

近年来我国城乡居民消费加快升级，粮食需求总量持续上升的同时，粮食需求结构也发生了很大变化，表现为对口粮需求比例下降，对食品工业转化用粮和饲料用粮需求猛增并在粮食消费量中的比例不断提高，但不可否认的是，我国粮食产业仍存在高成本、高价格、高产量、高进口、高库存的问题，一边是质量参差不齐的粮食库存高企，另一边是优质粮食品种和品牌产品供给不足，凸显出我国粮食产业供给侧结构性改革的必要性和紧迫性。优化产业链布局，延伸产业链条，强化品牌管理，发展绿色供应链粮食产业是改革的主要方向。2017年颁布的《国务院办公厅关于加快推进农业供给侧结构性改革大力发展粮食产业经济的意见》要求到2020年，初步建成适应我国国情和粮情的现代粮食产业体系，全国粮食优质品率提高10个百分点左右，粮食产业增加值年均增长

7% 左右，足见大力发展粮食产业经济是粮食供给侧结构性改革的主要内容。

（四）是保护小农利益、推进乡村振兴的根本路径

我国的粮食产业经济，不仅仅是一个单纯的产业问题，更是关系到 6 亿农民生存发展的重大经济社会政策。历史教训告诉我们，如果产业部署发展失当，则会损害农民利益，导致粮食产量的持续下降，从而导致粮食危机、乡村社会凋敝和对社会安定造成威胁。改革开放三十多年来，我国农村承包土地中的 35% 已经流转，我国 1.5 亿农民工中约有 60% 是新生代农民工，失业农民工回乡回归农业比例仅 1.60%，农村空心化、老龄化、有效劳动力不足和乡村凋敝日益严重。在众多粮食经营者之中，2.3 亿普通农户规模小、实力弱，没有足够能力实现提档升级。应提升粮食产业发展水平，提高产业附加值，并建立对小农的利益保护机制，通过对小农的带动、培育、引领，使其参与到粮食产业现代化进程中并分享收益。

日本在组织小农、保护小农利益方面有较为成熟的制度设计。综合农协是日本政府为保护小农家庭而进行的重要组织制度创新，二战期间政府为了避免农村社区衰败而“赤化”，不得不将留守人员组织起来，给予各项优惠政策，并且严禁任何外部主体进入“三农”而占有收益。这项综合农协政策的延续，保护了日本农民的利益并促进了农村近百年的可持续发展。直到近几年，日本农业人口老龄化问题严重，政府才不得不放开保护政策，允许农村社区之外的自然人投资农业，但外部企业法人仍然被禁止介入。除了农业生产经营领域的保护，综合农协还获准垄断金融资本，通过资本运作获取高额利润再返还给作为农协股东的全体农民。这些优惠政策使得日本农民的人均纯收入长期高于市民的平均收入，而农民人均纯收入的 60% 以上，来源于日本政府给予的各项优惠和补贴。我国在如何通过产业政策，以更加市场化的手段鼓励粮农种粮的积极性方面，还需要进行更多探索。

我国在产业扶持政策方面，2016 年伴随粮食收储制度改革的推进，为避免粮价下跌挫伤粮农种粮积极性，我国政府也相应对粮食补贴政策进行了调整。

新的补贴具体包括耕地地力保护补贴与适度规模经营补贴，其中80%的农资综合补贴存量资金，加上种粮农民直接补贴和农作物良种补贴资金，将用于耕地地力保护。2016年的农业三项补贴总额超过1649.1亿元，相比2015年的1434亿元增加15%，农机购置补贴预算总额228.09亿元，对鼓励种粮积极性起到促进作用。

在产业链布局方面，大力发展粮食产业经济，延伸粮食产业链条，壮大粮食企业，也利于助农增收。以商品粮的加工流通领域为例，商品大米的利润空间高达千亿，加之城乡人民消费水平的提高，粮食加工销售领域利润空间更大。2016年东北地区通过玉米过腹转化、稻田综合种养保粮增收，有利于延伸粮食产业链条，推动整个农业产业化进程，而且还增加了农民收入，有力地促进乡村振兴。

三、政策建议

从以上分析可以看出，粮食不能被单一地定位为一般商品，而应把粮食当作有限公共品来管理。粮食生产和消费体系具有多功能性和多重价值，承载着国家安全、生态安全（包括物种安全）、产业安全、固国本和乡村振兴的重要使命，因此，粮食产业经济须服务于国家战略安全、产业自主、民生健康和生态可持续性，粮食产业经济不是单一的商品经济，而应是民生经济、公共经济、生态经济、道德经济、自主经济和可持续经济，应建立协调机制，加强供应链和价值链管理，整合国内外市场资源，鼓励技术创新，促进粮食产业向技术密集、资本密集型转变，完善现代粮食经营体系，提高我国粮食产业核心竞争力。

（一）进行粮食产业链整体布局规划，加强部际之间的协调机制

建立发改委、商务部、农业部、粮食局、海关、质检等部门间的沟通协调机制，加大监管力度，强化产业监测预警和预期管理，有效提高应急处置水平。将农业生产、管理、储藏、加工、国内市场营销、进出口贸易集中到一个大部

制的经济部门来管理和营销，由专门机构参与粮食的产供销一条龙服务和经营并负责开拓海外市场，统一管理粮食产前、产中和产后及国内外贸易的数据，进行科学指导和统一战略布局，减少条块分割的矛盾，以解决产供销链条不完善和不高效的问题。调整粮食区域布局，引导粮食产业和现代服务业融合，扶持现代服务业发展，引导我国粮食产业经济转型发展。完善我国粮食产业支持保护政策，重点支持粮食产业链升级优化和配套基础设施的完善。

（二）加强供应链和价值链管理，支持现代粮食产业升级

加强供应链和价值链管理，实行研发、生产、仓储、运输、销售全产业链控制与经营，才能与国际粮商抗衡，维护国家产业安全。在领先企业和链条其他成员之间搭建平等对话协商平台，特别是上下游各环节的协同合作，调优链条上经济主体间的利益分配。通过联合、兼并等方式整合横纵资源，引导其实施行业整合，提高综合服务水平、链条成本管控等方面的能力，又要制定专门的政策帮助其分担和对冲系统风险，提高市场运作效率，最终形成市场的优胜劣汰机制。多渠道吸收资金、技术和项目，吸引更多的社会资本参与粮食产业化重点项目建设。继续优化产业结构，大力发展绿色可持续的粮油产业链，重点支持粮食循环经济和深加工产业，实施民族品牌发展战略，大力提升粮食产品和服务的供给质量。积极发展“互联网＋粮食”，建立现代化粮食收储、交易及大数据中心，完善农业担保、保险、期货等金融配套机制。

（三）加大科技投入，强化粮食质量安全追溯和监测

加大粮食产业链核心技术科研的财政投入，鼓励粮企就产业链的关键环节和核心技术进行布局和研发。研制粮油多元化产品，增加粮油产品附加值，培育粮企自主创新及品牌建设意识。完善产学研结合的机制，形成“科技研发—成果转化—推广应用—产权保护—配套服务”的粮食科技推广和社会化服务体系，培养现代高科技人才，并鼓励科研工作者到基层开展科技咨询服务，丰

富基层农业劳动者的科学知识，把高新技术如地理信息系统（GIS）、全球定位系统、毛细灌溉、化肥施用检测等应用于基础农业，加快农业科技化进程，建立公正、独立、透明的全产业链的供应链管理、数据集成、监管管理和质量安全追溯系统。

（四）积极利用国际贸易规则发展外向型农业

由专门机构组织国内粮企积极掌握、利用国际贸易规则和贸易信息，和国际市场对接、合作，在全球范围内整合利用资源，参与“一带一路”建设，提升国际市场竞争力。加快构建粮食产业技术性贸易措施体系，充分发挥非关税贸易措施的作用。加强对跨国垄断集团控制我国粮食行业行为的监控、管理和预警机制，加强对国内外粮食检验检疫标准和产业链布局的研究，避免外资进一步控制我国粮食储存、流通体系。扶持多元化市场主体参与粮食收储、流通加工和贸易，使国营贸易企业与民营企业共同参与国际粮食贸易，增强对跨国垄断集团的抗衡力量。

（五）建立与小农的增收合作机制

在产业政策方面，目前我国粮食政策调整的方向主要是发挥市场供求在价格形成中的基础作用，政府在市场之外给予农民必要的补贴。对于农民的收益损失，宜采取 WTO 所允许的绿箱补贴政策给予弥补，这种补贴与粮食产量、粮食价格脱钩。创新粮食产业链条主体间的合作机制，发展“龙头企业＋农户”、“龙头企业＋合作社＋农户”及“合作社＋农户”、“公司＋基地”等生产经营模式，探索通过“二次结算”、股份制合作等方式，积极探索粮食合作社、土地托管、联耕联营、农业共营制等土地经营服务模式，充分调动农民参与现代粮食产业的积极性，保护小农利益。采取政府推动、市场拉动、部门联动的做法，搭建农业、扶贫、科技、保险、金融机构的合作新机制，探索财政扶贫基金、保险、小额信用借款等相结合的方式，将小农引入现代农业进程中，避免工商资本对农民利益的侵蚀，以推进“包容农民”的粮食产业现代化和乡村振兴。

参考文献：

[1]《警惕！全球粮食严重过剩 粮价或进一步下跌》，新浪财经，访问日期：2017年4月12日。

[2]《中国粮食进口20年目睹之现状》，中华粮网，访问日期：2017年1月26日。

[3] 寇光涛、卢凤君、刘晴：《东北稻米全产业链的增值模式研究——以三江平原地区为例》，《农业现代化研究》2016年3月。

[4] 张正斌：《应重点发展产供销一条龙的农业经营部门》，《中国科学报》2016年5月18日第5版。

[5] 王琳：《当前粮食产业链面临的突出问题与对策》，《当代经济》2017年第4期。

[6] 周伟、Boulanger Mathieu、吴先明：《农业跨国公司垄断对我国粮食安全的影响》，《西北农林科技大学学报（社会科学版）》2016年5月。

[7] 寇光涛、卢凤君：《我国粮食产业链增值的路径模式研究——基于产业链的演化发展角度》，《农业经济问题》2016年第8期。

[8]《国际粮商对中国玉米产业链控制加深》，饲料行业信息网，访问日期：2016年6月27日。

[9] 龙新：《今年粮食有望再获丰收 供给侧结构性改革取得新进展》，《农民日报》2017年10月17日。

[10] 毛新雅、王桂新等：《务工经历与农业人口城市化意愿——以中西部七省（市）为例的研究》，《社会科学》2016年第8期。

论 PPP 项目中政府与企业的财务角色定位

王 玉*

【导语】习近平总书记在党的十九大报告中指出，要毫不动摇鼓励、支持、引导非公有制经济发展，使市场在资源配置中起决定性作用，他多次提及要“构建亲清新型政商关系，促进非公有制经济健康发展”，这为我国政府和社会资本的结合进一步奠定了理论基础。近年来，政府和社会资本合作的 PPP 模式在我国广泛实施，本文结合项目管理的生命周期理论，对如何合理定位政府和企业在 PPP 项目中的财务角色定位进行了探讨。

一、PPP 模式的实践现状

政府和社会资本合作模式（Public Private Partnership，PPP）是在基础设施及公共服务领域建立的一种长期合作关系。社会资本承担设计、建设、运营、维护公共基础设施的部分或者全部工作，通过“使用者付费”及必要的“政府付费”获得合理的投资回报；政府部门负责基础设施及公共服务价格和质量的监管工作，实现公共利益最大化。[①] 截至 2017 年 6 月末，全国 PPP 模式项目累计投资额 16.3 万亿元[②]。同时，为了提供有力的资金保障，推动项目落地，财政部已经设立了总规模 1800 亿元的国家 PPP 融资支持基金。从目前实践结果来看，在我国进入经济“新常态”阶段，PPP 改革进一步稳定了经济增长，促

---

*王玉，国家行政学院政府经济管理专业博士生。主要研究领域为公共财政、新经济。

① 《政府和社会资本合作项目财政管理暂行办法》，(财金〔2016〕92 号)，2016。

② 数据来源：财政部政府和社会资本合作中心，全国 PPP 综合信息平台项目库第 7 期季报，http://www.cpppc.org/zh/pppjb/5422.jhtml，2017-7-28/2017-10-10。

进了供给侧改革，为民生项目工程拓宽了资金渠道。

但是，PPP 模式存在着“风险与利润共担”的特征，其并不是城镇化发展过程中的“万能药”。以城市轨道交通为例，据初步统计，到 2020 年，我国城市轨道交通里程将达到 10000 公里，总投资约 5 万亿，投资需求量巨大。重庆作为 PPP 项目推广起步较早的城市，其在轨道交通项目合作过程中遇到了社会资本投资意愿不强烈的问题。依据规划，重庆市到 2020 年还需新建轨道交通 400 公里，总投资将达到 2000 亿元，地方政府资金压力巨大；但是由于重庆地势复杂，进一步推高了造价成本，社会资本投资意愿不强烈。由于 PPP 合作模式经验有限，在轨道交通项目方面，政府对轨道客流及票价预测存在估算不准确，造成政府部门财政风险增加的可能性，也造成了合作企业项目投资分析的偏差。此外，在合作过程中的财务利益分配机制尚未成熟，存在权利与义务不对等的现象。政府与企业合作的大部分项目均有财政补贴，名义上采用了 PPP 模式，但是经营风险由政府单方面承担，造成了“投资与收益不匹配”。

目前，PPP 合作模式的发展对政府与企业的项目管理能力提出了更高的要求。其中，财务制度作为 PPP 项目管理的核心，主要包括项目评估、投融资管理、会计核算、审计监察等诸多方面。基于项目生命周期视角，政府与企业在项目合作的不同阶段，即项目前期、运作及项目移交三个阶段过程中，应当明晰项目各阶段的角色定位，依此确定权利与义务，降低项目合作风险，进一步推动 PPP 模式的发展。

二、PPP 项目前期的政府与企业的财务角色定位

（一）政府财务角色定位

由于 PPP 模式多使用于基础设施与公用事业建设项目，其特有的正外部性要求政府基于该项目的市场需求、社会效益和经济可行性做出判断而非为追求任期内政绩而造成过度投资。在此期间，政府的应承担财务角色主要包括以下几个方面。

（1）进行项目的财务可行性分析，重点考察项目的必要性与可能性。通过对项目相关经济指标的测算，判别项目的经济指标对社会资本的吸引力，以便政府方设定相关优惠政策，积极引导社会资本方参与。由于实践中基础设施项目多为政府发起，因此政府部门有责任承担项目的财务可行性分析，但这有别于社会资本所进行的投资决策分析，政府应较少地关注项目的商业效益而更多地考虑最终使用者即公众的利益，以及对区域经济发展的牵引作用，在实现合理规划基础设施整体布局的基础上提供合理的财政预算分配。

（2）进行项目的物有所值评估，重点考虑是否应该使用 PPP 模式进行项目建设。实施 PPP 模式的主要目的在于提高公共物品供应效率的同时节约财政资源，解决政府资金使用效率不高的问题，国际上一般采用物有所值法评价使用 PPP 模式能否实现比传统的公共采购模式更高的效率。由于 PPP 项目的产出表现为可量化和不可量化两方面，一般也认为该方法应分定量评价和定性评价两方面展开。在定量分析上，首先需要从政府已往类似项目投资费用、竞争性中立调整和风险三个方面出发建立公共部门比较值（Public Sector Comparator，PSC）作为政府提供项目的标杆成本，再将其与社会资本投标方案进行比较以反映 PPP 模式能否降低项目全生命周期成本、为政府提供物有所值评估。在定性分析上则一般采用问卷调查或专家访谈法关注采用 PPP 模式是否更有利于增加供给、优化风险分配、提高运营效率、促进创新和公平竞争等。在此环节政府部门一方面有必要加大力度完善相关制度，将评价流程完整化、评价指标系统化，另一方面还需在评价执行过程中将影响决策的项目信息进行充分披露，对相关财政预算安排与激励措施如划拨土地、低回报要求的投资、项目唯一性承诺与其他便于项目执行的批示等做出提前基本规划。

（3）进行财政承受能力评价，重点是预测政府未来是否有足够的财力回购政府付费的 PPP 项目，避免政府违约。通过财政承受能力分析方法和数理模型的制度化建设以及政府财务报表体系的重构，将政府每年应承担的支出责任进行分类核算并与其每一年度的一般公共预算支出进行比较，确定一定时期内政府对 PPP 项目的回购最大值，通过合理安排政府预算支出，保证其金额占一般公共预算支出比例低于10%。

（4）办理项目相关合法性手续，重点是办理好项目立项及立项审批、环评、编制工程可行性研究报告及工程用地规划和审批等。国内目前针对PPP项目没有投资审批的直接规定，但是财政部《第三批示范项目评审标准》要求新建项目必须完成城市规划、立项、可行性研究的审批程序，因此笔者认为政府此方面的工作可比照政府投资项目审批程序办理。政府可在PPP项目前期实践中参照2014年国家发展和改革委员会出台的《中央预算内直接投资项目管理办法》（国家发展和改革委员会令第7号）中针对政府投资项目的立项与可行性研究的审批程序的详细规定，再辅之以城市规划中审批程序的若干规定，一方面引导企业规范完成合法性手续审批的相应工作，一方面有效化解PPP项目前期手续不完善的风险。

（二）企业财务角色定位

社会资本方作为项目的实际操作者，在项目前期除了进行机会识别、投资决策、参与投标、合同谈判与签约、与政府方组建项目公司、项目融资等一系列工作之外，财务角色方面应主要定位于投资与融资决策两方面。

（1）进行投资决策分析，即考虑对企业自身而言项目是否从资金和技术方面可行，解决项目是否值得投资的问题。企业应结合政府部门所提供的招标书中所规定的项目建设要求和给予的项目相关经济指标，通过对项目投入产出、企业承受能力进行评估，结合自身的主业定位和项目投资所带来的经营效益，再考虑市场风险、需求状况等因素，并对项目未来现金流进行预测，通过计算NRV、IRR、Pt等经济指标来测算参与项目可能获得的财务经济效益。

（2）进行项目融资决策，即在投资决策可行的前提下进行融资决策分析和项目融资管理，解决投资资金来源的问题。主要考虑项目是否能够通过金融机构融资来解决项目投资资金来源。项目融资决策管理工作应主要包括以下几个步骤：根据项目投资计划和效益情况，确定总的融资额并分摊到每个建设年度；

初步与金融机构进行谈判，试探金融机构对项目的兴趣度；根据金融机构对项目反应程度，制定几套可行的融资方案，进行融资方案比较分析，根据项目特点和外部投资环境及企业财务资源占有情况，确定融资方式、选择融资渠道、计算融资成本，通过比较与分析，选择最优的融资方案。图 1 为 PPP 项目前期的政府与企业的财务角色定位。

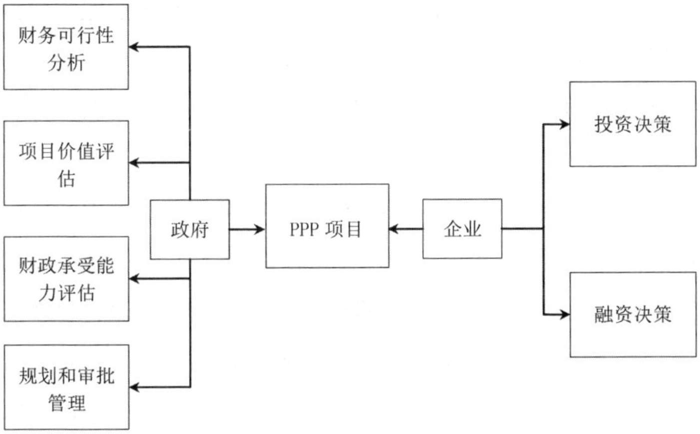

图 1　PPP 项目前期的政府与企业的财务角色定位

三、PPP 项目运作中政府与企业的财务角色定位

（一）政府财务角色定位

（1）按合同约定履行财政支出责任，按出资比例履行相关职责。主要包括按约支付项目资本金和向社会资本支付 PPP 项目的投资成本和收益等。政府要将财政支出责任纳入政府预算安排，科学界定财政作用边界并做好更长期的财政规划，尤其要保证外生需求风险时政府按项目合同约定承担转移支付责任，还可通过加入效率提高、成本节约和服务质量方面约定的奖励报酬等方式提高社会资本参与积极性；同时也需建立公开透明的 PPP 项目库，由地方各级财政部门定期公开项目运营情况，包括成本费用、项目使用水平、提供服务质量、使用者满意程度、供应价格等信息，与同级别同类项目进行合理的绩效比较，

并在地方政府债务中建立专项 PPP 债务管理，避免 PPP 模式成为地方政府新的隐性债务通道。

（2）项目审计。对 PPP 项目的审计应采取政府审计与第三方注册会计师审计相结合的方式，由政府行业主管部门委托第三方会计师事务所从经济利益角度对项目的运作过程和经营成果进行审计，政府审计机关则应侧重于项目社会目标的满足以及政府自身在项目中的权利与义务是否在政府账户中得到了充分披露和公允反映。另外，由于 PPP 项目公司作为非上市企业一般不会主动公开运营绩效信息，因此政府有责任将项目相关财务信息对外公布，并实现不同区域间同类项目的横向绩效比较。

（3）财务监管。政府有必要制定针对项目日常经营活动中财务行为的监管制度，在不影响社会资本工作与项目运作的前提下授权相关部门查询项目账务往来与报表编制等，对项目中社会资本的资金运作与管理进行有效监督。具体内容应包括：审查项目资金来源是否合法合规，项目融资计划是否合理；审查项目资金是否严格按预算的用途使用，防范资金滞留截留、挤占、挪用等违规问题的发生；对项目资产与设备的维护和保养状况进行监管，避免项目公司为尽早收回投资获取利润而采取掠夺性的经营方式；定期检查项目会计核算情况与会计报表编制情况，检查会计处理是否符合相关准则规定，是否按照财政批复的用途分项核算；分析项目资金的使用效率，防范资金损失浪费、效率低下等问题。同时要求社会资本方出具相关银行保函，对其履约情况进行担保，在社会资本方不能履行合同约定时，政府方有权兑付银行保函，以此来补偿政府方的经济损失。

（二）企业财务角色定位

（1）项目相关会计核算。我国目前没有专门针对 PPP 项目的会计处理的相关准则，但可参考国际财务报告解释委员会公告第 12 号《服务特许权协议》、国际公共部门会计准则第 32 号《服务特许经营协议：让渡人》与英国财政部对 PPP 的相关规定进行会计处理。PPP 会计核算提供的财务信息应以满足政府、私人投资方、银行保险机构等第三方参与者、社会公众等的决策需求为目标，真实可靠地反映项目资产价值及参与投资的各方产权在项目内的变动情况，保证各投资主体所拥有的项目权益的完善和安全，及时准确反映 PPP 项目经济运行情况，并对项目经营过程中遇到的财务风险进行及时揭示。

（2）运作资金管理。按照 PPP 项目的特征，项目资金管理主要分为两个阶段：建设期资金管理和运营期资金管理。建设期资金主要包括资本金来源管理和外部融资资金管理。资本金来源主要包括政府方出资和社会资本方出资，资本金一般占到项目投资总额的 20%—40%。项目建设需要大量的资金投入，而资本金投入只能满足项目建设部分资本需求，大量项目建设资金需要通过商业银行贷款来解决。为取得资金成本低和期限长的资金，社会资本方要积极申请政府方提供的特殊信贷支持，如政府贴息和政策性银行贷款。在实际操作中企业可采用挣值法（Earned Value）对项目进行成本管理与进度控制[①]，实现对建设投资资金的合理预测、调整和控制，合理预计项目资金使用峰值，据此匹配资金融资计划，保障建设资金需求。因此企业应以保障资金流动性、安全性和价值性的平衡为管理原则，在保证运营绩效的同时设定财务预警指标，从项目的盈利能力、偿债能力、负债能力和现金流量等几个主要方面进行定期分析以防范财务风险；根据“期限匹配原则”确定最优营运资金配置比率，充分做好资金的需求量预测；加强与政府部门的合作，减少不可预测的外生风险给企业带来的财务冲击。同时要拓宽资本市场直接融资渠道，实现 PPP 项目的资产证券化与项目收益债，运用现金流分层等结构性金融技术，发行不同期限和信用等级的资产支持证券进入产权交易场所公开进行交易。图 2 为 PPP 项目运作中的政府与企业的财务角色定位。

① G. A. Hodge, “The Risky Business of Public–private Partnerships”, *Australian Journal of Public Administration,* 2004, 63（4）, pp. 37-49.

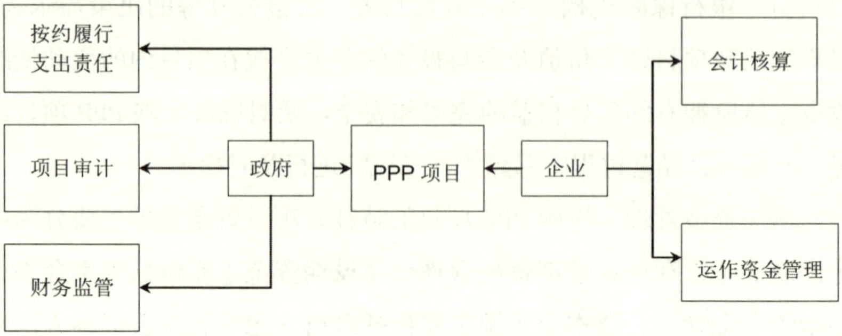

图 2　PPP 项目运作中的政府与企业的财务角色定位

四、PPP 项目移交时政府与企业的财务角色定位

（一）政府财务角色定位

为保证项目资产的完好和使用功能完善并尽可能减少移交行为对项目正常运作的影响，政府应与社会资本方组建项目移交小组，聘请价值评估机构对移交资产进行评估和测试工作。项目移交完成后，政府部门还应对合作过程中项目产出、成本效益、监管成效、可持续性、PPP 模式应用等进行绩效评价，项目的财务后评价与前评估中的财务分析在方法上基本是相同的，但该环节应重点观察项目实际运作结果与预期值的背离程度，对评价结果按相关规定公开评价结果并建立数据库进行整理汇总，为未来开展 PPP 管理提供决策参考依据。同时，政府方要按照合同约定，支付社会资本方最后的投资成本和投资回报。

（二）企业财务角色定位

一方面，企业应参与由政府主导的价值评估工作协助项目移交，并对于经评估未达到移交标准的，应在质量保证期内承担对基础设施的保修责任。另一方面，企业应着手进行项目财务后评价，即从项目投资者的角度，根据项目实际运作中得到的相关财务数据评价其与预期水平存在的差异，综合考查项目的盈利水平、偿还情况等财务指标状况，并与项目前评估结果进行比较分析，找出重大变化存在的原因，总结在本项目实际运作中所获得的经验教训，促进企业经营管理效率，为以后类似项目投资提供经验数据。在项目移交完成后，企业还应对项目公司的债权债务的实际指标进行统计分析，对项目进行后评估，对各项经济指标与可研数据进行对比分析，找出发生重大变化的原因，获取经验数据，进一步提高项目管理水平。图 3 为 PPP 项目移交时政府与企业的财务角色定位。

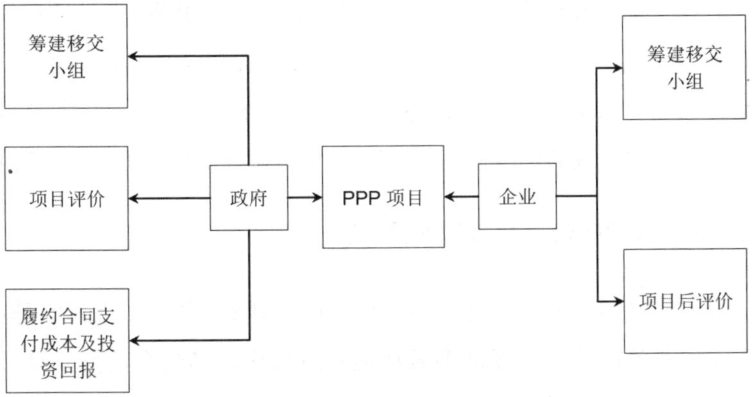

图 3 PPP 项目移交时政府与企业的财务角色定位

五、PPP 项目政府制度创新建议

在我国 PPP 工作中，鉴于 PPP 项目全周期政府和企业财务角色分配的复杂性和职能的交叉性，应当注意在如下几个方面进行制度创新。

（一）细化物有所值分析与财政承受能力评估

2015 年 12 月财政部印发的《PPP 物有所值评价指引（试行）》对物有所值评价流程做出了基本规定，但由于实践数据与计量模型的缺乏，该办法以定性评估为主，可能使评价结果带有较强的主观判断。要完善这一办法，首先应细化评价指标，重点关注使用 PPP 模式是否有利于节约财政资源与实现社会效益。其次应引入第三方专业、独立的机构对物有所值评价结果进行监督以保证数据来源的可靠性与风险量化的准确性，如英国通过国家审计署（National Audit Office）、项目评估小组（Project Review Group）实现对财政部评价结果的审查。最后，物有所值评价应贯穿于项目前期各阶段，如英国采用三阶段评价法，识别阶段评价项目是否采用 PPP，准备阶段评价边界条件深化或方案完善调整后是否仍然采用 PPP，采购阶段评价不同的投标文件是否能够达成物有所值以及哪个投标文件达成了更高程度的物有所值，实现评价结果的动态调整。

另一方面，地方政府有必要定期公布财政承受能力情况，具体包括年度应回购PPP 项目金额、年度财政预算总额和用于回购PPP 项目的财政预算支出等，以保证地方政府财政支出责任的履行受到公开监督，也有利于有意参与 PPP 项目投资的社会资本对政府能够承担的风险水平与财政支持能力做出合理预期。

（二）建立 PPP 项目分类补贴模式

根据项目类型建立回报与收益调节机制，保障社会参与项目的基本利益。PPP 模式成功的关键就是要保证项目在运营过程中的净现金流量与社会资本的后续利润，由于不同类型的项目盈利能力差别很大，政府应根据项目特性对其进行经营性、准经营性和非经营性的划分后，再根据合同约定的特许经营期、收费补偿机制、财政补贴水平与项目唯一性承诺等分析项目的收费机制和项目盈利测算的合理性和可实现性。对于经营性项目需要建立公共服务价格和补贴动态调整机制，通过在合同期限内的使用者付费和政府购买服务这两条渠道来保障私人部门投资的收回；对于准经营性项目地方政府可设定最低投资回报率以保证对社会资本的激励作用；对非经营性项目则可采取成本加成模式通过政府分期付费方式保证私人部门参与者能在项目运营期内收回投资金额并获取合理回报。

（三）建立 PPP 项目产业投资基金制度

产业投资基金作为一种收益共享、风险分摊的集合投资制度，能有效为未上市企业提供股权投资和管理服务，其通过由政府主导成立母基金，使得项目公司能更广泛地吸引社会闲置资本和短期消费资金进入，从而有效拓宽项目融资渠道。在引入产业投资基金进入 PPP 项目时，应在保证基金托管人客观独立的前提下促进基金方参与项目运营的外部监督，实现对企业的产权约束和投资行为的社会监督，并凭借其自身的专业技能和知识给企业提供广泛的服务，为企业引进先进技术和管理。另一方面，政府应加强建设开放的市场交易体制，保障产业投资基金的自由交易与项目退出机制，实现投资基金本身特有的流动性优势。

（四）建立 PPP 项目实施绩效评价制度

为了实现对公众利益的维护并监督政府与社会资本双方责任的切实履行，有必要在合作期内及项目完成后对其绩效评价，通过建立定期评估机制、引入绩效评价委员会等第三方独立机构，实现专家与公众参与项目监督、实施反馈调节手段等措施考察项目是否达到预期要求的社会经济效益、实际经济指标是否达到预期、社会资本方是否按合同运营与移交、社会资本方的收益水平如何、与同类型 PPP 项目相比在社会效益和资源投入方面是否最优、对于效率不佳的项目应该采用怎样的改进手段等问题，促进项目实施水平不断提高。

参考文献：

［1］贾康、孙洁：《公私伙伴关系（PPP）的概念、起源、特征与功能》，《财政研究》2009 年第 10 期。

［2］彭为、陈建国、穆诗煜：《公私合作项目物有所值评估比较与分析》，《软科学》2014 年 28 卷第 5 期。

［3］董丽洁：《我国 PPP 项目会计核算问题研究》，2014 年重庆大学学位论文。

［4］徐刚：《基于 PPP 模式的 BOT 项目财务风险分析及防范》，《公路交通科技》2015 年第 9 期。

［5］吴孝灵、陆冰、石肖然、周静：《政府补偿情景下考虑私人损失规避的 PPP 项目投资决策模型》，《系统管理学报》2016 年第 4 期。

[6]闫坤伦：《价值工程理论在公共项目价值评估中的应用——基于公共价值决策评价的一种新方法》，《价值工程》2016年第17期。

[7]张璐晶：《PPP：婚礼之后日子怎么过——从轨道交通项目看PPP五大难点》，《中国经济周刊》2015年第10期。

优化金融体系资源配置功能

王荣武 *

【导语】党的十九大报告指出，要深化金融体制改革，增强金融服务实体经济的能力，促进多层次资本市场健康发展。本文认为，必须遵循金融发展规律，紧紧围绕服务实体经济、防控金融风险、深化金融改革三项任务，创新和完善金融调控，健全现代金融企业制度，完善金融市场体系，推进构建现代金融监管框架，加快转变金融发展方式，优化金融体系资源配置功能，使之真正服务于实体经济。

一、金融体系的资源配置功能及其意义

第五次全国金融工作会议于 2017 年 7 月 14 日至 15 日在北京召开。中共中央总书记、国家主席、中央军委主席习近平出席会议并发表重要讲话。他强调，金融是国家重要的核心竞争力，金融安全是国家安全的重要组成部分，金融制度是经济社会发展中重要的基础性制度。

金融体系是社会经济体系中资金流动的基本框架，包含了参与主体（监管主体和交易主体）、交易方式（各类和各层次的交易环境和规则）和金融资产（各类资金、资产和金融工具），金融体系的资源配置功能主要体现为其对宏微观各层次主体财务状态尤其是资产负债表的影响——这些主体涵盖了整个国家、地区或行业乃至企业家庭和个人，这些主体从金融体系中获得信息支持、投资工具、信用杠杆、资本注入和风险补偿等资源的环境、方式、流程和结果，

---

* 王荣武，国家信息中心博士后工作站 2017 级博士后。主要研究领域为金融学和投资学。

就反映了金融体系资源配置的体制框架和运行机制。金融体系是社会经济体系的核心，是经济资源配置的枢纽，其运行效率和导向，将直接影响社会经济的生产力发展水平和布局，也会影响社会财富和发展机遇的分布状态。第五次全国金融工作会议提出金融服务实体经济、防控金融风险、深化金融改革三项任务，就是在总结改革开放以来的经验教训，深刻认识国内外经济金融形势的基础上做出的科学论断和历史选择。

中国金融体系和金融制度的演进发展历程，就是改革开放以来中国金融体系从计划经济向社会主义市场经济的转型过程。中国的金融体系和制度在宏观调控和监管体系的构建、市场主体的发展、交易平台和交易规则的设计等方面都取得了举世瞩目的成就，中国的金融体系在不断成长和完善的过程中也在稳健地融入国际金融体系，人民币国际化以及金融领域和资本市场的开放也都在稳步进行。中国社会经济的市场化发展和中国金融体系之间相互促进和影响，金融体系资源配置的效率直接影响中国经济的远期的结构和增长。世界经济以及中国社会经济发展都使中国金融体系不断面临着新的发展要求和挑战，特别是2008年全球金融危机以来，美元量化宽松的实施和退出、世界政治经济格局在全球化和反全球化两种力量的作用下更加复杂，而中国也面临着从中等收入国家向高收入国家迈进、全面建设小康社会的关键阶段。对资源配置起着核心作用的金融体系站在全局和历史的高度厘清本源、找准定位，推进深化改革使金融体系符合中华民族伟大复兴的事业要求，符合新阶段社会主义市场经济的发展要求，就成为不可回避的战略课题。

二、金融体系资源配置中存在的一些现象和问题

（1）融资难融资贵问题，主要是指民营企业、中小企业、小微企业融资渠道不畅、融资条件苛刻、融资成本过高。虽然近几年政府和监管部门高度重视，此问题在一定程度上得以缓解，但依然存在。民营企业、中小企业、小微企业经营能力和抗风险能力普遍较弱，以银行为主要间接融资渠道很难通过授信审

查，同时，其他融资渠道如小额贷款、典当、担保甚至是民间借贷等形式，规模供给不足且成本极高。高成本融资进一步侵蚀了这些企业的经营利润，使得企业资金安排更加窘迫，企业变得更加脆弱。

（2）金融过度虚拟化，主要表现为资金在金融体系内脱离实体经济需求的空转现象，金融机构通过同业业务等方式使资金在金融体系内流转而未流向实体经济，或通过结构嵌套拉长链条后再流向实体经济的现象。金融体系中的金融机构往往从自身局部利益或短期考核要求出发开展业务，近几年金融同业融资包括同业存折放、同业借款、同业买入返售、同业投资、票据买入返售等业务的大规模扩张，就是金融体系资金空转的具体表现。资金空转或者结构嵌套拉长链条发生的原因在于金融机构资金来源与资产运用之间大规模期限错配以及对于监管规则的规避，而金融机构对于同业等业务的激励也会强化这一现象。虽然金融机构的资金最终还是会运用于实体，但资金空转中消耗的是金融机构流动性管理成本，一方面会转嫁而增加实体经济融资成本，另一方面也会使金融机构之间的风险互相传递。

（3）监管套利现象，主要是指金融机构特别是商业银行，为了规避信贷投向、贷款规模、存贷比等监管要求，或者为了实现资产运用和资金来源的表外错配，利用跨部门监管信息沟通障碍，而通过信托通道或券商、基金、保险等资管计划通道，进行嵌套包装的行为。近几年金融机构理财业务的资产池管理模式，信托和券商、基金、保险等资管业务规模的极速扩展，很大程度上反映了这一问题。监管套利行为使得资产信息披露、风险揭示流于形式，管理责任主体和风险承担主体责任不清，给社会经济管理、监管统计和资金安全带来很多隐患和成本。

（4）过度金融创新，对金融创新监管主体缺位。金融创新，除常引人关注的资产证券化、表外业务和“表表外业务”[①]、衍生工具等机构交易市场的创新

① “表表外业务”，是指金融机构为规避监管而开展的某些既没计入资产负债表，也没在表外业务的台账中体现的业务，这些业务的管理责任和实质风险仍由金融机构承担。

活动外，近几年借助互联网环境展业的金融业态（包括P2P、小贷公司、网络消费金融公司、第三方支付平台、三方财富管理平台、众筹、各类资产交易所等）发展迅猛，经营主体、消费者和管理部门都缺乏必要理论和经验，出现了较多的平台经营失败、控制人跑路、出资人被套等情况。如何使新金融业态在规范有序的框架下，充分发挥互联网环境下的技术和成本优势，使其成为金融体系中安全高效最具活力和潜力的部分，是一项非常重要的课题。

（5）刚性兑付问题以及对金融消费者（主要是投资者）的保护。刚性兑付是我国金融体系中的潜规则，主要表现为作为承销商、受托人或管理人角色的商业银行及信托公司的金融机构，要对其管理销售的债券、理财产品或信托产品承担兑付兜底责任，而投资者即使买入高风险、高收益理财产品或信托产品，也会获得金融机构潜在担保。刚性兑付问题是现阶段金融体系不成熟、金融消费者不成熟的集中体现，金融消费者是构成金融体系的重要一方，成熟的金融体系需要成熟的金融消费者——具有一定的金融知识、能够在识别风险基础上具备一定价值判断能力。相对于金融体系的整体发展水平，金融消费者群体的培育和成长相对滞后，在我国以银行为主的金融体系中，存款和银行理财金融消费的主要产品形式，信托理财、基金产品、股票投资、消费型保险等产品形态为辅。

刚性兑付扭曲了金融机构的行为模式和资产负债表，尤其是资产管理类机构，刚性兑付使管理资产变成了隐性负债，使市场风险积聚在金融机构，推高了系统性风险的可能性。打破刚性兑付，使投资者承担相应风险的同时获得风险收益，强化市场规则、消除市场扭曲，有利于缓解系统性风险，发展多层次金融市场。

（6）金融机构对金融资源的错配问题。金融机构以存款或理财产品等形式获得资金来源，又以贷款或其他融资结构形成资金投放和运用，在这个过程中，实现了对金融资源在区域、行业、群体间及跨周期的配置。金融机构受到政策引导、目标约束和考核激励等因素的影响，做出具体的业务部署和决策，在以银行为主导的金融体系中，金融机构对经济环境的判断和风险偏好趋同，必然导致金融资源向优势经济部门汇集，加剧错配状态的形成。近几年，金融资源错配主要表现为资金过多流向了国有企业、地方政府平台和房地产领域，具有活力和创新能力的民营企业、轻资产科技企业、创业企业获得支持不足，进而影响了国民经济整体生产能力的提升。

（7）经济过度金融化。金融资源的稀缺，以及金融机构在配置资源方面的优势地位，使得金融行业也成为资本、人才聚集的领域，甚至很多实体经济中的生产型企业、商贸流通企业、服务类企业也开始谋求金融牌照。经济金融化最关键的特征在于，经济主体将经营或利润来源定位于具有明显金融属性的资金经营活动或资产投资交易活动。过度的经济金融化表现在以下几个方面：①投机活动盛行，资产和要素等市场定价规则受投机资金流动冲击较大，近几年，中国经济中的股票、大宗商品、房地产乃至文物、书画、大蒜、生姜等资产或商品价格剧烈波动，都是投机活动盛行的现实例证。②中国金融业产值在GDP中占比偏高，2012—2015年间金融业增加值平均年增长11.45%，高于GDP增速4个百分点。2015年金融业增加值增速达到15.9%，高于GDP增速9个百分点达到8.39%，2016年下降为8.3%，但仍高于英美等主要发达国家。[①]金融业的收入和利润，最终来源于实体经济，金融业产值占GDP的比重过高，必将影响资本等要素向实体经济的投入，也将进一步影响技术进步和潜在劳动生产率的提升，极端情况下，缺乏实体经济支撑的金融业将成为无本之木，系统性风险难以避免。③金融资产规模和增长速度脱离了实体经济，目前我国金融资产的规模已经达到了近450万亿元（不含衍生品），差不多是GDP的7倍，而且近年来每年以新增30万亿—40万亿元的速度在增长。[②]金融资产中除约55万亿的股票等权益类资产外，其余400多万亿金融资产则体现了社会各经济主体间的债权和债务关系，反映出整个经济体的资产负债水平，更反映出中国经济增长过程中对杠杆的运用和依赖，以及全社会所面临的金融风险水平。

---

① 武宏波：《金融业增加值占GDP比重偏高的思考》，《中国国情国力》2017年7月（总第294期）。

② 杨成长：《我国经济过度金融化的八大症状》，《中国证券报》2016年10月25日。

（8）金融资源错配导致了复杂的利益格局，也形成了财富分配不公的问题。金融资源配置中对资金进行运用，是最为直接的财富分配过程，因区域、行业、体制等因素容易获得金融支持的经济主体，自然在这样的财富分配中获得较多实惠，这也提升了部分收益群体资本积累的效率。金融体系的发展演进不可避免地导致较为复杂的利益格局——部分获益者因其资本优势占据更多的信息优势和行业话语权，竞争的优势定位得到巩固；产业资本和金融资本的融合也会得到加强。在制度建设相对于市场发展存在客观时滞的情况下，既得利益者就有能力利用其信息优势、行业话语权和金融资源优势，影响甚至控制市场，这在金融领域就体现为资产（如股票）和要素价格的过度波动，弱势参与者则会在这样的市场环境下遭受损失，从而加剧了社会财富的集中，也会弱化政府对市场调控干预的政策效果。

三、优化金融体系资源配置功能的策略建议

揭示当前金融体系资源配置功能存在的一些问题，并不是否定中国金融体系建设在改革开放以来的成就和贡献，问题和偏差是发展过程中的必然现象，而及时解决问题和纠偏也为金融体系的优化发展提供了新的空间。以上的问题和现象，在一定程度上反映出金融体系因其资源信息权利优势及短期激励的驱动，存在使整个体系异化发展的内在动因，即在资源配置中支持经济发展的同时也过度地获取利益增加实体成本压力，同时金融体系内的运行流转更加复杂，使实体经济与金融体系之间存在的信息不对称得以强化，这种强化也进一步巩固了金融体系的既得利益。第五次全国金融工作会议，站在国家战略的高度，已经对金融体系的改革发展指明了方向，落实好会议精神，优化金融体系资源配置功能，要注重以下几个方面。

第一，注重金融行业价值观体系的建设，注重金融机构考核评价体系的长效优化。金融体系回归本源，落实“服务实体经济、防范金融风险、深化金融改革”的要求，需要金融体系从全局长远价值判断出发，从建设社会主义市场

经济，建设小康社会实现共同富裕，复兴中华民族的事业出发。一直以来，单纯追求经济绩效偏短期激励，似乎成为了金融行业市场化转型的必然选择，在金融资本的推动下，对于金融机构市场价值的评估和绩效考核也偏重于当期财务表现，金融行业对于业务机会、人才资源的争夺，更多依赖偏短期兑现的业务提成和费用政策。这种情况，就导致金融机构的经营行为偏短期化，对于长期基础投入重视不够，对长周期风险判断和准备不足。短期绩效评价会导致的短期行为，进而映射为从业者价值观的短期化，最极端的后果则会是利益优先、无激励兑现就不作为等现象。

强调价值观体系建设，并不是喊口号，而是要把服务实体、稳健经营、“百年老店”落实到金融机构的绩效体系和考核评价制度中。建设金融体系价值观，在当前就是要落实第五次全国金融工作会议精神，形成金融机构和监管部门普遍共识的思想意志和观念。

第二，加强全社会金融知识的普及和教育，建设社会诚信体系和诚信文化。由于历史、社会和文化的原因，我国社会公众普遍缺乏金融意识，这与我国金融机构的发展和金融创新的速度非常不适宜。一方面，社会公众对金融知识缺乏了解，对如何利用金融工具实现初始收入的保值和增值缺乏规划，金融知识和理财能力的不足，无疑是限制个人财富积累的重要因素。另一方面，由于社会公众金融法制意识淡薄，一些投资者缺乏识别金融活动是否合法的能力，在受到高利息引诱时，参与了形式多样的非法金融业务和非法金融活动，最终导致投资遭受全部或重大损失，继而引发局部地区的金融不稳定和社会不稳定。此外，我国经济脱胎于计划经济，在原有体制下，国有是公有、共有，没有经济主体独立产权概念，不能给守信者以激励，相反却产生大量不道德竞争等违反诚信原则的商业行为，对金融机构债权人和其他债权人保护力度不够，各种逃废债务、违反合同、不尊重财产所有权和债权的现象时有发生，恶化了金融生态，金融机构的信用风险趋于严重。为防范信用风险，必须进行全社会的金融安全知识教育，培育企业和社会公众的诚信观念，创造良好的社会信用环境。

社会公众的金融风险意识、金融法治意识和诚信观念，直接关系到金融机构的资产质量和风险状况，关系到金融体系的稳健运作，是影响金融生态的重要因素。为了强化全社会的金融安全，普及金融知识，树立科学的金融发展观、金融风险意识和法制意识，提高社会的诚信水平，有助于构建和谐的金融生态，维持金融稳定和社会稳定。

第三，重视推进金融产品和工具的标准化建设，发展标准化金融产品市场，形成各类型合格参与主体能广泛的撮合交易机制。标准化的金融产品和工具，具备以下几个特点：（1）可拆分表现为若干份额；（2）有公允的估值体系；（3）有完善的信息披露规则。具备这些特征的金融工具，在合格投资人广泛参与的交易平台，就具备非常强的可交易性，如目前公开市场广泛交易的股票、债券、资产证券化产品、期货合约等，随着标准化市场的进一步发展，信托计划、商业承兑汇票、LP份额、资产收益权，都将有希望成为在特定市场交易的标准化产品。金融产品标准化建设也将推动整个金融体系市场化水平，尤其是在推动合格投资人培育、完善信息披露、促进资产价格发现机制方面非常重要，也会提升整个金融体系资源配置的效率和水平。

第四，重视发展专业服务机构，构建有效监管和行业自律相结合专业服务机构管理体系。广义上的金融服务，是指整个金融业发挥其多种功能以促进经济与社会的发展，除金融机构通过开展业务活动为客户提供包括融资投资、储蓄、信贷、结算、证券买卖、商业保险和金融信息咨询等多方面的服务之外，还包括其他机构提供的专业金融服务，如会计师事务所、律师事务所、资产评估机构、信用评级机构和咨询服务等机构以其专业技能依托信息和知识优势，帮助客户了解金融产品信息披露内容，促进市场信息对称和交易完成。专业服务机构的工作，使许多在一对一交易中不可能实现的交易成为可能，从而扩大了金融市场的规模，起到了融通资金、促进效率和分散风险的作用，金融中介机构的专业知识还能为资金融通双方提供增值服务，如投资咨询、交易结构设计等。

专业金融中介机构是金融体系非常重要的组成部分。重视发展专业服务机构，加强行业自律和提升监管水平，对于提高整个金融体系服务水平，对于改进金融机构经营管理，促进金融消费者保护水平，推进我国的现代金融体系建设，促进经济和社会发展，具有十分重要的意义。

参考文献：

[1]乔治·考夫曼：《现代金融体系》，经济科学出版社 2001 年版。

[2]张筱峰、王健康、陶金：《中国银行体系脆弱性的测度与实证研究》，《财经理论与实践》2008 年第 1 期。

[3]巴曙松、杨现领：《从金融危机看未来国际货币体系改革》，《当代财经》2009 年第 11 期。

[4]张晓朴：《系统性金融风险研究：演进、成因与监管》，《国际金融研究》2010 年第 7 期。

[5]温博慧：《资产价格波动与金融系统性风险关系研究》，2010 年南开大学学位论文。

[6]朱慈蕴：《论金融中介机构的社会责任——从应对和防范危机的长效机制出发》，《清华法学》2010 年第 1 期。

[7]麦强盛：《基于宏观审慎监管的银行业系统性风险研究》，2011 年暨南大学学位论文。

[8]张萌：《货币国际化视角下的系统性风险传导机制与监管策略研究》，2015 年云南大学学位论文。

非正规就业对居民社会融入的影响
——来自中国劳动力动态调查的经验分析

张抗私*

【导语】2016年4月26日，习近平总书记在知识分子、劳动模范、青年代表座谈会上的讲话中指出，党和国家要实施积极的就业政策，创造更多就业岗位，改善就业环境，提高就业质量，不断增加劳动者特别是一线劳动者劳动报酬。他同时强调，要关注一线职工、农民工、困难职工等群体，完善制度，排除阻碍劳动者参与发展、分享发展成果的障碍，努力让劳动者实现体面劳动、全面发展。本文以农民工为主体的非正规就业群体为对象，分析了非正规就业所带来的社会融入问题。

一、引言

20世纪80年代以来，中国的经济体制和社会结构发生了翻天覆地的变化。随着中国市场经济的发展，大量农民工转移到城市。截止到2015年年底，中国农民工的数量已高达2.77亿。农民工的转移为中国城市的发展做出了重大贡献，推动了中国经济的快速发展。然而，进城中的大量农民工群体从事着非正规就业。相比正规就业人群，非正规就业人群不仅面临远离家乡，长时间不能和家人团聚的问题，而且他们的工作时间较长、工作环境较差、工资收入较低并且缺乏社会保障，这些问题严重阻碍了他们的社会融入程度。加快农民工的社会融入是党的十八大报告提出的重大战略决策，也是实现农民工市民化的客

*张抗私，东北财经大学经济学院教授，博士生导师。近年来主要从事就业问题研究。

观要求，因此，研究非正规就业对居民社会融入的影响，具有重要的现实意义。

国外学者对居民社会融入问题进行了大量研究，但这些研究多数是针对发展中国家迁移到发达国家移民的社会融入状况。[①]South 等[②]以及 Bleakley 等[③]研究发现，语言能显著影响移民群体在迁入国的社会融入程度，如果移民群体能够较好地掌握迁入国的语言，那么会显著提高他们的社会融入程度。Smith[④]、Algan 等[⑤]以及Hamermesh 等[⑥]研究发现，经济收入水平和受教育水平对移民群体的社会融入也具有重要影响，较高的经济收入和良好的教育水平对他们的社会融入具有积极的促增作用。Drinkwater 等[⑦]认为，如果迁入国政府对移民群体提供较少的医疗保险以及其他福利待遇，那么移民群体极易遭受健康风险，这在一定程度上阻碍了国际移民群体的社会融入。

近年来，国内学者主要从经济因素（如经济收入水平、就业现状等）、社会因素（如人际交往、社会参与等）、文化心理因素（如社会认同、文化价值观念等）以及制度因素（如户籍制度、社会保障等）等角度对居民社会融入的影响因素进行研究。何军[⑧]依据江苏省农民工的调查数据，采用分位数回归方法分析了新生代农民工与第一代农民工的城市融入影响因素，发现收入水平、

---

① A. Dávila and M. T. Mora, "The Marital Status of Recent Mexican Immigrants in the United States", *International Migration Review*, 2001, 35 (2), pp. 506-524. A. Van de Rijt, "Selection and Influence in the Assimilation Process of Immigrants", *Advanced in Group Processes*, 2013, 30 (1), pp. 157-193.

② S. J. South, K. Crowder and E. Chavez, "Geographic Mobility and Spatial Assimilation among U. S. Latino Immigrants", *International Migration Review*, 2005, 39 (3), pp. 577-607.

③ H. Bleakley and A. Chin, "Age at Arrival, English Proficiency, and Social Assimilation among U. S. Immigrants", *Applied Economics*, 2010, 2 (1), pp. 165-176.

④ J. P. Smith, "Assimilation across the Latino Generations", *The American Economic Review*, 2003, 93(2), pp. 315-319.

⑤ Y. Algan, C. Dustmann, A. Glitz and A. Manning, "The Economic Situation of First-and Second-generation Immigrants in France, Germany, and the U. K.", *Economic Journal*, 2010, 120 (2), pp. 4-30.

⑥ D. S. Hamermesh and S. J. Trejo, "How do Immigrants Spend their Time? The Process of Assimilation", *Journal of Population Economics*, 2013, 26 (2), pp. 507-530.

⑦ S. Drinkwater and C.Robinson, "Welfare Participation by Immigrants in the U. K.", *International Journal of Manpowr*, 2013, 34 (2), pp. 100-112.

⑧ 何军：《代际差异视角下农民工城市融入的影响因素分析 —— 基于分位数回归方法》，《中国农村经济》2011 年第 6 期。

社会资本和受教育水平是影响两代农民工城市融入的重要因素，其中受教育水平对第一代农民工城市融入影响更显著，而社会资本对新生代农民工城市融入的影响作用更大。韩俊强[①]利用2012年武汉市调研数据，对农民工住房情况与城市融入之间的关系进行了分析，实证研究结果发现，相对于住在集体宿舍、公棚和生产场所的农民工来说，租房和拥有自己住房的农民工融入城市的概率更大。秦立建等[②]利用国家卫计委2010年农民工城市融入状况专项调查数据，对医疗保险如何影响农民工城市融入进行了实证研究，发现医疗保险对农民工城市融入的影响存在分位效应，在低分位点上，医疗保险对农民工的城市融入影响不显著，而随着分位点的提高，医疗保险对农民工城市融入具有显著正向影响，而且影响程度不断增强。潘泽泉等[③]运用湖南省农民工“三融入”调查数据，探讨了农民工劳动时间对其社会融入的影响，同样发现劳动时间显著降低了农民工的社会融入程度。陈云松等[④]利用中国社会调查和相关城市统计资料，分析了城镇化的不平等效应对社会融入的影响，发现城镇化的不平等效应（包括社会保险、文化生活、身份认同等）显著降低了居民社会融入程度。杨菊华[⑤]通过对2013年流动人口社会融合个人数据和社区数据的分析，发现流动人口的总体社会融入水平一般，制度约束和结构排斥使得经济和社会方面的融入进程严重滞后于文化和心理方面的融入。

已有文献关于居民社会融入问题的研究取得了一定程度的进展，但是主要侧重居民社会融入的影响因素分析，较少关注非正规就业对其影响。基于以上认识，本文利用CLDS（2012）数据，首先构建居民社会融入程度评价指标体系，然后利用分位数回归方法对非正规就业如何影响居民社会融入进行实证检验，试图对社会融入相关文献进行补充与拓展。

---

① 韩俊强：《农民工住房与城市融合——来自武汉市的调查》，《中国人口科学》2013年第2期。

② 秦立建、陈波：《医疗保险对农民工城市融入的影响分析》，《管理世界》2014年第10期。

③ 潘泽泉、林婷婷：《劳动时间、社会交往与农民工的社会融入研究》，《中国人口科学》2015年第3期。

④ 陈云松、张翼：《城镇化的不平等效应与社会融合》，《中国社会科学》2015年第6期。

⑤ 杨菊华：《中国流动人口的社会融入研究》，《中国社会科学》2015年第2期。

二、概念界定与指标体系构建

本文使用CLDS（2012）数据，首先构建了居民社会融入程度评价指标体系，然后分别利用OLS回归和分位数回归方法对非正规就业如何影响居民社会融入进行了实证检验，研究发现：影响居民社会融入的一级指标共有八个，其中影响最大的一级指标为收入、就业与人力资本。计量回归结果显示，非正规就业对居民社会融入的影响在统计意义上显著为负，而且非正规就业对居民社会融入的影响呈现U型特征。分样本回归结果显示，在居民社会融入程度的所有分位点上，非正规就业对男性居民社会融入程度的损失显著大于女性居民；在居民社会融入程度的第25个分位点之前，非正规就业对中西部地区居民社会融入程度的损失显著大于东部地区居民，在居民社会融入程度的第50个分位点之后，非正规就业对东部地区居民社会融入程度的损失显著大于中西部地区居民。因此，为了提升居民社会融入程度，促进社会和谐安宁，政府应该努力促进劳动力市场正规化，使从事非正规就业的劳动者走向正规岗位。

（一）非正规就业概念界定

非正规就业最早是由国际劳工组织[①]提出的，最初是指非正规部门就业。国际劳工组织指出，所谓非正规部门是指不受国家管理或被国家法律法规压制的小规模企业、小贩、木匠和修理工等，以区别受国家管理和支持的大企业。后来，非正规就业的范围逐渐扩大到包括非正规企业和家庭部门中的就业，甚至还包括正规部门中进行的非正规就业。2003年国际劳工组织进一步提出了非正规就业的统计指南，指出非正规就业应该将劳动者所在单位类型和个人就业的身份特征结合起来进行界定[②]，这为各国界定非正规就业的概念提供了基本的

---

① ILO, *Employment, Income and Equity: A Strategy for Increasing Productive Employment in Kenya*, Geneva, 1972.

② ILO, *Guidelines Concerning a Statistical Definition of Informal Employment*, Geneva, 2003.

框架。

总的来说，国内学者对非正规就业的概念界定主要是指，广泛存在于非正规部门和正规部门中的，有别于传统典型的就业形式，既包括非正规部门里的各种就业门类，还包括正规部门里的短期临时就业、非全日制就业、劳务派遣就业、分包生产或服务项目的外部工人等，即“正规部门里的非正规就业”①。其中非正规部门主要有：（1）由个人、家庭或合伙自办的为社会需要提供商品和服务的微型经营实体，如个体经营户、家庭手工业户、雇工在7人以下的个人独资企业等；（2）以社区、企业、非政府社团组织为依托，以创造就业和收入为主要经营目标的生产自救性和公益性劳动组织；（3）其他自负盈亏的独立劳动者。

本文将非正规就业概念进行如下界定：无雇工的个体经营者、临时工、领取工资的家庭工人以及政府机关、国有企事业单位和集体企业中的短期临时工、非全日制就业和劳务派遣就业。

（二）居民社会融入程度评价指标体系构建

本文的因变量为居民社会融入程度。居民社会融入的内涵比较复杂，不仅要考虑居民的经济因素（如经济收入水平）、社会因素（如人际交往）、制度因素（如户籍制度），还要考虑居民的文化心理因素（如社会认同、价值观念等）。由于居民社会融入至今尚未有统一的指标体系，本文在借鉴以往文献的基础之上，并结合CLDS（2012）调查问卷的设计，运用因子分析方法，计算居民社会融入程度的得分。具体的指标体系构建和因子权重如表1所示。

---

① 常进雄、王丹枫：《我国城镇正规就业与非正规就业的工资差异》，《数量经济技术经济研究》2010年第9期；薛进军、高文书：《中国城镇非正规就业：规模、特征和收入差距》，《经济社会体制比较》2012年第6期；杨帆：《流动人口正规就业与非正规就业的工资差异研究》，《人口研究》2015年第6期。

表 1 居民社会融入程度评价指标体系

目标层	准则层（一级指标）	指标层（二级指标）	因子权重
居民社会融入程度	收入、就业与人力资本（因子）	居民个人年收入对数	0.161
		工作是否签订劳动合同	
		受教育年限	
	社区参与度（因子）	邻里/街坊居民熟悉度	0.144
		社区居民信任度	
	工作满意度（因子）	工作安全满意度	0.144
		工作环境满意度	
	制度约束（因子）	户籍状况	0.131
		周工作时间	
	人际交往（因子）	朋友数量	0.110
		和朋友在外就餐状况	
	社会保障（因子）	医疗保险（参保=1）	0.108
		养老保险（参保=1）	
	社会认同（因子）	生活满意度	0.102
		自评社会地位	
	健康资本（因子）	健康状况	0.100

数据来源：CLDS（2012）。下同

由表1可知，影响居民社会融入的一级指标共有八个，其中影响最大的一级指标为收入、就业与人力资本，权重为0.161。这表明就业对居民社会融入的影响不可小觑，如果就业质量相对较差，显然会降低居民社会融入程度。由于非正规就业群体的工作时间较长、工作环境较差、工资收入较低并且缺乏社会保障，严重影响了他们的就业质量，这对他们的社会融入程度也会造成显著的负向效应。接下来，本文根据该指标体系，计算出居民社会融入的得分，对非正规就业如何影响居民社会融入进行实证检验。

三、数据、模型与变量

（一）数据来源

本文使用的数据来自 CLDS（2012），即 2012 年中国劳动力动态调查数据。该调查是中山大学社会科学特色数据库建设专项内容，通过每两年一次的动态追踪调查，建立劳动力、家庭和社区三个层次的追踪数据库，从而为实证研究提供了基础数据。由于该调查包括详尽的居民人口学特征、经济活动等方面的数据，因此该调查数据已成为对个人微观行为进行研究的重要数据来源。本文的研究对象为年龄在 18—60 岁之间的居民。剔除数据缺失的样本之后，本文最终得到了 3652 个有效微观样本。该有效样本包含了 29 个省（自治区、直辖市），这表明本文的研究样本基本涵盖了全国各个地区，具有理想的代表性。

（二）模型选择

基于上述分析，本文建立的非正规就业对居民社会融入影响的多元回归模型如下所示：

$$Y_i = \alpha_i + \beta_i X_i + \varepsilon_i \tag{1}$$

（1）式中 Y_i 表示居民社会融入程度，通过因子分析计算所得；X_i 表示包括非正规就业在内的所有解释变量的向量；β_i 为相应系数向量；a_i 表示常数项；ε_i 为随机误差项。在具体的估计策略上，本文首先采用均值回归（OLS）方法对（1）式模型进行估计。然而，OLS 回归方法只能估计非正规就业对居民社会融入程度期望值的影响，无法分析在居民社会融入程度条件分布的不同位置上非正规就业对其影响。因此，本文继续采用分位数回归方法（Quantile Regression），考察在条件分布的不同位置，非正规就业对居民社会融入的影响。分位数回归方法是均值回归方法的拓展。分位数回归可以在不同分位数水平上，通过最小化残差绝对值的加权平均来拟合被解释变量与解释变量的线性函数，其优点是不易受极端值的影响就可得到更稳健的结果。本文建立的分位数回归模型如下所示：

$$Q_{i\theta}(Y_i|X_i) = X_i\beta_{i\theta} + u_{i\theta} \tag{2}$$

其中，$Q_{i\theta}(Y_i|X_i)$表示给定解释变量X_i的情况下与分位数θ相对应的条件分位数。分位数回归可以选取任意特定分位数进行参数估计，其中代表性的分位数为0.10、0.25、0.5、0.75和0.90，并通过最小化方程（3）得到系数估计值。

$$\min\left\{\sum_{i:Y_i\geq X_i\beta(\theta)}\theta|Y_i - X_i\beta(\theta)| + \sum_{i:Y_i< X_i\beta(\theta)}(1-\theta)|Y_i - X_i\beta(\theta)|\right\} \tag{3}$$

（三）变量描述

本文的被解释变量为居民社会融入程度。为了更形象地描绘出正规就业群体与非正规就业群体社会融入的分布状况，本文画出了两种就业群体的社会融入核密度图（见图1所示），图中纵坐标代表密度值，横轴代表居民社会融入。由图1可知正规就业群体社会融入程度显著高于非正规就业群体。

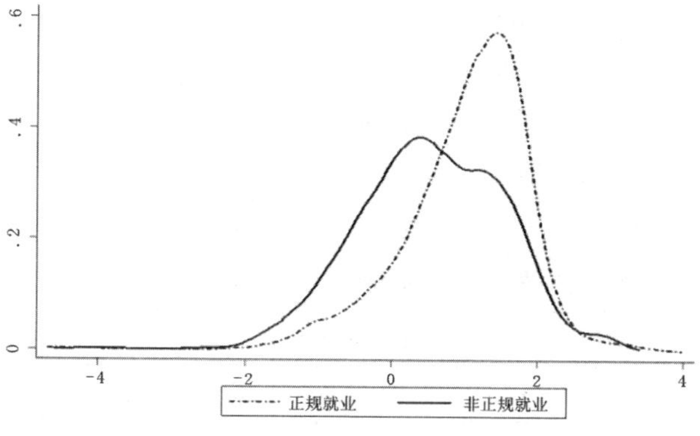

图1　正规就业与非正规就业居民社会融入的核密度图

本文的核心解释变量为非正规就业，本文将非正规就业赋值为1，正规就业赋值为0。由于居民社会融入程度还受到其他因素的影响，本文还引入了控制变量，本文的控制变量包括性别、政治面貌、宗教信仰、工作安全满意度、年收入对数、周工作时间、朋友数量、邻里/街坊居民熟悉度、生活满意度、自评社会地位以及医疗保险。对于性别变量，本文将男性赋值为1，女性赋值为0；对于政治面貌变量，本文将中共党员赋值为1，其他赋值为0；对于宗教信仰变量，本文将有宗教信仰赋值为1，其他赋值为0；对于工作满意度变量，本文将非常不满意、不太满意、一般、比较满意和非常满意依次赋值为1—5；年收入对数变量是指居民个人年收入的对数；周工作时间是指居民每周工作的小时；对于朋友数量，本文将没有朋友赋值为1，拥有1—5个朋友赋值为2，拥有6—10个朋友赋值为3，拥有11—15个朋友赋值为4，拥有16个朋友及以上赋值为5；对于邻里/街坊居民熟悉度，本文将非常不熟悉赋值为1，不太熟悉赋值为2，一般赋值为3，比较熟悉赋值为4，非常熟悉赋值为5；对于生活满意度，本文赋值为1—6代表满意度依次增高；对于自评社会地位，本文赋值为0—10代表自评社会地位依次增强；对于医疗保险，本文将参保赋值为1，未参保赋值为0。以上变量的描述性统计结果如表2所示。

表2 变量的描述性统计分析

变量	变量描述	均值	标准差	最小值	最大值
社会融入	根据因子分析计算所得	0.809	0.957	-4.695	3.976
非正规就业	非正规就业赋值为1，其他赋值为0	0.458	0.498	0.000	1.000
性别	男性赋值为1，女性赋值为0	0.587	0.492	0.000	1.000
政治面貌	中共党员赋值为1，其他赋值为0	0.176	0.380	0.000	1.000
宗教信仰	有宗教信仰赋值为1，其他赋值为0	0.130	0.336	0.000	1.000
工作安全满意度	赋值为1—5，满意度依次增强	3.548	0.807	1.000	5.000
年收入对数	个人年收入的对数	10.092	0.757	6.040	13.017
周工作时间	（小时）	49.761	16.588	0.000	112.000
朋友数量	（个数）	2.885	1.264	1.000	5.000
邻里/街坊居民熟悉度	赋值为1—5，熟悉度依次增强	3.417	1.095	1.000	5.000

续表

变量	变量描述	均值	标准差	最小值	最大值
生活满意度	赋值为1—6，满意度依次增强	4.334	1.217	1.000	6.000
自评社会地位	赋值为0—10，自评社会地位依次增强	4.130	1.900	0.000	10.000
医疗保险	参保赋值为1，其他赋值为0	0.881	0.324	0.000	1.000

四、实证分析

本文利用stata软件首先采用OLS回归方法分析非正规就业对居民社会融入程度期望值的影响，然后采用分位数回归方法分析非正规就业对居民社会融入程度分位数的影响。

（一）非正规就业与居民社会融入：OLS回归结果

非正规就业对居民社会融入程度期望值影响的OLS回归结果如表3所示。

表3　OLS回归结果

解释变量	回归系数	解释变量	回归系数
非正规就业	−0.152***	朋友数量	0.074***
	（0.007）		（0.003）
性别（男性=1）	−0.034***	邻里/街坊居民熟悉度	0.081***
	（0.007）		（0.003）
政治面貌（党员=1）	0.137***	生活满意度	0.081***
	（0.009）		（0.003）
宗教信仰（有信仰=1）	−0.019**	自评社会地位	0.050***
	（0.009）		（0.002）
工作安全满意度	0.112***	医疗保险（参保=1）	0.056***
	（0.004）		（0.010）
年收入对数	0.144***	常数项	0.357**
	（0.004）		（0.175）

续表

解释变量	回归系数	解释变量	回归系数
周工作时间	−0.048***		
	（0.001）	观测值	3,652

注：括号内数值为标准误差，***、**、* 表示在 1%、5% 和 10% 统计意义上显著。下同

由表 3 可知，第一，在控制变量不变的条件下，核心解释变量非正规就业对居民社会融入的影响在 1% 统计意义上显著为负，这表明，非正规就业是影响居民社会融入的重要因素，如果居民从事非正规就业，那么他们的社会融入程度会显著降低。因此，为了提高居民社会融入程度，降低非正规就业给居民社会融入程度带来的损失，劳动力市场正规化是有必要的。

第二，控制变量中的政治面貌、工作安全满意度、年收入对数、朋友数量、邻里 / 街坊居民熟悉度、生活满意度、自评社会地位以及医疗保险对居民社会融入的影响在统计意义上显著为正。这表明中共党员的平均社会融入程度高于非党员居民；居民所从事的工作安全性越高，社会融入程度也越高；年收入水平的提升，会显著增加居民社会融入程度；朋友数量越多，邻里 / 街坊居民越熟悉，生活满意度和自评社会地位越高都会显著提升居民社会融入程度；此外，居民参加医疗保险也会在一定程度上提升居民社会融入程度。与其他变量相比，年收入对数对居民社会融入程度提升的作用最大，因此，如果想显著提升居民社会融入程度，增加居民收入水平是非常有效的。

第三，控制变量中的性别、宗教信仰和周工作时间对居民社会融入的影响在统计意义上显著为负。这表明男性居民社会融入程度显著低于女性，一个可能的解释是，男性面临的生活和工作压力更大，承担的社会责任更多，这在一定程度上会降低他们的社会融入程度，李强[①]也得出了一致的结论；没有宗教信仰的居民社会融入程度高于有宗教信仰的居民，究其原因，宗教信仰对居民的社交活动存在一定程度的约束和限制，这会降低他们的社会融入程度；周工

① 李强、龙文进：《农民工留城与返乡意愿的影响因素分析》，《中国农村经济》2009 年第 2 期。

作时间对居民社会融入程度的损失最大，工作时间的增加不仅直接影响居民社会交往和社会融入，还降低了居民休息和学习时间，休息时间的缩短会降低居民工作效率和劳动安全水平，而学习时间的缩短会抑制居民人力资本和职业技能的提高。

（二）非正规就业与居民社会融入：分位数回归结果

非正规就业对居民社会融入程度分位数影响的分位数回归结果如表 4 所示。

表 4　分位数回归结果

解释变量	分位数回归				
	0.10	0.25	0.50	0.75	0.90
非正规就业	−0.134***	−0.148***	−0.157***	−0.155***	−0.150***
	（0.011）	（0.010）	（0.008）	（0.011）	（0.014）
性别（男性 =1）	−0.031**	−0.033**	−0.029**	−0.038**	−0.039**
	（0.012）	（0.016）	（0.015）	（0.019）	（0.020）
政治面貌（党员 =1）	0.162	0.168	0.149**	0.136**	0.116**
	（0.146）	（0.184）	（0.075）	（0.068）	（0.054）
宗教信仰（有信仰 =1）	−0.001	−0.019	−0.022	−0.016	−0.015
	（0.014）	（0.018）	（0.019）	（0.015）	（0.016）
工作安全满意度	0.103***	0.112***	0.118***	0.114***	0.111***
	（0.006）	（0.007）	（0.005）	（0.006）	（0.006）
年收入对数	0.138***	0.151***	0.161***	0.145***	0.127***
	（0.009）	（0.007）	（0.006）	（0.007）	（0.007）
周工作时间	−0.048***	−0.049***	−0.049***	−0.049***	−0.049***
	（0.001）	（0.012）	（0.003）	（0.000）	（0.001）
朋友数量	0.072***	0.075***	0.073***	0.076***	0.078***
	（0.004）	（0.005）	（0.003）	（0.004）	（0.005）
邻里 / 街坊居民熟悉度	0.085***	0.076***	0.085***	0.082***	0.076***

续表

解释变量	分位数回归				
	0.10	0.25	0.50	0.75	0.90
	（0.005）	（0.006）	（0.004）	（0.005）	（0.005）
生活满意度	0.082***	0.079***	0.083***	0.078***	0.080***
	（0.004）	（0.005）	（0.003）	（0.005）	（0.006）
自评社会地位	0.051***	0.049***	0.048***	0.052***	0.054***
	（0.003）	（0.003）	（0.002）	（0.002）	（0.003）
医疗保险（参保=1）	0.073***	0.069***	0.051***	0.048***	0.042**
	（0.015）	（0.015）	（0.016）	（0.015）	（0.019）
常数项	0.102	0.151	0.165**	0.504***	0.836***
	（0.096）	（0.096）	（0.070）	（0.082）	（0.092）
观测值	3,652	3,652	3,652	3,652	3,652

由表 4 可知，第一，在所有分位点上，核心解释变量非正规就业对居民社会融入的影响在 1% 统计意义上都显著为负，而且呈现 U 型特征，即在居民社会融入程度的第 50 个分位点之前，非正规就业对居民社会融入程度的损失逐渐增加，而第 50 个分位点之后，影响程度逐渐减弱。这表明，非正规就业是影响居民社会融入的重要因素，而且对居民社会融入程度不同分位点的影响也具有明显变化。

第二，在所有分位点上，控制变量中的政治面貌、工作安全满意度、年收入对数、朋友数量、邻里 / 街坊居民熟悉度、生活满意度、自评社会地位以及医疗保险对居民社会融入影响与 OLS 回归结果一致。对于政治面貌和医疗保险而言，随着居民社会融入程度分位点的提高，政治面貌和医疗保险对居民社会融入影响基本呈现下降的趋势，这表明党员身份和参加医疗保险对社会融入程度较低群体的影响更明显；对于工作安全满意度和年收入对数而言，随着居民社会融入程度分位点的提高，工作安全满意度和年收入对数对居民社会融入影响呈现先升后降的趋势；对于朋友数量而言，随着居民社会融入程度分位点的提高，朋友数量对居民社会融入程度影响呈现上升的趋势，即与社会融入程度较低的群体相比，朋友数量对社会融入程度较高群体影响更大；而对于邻里/街坊居民熟悉度、生活满意度、自评社会地位三个变量而言，它们对居民社会融入程度不同分位点上的影响变化不明显，这表明和街坊居民越熟悉，生活满意度和自评社会地位越高，对所有居民社会融入程度都具有显著提升作用。

第三，在所有分位点上，控制变量中的性别、宗教信仰和周工作时间对居民社会融入的影响与 OLS 回归结果也是一致的，即女性居民、没有宗教信仰的居民以及周工作时间较短的居民社会融入程度显著高于男性居民、有宗教信仰的居民和周工作时间较长的居民。其中周工作时间对居民社会融入程度的影响不存在分位点效应，这表明周工作时间的延长对所有居民社会融入程度都具有显著的降低作用。此外，为了直观表达非正规就业和其他控制变量对居民社会融入影响的方向、大小以及趋势情况，本文给出了分位数回归系数变化趋势图，如图 2 所示。

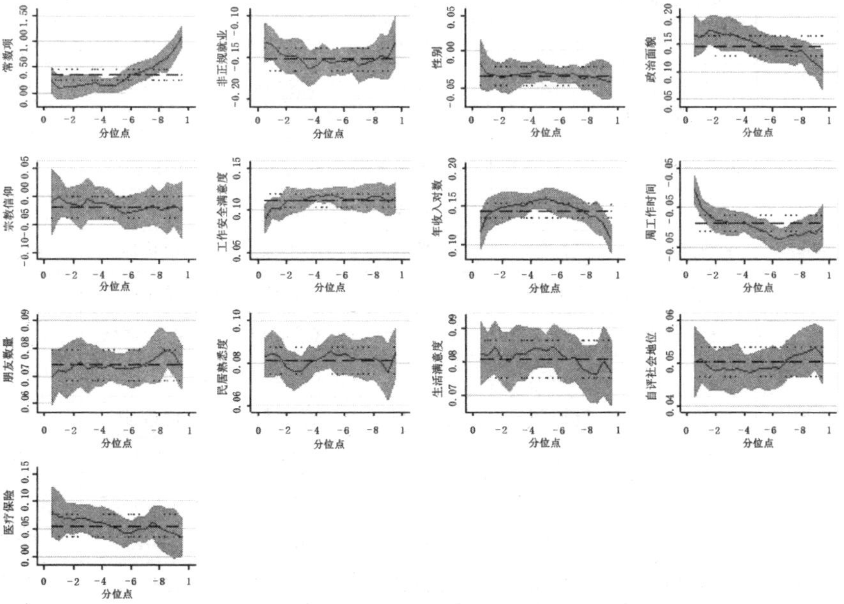

图 2　分位数回归系数变化趋势图

（三）非正规就业与居民社会融入：分样本回归结果

前文的分析是将所有的样本放在一起进行的 OLS 回归和分位数回归分析，因此得到的结论是非正规就业对所有居民社会融入影响的一个平均效应。接下来，本文按照性别和地区将全样本分为男性样本和女性样本；东部地区、中部地区和西部地区，利用分位数回归方法，进一步分析非正规就业对不同群体居民社会融入影响是否存在差异。分样本回归结果见表 5。

表 5　分样本回归结果

分样本	解释变量	分位数回归				
		0.10	0.25	0.50	0.75	0.90
男性	非正规就业	−0.150***	−0.151***	−0.166***	−0.153***	−0.160***
		（0.017）	（0.014）	（0.011）	（0.015）	（0.017）
	控制变量	已控制	已控制	已控制	已控制	已控制
	观测值	2,143	2,143	2,143	2,143	2,143
女性	非正规就业	−0.130***	−0.128***	−0.155***	−0.151***	−0.146***
		（0.015）	（0.018）	（0.014）	（0.017）	（0.022）
	控制变量	已控制	已控制	已控制	已控制	已控制
	观测值	1,509	1,509	1,509	1,509	1,509
东部地区	非正规就业	−0.141***	−0.153***	−0.153***	−0.166***	−0.186***
		（0.015）	（0.014）	（0.012）	（0.014）	（0.016）
	控制变量	已控制	已控制	已控制	已控制	已控制
	观测值	2,169	2,169	2,169	2,169	2,169
中部地区	非正规就业	−0.201***	−0.186***	−0.147***	−0.127***	−0.121***
		（0.039）	（0.022）	（0.025）	（0.030）	（0.035）
	控制变量	已控制	已控制	已控制	已控制	已控制
	观测值	797	797	797	797	797
西部地区	非正规就业	−0.151***	−0.160***	−0.166***	−0.134***	−0.118***
		（0.029）	（0.024）	（0.022）	（0.025）	（0.023）
	控制变量	已控制	已控制	已控制	已控制	已控制
	观测值	686	686	686	686	686

由表 5 可知，第一，在居民社会融入所有分位点上，无论是男性还是女性，东部地区、中部地区还是西部地区，非正规就业对居民社会融入都具有显著负向效应。同时在居民社会融入程度的所有分位点上，非正规就业对男性居民社会融入程度的损失显著大于女性居民；在居民社会融入程度的第 25 个分位点之前，非正规就业对中西部地区居民社会融入程度的损失显著大于东部地区居民，在居民社会融入程度的第 50 个分位点之后，非正规就业对东部地区居民社会融入程度的损失显著大于中部地区和西部地区居民。这表明，非正规就业显著降低了居民社会融入程度，而且非正规就业对居民社会融入程度影响存在异质性。

第二，非正规就业对男性居民和女性居民社会融入影响存在分位点效应，随着居民社会融入程度分位点的提高，非正规就业对男性居民和女性居民社会融入影响均呈现上升的趋势。这表明，非正规就业对社会融入程度较高群体的负向效应显著大于社会融入程度较低的群体。

第三，非正规就业对东部地区、中部地区和西部地区居民社会融入影响同样存在分位点效应。其中随着居民社会融入程度分位点的提高，非正规就业对东部地区居民社会融入影响呈现上升的趋势，而对中部地区居民社会融入影响呈现下降趋势；非正规就业对西部地区居民社会融入的影响呈现 U 型特征，即在居民社会融入程度的第 50 个分位点之前，非正规就业对居民社会融入程度的损失逐渐增加，而第 50 个分位点之后，影响程度逐渐减弱。

（四）稳健性检验

为了检验前文的结果是否具有稳健性，本文进行了两组稳健性检验。

一是内生性处理。非正规就业与居民社会融入程度之间可能存在内生性问题，即社会融入程度越低的人从事非正规就业的可能性越大。非正规就业与居民社会融入程度之间的这种反向的因果关系，将会使得非正规就业成为居民社会融入程度决定方程中的内生解释变量，此时，得到的回归系数就不具有一致性。为了解决回归方程中的内生性偏误，需要寻找有效工具变量，以检验上述回归结果是否具有稳健性。有效工具变量需要满足两个条件：其一，工具变量与内生解释变量相关；其二，工具变量必须是方程的外生变量，与随机扰动项不相关。本文利用省级养老保险覆盖率作为非正规就业的工具变量，主要原因是养老保险覆盖率越高的地方，劳动保护执行情况越好，劳动者从事非正规就业的可能性越小。过度识别检验的 P 值为 0.762，故接受原假设，认为工具变量为外生的，与扰动项不相关。同时第一阶段回归的 F 统计量为 89.479，远远超过了经验切割点 10，这表明工具变量不是非正规就业的弱工具变量。工具变量回归结果见表 6。

表 6　非正规就业与居民社会融入：工具变量回归结果

解释变量	全样本	男性样本	女性样本	东部地区	中部地区	西部地区
第一阶段回归						
省级养老保险覆盖率	−0.121**	−0.110*	−0.117*	−0.096*	−0.148**	−0.210***
	（0.060）	（0.063）	（0.067）	（0.055）	（0.074）	（0.027）
第二阶段回归						
非正规就业	−0.161***	−0.174**	−0.140***	−0.155***	−0.147**	−0.163***
	（0.052）	（0.087）	（0.019）	（0.048）	（0.073）	（0.035）
控制变量	已控制	已控制	已控制	已控制	已控制	已控制
观测值	3,652	2,143	1,509	2,169	797	686

由表 6 可知，无论是全样本还是分样本，第一阶段回归结果显示省级养老保险覆盖率对非正规就业的影响在统计意义上显著为负，符合前文分析。第二结果回归结果显示在控制变量不变的情况下，非正规就业变量系数都在统计意义上显著为负，这表明非正规就业是影响居民社会融入的重要因素，如果居民从事非正规就业，那么会显著降低他们的社会融入程度，支持了前文结论。同时控制变量的回归系数符号与前文结果也是一致的，本文不再详细叙述。

二是离群值处理。为了确保上述结果的有效性，本文做了离群值处理。本文对收入最低的 5% 和收入最高的 5% 的样本作为离群值进行了删除，这样处理的原因在于收入最低的居民社会融入程度相对偏低，而收入最高的居民社会融入程度相对偏高，删除这两个样本，可以使回归结果尽可能体现非正规就业对普通居民社会融入程度的影响。离群值处理之后的回归结果和以上回归结果基本一致，本文不再详细叙述。

五、结论及政策建议

本文使用CLDS（2012）数据，首先构建了居民社会融入程度评价指标体系，然后分别利用OLS回归和分位数回归方法对非正规就业如何影响居民社会融入进行了实证检验。本文研究发现了以下四条结论。

第一，“收入、就业和人力资本”是居民社会融入程度评价指标体系中最重要的因素。

居民社会融入程度评价指标体系显示，影响居民社会融入的一级指标共有八个，分别为收入、就业与人力资本；社会参与度；工作满意度；制度约束；人际交往；社会保障；社会认同；健康资本。其中影响最大的一级指标为“收入、就业与人力资本”，权重为0.161。这表明就业对居民社会融入的影响不可小觑，如果就业质量相对较差，显然会降低居民社会融入程度。

第二，如果居民从事非正规就业，那么居民的社会融入程度会显著降低。

OLS回归结果显示，非正规就业对居民社会融入的影响在1%统计意义上显著为负；分位数回归结果显示，在所有分位点上，非正规就业对居民社会融入的影响同样在1%统计意义上显著为负，而且呈现U型特征，即在居民社会融入程度的第50个分位点之前，非正规就业对居民社会融入程度的损失逐渐增加，而第50个分位点之后，影响程度逐渐减弱。这表明，非正规就业对居民社会融入程度影响存在分位点效应。

第三，与女性相比，非正规就业对男性社会融入程度造成的损失更大。

分样本回归结果显示，在居民社会融入所有分位点上，无论是男性还是女性，非正规就业对居民社会融入都具有显著负向效应。同时在居民社会融入程度的所有分位点上，非正规就业对男性居民社会融入程度的损失显著大于女性居民。

第四，非正规就业对中西部地区社会融入较低的居民造成的损失大于东部地区，而对东部地区社会融入较高的居民造成的损失大于中西部地区。

分样本回归结果显示，在居民社会融入所有分位点上，无论是东部地区、中部地区还是西部地区，非正规就业对居民社会融入都具有显著负向效应。在居民社会融入程度的第25个分位点之前，非正规就业对中西部地区居民社会融入程度的损失显著大于东部地区居民，在居民社会融入程度的第50个分位点之后，非正规就业对东部地区居民社会融入程度的损失显著大于中部地区和西部地区居民。

因此，为了提升居民社会融入程度，降低非正规就业给居民社会融入程度带来的损失，促进社会和谐安宁，中央和地方政府应该重点考虑以下几个方面：首先，消除城乡、行业、身份和性别等一切影响平等就业的制度障碍和就业歧视，努力促进劳动力市场正规化，使从事非正规就业的劳动者走向正规岗位。其次，从人文关怀上促进居民社会融入。注重居民精神需求和心理健康，引导居民树立正确的世界观、人生观和价值观；引导居民依法维护自身的合法权益；引导居民相互尊重、相互理解，推动包容式融入。再次，从制度上促进居民社会融入。督促各方出台或完善城镇落户、子女教育、住房保障、医疗卫生等方面的政策措施，保障所有居民都能享受基本公共服务。最后，从保障民主权利上促进居民社会融入。保障居民参与管理社区公共事务权利，健全企业民主管理制度，加大改革创新力度，调动社会各方力量，进一步激发社会活力，促进居民社会融入。总之，努力提升中国居民社会融入程度，培育健康的居民社会心理，增强社会凝聚力，为实现中国梦奠定健康的社会心理动力源。

第四编　行政体制改革

大数据助力国家治理现代化

安森东*

【导语】大数据助力国家治理已成为全球发展新趋势。十八届三中全会提出要“完善和发展中国特色社会主义制度，推进国家治理体系和治理能力现代化”，十九大已将“推进国家治理体系和治理能力现代化”写入党章。本文认为，随着信息时代的到来和我国经济社会的发展，大数据在国家治理现代化中的作用已十分明显，但目前还存在着一些瓶颈问题，需要着力加以研究和解决。

人类社会昂首迈入大数据时代。数据驱动发展、数据助力治理成为全球发展新趋势。大国治理呼唤大智慧，大智慧根植于大数据。大数据是实现这一目标的新路径、新引擎、新动力。近年来，大数据助力国家治理现代化上下同心、勠力开局。主要表现在：一是 2015 年 7 月国务院办公厅印发《关于运用大数据加强对市场主体服务和监管的若干意见》，明确要求“提高政府运用大数据能力，增强政府服务和监管的有效性”；二是 2015 年 8 月国务院印发了我国大数据发展的顶层设计和总体部署——《促进大数据发展行动纲要》，其重大任务之一就是加快政府数据开放共享，推动资源整合，提升治理能力；三是在国家战略规划布局下，各地相继出台有关大数据发展的条例、办法、规划和行动计划等；四是大数据助力国家治理现代化的实践已形成燎原之势。为更好发挥大数据在国家治理中的作用，笔者调研走访了一批在国家行政学院培训的学员、国家治理专家、大数据专家和相关知名人士，对大家集中反映的亟待在数据共

* 安森东，中国行政体制改革研究会信息部主任，高级经济师。主要研究领域为战略管理、人力资源管理、应用经济和公共管理。本文是中国行政体制改革研究会 2017—2018 行政改革研究基金课题《城镇化发展与行政区划问题研究》阶段性研究成果。

享、体制机制、法律法规等方面破解的瓶颈问题进行了梳理分析，提出了大数据助力国家治理现代化的建议。

一、大数据整合共享艰难严重制约其助力国家治理现代化作用的发挥，成为我国当前必须正视的严峻问题

近年来，大数据浪潮席卷全球，受到国家和社会各界高度关注。大数据具有成为国家治理重要驱动力和“幕僚高参”的优秀潜质。同时，在此过程中，也存在大数据整合共享艰难等突出问题，严重制约了其助力国家治理现代化作用的充分发挥。主要表现在以下几个方面。

（一）数据共享实施举步维艰

数据资源这座沉睡的“富矿”一旦被全面挖掘和应用，其经济和社会价值将难以估量。然而，目前相当比重的政府部门为了部门利益，对其所拥有的数据资源不愿共享。同时，不同政府部门在数据共享方面因建设时期、建设主体、业务领域等不同导致业务数据标准格式不统一，系统异构、数据异构导致数据割据，“电子化”数据碎片难以整合，形成一个个“信息孤岛”，实现数据共享障碍重重。

（二）数据共享体制保障不力

国家治理强调多元治理主体的合作与共治，这需要国家各相关部门所掌握的数据能够实现共享，以及在此基础上多元治理主体的工作协同。目前，这方面仍存在体制保障不力、工作不到位等突出问题。如：平级政府部门之间主要通过传统协商方式进行数据共享，程序多、耗时长、效率低。上下级政府和部门之间数据共享方面，由于上下级政府或部门之间存在着领导被领导或指导被指导关系，上级政府和部门提出的数据共享需求一般会得到充分满足，但下级政府和部门向上级发出的共享请求通常难以得到及时、全面回应。

（三）立法执法缺位异化并存

一方面，相关法律规范缺位。完善的法律法规是数据公开和共享得以实现的基础、依据和保障。目前我国相关法律规范缺位，数据公开和共享无法做到有法可依。另一方面，数据公开和共享异化。如 2007 年《中华人民共和国政府信息公开条例》出台后，各省市政府制定出台了相应的地方规章或办法，但在实际运行中，“公开是原则、不公开是例外”悄然变异为小事、不重要的事和结果公开，大事、重要的事、过程不公开等怪象。

（四）大数据思维缺失严重

大数据不仅是一场技术革命、经济变革，也是一场国家治理变革。推进国家治理现代化需要加强数据分析、数据挖掘、数据增值，维护数据共享、数据主权、数据安全，克服数据依赖、数据鸿沟、数据独裁，共同打造智慧企业、智慧城市、智慧政府，从而积极迈向智慧国家建设。《哈佛商业评论》称大数据本质上是“一场管理革命”。大数据将带来一场社会变革，特别是公共管理与公共服务领域的变革。当今，世界上越来越多的国家和地区将大数据上升为国家和地区发展战略。调研发现，相当一部分领导干部对大数据的认识不深不透不全，没有将大数据上升到战略高度去认识和把握，在工作中缺乏大数据思维，不会利用大数据进行精准分析和辅助决策。

二、大数据助力国家治理现代化的建议

要在大数据存在整合艰难等突出问题的情况下发挥大数据在国家治理现代化中的作用，必须上下同心，攻坚克难，强根固本，砥砺奋进，通过夯实“四个基础”，实现“六个助力”。

（一）夯实“四个基础”

1. 夯实国家信息资源开放和共享基础

习近平总书记2016年6月22日在乌兹别克斯坦最高会议立法院演讲时指出，加强人文领域合作，深入开展教育、科技、文化、体育、旅游、卫生、考古等领域合作，建立大数据交流平台。国务院的部署中明确提出，“将大数据作为提升政府治理能力的重要手段”“提高社会治理的精准性和有效性”，并具体部署了四项重大工程：政府数据资源共享开放工程、国家大数据资源统筹发展工程、政府治理大数据工程、公共服务大数据工程。为此，在大数据对外开放与合作方面，建议在国家层面做好信息资源开放和共享顶层设计，形成大数据大开放格局。另外，在国家信息资源的国内开放与共享方面，建议成立专门数据信息资源监管机构或直接由信息化主管部门牵头，按照“一数一源、授权使用、分层管理、分级应用”原则，建立“用数据说话、用数据决策、用数据管理、用数据创新”的管理机制，依托已有电子政务等信息化系统，构建完整、系统、分层的政务云平台，以及政府与社会互动的大数据采集机制。总之，通过政务数据开放和共享，为实现大数据助力国家治理现代化提供强大信息支撑保障。

2. 夯实大数据能力建设及其在国家治理上的应用基础

习近平总书记2015年6月18日在贵州调研时强调，我国大数据采集和应用刚刚起步，要加强研究、加大投入，力争走在世界前列。当前，政府掌握的海量重要数据大多处于“休眠”状态，如何发挥这些“休眠”数据的价值，是当前亟待解决的突出问题。我们建议：一是在政府治理方面，借助大数据实现智慧治理、数据决策、风险预警、智慧城市、智慧公安、舆情监测等。大数据通过全息的数据呈现，使政府从“主观主义”“经验主义”的模糊治理方式，迈向“实事求是”“数据驱动”的精准治理方式。二是在公共服务领域，建立基于大数据的智能服务系统，极大提升人们的生活体验，智慧医疗、智慧教育、智慧出行、智慧物流、智慧社区、智慧家居等，使人们享受的一切公共服务在数字空间中以新的模式重新构建。三是在平台建设方面，通过建立国家发布政府数据的网站，开放和促进数据透明和共享。地方政府以政府数据资源网站为基础，从手机终端APP突破，通过移动终端实现对政府部门应用系统的访问，打造智慧政府。探索“我的政府”服务模式，开发教育培训、医疗卫生、食品安全、智慧交通、公共安全和科技服务等与数据使用主体息息相关的APP业务，开放数据订阅和推送，向社会提供个性化、精细化的数据资源服务。

3. 夯实大数据相关法律制度和流程建设基础

习近平总书记在2016年4月19日网络安全和信息化工作座谈会上的讲话中指出，要依法加强对大数据的管理，重视数据安全。为贯彻落实好习近平总书记这一指示精神，我们建议：一是加快出台大数据相关法律法规。大数据的收集和使用涉及国家信息安全和公民隐私等，数据的应用开放共享必须在立法层面明确相应的边界、原则和规则，并根据相关法律对开放对象的数据使用情况进行监管。为此，要抓紧制定出台大数据发展的相关法律法规、行政条例和部门规章；抓紧制定出台数据反垄断相关规定，以及大数据采集办法、大数据使用许可办法、大数据管理办法、大数据销毁办法、大数据安全责任办法等实施细则。二是重视大数据安全体系建设。要高度重视大数据安全体系建设，国家相关部门要制定大数据技术标准和运营规范，加快制定大数据隐私保护制度，明确隐私保护的内容、责任主体、级别要求等，实现数据开放需求、隐私保护需求和安全保障需求之间的平衡。三是加快建立数据质量管理制度和流程建设。要高度重视数据质量，构建一体化数据质量管理体系，制定数据质量测量统一标准，完善质量管理流程，从制度层面保证数据的精准和有效。要制定严格规范的数据采集、储存、处理、推送和应用流程，实现数据的开放、流动和共享，降低治理成本、提高治理效率、提升治理效能。

4. 夯实大数据助力国家治理现代化思维和舆论基础

美国耶鲁大学教授丹尼尔·埃斯蒂指出，基于数据驱动的决策方法，政府将更加高效、更加开放、更加负责。大数据能够帮助各级党委和政府的决策者对海量的实时“微数据”和“微事件”进行掌握、挖掘、关联，突破“信息孤岛”限制，排除各种垃圾信息干扰，把握数据中蕴含的规律性、倾向性问题，综合研判经济社会发展趋势，提高公共决策效率和质量，更好回应公众关切，满足公众期待。领导干部的大数据思维和意识对实现前瞻决策、实时决策、精准决策至关重要。为此，建议：一是将大数据战略宣教纳入党校、行政学院等干部教育机构核心培训课程；二是建设一个高质量的“大数据与国家治理实践案例库”；三是邀请大数据专家讲授大数据理论知识和前沿发展动态，邀请政府相关部门分享其已开展的大数据应用案例，增强各级党政领导干部的大数据思维和意识；四是加快推进技术融合、业务融合、数据融合，实现跨层级、跨地域、跨系统、跨部门、跨业务的协同管理和服务，带动整个公务员队伍大数据应用能力，形成用大数据助力国家治理现代化的良好氛围。

（二）实现“六个助力”

1. 助力国家治理现代化顶层设计科学合理

国家治理现代化是一个开放复杂的巨系统，需要全社会共同参与。依靠单一主体、单一力量则难负其重，容易导致治理结构失衡，偏离国家治理正确方向。只有统筹国家治理现代化的目标、主体、客体、过程，系统谋划、整体推进、综合施策，才能达到预期目标。为抢抓大数据发展战略机遇期，我国密集出台了《关于运用大数据加强对市场主体服务和监管的若干意见》、《促进大数据发展行动纲要》等重磅文件，为大数据助力国家治理现代化的顶层设计提供了重大保障。

2. 助力国家治理现代化决策正确高效

科学决策是国家治理现代化的核心。信息化时代，科学决策越来越依赖大数据。决策者往往要对海量的“微数据”和“微事件”实时掌握和挖掘，将分散的小概率事件有序关联起来，突破“信息孤岛”限制，把握数据中蕴含的规律性、倾向性问题，提高公共决策的民主化、科学化水平，更好地回应公众关切，满足公众需求和期待。

3. 助力国家治理现代化进程顺利推进

把中国特色社会主义的制度优势转化为国家治理现代化的胜势，涉及主体、制度、技术等要素。充分运用大数据提供的规律性结论，有利于形成系统完备、科学规范、运行有效的制度体系，使各方面制度更加成熟更加定型，保障国家治理现代化遵循科学性、战略性、长远性、系统性和有效性的原则，在系统治理、依法治理、综合治理、源头治理的轨道上顺利推进，保障国家治理现代化过程规范、运作高效。

4. 助力国家治理现代化效能持续提升

大数据的开放和流动、使用和共享，能帮助治理主体准确预测经济社会发展趋势、社会公共服务需求、引发社会治理危机和公共安全事件的因素，有效实施事前控制，进一步降低治理成本、提高治理效率，从而进一步提升国家治理的整体效能。

5. 助力国家治理现代化信息反馈及时有效

国家治理现代化是“持久战”，要充分运用大数据的理念、技术和资源，及时、有效地对国家治理现代化进程进行监管，将海量碎片化且无序排列的信息变成有用、有序的数据，使监管更有针对性、更加透明。通过大数据对国家治理现代化进程进行精准分析，为决策者提供国家治理现代化推进的真实信息，有助于决策者以目标变量为参照系，及时、准确地掌握国家治理现代化的进程、成效以及存在的问题，并针对评估结果及时进行调整和修正。

6. 助力对“放管服”改革强力支撑和推动

一是发挥大数据在推动政府简政放权改革中的作用。简政放权是全面深化行政体制改革、转变政府职能的重要举措。要充分发挥大数据的开放共享作用，打破同级政府部门间和上下级政府间数据壁垒，实现资源共享和便捷化、智能化、扁平化管理，推动简政放权和政府职能转变，更好发挥政府在国家经济社会发展中的作用。二是运用大数据加强政府对市场的有效监管。推动工商、税务、质监、安监等部门收集的企业数据信息实现共享，通过云计算等技术对共享数据综合研判，通过统一标准，优化、细化、固化施政行为的每一个环节和流程，从而实现对市场的统一高效监管。三是通过大数据优化政府对市场主体的服务。通过对大数据的分析和运用，助力政府从市场需求出发，准确判断各类市场主体的真实需求，提供系统化、智能化、精细化、个性化服务。

互联网时代的政务改革

朱 玉 杜 链*

【导语】2014年2月27日习近平总书记在主持召开中央网络安全和信息化领导小组第一次会议并发表重要讲话时指出，建设网络强国的战略部署要与“两个一百年”奋斗目标同步推进。党的十九大报告中，共有八次提到了“互联网”，进一步强调了建设网络强国的重要性。互联网时代的政务改革，本质上是互联网时代的政务体制选择。本文采用比较经济体制理论中的DIM方法，从决策的角度分析政务体制，解析构成政务体制的决策权结构、信息结构和动力结构的关系，为分析互联网时代的体制演化提供了方法论工具。

一、引言

职能要素指不受组织约束的独立功能，它的功能属性往往是跨越组织部门的。如“监督”和“执法”功能相互独立、不含交集，各自具有职能要素的属性；而“决策”和“管理”是可包容的层次概念，不是独立的职能要素。提取职能要素旨在摆脱与组织的存在相关的传统、人际关系等复杂因素的制约，清晰观察功能/信息关系，通过独立的功能分离出有效的信息结构，作为分析互联网和政务改革相关性的路径和依据，讨论互联网和政务体制优化的互动关系，将这些职能要素（维数）构成的“相空间”看作体制优化的参照体系，特别是研究网络“虚拟政府”管理职能（摆脱组织制约）的参照体系。

*朱玉，中国信息协会副会长，国家信息中心2015级博士后。主要研究领域为信息经济学。杜链，原国家信息中心副主任。

《国务院关于印发〈国务院工作规则〉的通知》（国发〔2013〕16号）中规定："国务院要全面正确履行经济调节、市场监管、社会管理和公共服务职能，形成权界清晰、分工合理、权责一致、运转高效、法制保障的机构职能体系。"基于以上逻辑，从"经济调节、市场监管、社会管理和公共服务"四项行政职能中提取不含交集的功能要素，将"调控"、"执法"、"监督"、"服务"看作构成"政务相空间"的功能分立、相互制约的"维数"，职能要素相关领域、属性优化、对应的信息结构如下图所示。

基于以上对政务职能的界定、要素提取以及关联信息结构的独立分析，从传统体制优化的角度（不包括互联网的外部条件），归纳跨地域、跨部门的关系政务改革全局的三个基本问题：（1）政务公开——政务透明化与各类社会主体的互动；（2）决策协调——按需求动态共享的决策的信息基础；（3）公共服务——社会生态的自组织及业务协同的动力机制。

二、政务改革中的信息机制

以上提取的改革的"基本问题"中，政务公开、决策协调、公共服务均属于政务体制的职能安排。讨论互联网时代的政务改革，本质上是探索互联网时代政务体制的选择，其重点是对构成体制的信息机制的研究。"政务体制"不存在唯一的普遍能够接受的定义。"政务体制"是达到某些社会目标的手段，"是一种选择，是一系列安排中的一种可能的安排"。

为了推进讨论的深度，选择从决策的角度分析政务体制。采用比较经济体制理论中的DIM方法，解析构成政务体制的决策权结构、信息结构和动力结构的关系，为分析互联网介入时的体制演化提供方法论工具。

（一）DIM三要素

从政务改革的立场出发，DIM方法认为，政务体制是由决策机制、信息机制和动力机制这三个互为补充的社会关系（DIM要素）构成的。其中：

1．**决策机制（Decision System）**

通俗地讲由谁做决策的机制。决策机制指如何分配决策权的安排。所回答的是由哪些人、拥有做出哪些决策的权力，以及这些权力的基础是什么的问题。

2．**信息机制（Information System）**

指为了提供决策的信息基础而建立的采集、传输、处理、存储、分析信息的机制和渠道。

3．**动力机制（Motivation System）**

指决策者借以贯彻其决策意志的机制。它所面对的基本问题是如何启发需求动力并使之与决策的目标和谐共存。

职能要素的功能/信息关联职能要素	相关领域	属性优化	信息结构
调控	立法、财税等跨部门宏观调节领域	协调决策的优化	跨部门信息基础的动态共享
执法	行政许可与行政处罚等执法领域	程序化、透明化	政务信息公开的结构
监督	审计、金融、财税等全领域介入	法制化、规范化	按属性需求的信息结构集中
服务	社会发展各领域（社保、医疗、文教、卫生、体育、就业等）	社会化，将多数公共服务功能从政府剥离，通过政府购买服务交由社会中介组织执行	关联业务协同互动的信息共享结构

（二）DIM方法的思路和原则

DIM方法的要点不是把行政体制分解成决策机制、信息机制和动力机制三个彼此独立的结构，而是着眼于三者的互动关系。三者是构成行政体制相互依存、密不可分的要素，在选择或设计经济体制模式时必须三位一体、同步运行方能奏效。为此，不存在独立于决策体制之外的信息体制。由于信息化的先导性特征，在不能预设体制结构目标的情势下，通过对信息共享结构的调整来推动相对应的决策体制和动力体制同步演化，可能寻找一种渐进、平滑和稳定过渡的路径。决策机制与信息机制的关联如下图所示，其中“信息结构的集中”指：“如果经济体系的参加者中至少有一个人能够获得关于一切其他当事人面临的环境和他们将要采取的行动的全部信息，那么，信息结构就是集中的”①。

决策权结构	决策权分配	决策节奏	决策的信息基础	决策的信息渠道	横向“信息结构”的集中能力	对市场环境的适应能力
集中结构	以“条”为主	快	部门内部为主	纵向	弱	差
分散结构	以“块”为主	慢	部门外部为主	横向	强	好

（三）决策协调——决策机制与信息机制的交叉点

决策协调是指“为了使不同的决策者在相互有关的决策方向上协同一致，保证经济活动的运行效率，应力求使每个决策者得到其他决策当事人的行动上、效用上或者结果上同他所要进行的决策相互依存的信息，使每个决策的当事人能够在掌握其他当事人决策信息的既定情况下，做出最优选择”。政务改革所面对的基础性症结是信息共享，而政务信息共享的本质是决策体制（DIM）的选择问题。由于信息共享涉及到信息机制的全部问题，从这个意义上说，“决策的协调是决策结构和信息结构的交叉点”。信息共享不是目的，是决策的基础或者手段，不存在独立于行为目标和过程之外的“信息共享”。

（四）决策环境变化对信息机制的影响

（1）互联网对决策环境的影响是颠覆性的；

（2）互联网使得大幅度的信息结构集中、协调决策的大数据支持、信息渠道的“多相化”、信息交换语言背景的融合等成为可能；

（3）互联网正在由带来红利的技术工具，逐步转变为主导、支配、解构传统体制结构的工具。

① 里奥尼德·赫维茨等：《经济机制设计》，田国强等译，格致出版社、上海人民出版社2009年版。

三、以互联网视角观察政务改革

以上从政务职能的角度提出问题，进而对研究体制的方法进行了初步的理论准备。下一步的任务是将提取的“问题”置于不断发生重大变化的“互联网环境”之中，考察政务改革可能出现的演化进程，这里所说的“演化”，是指互联网所主导的外部环境将支配政务信息体制顺势而为，促使其进行适应性调整；而这种调整将撬动整个体制的自组织进程。

（一）网络权利的生成和演化

迄今为止，互联网信息传播的基本特点是高速度、高伪劣、高放大、无组织、无约束、无监管等，短期内不可能形成有序结构。网上平权是指互联网上的每个“网民”具有平等的发言权（网络无主权），这一权利在网上不受传统、种族和等级的约束。网上信息集中是指人们有可能快速地从网上海量信息里搜集到自己所需要的信息资源，而无障碍地面向网络社会，造成突发的、瞬时的冲击效应。网络打破了传统的信息不对称的约束，但正在生成“互联网形态”的新型的信息不对称。互联网的平权与信息集中使得认识和把握网络时代的“民意”成为巨大的难题，2016 年美国总统的大选充分证明了这一点。

随着权力的基础（所有权、传统、强制）对信息的依赖演化，把握、制造信息意味着把握网上的导向权力。在网上“平权”的情势下，网上的导向权力向能迅速实现信息集中的网络主体倾斜，挑战传统的权力结构（如雷洋案件），形成网上、网下二元的权力结构。导向权力取决于网络主体智力密集、信息密集的能力，以及公信度、文化影响力（甚至包含人造的“网红”）等因素。总体上看，互联网迅速生成的“权力社会”建立在以信息能力为依托的导向权力的基础之上。

网络空间的权力真空将导致权力形态的替代和变异。例如电子商务的运行由网上市场准入、网上交易、网上支付等环节构成，而 CA 证书、电子合同及对应的法律体系、电子发票及电子支付的规则均属维护网络秩序的需要，是互联网时代国家行政职能不可或缺的环节。国家滞后介入，则由阿里巴巴等企业在网上替代国家职能（提供网上准入、交易、支付的全流程的规则和手段），或者说网上与国家分权。

网上出现了与国家行政分权的导向结构和替代结构，导致决策结构的多元化、“多相化”、扁平化。其中“多相化”指互联网上存在一个和现实社会不同的“相空间”，生成来自现实社会需求映射的决策权分配结构。未来的行政体制包含着现实空间和网络空间“两个相空间”互动的全部内容。

（二）政务公开与社会主体的互动

社会的主体结构是由多元化的等级和多样化的族群构成的有机体系，生态结构的核心是“差异”和“关联”。人伦、等级之分（评价体系是历史的、多元的）是社会结构的基础，通过宗族、传统、律法连接各等级和族群的关联纽带是文化的传承，其中人们和社会组织所扮演的角色（社会身份）是整个生态结构的有机单元，是通过社会性的关联实践在积累中生成的。如果上述的“差异”被取代，社会主体趋向单一、同质化，那就意味着社会生态的解体和死亡。互联网社会的主体结构不是在关联实践的积累中生成的，而是由网络注册的各终端构成的扁平化结构。互联网上活动的社会主体（含政府、企业、公民和其他社会组织）称作网络主体，网络主体包含两个部分：其一是可以追溯身份的网络主体；其二是无法追溯身份的“无标识主体”。目前政府、企业和多数社会组织的身份可能通过实名制解决，而“网民”的绝大多数是无标识的（手机实名制注册后，移动互联网网民多数已有标识）。由于社会生态的多重性格，一定条件下社会主体在网络空间的映射内容往往是选择性（如同一个人在不同的场合会出现不同的形象）的。因此，即使是实名制的网络主体，在实体空间和网络空间的行为方式经常是“非同构”的。传统的专政机器和行政官吏存在于以伦理和等级为基础的社会结构之中。法律和道义是维护社会稳定的必要条件，而如何运行民主政治对国家机器的约束始终是进化的核心所在。其中的要点应该是如何建立对能够识别长远利益的精英集团开放式参政路径，以及这些集团连接人民群众需求的民主生态。

互联网在性质上是中性的技术平台，它可以无障碍地承载社会生态公开的理念和隐藏的贪欲。由于理念的形成长期而艰难，而欲望的膨胀本能而自然，占领互联网空间迅速凝聚成形的一定是集合眼前利益的隐形的“利益共同体”，它客观上提供了一个以“绝对平等”否定有条件的平等，以“极端民主”解构“生态民主”，以民粹的舆情暴力淹没不同声音的技术平台，使得社会精英难以在该平台聚合。因此，互联网时代对社会理性提出了越来越高的要求。政府的公信度和信息能力成为维护秩序的首要条件。由于互联网以扁平化的形态抹平了人的差异，淹没了精英和可教化的差异，打破了网络身份和真实存在的同一性标准（身份对能力的要求），使得短期内难以建立政务公开与网络主体的对话规则。这一情势必然要求政务公开的条件性，即网络主体参与公开的政务活动必须符合实名制规则，其行为应约束在“自由”和“责任”两位一体的规范条件之下。而对主管网络的权力机构来说，对“权力”和“责任”两位一体的法律约束尤为紧迫，以解决“实名”和“隐私保护”的法律统一。

（三）信息对称与决策协调

互联网的出现，改变了政府部门的信息维数，即在传统的行政体制中，政务功能的运行依存于部门内部信息流程，相对独立、封闭。而网上海量信息出现后，几乎每一个管理功能运行的信息基础都来自两个方面，其一是传统的内部信息和部门间的交换信息；其二是来自互联网信息的支持、影响和扰动。互联网渗透到所有行政子集的信息维数，改变了行政体制传统的、单一的平面信息结构，使决策的信息基础不得不由政府内部转向政府外部，由封闭转向开放。

随着互联网技术的跨越式发展，人们越来越清醒地认识到信息能力已成为部门权力的集中体现。为此围绕各部门自身的职能梳理相关联的功能 / 信息目录体系，同时将外部信息资源进行有机整合，以保障部门存在的独立性、可扩展性，不仅成为各行政部门应运而生的动力机制，而且成为互联网时代行政信息体制演化的重要趋势。

现代协调决策的难度在于其动态性、不稳定性。在传统的计划体制里跨部门、跨地区的协调决策是静态的，其中计划体制时期最典型的案例是一年一度的全国计划会议，即按照统计回归的信息结构，国家计划委员会组织协调各部门和地区的分配计划。在当时为了应对灾情、战争等不确定的动态风险，国家通过立法来设定应急动员体制，解决部门协同和信息共享的法定规则。显然，多数动态的协调决策不可能通过立法解决。由于互联网打破了传统的信息不对称，使得各部门在整合外部信息结构的基础上，网上的信息对称降低了某个部门对决策的关联部门信息的依赖性。因此，互联网不仅提升了各部门的综合决策能力，而且使得网上跨部门、跨地区的功能 / 信息的动态协同成为可能。换句话说协调决策由传统的“线下协调”向“线上协调”转移已提到改革的日程。

（四）公共服务与社会生态的重构

公共服务通常指社会发展领域（社保、文教、卫生、医疗、体育、教育、就业等）的管理与服务。按照公共服务社会化的趋势，公共服务的制度性变革主要体现在政府的角色由执行者向监督者转变。也就是说将政府从公共服务的职能中剥离出来，以“政府购买服务”的方式将职能交由第三方中介承担。通过法制、规范的监督机制推动公共服务的社会化。Google 的 Master 和德州扑克人机大战，预示着五年内程序化业务（银行柜台业务、程序员、会计等）的大量下岗，涌向服务业、文化产业等。近期公共服务的中心任务是解决失业造成的社会安定及社会管理的压力。传统的生产关系包含资金、劳动力、技术等资本形态，现代的生活关系已成为和生产关系并存的重要内容。它包含社会和文化的“资本”形态。其中，“社会资本指的是社会组织的特征，如信任、规范，它们能够通过推动协调的行动来提高社会的效率”①。

① 罗伯特·普特南：《使民主运转起来：现代意大利的公民传统》，江西人民出版社 2001 年版，第 195 页。

这种“由人与人之间利益（含生活形态）”的共同性、相关性构成的资本，源自于民间社会的积累。我国改革开放以来民间的自组织能力，以及社会对失业的承受能力都和社会资本的传统优势密切相关。随着市场环境下的社会开放，由亲族、行业等传统方式凝结的关系纽带逐步解体，曾经“抱团取暖”的居民被“路人甲乙”的新邻里所替代。近年来，人们越来越多地将交往转移到不受地域限制的网络空间，使得传统的相对稳定的社会资本逐渐被网上随机的、不确定的关系所解构。人们潜移默化地面临失去归属感的恐惧。

惠民生是政府的终极使命，“全心全意为人民服务”是我党一切工作的出发点和落脚点。当各类意识形态在社会底层广泛渗透（如基督教在上海社区的渗透）的新时期，如何以“民为本”的价值观凝聚“党魂”，营造与民生共存的归宿，已成为发展大局中的核心问题。在重大民生问题和民生需求上实现突破是重构社会资本的难得机遇。互联网时代的社会资本重构是个自组织过程，是在互联网的开放环境下弘扬、挖掘中华文明的品德和优秀文化资源，以此唤醒引导企业、社区等基础社会单元的动力机制，使其自我组织、自我教育、自我发展、自我解放，通过网络空间生成多元化、多样化的社会生态。在惠民生的各项工作中，政府宜力求从惠民过程的管理者的角色中独立出来，转变为惠民环境的建设者，将工作重心放在思想引导、规制建设、资金筹措、技术支持等方面，避免通过政府的“外力”控制惠民过程，取代社会生态的自组织。

四、相关建议

（一）政务改革的价值取向

我国正处在由以 GDP 为标志的“经济建设为中心”，向以“惠民生”为主线的发展战略进行重心转移的关键时期。“重心转移”集中体现为政府由“组织生产的角色”转换为“关怀民生的角色”；集中体现为以“惠民生”的旗帜统领改革发展的大局，应对“调结构”所面临的“促改革”的严峻挑战。进而通过将“中国梦”在实践中进行“以民为本”的具象化归纳，构建经济腾飞背后新的价值体系。

（二）政务改革的核心任务

实践证明在基本完成信息基础设施和各部门管理信息系统建设后，进一步解决部门间的信息共享和业务协同必然触动体制屏障。换句话说，“信息共享”不是一个简单的、独立的命题，其边界和内容取决于对决策机制、信息机制和动力机制进行三位一体的统一考虑。显然，这一战略任务是难于自顶向下成行的。历史的经验证明，其路径是通过差异性的“特区试点”，自下而上地摸索改革的自组织进程。这种探索的动力机制必然以全局性的与民生密切相关的公共服务为龙头，以麻雀虽小、五脏俱全的城镇为起点，以信息化为抓手，通过在底层“条块结合、以块为主”的试点授权，实现“纵横交错、以横为主”的信息结构的体制创新，通过城镇的“公共服务的系统性试点”来开创政务改革的新阶段。国务院《关于“互联网＋政务服务”工作的指导意见》（国发〔2016〕55号）提出了“最大程度利企便民”的具体要求，建议在文件的基础上进一步完善公共服务这一牵动全局的政务改革战略。

（三）政务改革的突破点——虚拟政府战略

“互联网＋”战略的提出旨在充分利用互联网工具的红利，发挥各行为主体的创造性。随着互联网技术和应用的飞速发展，互联网的信息对称将政府决策权异化问题提到日程，虚拟政府的构建已刻不容缓。“虚拟政府”应成为“互联网＋”战略的重要组成部分。政府的网络职能是由现实空间向虚拟空间映射的结果，这种映射的原则是“同态不同构”，即按功能（跨部门）而不是按组织（与职能组织一一对应）的映射原则。它力求摆脱现存组织的体制羁绊。为此，“调控”功能的上移是行政改革的要点之一，按照轻重缓急统一规划设计政府的网络职能，坚持需求导向、逐步完善的原则。

五、结语

本文试图从体制演化和互联网的外部环境两个方面解析“互联网时代的政务改革”，从而从方法论的角度将“互联网+政务服务”提升到战略高度，以提供一个相对完整的思路构架，如下图所示。文中侧重两条主线，其一是将互联网“工具”和“红利”的认识提升到“风险”和“文化”高度；其二是将发展战略积聚在“民生”上，自下而上地选择改革的路径。

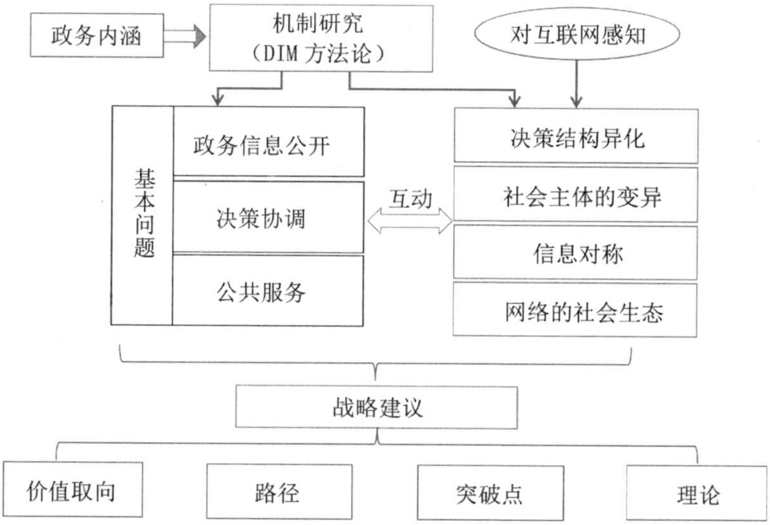

创新京津冀协同发展中的政府合作机制

杨志荣*

【导语】2014 年习近平总书记专题听取京津冀协同发展工作汇报时强调，京津冀协同发展意义重大，对这个问题的认识要上升到国家战略层面。京津冀协同发展是一项全面深化改革的系统工程。三年来，京津冀协同发展从蓝图绘就，到谋篇开局，直至 2017 年的雄安新区横空出世，向世界展示的是一幅不断改革创新的图景。党的十九大报告提出实施区域协调发展战略，明确指出抓住疏解北京非首都功能这个“牛鼻子”以推动京津冀协同发展，同时高起点规划、高标准建设雄安新区。

一、问题研究的起因

首先，基于改革的视角，京津冀协同发展是一场全面深化改革的实践过程。[①] 实现京津冀协同发展，不是一个单纯的府际合作问题，地方政府超越博弈实现合作，这只是京津冀协同发展过程中政府行为选择的方向而已。京津冀协同发展是一个复杂的系统问题，它涉及政府和市场关系及政府治理方式的调整，也涉及中央和地方政府的角色定位，它关乎政府行为模式的调整，关乎区域发展体制机制的创新。因此，京津冀协同发展本质上是个政府治理方式变革的问题，包括改变行政组织结构、改善行政行为方式、理顺行政关系，以及增强行政功能等。

---

* 杨志荣，中国人民公安大学讲师。主要研究领域为政府治理和公安改革。

① 张瑞萍：《先政府，后市场——京津冀一体化进程中政府与市场作用的顺序》，《河北法学》2015 年第 4 期。

其次，行政改革是普遍模式与多元模式的统一。第一，改革具有普遍性。任何政府当旧有的行政理念、行政模式、体制机制及行政方式不再适应对国家和社会公共事务的管理时，都要通过改革对政府治理方式做出调整；第二，任何国家的行政改革都是以一定的理念为指导的，改革理念是政府改革的“灯塔”和“坐标”，决定着政府改革的总体方向。在这个意义上，行政改革模式具有普遍性。同时，行政改革具有差异性和多元化的特征。同一理念指导下的行政改革，各国由于历史传统、民族文化及现实国情的差异，所采取的改革模式各有不同。

最后，区域协同发展中的政府改革同样体现着价值取向的统一性和改革模式的差异性。在经济全球化、区域一体化以及市场经济的背景下，区域发展中的政府改革往往会有统一的价值取向，如更加注重市场作用的发挥、致力于推动政府合作等。因此，区域发展中的政府改革有着普遍模式可循。与此同时，区域间的地方差异，如资源禀赋、发展条件、发展需求等，又使得各自所选择的改革模式体现出一定的差异性。区域发展中的政府治理方式选择是普遍性和地方差异的统一。

二、京津冀协同发展中的地方政府差异与同质化

京津冀区域由在行政区划上隶属于多个层级的若干地方政府组成，除北京、天津、河北三个省级地方政府作为京津冀区域的基本组成单元外，还包括京津冀三地各自所辖的多层级、若干地方政府。这些地方政府因其所属行政区划、行政级别、资源禀赋及发展条件的不同，体现出明显的差异性。京津冀区域所属不同层级的若干地方政府，纵然有诸多特征上的差异性，但在京津冀协同发展过程中，地方政府行为却表现出明显的同质化。

（一）地方政府差异

1．层级差异

如前所述，京津冀区域包括“一个首都、两个直辖市、三个行政区”，北

京、天津是直辖市，河北是省级行政区域，其行政关系体现为“三地四方”的格局。北京作为三地中的一方，同时也是中央政府所在地。区域内的府际关系，实际上不仅仅是北京、天津、河北三个省级行政单位之间的关系，同时中央政府作为“第四方”凌驾于“三地之上”。这就使作为首都的北京拥有超级权威。天津同为直辖市，又是历史上的北方经济中心，因此和北京并作“双核”，在京津冀协同发展中居于主导地位。而河北则因行政级别的差异，居于从属和被动地位。

在京津冀三个地方政府内部，政府层级差异尤甚。按照我国地方政府层级结构是省（自治区、直辖市）——市（自治州、市辖区）——县（县级市、市辖区、自治县）——乡、镇的四级建制[①]，京津冀区域内的地方政府层级状况，如图 1 所示。

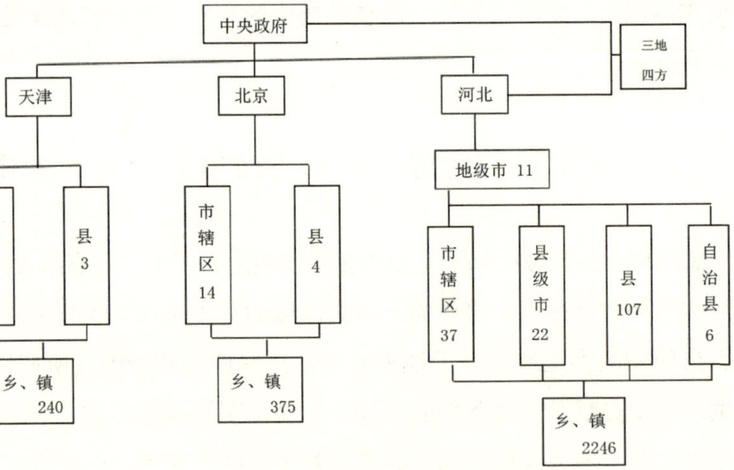

图 1　京津冀地方政府层级结构及行政区划数图

① 胡鞍钢、魏星等:《城乡分割、政府层级与地区发展差距》,《南京大学学报》（哲学、人文科学、社会科学）2010 年第 1 期。该文认为，由于计划单列市和副省级城市的设置，我国实际上是“五级半”的行政区划体制。也就是说，地方政府实际存在“四级半”的层级设置。

如此众多的层级划分，使得京津冀区域内部不同级别的地方政府差异十分明显。京津冀区域发展有着强烈的行政主导色彩，地方政府层级越高，掌握的财政资源、投资资源、发展机会、用地机会就越多。京津冀区域内多层级地方政府间行政层级的差异导致的发展机会不均等、资源占有不均衡及竞争规则不平等，极大限制了京津冀三地协同发展的水平。

2．地域差异

京津冀区域内部各级地方政府在地理区位上存在较大差异。北京和天津不仅是京津冀区域的两大核心城市，又是北方仅有的两大直辖市，在京津冀协同发展中居于核心地位；河北的唐山、保定、廊坊、秦皇岛等 7 个城市环绕在京津两市周围。河北 7 市与北京、天津山水相依、基础设施相连，且这 7 个城市相对来说经济实力较强，是京津冀协同发展的重要腹地。从区位上来看，秦皇岛、唐山、沧州凭借临渤海湾的区位优势，发展成为"京津冀沿海经济带"；唐山被定位为京津冀城市群东北部副中心城市、面向东北亚地区开放的窗口城市；廊坊、保定等边界城市，由于与京津核心城市紧邻接壤，在京津冀协同发展中处于桥头堡的地位，保定定位"畿辅节点城市"，廊坊则准备发挥"京津走廊"区位优势；同样是与北京接壤的张家口、承德、保定三市却分布着 32 个贫困县、3798 个贫困村、272.6 万贫困人口，被称之为"环京贫困带"。这些贫困地区自然生态环境良好，应当为京津核心城市的发展提供区域支撑。但由于发展滞后，不仅影响京津冀地区的城市建设和经济发展，还威胁着京津的生态安全。区域内部地方政府间的区域差异显著，决定其在京津冀协同发展中面临机遇、所处地位以及作用发挥的不同。

3．社会治理结构差异

京津冀区域社会治理结构存在很大差异。在经济形态上，京津是典型的城市经济形态，河北是典型的农业经济形态。北京在 1949 年以后逐步建立起比较完备的工业体系；天津在历史上就是北方最大的港口，同时又是北方经济中心，经济体系较为健全；而河北作为农业大省，农业较为发达，是京津重要的农产品供应基地。在城市形态上，北京和天津是典型的城市形态；河北省则有着大面积的农村地区。与此同时，2014 年北京、天津、河北的城市化率分别为 86.35%、82.27% 和 49.33%。这就意味着在社会治理中，京津要建立的是大都市的治理结构，而河北则是传统的省市县治理结构，主要是农村治理。

从三地目前的发展现状来看，北京的发展受“大城市病”的困扰，亟需向外疏解功能和产业；天津在多年的强劲发展之后，也面临资源的约束；而河北则需在巩固传统优势的基础之上，实现经济转型升级。三地面临的治理任务显有不同，京津这样的特大城市需要治理“大城市病”，突破城市经济的束缚，实现经济社会可持续发展；河北需要在协同发展中提升经济社会水平。社会治理结构的不同，决定了区域内地方政府角色的差异性选择。

（二）地方政府同质化

在区域发展中，资源稀缺性诱发的地方政府之间的竞争更加激烈。然而，在自主性不断加强和竞争日益激烈的背景下，地方政府之间的行为并没有表现出很大的差异性，相反，却保持着很大的相似性。

组织学里将地方政府这种行为相似性称之为“同质化”，给出的学术概念是“组织同形”。组织同形主要描述了同一组织场域内的组织间所呈现出来的同质化现象。[①] 这种同质化体现为组织在行为、结构及制度方面与其他组织的相似性。在京津冀区域发展中的地方政府，由于相互竞争并没有表现出异质化的特征。与此相反，京津冀地方政府间的同质化愈加明显。

（1）行为同质化方面，京津冀地方政府以“政府之手”干预产业布局和产业承接转移。从京津冀三地的“十二五”规划中可以看出，三地的产业布局有同质竞争趋向。北京和天津规划的重点产业基本雷同。京津冀三地在港口布局上也存在着同质竞争。天津港是中国北方最大的综合性港口。北京为了与天津在港口建设上竞争，支持河北相继建设了曹妃甸港、黄骅港、秦皇岛港等。产业转移和承接上，地方政府的干预之手同样存在。2014 年，北京最大的石材市

① 宋铁波、张雅：《组织同形的研究述评与展望》，《华东经济管理》2012 年第 5 期。

场十八里店乡西直河村石材市场开始退出，天津和河北成为这一市场的首要之选。从十八里店乡为给商户寻找选择承接地，前往河北香河、永清、固安、曹妃甸，以及天津的武清、蓟县、宝坻等区域进行考察；到天津在滨海、武清、宝坻、静海、塘沽大规模修建石材产业园区和石材批发市场，各级地方政府都发挥了主导作用。京津冀在产业布局和产业转移的安排上，完全由各地政府从自身发展诉求和地方利益出发，通过行政命令强势控制。

（2）组织同质化方面，京津冀三地政府加强协同发展组织机构建设，积极推进京津冀协同发展战略部署落实。2014 年，北京、天津、河北分别成立京津冀协同发展领导小组，全面加强京津冀协同发展的组织领导工作。与此同时，京津冀三省市还设立区域协同发展领域改革专项小组，三地互签合作框架协议和备忘录，推进交通、生态、产业三个重点领域的率先突破；设立专家咨询委员会，对协同发展重大问题进行研究；河北还制定出台了推进京津冀协同发展的意见，梳理出 64 项重点工作，确定了 40 个承接合作平台；三地政府联合成立京津冀城际铁路投资公司，积极推进京津冀交通一体化建设。京津冀三地政府为推进协同发展，积极推进组织机构建设，为京津冀协同发展提供了有力的组织保障。

（3）制度同质化方面，京津冀三地政府加快协同发展法制建设，为京津冀协同发展提供制度保障。生态环境问题是制约京津冀区域发展的瓶颈和关键，也是京津冀协同发展中的重点和难点问题。尤其是大气污染和雾霾频发，成为京津冀地方政府共同关注的问题。为了治理大气污染，京津冀三地实施了很多关于环保的地方性立法。2014 年和 2015 年，北京、天津、河北相继制定出台《北京市大气污染防治条例》、《天津市大气污染防治条例》、《河北省大气污染防治条例》。京津冀三地首次开展立法协同，目前我国首个跨区域的综合性环保专项规划《京津冀区域协同发展生态环境保护规划》正在编制中。同时，在京津冀协同发展体制机制和制度创新上，京津冀三地都在进行不遗余力的探索。

三、京津冀协同发展合作机制创新

京津冀地方政府的同质化倾向，说明京津冀地方政府有着相当的协同和合作的基础和可能性。京津冀协同发展的很多问题将不可避免地需要跨行政区进行统一规划和合作治理。但就目前京津冀地方政府的合作状况来看，多是由京津冀高层领导倡导的、临时性的、以政府间互签框架协议或协商对话等非制度化的形式展开，合作较为松散，是缺乏法律效率、临时性和非规范化的。因此，京津冀协同发展应由松散型合作向机制化协同转变，亟待探索建立一种有效协调京津冀三地合作事务的、组织化、制度化、具有一定法律效力的地方政府合作机制。

合作机制是合作研究的核心问题，即解释政府间如何合作。[①] 一般来说，政府间合作机制包括静态机制和动态机制两种。静态机制为合作各方创造合作的条件，激励政府间产生合作的意愿；动态机制则用于约束政府间的合作行为，是保障政府间实现合作的制度安排。本研究将政府间合作的静态机制归纳为协调管理机制、沟通交流机制及区域性法律体系；动态机制包括：财政财税和投融资体制、生态利益补偿机制及绩效考核机制。

（一）京津冀地方政府合作的静态机制

1. 建立京津冀协同发展的协调管理机构

京津冀区域“三地四方”的行政关系格局，涉及多层次的地方政府间合作，区域协调的难度更大。京津冀协同发展应积极探索建立中央政府领导下的纵向协调机构和横向协调机构相结合的区域协调机制。纵向涵盖“中央——京津冀三省市——市辖区、市——县”的四级协调机制，为此，成立“决策机构 + 协调机构 + 执行机构”的组织管理机构（如图 2 所示）；横向涵盖各级地方政府、企业、社会组织、公民等民间力量广泛参与的联合互动机制（如图 3 所示）。

① 郑文强、刘滢：《政府间合作研究的述评》，《公共行政评论》2014 年第 6 期。

其中，纵向组织机构中的决策机构是已经成立的，由国务院副总理张高丽任组长，多部委及京津冀三地党政主要负责人任组员的“京津冀协同发展领导小组”。该机构是京津冀协同发展最高决策机构，主要负责制定京津冀协同发展重大决策、发展规划、相应政策；工作制度是一年召开一次京津冀协同发展领导小组工作会议，就协同发展的重大事项进行研究。

协调机构是由三地常务副省（市）长组成的“京津冀协同发展联席会议”。协调机构工作职责是就领导小组做出决策的重大事项进行组织协调和贯彻落实，就协调发展中的重大问题进行研究；工作制度是一年召开一至两次会议，由三地常务副省（市）长实行轮值主席制。协调机构下设协调委员会、专家咨询委员会和法律咨询委员会，吸收专家学者参与决策的咨询、讨论和研究。

执行机构是京津冀三地分别成立的京津冀协同发展领导小组办公室，办公室设在发改委，是“京津冀协同发展联席会议”的办事机构，负责执行领导小组的决策和联席会议部署的工作任务。目前，北京、天津、河北分别成立了推进京津冀协同发展工作领导小组办公室，并且河北将“京津冀协同办”设在燕郊，方便同京津联系。京津冀三地的“京津冀协同办”作为执行机构，下设各个专门委员会，负责协同发展各项具体事宜，如产业、交通、生态环境保护等。

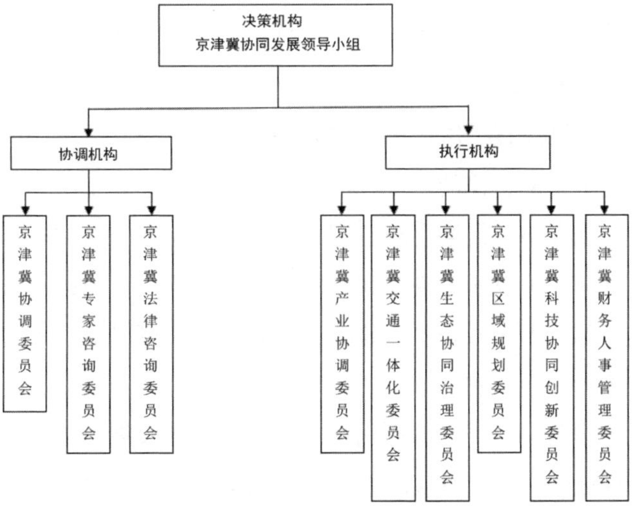

图 2 京津冀协同发展组织管理机构图

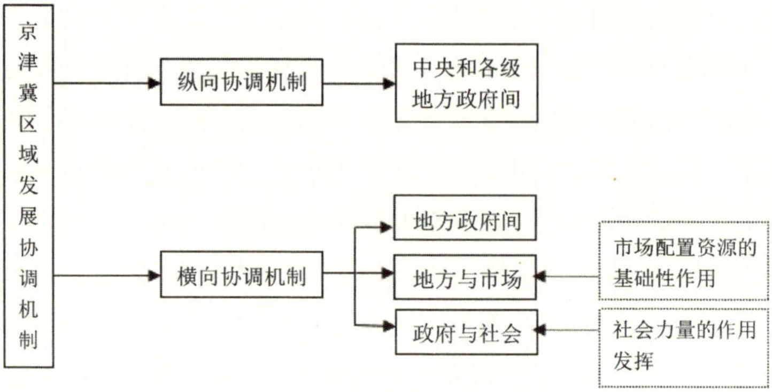

图3　京津冀区域发展协调机制图

综上所述，建立京津冀协同发展纵向和横向相结合的协调机制，尤其要注意两个问题：一是处理好政府与市场的关系。纵向协调机构毕竟由区域协调发展的主导者——政府组织而成，发挥政府机制的作用。而在区域发展中，市场机制的作用是基础性的。只有充分发挥市场机制的作用，才能引导资源要素实现自由流动和优化配置，从而实现区域优势互补、合作共赢。因此，要充分发挥市场在区域发展中的基础性作用；二是要积极培育和支持区域社会组织的发展，吸纳社会力量参与区域治理，充分发挥社会力量的作用。市场机制和社会机制是京津冀协同发展机制的重要组成部分。在京津冀协同发展中，要形成以政府为主导、市场为基础、社会参与的互动协调体系。

2. 建立京津冀协同发展的沟通交流机制

沟通和交流是协同合作的基础和前提。可以探索建立京津冀合作对话交流制度，如建立京津冀市长定期会晤机制，通过市长定期会面沟通，增强合作意愿，扩大合作空间；可以通过举办区域发展论坛等形式，邀请行政首长、专家学者畅谈区域合作，为区域合作建言献策；此外，还可以探索政府机构内部工作沟通和日常事务沟通机制，通过协同发展有关部门的内部沟通，可以掌握本地区推进区域合作情况，并据此提出推进区域合作的政策、措施及建议等；同时，在政府信息化建设高度发展的今天，要借助网络的手段，将政府合作的相关信息公布在政府网站上，便于区域政府获取。

3．加快区域性法律体系的建立

区域发展需要相对稳定和连续的政策支持，这就要使区域发展政策法律化。京津冀地方政府合作中涉及的利益分享和补偿问题，因涉及多个不同主体，仅依靠地方政府间无约束力的协商往往很难达成统一，更难形成长效机制。这就需要三地政府探索建立跨区域公共问题的相关法律法规制度，推动跨区域公共问题的制度化、规范化、法制化解决。如当前京津冀区域环境问题日益突出，环境问题的区域性特征，使得仅靠地方政府单独行动难以有效治理。而京津冀地区还没有一部区域性环境法规，一定程度上制约了京津冀三地进行环境治理的共同行动。因此，借京津冀协同发展的契机，由京津冀协同发展领导小组会同国务院法制工作部门，邀请有关部门参加，加强京津冀生态环境保护问题的研究，谋划制定区域性环境法规或公约。

（二）京津冀地方政府合作的动态机制

1．建立京津冀协同发展财政税收和投融资体制

在财政税收体制上，探索构建特殊区域的特殊财政制度。一是建立首都财政，由中央财政给予拨付，用于支持首都功能的更好发挥；二是建立地方政府间的税收横向分享制度，对于跨省市合作项目带来的新增增值税、所得税等地方留成部分，在合作地区之间进行合理分成；三是建立纵向和横向财政转移支付制度，由重点开发和优先开发地区向限制开发和禁止开发地区进行横向财政转移支付，在纵向财政转移支付方面，加大对乡镇地区基础设施和公共产品投入转移支付的比例，以促进京津冀区域基本公共服务均等化，从而夯实协同发展的基础。

在投融资体制上，一是建立京津冀共同发展基金，由京津冀三地联合出资，用于跨区域重大基础设施补助、生态治理等公共服务领域，对于跨界重大项目的实施给予资金支持；二是建立京津冀开发银行，用于支持京津冀协同发展；三是建立多元化融资平台，鼓励商业银行、保险、社保等社会资金参与区域内大型跨界基础设施建设和大型公共服务设施建设，支持民企、外企等各类市场主体以 BT、BOT 等投融资形式参与基础设施建设；四是加强京津冀三地金融

机构多业务、多层次、多方面的合作，建立与协同发展相适应的金融体制。

2. 建立京津冀区域生态补偿机制

一直以来，河北为了支持北京、天津的发展，全力守护青山绿水，做出了巨大贡献，却没有得到应有的补偿，原因在于京津冀之间的生态补偿制度不完善。利益补偿机制就是要使弱势地区和做出贡献地区的利益受到保障，鼓励“收益多的一方，补偿经济实力弱、收益少的一方”。[①] 建立京津冀区域生态补偿机制，一是要设立京津冀区域环境治理专项基金，通过中央财政专项转移支付，给予河北张家口、承德等地区以补偿；二是创建区域内的横向生态财政转移支付机制，使河北作为京津两地的绿色屏障，在做出贡献的同时，得到京津相应的补偿；三是综合运用政府和市场两种手段实施生态补偿，按照“谁受益，谁购买；谁污染，谁付费”的原则，通过市场手段，如生态资源有偿使用、排放权交易、税收惩罚、政府购买等方式实现区域生态补偿。

3. 建立京津冀协同发展绩效考核机制

一是构建综合指标体系基础上的京津冀协同发展政府绩效考核制度。改变单纯以 GDP 增长为指标的考核标准，应将区域合作成效作为政府绩效评价指标之一，具体包括区域合作项目、帮扶联动、对内开放度等指标进行衡量，以推动区域合作。二是构建基于功能分区的政绩考核制度，对京津冀区域依据不同地区的资源状况、发展现状及发展要求等，进行功能区划分，西部和北部为生态涵养区（覆盖张家口、承德），中部为优化调整区（包括京、津、唐、廊坊），南部为制造业和耕作区（保定、石家庄），东部为临港产业区（天津、秦皇岛、唐山、沧州）。生态涵养区构建以生态保护为主的指标体系，优化调整区重点考核产业转移与升级，南部和东部作为重点开发地区，则以经济发展作为考核重点。三是加快绩效考核配套制度建设，如干部制度改革，使考核结果得以有效运用，对政府间因争资源、抢项目的恶性竞争行为，要实施行政问责，以激励政府减少竞争加强合作。

---

① 杨龙、戴扬：《地方政府合作在区域合作中的作用》，《西北师范大学学报》（社会科学版）2009年第5期。

整体性治理：以浙江省宁海县为考察对象

巢小丽 *

【导语】党的十九大报告明确提出，全面深化改革的总目标是完善和发展中国特色社会主义制度，推进国家治理体系和治理能力现代化。在空间维度上，县域作为国家的基本政治单元，其治理现代化是国家治理现代化的基础。本文基于中国县域治理的情境，用“整体性治理”这一分析框架，对浙江省宁海县的县域治理实践——“宁海36条”进行全面考察，认为其有效性或可为国内其他地区深化县域治理变革提供启示与借鉴，从而全面推进国家治理体系和治理能力现代化。

“郡县治，天下安。”县域作为中国“中央—省—市—县—乡”治理层级中的重要一环，一方面对中央、省、市意识形态宣传、经济社会发展等政令传达起着承上启下作用，另一方面成为中央、省、市政策执行和落实的关键性推手。县域治理态势对地方经济发展、民生保障和城乡社会稳定带来最直接影响。

自新中国建立以来，县域治理情境发生了巨大变迁。计划经济时代地方政府的发展空间通过向上争取资源而获得；改革中的乡村工业化和市场化自主性增长时代，地方的发展空间通过横向县际竞争而获得；改革走到县域自主城市化阶段，地方的发展空间则更多地需要在国家体制以外寻找新的制度安排和动力来源。[①] 由此，当前县域治理进入新阶段，前进和发展的国内国际环境和氛围已发生极大变化，其目标既不像新中国成立之初那样通过行政手段向上来获

---

* 巢小丽，宁波行政学院公共管理教研部副教授。研究方向：社会治理与公共政策。

① 折晓叶：《县域政府治理模式的新变化》，《中国社会科学》2014年第1期。

得；也不像改革开放初期那样纯粹通过与横向县域的竞争得以实现。进入自主发展阶段，县域治理挑战和机遇并存，需要出现新的制度设计、新的动力来引发新进展。

从不同视角出发，县域治理变革有许多方案。如政府职能转变论，认为当下县级政府回应能力明显不足[①]，随着经济政治文化社会形式的发展需要，以及国家形势和任务的改变，县级政府职能和机制必须做出相应调整，来“保持其与外部环境的相适应，满足社会公众的需要”[②]。央地关系和权属分配论，认为“理想化的县域治理改革是双向型运作：一是中央权力适度向县级下放，使县级具有更强的自主性，同时这种权力下放是整体性的，即权力下放和权力监督同步；二是民众对县域治理的适度参与，县域权力扩大不仅是扩大‘县官’的权力，同时更是扩大‘县民’的权利，让‘县民’可以通过县乡人大等制度化渠道更多地参与地方性治理”[③]。县域经济发展论，认为“市管县”体制存在系列问题和负面影响，应该推行“强权扩县”路径（王健、鲍静 2004，王吉平 2005，刘君德 2006）和实施县级公共财策略（闫天池、杨松建 2003，暴景升 2007，张若愚 2007），建立“扁平化财政管理体制”[④]等。

学术界对县域治理理论和方案的探讨广泛而深入，县域治理改革实验亦在全国不同地域此起彼伏。然而两相比较，凸显的是县域治理现实图景与公众所期待理想图景之间距离的相去甚远。县域治理现实和所面对的问题愈加复杂、多元，而又不可跨越。中国县域治理应该往何处去？如何缓解当下因利益多元和利益分化所引发的社会矛盾和冲突的日渐加剧，重新营造乡村美好和谐的生活环境和文化氛围？如何推进县域经济社会协调发展，给乡村经济发展注入持续的动力而非慢慢走向“凋敝”？以上，都是县域治理新情境下必须面对的问题。

---

① 尹廷：《浅议县级政府行为能力之不足》，《江西行政学院学报》1999 年第 4 期。

② 宋德福：《中国行政管理与改革》，中国法制出版社 2001 年版，第 33 页。

③ 徐勇：《国家化与地方性背景下的双向型治理改革》，《探索与争鸣》2009 年第 11 期。

④ 张若愚：《论当前行政层级改革 —— 对取消“市管县”的思考》，《宁波工程学院学报》2007 年第 8 期。

一、目标和手段的互动：整体性治理框架

整体性治理框架出现于20世纪90年代的中后期，是英国、美国、加拿大等西方国家在治理实践中应对政府治理的碎片化和分散化所造成的复杂社会问题、频发社会危机和政府组织的效率低下而产生的政府治理新范式。中国县域治理目前所面临的具体情况和实际问题，与整体性治理理念提出的那个时代的西方情境有许多相似之处，因而将该框架用于分析中国县域治理变革实践。

基于对目标和手段二者关系综合考察，希克斯提出了政府组织目标和手段互动情况不同所呈现的五种不同政府治理模式，见图1。

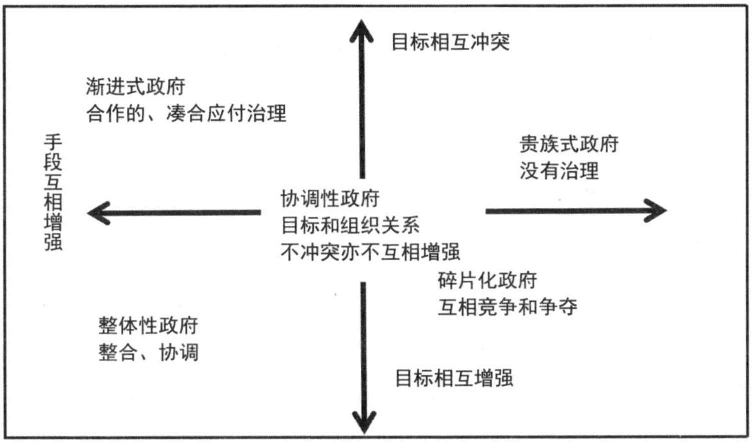

图1 “目标—手段”维度下政府治理的不同模式①

这五种不同治理模式的政府，在目标和手段互动关系上各有其特点。整体性政府被认为是目标和手段互动最优，治理情况最美好，政府治理模式最理想的类型。希克斯认为，进入后公共管理时期，政府治理出现了政府内部各部门

① Perri 6, Diana Leat, Kimberly Seltzer, and Gerry Stoker: *Towards Holistic Governance: The New Reform Agenda*, Palgrave Macmillan, 2002, p. 31.

之间的碎片化、分散化，不同部门、机构、组织、团体，甚至个人，遵从经济理性人的行为逻辑，从自身视角出发，因利益不同，目标、手段迥异，相互间进行利益和资源的争夺、竞争，回避责任，使得社会信任日益稀薄，社会矛盾和冲突渐趋增多并难以解决。在此情境下，整体性政府试图解决政府治理碎片化所带来的不良后果，将“重点放在确定一个真正以公民为基础的、以服务为基础的、以需要为基础的公共部门网络中，确定新的宏观结构，进行组织重组，过程重新评价，以及管理方式和信息系统的根本变革，对新问题灵活反应”①。

概言之，整体性治理分析框架指向的治理模式以预防问题、公民需求和结果导向为基础，关注目标和手段的不断强化，强调政府内部不同组织之间和政府外部不同机构之间的有效整合和必要协调，重视信任、责任感和制度的重构，从而实现“政府制度与人民需求在科技、资源的高度整合”②，其终极目标是解决民众所急切关注的现实问题。

二、从碎片化到整体性：宁海县域治理实践的演进

宁海，“宁静之海”，位于浙江省东部沿海，长江三角洲南翼，是国家计划单列市宁波市所辖县。宁海县靠山面海，区域发展差异明显，北部和中部乡镇工业经济较发达，模具、文具、灯具、五金工具、汽车橡胶部件产业等“四具一配件”闻名全国；东部的三门湾区域升格为宁波南部滨海新区，是宁海滨海经济发展的主战场，周边乡镇水产养殖繁盛，尤其蛏子、青蟹、牡蛎等海产品极负盛名；西南部乡镇多山少田，生态优势明显，经济基础相对薄弱，外出务工人员较多。宁海是一个典型的农业人口占主导，男女性别比例差别较小，农业经济和工业经济发展颇具县域特色的区域，其历史沿革、地理风貌、经济发

① Patrick Dunleavy, *Digtal Era Goverance*: *IT Corporations*, *the State and E-government*, Oxford University Press, 2006, p.227.

② 彭锦鹏：《全观型治理：理论与制度化》，《策略政治科学论丛》（台湾）2005 年第 23 期。

展、农村从业人口特征等是浙江省乃至全国县域和乡村的缩影，其他省份不难找到与宁海相似之地。

（一）县域治理的碎片化——“宁海36条”的施行背景

很长一段时间内，中国县域治理遵循的是自上而下的压力型下管一级社会控制模式。在该行动逻辑主导下，宁海的县域治理呈现碎片化状态。县域治理碎片化既表现在政府部门和各个机关、局办在政策出台的政出多门“分散化”，也体现于政策执行中不同组织目标和手段二者关系的割裂和急剧冲突上，以及不同部门和组织之间的利益争夺、职能划分、权责界定、资源流向等。政府组织内各部门囿于工作考核的部门目标责任制和晋升压力，注重的是眼前的短期内的各自线上线下职责履行和工作目标完成，大多数情况下从部门利益和单向任务视角出发，极少考虑整个县域的发展远景和整体目标；遇到复杂问题时，更因为嫌麻烦嫌费心思或“吃力不讨好”而懒政，表现在行动上就是处理焦点问题时冷漠，互相推诿，从而出现县域治理中具体事项无人管无人理的诸多“真空地带”。甚至有的部门和机构为了行政性任务面上的尽快完成，和村干部结成“利益联盟”，对村庄治理存在的诸多问题“熟视无睹”，只要部门目标实现，部门利益得以保障即可。

久而久之，乡村治理中，村干部俨然成为乡村的“地方大员”，拥有较大自主权，不但可以选择性地决定政策、政令在该村的执行与接受与否，执行程度如何，而且从中央、省、市、县而下的村级项目资金和资源如同其私有物，由其全权掌控。因此，虽然中央、省、市、县各类政策法律机制条例对村庄治理和村干部管理的相关规定不少，可由于县域治理碎片化，目标和手段相互冲突，不同部门之间展开利益争夺，政策出台和政策执行重合、职能划分混沌，数量众多的相关政策法律等显规则“形同虚设”。宁海县域治理中政策的分散化、执行的碎片化、乡村公共服务缺失化、法治机制低效化和社会治理行政化等现象和问题，导致了宁海县村干部权力运行的“失范”、“任性”与“嚣张”，宁海乡村治理濒临“失控”，宁海县域治理重心下移至乡村。

（二）碎片化的修复——“宁海36条”的动态演进

于是，宁海县纪委倡议在全县建立宁海县村级权力清单制度，整合县域内所有部门，共同推动“宁海36条”出台和施行，以法律和制度来制约村级权力，使其能透明规范运行，来修复因县域治理碎片化带来的系列治理困境。

从“宁海36条”的动态演进来看，经历了五个阶段的深入和步步推进过程：（1）县域内所有的涉农行政机关和部门达成共识，共同解决宁海县因碎片化治理所引发的乡村权力运行失控问题；（2）根据已有相关法律和规则，结合宁海县域治理中凸显的困境和难题，听取村民群众的意见和建议，形成村集体公共事务事项和便民服务事项；（3）多部门多领域的频繁沟通、讨论和协商，形成“宁海36条”整体政策文本；（4）辅之以相关配套机制和制度，保障政策运行的有效性和权威性；（5）政策和制度共同发力，成为宁海县域治理的制度集群，推进公共事务，提供公共服务，塑造公共价值。“宁海36条”的施行，从“执行—监督—惩处—提升”各个环节都有一系列完整严密的配套制度，形成乡村治理制度集群，产生执行合力，实现县域治理的整体有序与和谐。宁海县域治理碎片化所带来的“乡村权力的失控和失范”得以扭转，宁海县域治理呈现新的态势。

宁海县域治理生态由原来的不同部门和不同领域间的“条块分割”变成“条块结合”，县域范围内的“条条”部门从功能上由管理者转变为服务者的角色，职能亦随之发生变迁；“条条”部门提供的乡村公共服务直接下沉到村，无须村民再“跑步上县”；村民对乡村公共事务的参与、决策与监督，无论是村干部权力的运行，还是村级财务管理、村级工作人员任用，以及村民生活事项、公共服务的提供等不同环节，皆将村民、村民代表、村务监督委员会、村党组织等各级村民组织放在核心位置；推进政策的制度化，通过对政策文本的图谱化，现代信息技术的传播，乡村课堂的学习，重新构建宁海县域治理中乡村治理的有效制度机制，重塑以村民需求和村民公共利益为主导的治理环境和文化氛围。

三、总结与思考

在“县域治理碎片化和治理重心下沉到村”的新情境下，宁海县通过“宁海36条”对政策目标和执行手段进行全面调整，宁海县各级政府组织在县域公共事务中的分散性、碎片化被系统整合，权责明确、边界明晰，推动县域治理层级、治理理念、治理主体、治理机制、治理技术的巨大变革，县域治理模式从“碎片化政府”走向“整体性政府”，见图2。

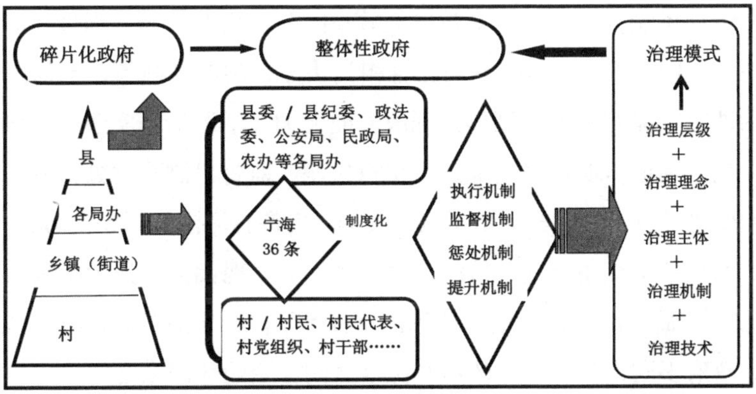

图2 宁海县县域治理模式变迁示意图

（1）治理层级变革，变“多层级金字塔型间接管理”为“扁平无缝隙参与式治理”。传统管理方式中，县级政府居于县域治理层级金字塔的最顶端，下面是各局办，然后是乡镇（街道），村居于金字塔的底部。由此，每一项政策政令从县政府到普通村民最少得经历4—5个层级。宁海治理实践缩减了县域治理层级，从原有的“金字塔多层级管理”转变为“无缝隙参与式治理”，治理效率显著提升。

（2）治理理念变革，变“各自为政、各行其道的分散化治理”为“以民众需求为导向的整合性治理”。政府内部不同部门和组织间各自强化的目标和手段引发了日渐增多的矛盾和冲突，再加上部门利益之争，县域治理呈现出政府不同部门和机构间的各自为政、各行其道和部门本位主义。宁海治理实践中所凸显的理念与此相反，以民众需求为导向，寻求部门间的整合，打破部门本位主义，变分散化治理为集中性治理，从部门走向整体。

（3）治理主体变革，变“政府行政性力量的单一性治理主体”为“政府、民众、企业和民间社会组织等的多元化治理主体”。县域治理现实中，政府行政性力量一直占据主导性地位，公众参与少、作用弱。宁海县域治理实践将村民群众放在一个非常重要的位置，不管是政策出台初衷、政策形成中民众意见的吸取，还是政策具体实施，民众和民间社会团体都得到广泛尊重和关注。

（4）治理机制变革，变“多数量低效率的分散机制”为“强聚焦高效率的制度集群”。中国县域治理中本来已有相关法律、制度和政策，然而因为目标和手段的冲突，原有制度机制如沙砾般多而无力。宁海治理实践中政府各部门和组织机构之间职责明确，更通过“执行机制、监督机制、惩处机制、提升机制”等制度化手段，形成县域治理制度集群，发挥县域治理强劲动力。

（5）治理技术变革，变“传统治理方式”为“现代信息技术手段”。“宁海36条”政策前后，网络、微信等现代信息技术手段给宁海县域治理实践带来积极影响。政府不同部门之间、政府和民众之间、企业和民众之间……，在公共事务处理和公共服务提供等所有领域，信息的获取和传播、组织的沟通与磋商更加快速而便捷。相比前信息技术时代的传统管理方式，政策目标的实现周期明显缩短。

（6）治理模式变革，变“碎片化政府”为“整体性政府”。整体性政府的核心特质是通过目标和手段的调整，实现政府运作的整合和协调，克服部门之间、组织机构之间的碎片化和分散化问题，解决由此引发的复杂、多元、立体社会治理难题。“宁海36条”的施行，引发了县域治理层级、治理理念、治理主体、治理机制和治理技术的整体变革，而这些综合的变革性力量共同推动了宁海县域治理模式从碎片化向整体性的嬗变。

“宁海36条”是宁海县域治理转型过程中，县级领导为破解县域治理困境和难题所做的主动、自觉、自发式探索。通过县域治理实践，宁海县域治理由部门间的沟通不畅、利益纷争、各自为政的碎片化状态，转变成为理念统一、尊重民众需求、提供一站式服务的县域利益共同体，扭转了宁海乡村治理失控困局，致力于县域公共价值的塑造和公共利益的实现，打造一个高效运行的县域整体，满足县域民众的现实需求。中国目前有2800多个县，在县域治理过程中，各地必然也正在遭遇或即将面临宁海县类似的治理困境和问题。“宁海36条”是在治理困境和现实问题倒逼下，宁海县级政府主动做出的理性选择，其有效实践或可为国内其他区域的县域治理变革提供一定借鉴或参考。

食药安全协同治理的情境与路径

——基于北京市公众满意度的调查

杨华锋*

【导语】党的十九大报告提出，人民健康是民族昌盛和国家富强的重要标志。习近平总书记更是多次强调，党的一切工作必须以最广大人民的根本利益为最高标准，从人民群众关心的事情做起，从让人民群众满意的事情做起。食品药品安全关乎人民群众的生命安全与身体健康，需要高度重视。本文以北京市为例，讨论了食药安全中的协同治理问题。

一、问题缘起与研究回顾

随着经济社会的发展，公众对食药安全的要求越来越高，对安全风险的容忍度不断降低。食药安全问题俨然已成为公众感知安全和幸福的窗口。在食品安全领域，因环境污染问题的不断恶化和人为掺杂情势的加剧，致使工业化大生产的系统性风险和复杂多样的局部性、区域性风险并存。在药品安全领域，产业基础依然薄弱，“新药不新、仿制药不强”成为制约产业发展的瓶颈因素，且一定程度上存在着市场扭曲、劣币驱逐良币的现象，药品的质量与数量安全远不能满足公众需求。在此情境下，公众对食药安全的信心持续下滑，一旦食安事故或药安事件发生，便会诱发广泛的焦虑与失望。

传统上食药安全问题大多被归因于人口基数庞大、保障难度系数大。从政

---

*杨华锋，国际关系学院副教授。主要研究领域为行政理论与治理创新。本文系国家社会科学基金项目“药品安全协同治理的运行机制与实践路径研究”（15CZZ017）和北京市社科基金一般项目“北京市食品药品安全协同治理的现代化路径研究”（16ZGB004）的阶段性成果。

府监管角度来说，多归因于安全标准缺失、基层检验手段与技术力量匮乏等。其实，更为重要的是“由于监管资源有限、监管成本较高以及监管过程不易控制等，国家‘一元治理’模式呈现出‘内卷化’的趋势，内部的不断扩张和精细化未带来治理绩效的明显改善”①。21世纪以来，我国食药监管体制屡屡革新，组织机构的稳定性下降诱使监管能力体系建设的踟躇。如，2014年12月底，全国95%的市和80%的县业已组建独立的食药监管机构。不过，自2015年始，地方政府开始实施“三合一”市场监管改革，截至2016年年底，地方独立设置食药监管机构的地（市）减少到80%，县（市）减少到40%。市场监管领域的综合执法改革，虽然有利于精简机构、解决重复执法等问题，有利于减轻企业负担、催生市场活力，有利于提高监管效率、改善服务水平，但各地综合执法改革模式多样、执法标准要求不尽统一，监管的权威性与统一性受到削弱。与此同时，食药风险的多发性、技术性、社会性与政治性日益交织，单一的政府监管与治理思路难以满足公众的安全需要，协同治理成为共识性策略。学界在食药安全协同治理的价值内涵、现实功能和制度路径等方面开展了颇有成效的研究，已形成基本共识。但大多聚焦于治理模式与治理逻辑的研判，具体实践领域的探讨难以割舍对“监管型政府”的偏爱，自然无法聚焦于食药安全协同治理的历史脉络，尚未系统地把握住食药安全协同治理的历史情境。并且，囿于食药安全实务领域信息的隔阂与政府策略偏好的限制，从公众满意度的视角讨论食药安全治理变革的情境与路径的研究仍有待进一步丰富与完善。

二、食药安全治理中的公众偏好

笔者用随机抽样的方法对北京市居民进行问卷调查，采取自填式与问答式相结合的填写方式，以最大限度地保证问卷填写的完整性与有效性。回收有效问卷400份，有效问卷率86.96%。其中，男性占42%，女性占58%。青年群体

① 刘飞、孙中伟：《食品安全社会共治：何以可能与何以可为》，《江海学刊》2015年第3期。

占到大多数，其中21—40岁区间合计达72.5%。在区域分布上，朝阳、海淀、东西城位列前三，分别为33%、22.5%、17.5%。其中在京居住时间逾6年以上的人数占到82.5%。国有企事业单位和私营企业及个体工商户占比近七成。大学学历以上人群占比94%。月均收入万元以下的人数近七成，与2016年北京市居民薪资分布中万元以下71%的比重较为吻合。样本具有一定的代表性，在食药安全治理中的偏好具体如下。

（一）公众对食品安全的关注高于药品安全，且在信息交互中处于被动地位

一则，就食药安全的关注程度与信息来源而言，在食品安全方面，“关注”与“比较关注”的占92%。在药品安全方面，这一比例为87.5%，并且尚有1.5%明确表示“不关注”。这说明，公众对食品安全的敏感度普遍高于药品，且部分公众对药品安全缺乏必要的关注。二则，就食药安全信息的获取媒介而言，主要是“网络、电视、广播、报纸”和“日常生活中同他人的交流”，分别占54.5%和43.5%，合计98%。这意味着公众对食药安全信息的汲取是间接的，对大众媒体、社交网络存在严重的依赖性，缺乏专业性与权威性的信息渠道。因而，其在面对新闻媒体、自媒体或朋友圈流传的各色食药安全信息时，处于被动的地位。特定条件下，将“无意识”地扮演“食药谣言”的信奉者与传播者。

（二）公众对食品与药品安全信息的关注维度具有一致性，无显著界分

在食品、药品消费环节，影响公众消费偏好的因素中，前两项均是“生产日期、保质期、有效期”与“品牌、口碑”，具有一致性。在第三项上，食品领域是“价格”，药品领域是“成分”。作为普通消费者，由于食药产品信息的不完整与不对称，居民个人只能通过比较浅层次的、表象层面的比较来进行筛选与消费，其并不具备甄别食药安全所需要的技术条件与知识储备。在这个意义上来说，食药总局所开发的“食安查”等APP软件有着进一步宣传推介的必

要，以提升与引导公众科学理性消费、自觉规避食品安全风险。

（三）公众对食品安全的识别度高于药品，对药品安全风险识别与响应存在偏差

在回答“最担心的食药安全问题”时，食品领域排在前三位的是“假冒伪劣”“食品添加剂”“食品卫生”，药品领域分别是“假冒伪劣”“不良反应”“药物滥用”。其中，公众对药品的数量安全主要集中在“滥用”与否，而对一些廉价药、救命药短缺问题关切度不高，对“药品短缺”表示担忧的占比仅有10%。在涉及进口食药安全风险时，46%的被调查者认为，“境外安全性更好，更有保障”。从一定程度上说明，公众对国内食药安全信心不足，对境外食药安全水平存在盲点。在涉及“食药安全投诉举报电话热线”时，只有28%的被调查者正确答出“12331”，高达26%的居民完全不知道有此热线电话，其中亦有23%的被调查者将“12331”，等同于“12315”。另外，得益于近年地方“市民热线”的活跃，亦有5.5%认为是“12345”。可见食药领域投诉举报电话的宣传与使用还远不够理想，公众对其认知度偏低，自然也就难以实施有效的参与。

（四）公众认为“监督检验”“处罚力度”“生产经营诚信”是改善食品药品安全最为重要的三项举措

在提升与改善食品药品安全治理举措的系列建议中，根据偏好强度前三项依次为：监督检验78%、处罚力度71.50%和生产经营诚信55%。其他项目，如安全教育、生产工艺、公众参与、信息公开以及法律规范等均普遍低于20%，重要性与敏感度不高。这也就意味着，在公众看来，保障与改善食药安全最为核心策略的依然是政府监管与企业主体责任的落实。诚然，政府监管与企业自律非常重要，但社会共治亦颇为必要。这一调查结果说明，在食药安全领域，公众并不看好社会监督与参与治理的效果，更多地还是聚焦于政府监督检验、行政处罚以及对生产企业的道德吁求。公众在食药安全治理体系中，仍处于

“无权”、被动地位，治理体系与治理能力现代化中的民主诉求未能有效彰显。

三、食药安全治理公众满意度的回归分析

食药安全治理是重要的政治社会问题。而公众满意度可谓是衡量其治理绩效的有效标尺。就食药安全公众满意度而言，有两份数据可供参考，一是国家统计局的满意度调查。在2015年国家统计局开展的满意度抽样调查中，北京93.8%的居民关注食药安全，市民对食药安全满意度达到了85.4%。① 二是部分学者对全国51100个样本进行的食品安全满意度调查。其发现居民食品安全满意度平均值介于一般和比较满意之间，近四成居民对食品安全状况感到“满意”或“比较满意”，四成居民属于中性态度，二成居民对食品安全感到“不满意”。其中，男性对食品安全的满意度高于女性，年龄越大居民的食品安全满意度越高，且受教育程度越高满意度越低。② 在我们的调查中，北京市食药安全满意度均值为2.85，即介于满意与一般之间，标准差为0.981，92%的居民关注食品安全，87.5%的居民关注药品安全。就“关注度”而言与国家统计局的数据基本一致，但涉及到“总体评价”时，对首都食药安全的满意度仅有38%，与前者85.4%的论断有较大差距。就总体满意度均值而言与前述观点结论一致。然而，在将控制变量，如性别、年龄、居住区域、在京居住时长、职业、学历、收入等与满意度进行双变量相关分析时，却发现变量间相关性不显著。与前者控制变量的相关性论断存在显著差别。或许是因其为全国样本，而笔者仅为北京市样本之故。在北京大多民众看来，其体验与感知食药安全的能力、态度与偏好并未因控制变量的不同而存在显著差异。

为进一步分析影响公众满意度的因素，将北京市公众对食药安全的总体满意度视为被解释变量（因变量）Y，影响其满意度水平的变量（自变量）分为

① 《北京居民对食药安全满意度超八成》，人民网，http://bj.people.com.cn/n/2015/0516/c233081-24883771.html, 访问日期：2015年5月16日。

② 王俊秀：《中国居民食品安全满意度调查》，《江苏社会科学》2012年第5期。

解释变量 X 和控制变量 X 两大类，回归方程模型如下：

$$Y = \beta + f_1(Government) + f_2(Society) + f_3(Market) + f_4(Controls) + u$$

其中，在政府治理层面解释变量依次分为：食药安全监管工作、政府打假力度、社区健康宣传、法律体系的健全、法律惩处的合理性。在市场自决层面分为：食品药品质量、食药价格、药品疗效、产品说明书的完整性、购买渠道的便利性、廉价药品供应、饮食就医环境、医药服务水平。在社会参与层面分为：食药广告的真实性、媒体监督的有效性、媒体的安全宣传教育、公众监督的渠道、社会组织监督的有效性等方面。另外，控制变量包括性别、年龄、居住区域、在京居住时长、职业、学历、收入等方面。具体变量指标及其意涵，如表 1 所示：

表 1　公众满意度的影响因素及其满意度均值

	变量及其解释		均值	标准差
政府治理	食药安全监管工作：政府相关部门的日常监管工作	X_1	3.03	0.961
	政府打假力度：针对假冒伪劣制品的打击力度	X_2	3.20	1.056
	社区健康宣传教育：社区对健康食品与合理用药的宣传教育	X_3	2.73	0.982
	法律体系的健全：相关法律法规体系的健全与完善	X_4	3.06	1.006
	法律惩处的合理性：法律惩戒与处罚符合科学、客观与情理	X_5	3.15	1.138
社会参与	食药广告的真实性：大众传播媒介、网络、自媒体中食药广告的可信度	X_6	3.31	1.104
	媒体监督的有效性：社会舆论监督的渠道、效果与压力机制	X_7	2.89	1.013
	媒体的安全宣传教育：大众媒介对健康饮食与合理用药的科普教育	X_8	2.75	0.960
	公众监督的渠道：公民个人、群体参与监督的途径是否通畅、是否多样	X_9	3.09	0.986
	社会组织的监督：社会组织参与的积极性、及时性、有效性水平	X_{10}	3.00	0.919

续表

	变量及其解释		均值	标准差
市场自决	食品药品的质量：生产（销售）企业的质量保障水平	X_{11}	2.88	0.916
	食品药品的价格：价格的市场化水平与公众对当前价格是否合理的评价	X_{12}	3.21	1.087
	药品的疗效：所用药品的疗效是否如其宣示的那样确证，不良反应是否可控	X_{13}	2.84	0.979
	产品说明书完整性：说明书是否完整、规范，是否符合相关法律规范	X_{14}	2.45	0.934
	购买渠道的便利性：流通与销售环节的通畅性、食品药品的可及性	X_{15}	2.32	0.966
	廉价药品的供应：廉价有效药品的市场保障是否充足且满足患者需求	X_{16}	3.34	1.029
	饮食就医的环境：公共饮食卫生的水平、医疗机构的软（硬）件设施	X_{17}	2.92	0.994
	医疗服务的评价：公众对医疗产品与医疗服务水平的主观判断	X_{18}	3.01	1.032
控制变量	性别、年龄、居住区域、在京居住时长、职业、学历、收入	X_{19}—X_{25}		
	对北京市食品药品安全治理的总体性评价	Y	2.85	0.981

注：将“非常满意、满意、一般、不满意、非常不满意”依次量化为“1、2、3、4、5”，计算均值

通过分析三大类指标的满意度均值，可以发现公众对政府食药安全治理与社会参与治理的满意度低于市场自决的满意度，其中对政府治理维度的满意度最低。诚如部分学者所言，食药安全关系每一个人的身体健康和生命安全，是最大的民生、最基本的公共安全与国家安全问题，单一政府治理难以实现这一目标。政府单一治理模式暴露出越来越多的局限性，科学构建政府、市场、社会等多元主体相互协调的社会共治模式成为防范安全风险的必然选择。① 所以，要建立健全统一权威的全过程治理体系，积极地构建食药安全社会共治的格局。

① 王建华、葛佳烨、朱湄：《食品安全风险社会共治的现实困境及其治理逻辑》，《社会科学研究》2016年第6期。

亦正如《食品安全法》所明确提出的那样，要实行社会共治。其核心即在于改善政府治理，推动社会参与，构建协同治理体系。公众对政府治理与社会参与的满意度偏低，恰恰说明了这一治理思路并未得到很好的实践，或者说与民众直接的关联尚不够充分。

回归分析的过程是将调研数据载入 SPSS 19.0 运行线性回归分析，依次剔除 P 值最大的一个变量，直到所有自变量在显著性水平 0.05 时都显著为止。其中，“政府打假力度”、“药品的疗效”、“饮食就医的环境”以及“医疗服务的水平”四项变量与公众满意度相关性最强，相关性强度均为 0.000，调整后的 R 方为 0.741，回归结果如表 2 所示：

表 2　回归分析结果

模型		非标准化系数		标准系数	t	Sig.
		B	标准 误差	试用版		
	（常量）	-0.268	0.141		-1.903	0.059
	X_2	0.184	0.051	0.198	3.618	0.000
	X_6	-0.101	0.046	-0.114	-2.220	0.028
	X_9	0.101	0.051	0.102	1.979	0.049
	X_{11}	0.162	0.057	0.152	2.842	0.005
	X_{13}	0.225	0.052	0.224	4.333	0.000
	X_{14}	0.115	0.049	0.109	2.370	0.019
	X_{17}	0.187	0.052	0.190	3.606	0.000
	X_{18}	0.205	0.052	0.216	3.906	0.000

a. 因变量：Y

重新整理回归方程得：

$Y=0.184X_2-0.101X_6+0.101X_9+0.162X_{11}+0.225X_{13}+0.115X_{14}+0.187X_{17}+0.205X_{18}-0.268$

即：公众满意度 =0.184× 政府打假力度 - 0.101× 食药广告的真实性 +0.101× 公众监督的渠道 +0.162× 食品药品的质量 +0.225× 药品的疗效 +0.115× 产品说明书完整性 +0.187× 饮食就医的环境 +0.205× 医疗服务的水平 - 0.268。依其强度排序，影响公众满意度的因素依次是：药品的疗效、医药卫生服务的水平、饮食就医的环境、政府打击假冒伪劣产品的力度、食品药品的质量、产品说明书的完整性、公众监督的渠道以及大众媒体中有关食品广告的真实性，其中，食药广告的真实性与公众满意度呈负相关，其他项目正相关。

这一结论与部分学者对北京市居民药品满意度的调查研究论断有一定程度上的一致性，但也存在着显著差异。其运用结构方程模型测量政府治理、法律制约、媒体监督、药品生产和药品购买五个维度与公众满意度的关系。[①]比较而言，在我们的研究中，政府打假力度亦是关乎公众满意度的重要因素，在政府治理维度上亦是唯一列入回归方程的因素，这一结论与其论断相似。然而，在法律层面上，我们并未发现具有显著性的影响因素。当然，这一差别可能源于我们对政府治理与法律规制概念化的不同处理方式。再者，在社会参与的角度上，食药广告的真实性是重要因素。这一论断与其并无二致。需要注意的是，在社会参与的渠道中，媒体的功能与作用。毋庸讳言，建立媒体、资本市场与政府共同监督、协同治理的长效机制，是食品安全监督的有效模式。食安事件的行业溢出效应存在竞争效应和传染效应两种形式，（而其）具体表现形式决定于媒体报道能否有效降低信息不对称。[②]可见，媒体在食药安全治理的过程中扮演着多重角色，在治理过程中发挥着举足轻重的作用。既可以有效整合公众意愿，表达公众意志，积极参与治理过程，又可能有选择地启动议程设置，引爆舆论事件。如，山东非法经营疫苗案所引发的舆论危机，使得公众内心的信任感遭遇重创；山东某学校疑似用“猪饲料”、“鸡饲料”供餐，引发群情激愤；2016年岁末北京市各大超市“活鱼集体下架”更是引爆公众大猜想。其间充溢着公众对食药安全局势的严峻判断、对政府表态一贯的“不信任”，究其症结在于社会参与渠道的单一与媒体角色的“错位”。

---

① 陈云、杨成林：《北京市居民药品安全满意度及其影响因素测度》，《全国商情》2014年第39期。

② 周开国、杨海生、何颖华：《食品安全监督机制研究——媒体、资本市场与政府协同治理》，《经济研究》2014年第9期。

四、食药安全协同治理的路径讨论

诚然，将协同治理作为食药安全治理的基本理念应无人置疑。然而，为什么需要社会共治，社会共治需要突破的核心机制是什么，公众如何参与社会共治以及如何针对社会共治来建设社会组织，尚需要一系列制度供给、现有制度的完善及成熟政策的法制化。① 基于此，亦有学者针对食药安全的影响因素，提出标准化、规范化、法制化、品牌化、制度化等五条路径。② 在笔者看来，食药安全协同治理的实践路径要遵循协同治理的运行规律，在其行动者网络结构的实践维度上进行探讨。协同治理的实践由府际协同、部门协同与内外协同三部分构成。

其一，府际协同主要是由中央政府与地方政府、国家食药总局与省市食药监督局等行动者构成，缘于行政层级的分野，其行为互动关系和行为过程呈现出“命令与服从”；其权力、权威类型基于法律政策框架下的“法理型”；其协同条件与基础基于“政府执行能力”，表现为政策执行过程中的协同性与协调性。其二，部门协同表现则较为多样，包括中央一级的食药总局、卫计委、公安部、国家发改委等职能部门以及地方一级相应的职能部门间的协调与配合。其行为互动关系与行为过程基于“平等关系”基础上的协调与配合；其权力、权威类型是协调型，协同条件为“心灵契约”，即为未来工作开展的顺利进行而倾向于采取合作化的行为；其行为表征体现为政府职能的整合。在这个意义上，部分学者倾向于将其等同于协同政府。不过“协同政府”并非准确的科学或技术概念。③ 协同政府意义上的“跨部门合作被界定为两个或两个以上的机

① 涂永前：《食品安全社会共治法治化：一个框架性系统研究》，《江海学刊》2016 年第 6 期。

② 纪杰：《食品安全满意度影响因素分析及监管路径选择》，《中国行政管理》2014 年第 7 期。

③ 克里斯托夫·鲍利特：《重要的公共管理者》，孙迎春译，北京大学出版社 2011 年版，第 71 页。

构从事的任何共同活动，通过一起工作而非独立行事来增加公共价值”[①]。因此，协同政府并未涉足政府与公民的互动关系，亦并不直接关注政府与社会行动者之间的关系，所以还需要勾绘第三个实践维度，即内外协同。内外协同的行动者网络由政府与社会行动者二者构成，其互动关系是“委托—代理”，其核心策略是“协商政治”；时下政府向社会购买服务、公私合作伙伴关系的培育等行为均属此范畴。此三者之实践维度，在“2016 年十大食药舆情事件”的回顾中可见一斑，如表 3 所示：

表 3　2016 年度十大食品药品舆情事件

	舆情事件	核心问题	关键词	协同板块 / 治理蕴涵
1	山东非法经营疫苗案	药监、卫生分段监管	信任、科普、权威	部门协同
2	上海过期乳制品案	企业违法生产经营	企业、媒体主体责任	企业自律
3	“饿了么”网络订餐	网络经济的监管乏力	互联网 +、源头治理	企业自律、部门协同
4	暂停药品电子监管码	政府购买的规范化	政企互动	公私合作 / 内外协同
5	海阳某校疑似“饲料”供餐	学校行为过失	多部门合作	部门协同
6	北京活鱼集体下架	规避专项监管	运动式治理	府际协同
7	日本“辐射”海鲜入市	部门联动、信息共享困境	报道自相矛盾	部门协同
8	自来水“致癌”说	有效信息不足	乌龙、谣言	内外协同
9	虫草砷超标	中央与地方协同性不足	政策庇护、政企关系	府际协同、公私合作
10	高回扣下的高药价	医药体制、医院管理体制	以药养医、道德自律	部门协同、公私合作、府际协同

资料来源：笔者自制

诚如上文所述，药品的疗效、医药卫生服务水平、饮食就医环境、政府打击力度、食品药品质量、产品说明书完整性、公众监督渠道以及食药广告的真

① 尤金·巴达赫：《跨部门合作——管理“巧匠”的理论与实践》，周志忍等译，北京大学出版社 2011 年版，第 13 页。

实性依次构成了公众满意度的影响因子。结合协同治理的路径框架，其治理状况的改善可围绕以下方面展开。

第一，提高政府治理中的协同性。作为行政执法部门，其公共治理的有效性受制于行动者系统的协调性与协同性。首先，部门间的信息沟通与行为的协同性制约着行政执法的效能。“政府打击假冒伪劣产品力度”与公众满意度正相关，是政府治理指标体系中唯一进入回归方程的因素，其打击力度与效度如何将决定着公众满意度的提升与否。不论是食品还是药品，“假冒伪劣”在被调查者看来，均是其最为担心与忧虑的环节。在政府治理维度上，建立“四个最严”，即最严谨的标准、最严格的监管、最严格的处罚和最严肃的问责，是有效治理的基础。而如何践行这一要求，跨部门间的合作与协调、府际间政府部门的沟通与配合是其必要条件。其次，政府食品监管致力于构建从农田到餐桌的全过程管理，构建全产业链安全治理体系对府际间的政府协同提出了更高的要求。当前地方食药监管体系改革正逐步走向深化，统一性的市场监管模式正逐步成型。其积极价值首要在于部门协调的内部化，有助于执法效率的提高。但也不容忽视，食药安全作为特殊公共产品与公共服务所涉及到的专业性与技术性诉求。在治理实践中，基层食药治理事务常面临技术、检验困境，亟需中央、省市地方政府的有效协调与沟通。并且，地方保护主义的规避也需要府际协同的推进。如若没有和谐的府际关系，区域性的食安、药安事件必将层出不穷。最后，政府引导下的 PPP 模式也迫切需要政府制度安排的协同性。公私合作的实践水平有赖于公众自我预防与自我甄别能力的提升。当前，随着新医改的纵深发展，医药分离矢在弦上，未来居民自我购药趋势愈加明显，必须及时有效地建立健全产品说明书制度。在前文的回归分析中，产品说明书的完整性是影响公众满意度的重要因素。而产品说明书的完整与否是由政府的制度设计与安排所决定的。执法部门需要严格处理食药产品标签、说明书的随意更换和以旧充新的不法行为。制度的完善与严格履行，将为公众的理性参与提供必要条件，也为公私合作的深化提供制度保障。在协同治理的推进中，不仅需要政府对药品产品的生产、经营和使用的严格监管，也需要市场企业因应制度安排而提高产品说明书的完整性、规范性。

第二，提升市场自决中的协同性。就市场主体责任而言，在公私合作不断推进的过程中，放松对市场主体、医疗卫生机构的管制，建立必要的奖励惩戒机制，落实其第一主体责任是理想的路径选择。“药品疗效”“医药服务水平”“食药产品质量”等均是由市场企业所决定，限于当前食药产业体系的水平，供给侧的“安全”供给问题仍需系统地挖掘与分析。一方面，食药产品是特殊的商品，与普通商品的生产有着显著的差别。其对生产研发技术更新的需求比较高。对企业而言，技术研发与产品创新是其生命力。尤其是药品生产领域，特效药物、创新药物的问世，端赖企业的自主研发与科技创新。在此历程中，需要提升市场各要素间的协同性。比如，专业技术人员的薪酬待遇、企业科技创新的市场回报与相应制度性约束间的协调，将关乎药品质量、疗效的提高。如果缺乏相应的协同性，企业没有技术更新的源动力、技术人员没有创新的条件，那么充斥市场的只能是对境外新技术新药品的临摹或产权购买。在此局势下，极易出现药物短缺、价格高企的可及性风险。另一方面，公众对“饮食就医环境”与“医疗服务水平”的关切意味着从事饮食服务与医疗卫生服务的个体、组织必须有意识地提升服务水平，改善公共服务质量。这一要求如果单纯地冀望市场主体自行纠正与提高，恐怕效果不佳。从市场行为互动的角度看，政府组织、公民个体、群体与市场组织间的协调性，将决定安全服务供给侧的品质。这也就需要在确立市场决定性作用的同时，积极地创设必要的制度规范与激励惩戒机制，适时引导公众参与市场监管，构建市场自决治理体系中的协同结构，以规范与诱致市场主体基于理性选择而提升与改善公众饮食用药安全。

第三，提升社会参与中的协同性。在食药安全领域中讨论社会参与问题，其核心即在于公私合作的优化。在提升治理体系内外协同的层面看，既需要构建扎实有效的社会共治格局，又需要避免陷入“媒体驱动型”的治理误区。在回归分析中，“公众监督的渠道”和“食药广告的真实性”构成影响公众满意度的核心因素，并且后者与公众满意度呈负相关。乍看之下，食药广告的真实性与公众满意度负相关，难免令人生出疑惑，其实也好理解。媒体虚假广告的盛行，公众难分真假，而一旦确证，难免会进一步削弱公众对食药安全的信心。正所谓，懵懵懂懂时未必会不满意，但信息越发充分，则信任感越发趋低。近年蔚为流行的一则央视广告“极草含着吃”由盛而衰的事件可为例证。当然，作为研究者来说，笔者并无意提倡食药广告的“虚假”性，而是提醒媒体在参与治理过程中的角色与功能需要有着清醒而理性的认识。另外，因大众媒体、社交网络与自媒体是当下“公众监督的渠道”，在构建社会共治格局的目标框架下，这些渠道都将获得充分的重视与尊重。但基于治理效果的改进，不宜为了实现“形而上”的“共治”，而被动地陷入“媒体驱动型”的误区。亦如上文所言，作为特殊商品的食药产品，信息不对称现象普遍存在，且提高公众食药安全信息水平的成本确实太大，于是民众对媒体的“焦点”塑造与议程设置存在依赖的倾向。为避免走向“媒体驱动型”的误区，要提升社会参与层面的协同性。此协同性之构建，可由政府积极引导来实现，以“政府引导型”的协同实践扭转“媒体驱动型”的情势。在已有公众投诉举报参与渠道的基础上，进一步地丰富与创新公众参与治理的路径，并将公众参与效度纳入地方政府与相应部门的考核指标体系。公众普遍对“12331”的陌生恰恰证明了政府在提升社会参与的协同性方面乏善可陈，未能培育出必要的公众敏感性。在协同治理内外协同的轨道上，外部行动者对食药安全事务的敏感性式微，喻示着其对参与治理绩效难彰的无意识反抗。公共健康之维系，每一个行动者都有不可推卸的责任，政府必须积极引导、合理设计，改变以往简单的健康宣讲与随机的志愿活动模式，以更为灵活、更具创新意识的组织活动推进社区公共安全意识的提升，优化社会参与的机制与路径，继而推进公私合作效率与效能的提升，改善食药安全治理境遇。

我国城市管理行政执法体制改革的回顾与展望

唐兴盛*

【导语】党的十九大报告提出，要深化依法治国实践，建设法治政府，推进依法行政，严格规范公正文明执法。习近平总书记多次强调，要推进执法体制改革，改进城市管理工作。本文认为，我国城市管理行政执法体制要积极推进大部门制改革，实现执法主体从分散到相对集中、执法权力从分散到相对集中、执法责任从分散到相对集中，以解决好我国城市管理中的部门执法职能交叉、责任不清的问题。

近年来，中央对城市管理行政执法体制深化改革予以了高度持续关注。中国共产党十八届三中全会《关于全面深化改革若干重大问题的决定》指出，“深化行政执法体制改革，整合执法主体，相对集中执法权，推进综合执法，着力解决权责交叉、多头执法问题，建立权责统一、权威高效的行政执法体制；理顺城管执法体制，提高执法和服务水平”。十八届四中全会《关于全面推进依法治国若干重大问题的决定》指出，“推进综合执法，大幅减少市县两级政府执法队伍种类，有条件的领域可以推行跨部门综合执法；完善市县两级政府行政执法管理，加强统一领导和协调；理顺城管执法体制，加强城市管理综合执法机构建设，提高执法和服务水平”。上述表述，充分彰显了深入推进城市管理行政执法体制改革的重要性和紧迫性。

---

*唐兴盛，北京市城市管理综合行政执法局队伍建设指导处副处长，中国人民大学 2011 级行政管理博士。主要研究领域为城市行政执法体制改革、城市治理、城管执法队伍思想政治工作等。

一、部门执法体制存在的弊端

我国曾经在行政权力的配置上坚持专业化分工的原则，形成了部门行政体制，体现为两个主要特征：一是纵向上行政权力的同质化。在纵向权力链条上，无论是机构设置、部门组成，还是人员配备、职位设计，上下级政府基本保持一致，换言之，上级机关设置何种部门，下级机关一般也与此对应，设置相同的部门，形成对口关系，同质化特征明显。二是横向上行政权力的部门化。我国《宪法》虽然将行政权力配置给各级人民政府，但政府又要依靠所辖职能部门，如公安、环保、工商、税务、卫生、交通等行政部门来具体履行职能。这些部门各自相对独立，分别隶属于不同的中央归口部门，形成了不同“条条”式的职能管理。这种权力配置在特定历史时期发挥了积极作用，至今仍然是我国基础的权力配置结构。

但随着社会发展、公共行政事务日益复杂，其弊端逐渐凸显：一是导致权力高度集中。行政权力从下级政府到上级政府、工作人员到行政首长，都表现出集中的趋势。等级森严、层次分明的权力体系，整个行政权力体系过于僵化、创造性不强、效率低下。二是权力部门化。以部门作为履行政府职能基础单元的权力配置格局，让各个部门成为政府权力的实际拥有者。各部门在各自职能领域内，拥有政策法规制定、审批许可、行政监管以及行政处罚等“一条龙”的完整权力，甚至在某些领域，形成了“行政权力部门化”、“部门权力利益化”、“部门利益法制化”的局面。三是权力缺乏必要的协调。行政权力、行政职能之间的划分是相对的，而不是绝对的。一些复杂、综合性的社会管理问题，需要不同层级、不同职能、不同部门之间协同配合、齐抓共管。但经常是各部门基于自身部门利益，有利的事情抢着干，无利的事情推诿扯皮，各自为政、缺乏协调，甚至相互内耗，制约了政府的整体效能。

以城市管理行政执法为例，我国城市执法活动发端于 20 世纪 70 年代末 80 年代初，由于受到计划经济时代管理思维、管理体制、管理模式的影响，我国建立了部门执法体制，即由不同部门分别行使市容、环卫、规划、绿化、市政、环保、工商、交通等城市管理执法权，管理执法合一，实行条条管理。这种执法体制对于健全城市管理体系，实行专业化分工，提高城市行政执法水平，具有重要意义和作用。但90年代以来，随着城市管理事务日趋复杂、综合，城市违法问题日益增多，各部门“分兵把守，各管一摊”的部门执法体制，产生了诸多问题，已经无法很好适应时代发展要求①。

具体表现在：一是行政执法职能交叉、推诿扯皮、权力分散。各部门各守一隅，各自为政、自成一体，分工过细，职责边界不清，部门管理覆盖面小，管理权限和管理资源分散，城市管理的系统性遭到分割，形成了“九龙治水”之势。二是权力缺乏制约和监督。在部门执法体制条件下，政府各部门集决策、执行、监督于一体，立法权、审批权、监管权、征收权、处罚权、收费权、强制权等多项权力于一身。为了追求部门利益，很多部门滥用行政权力，把行政处罚权当作不当牟利的工具，“乱处罚、乱收费、乱摊派”②。三是行政执法扰民问题。由于部门执法体制的存在，法律规定过细，多头管理，行政相对人的同一行为可能同时违反法律规范中工商、环保、公共交通等多个领域的法律法规。这些管理执法部门都有权依据各自部门法，对于同一违法对象甚至是同一违法事件进行重复检查和处罚，“一事不再罚”的原则遭到破坏，导致执法不公和扰民。四是行政执法机构无序膨胀。在部门执法体制条件下，立法工作过于机械，处理问题比较死板，往往是“制定一部法律，规定一项权力，设立一支队伍”，结果造成执法队伍迅速膨胀、执法机构林立、执法队伍臃肿，执法队伍过多、过滥，大盖帽满天飞。

二、城市管理综合执法的探索

行政体制改革从本质上讲，就是行政权力结构的调整、改变或再分配，主要表现纵向和横向两个层面。在纵向上表现为中央政府与地方政府之间的权力

---

① 宋刚、唐蔷：《现代城市及其管理——一类开放的复杂巨系统》，《城市发展研究》2007年第2期。

② 青锋：《行政执法体制改革的图景与理论分析》，《法制论丛》2007年第1期。

变动。改革的主要趋向是中央向地方适度行政分权，激活地方政府积极性；在横向上表现为同一政府层级不同职能部门之间的权力调整，改革的主要趋向是按照统一、精简和效能原则，合理界定部门之间的职能边界，科学划分事权，减少职能交叉和推诿扯皮，提高行政管理的整体效能。

推进行政体制改革突破口就选定在职能交叉、责任不清、推诿扯皮、效率不高、执法扰民问题比较严重的城市管理执法领域。在国务院法制部门的积极推动下，1996年颁布的《中华人民共和国行政处罚法》，确立了相对集中行政处罚权制度[①]，通过省级政府重新配置，将原本属于多个行政部门的全部或部分行政处罚权职能，统一划转给单一的行政部门相对集中行使，原部门不得继续行使这些职能的制度。将城市管理领域中等职能统一划归至城管部门行使，但与这些职能相配套的前端管理、审批以及其他部分行政处罚职能，仍然保留在相关行政职能部门。

这种改革思路主要体现在：一是在纵向上，将城市环境秩序管理等事务界定为地方事务，赋予地方政府合理统筹调整的权力。各地方政府有权按照国务院法制部门的统一指导，设立城管部门履行城市地方事务管理与执法的权力。城管部门接受地方政府管理领导，在中央无对口部门。这种制度设计的理念无疑是比较先进的，是中央向地方放权的重要形式。二是在横向上，由部门执法走向综合执法。由地方政府对行政权力重新进行配置，将市容、规划、绿化、市政、环保、工商、交管等领域交叉、重复的行政处罚权，统一交由城管部门集中行使，以此消除专业管理划分过细带来的部门分割的弊端；实施“管罚分离”的制度设计，建立专司执法职能的执法队伍，执法权与管理权相对脱钩，形成了前端管理与末端执法相对分离、相互配合、相互监督的体制设置，打破了集“立法、审批、监管、执法”等多种职能于一体的部门集中管理执法模式，在一定程度上剪断了部门利益的链条，弥补了“条块分割”体制的不足。

---

① 我国《行政处罚法》16条规定：“国务院或者经国务院授权的省、自治区、直辖市人民政府可以决定一个行政机关行使有关行政机关的行政处罚权，但限制人身自由的行政处罚权只能由公安机关行使。”

作为一项重要的改革探索和制度创新，城市管理综合执法推动了执法主体从分散到相对集中，执法权力从分散到相对集中，执法责任从分散到相对集中，对于解决城市管理领域职能交叉、责任不清和缺乏效率等问题，以及深化行政执法体制改革，推进依法行政，都具有十分重要的意义和作用。

一是初步形成了集约化的城市管理行政执法体制。这一制度把分散在城市管理多个部门，但又存在多头执法、重复执法、职能交叉、边界不清的行政处罚权全部或者部分划归到城管部门统一行使，组建了专司城市管理领域相对集中行政处罚权的城管执法队伍，推动区域行政资源有效整合，实现了统一、精干和高效，初步形成了集约化的行政执法体制。

二是提高了执法的效率，维持了良好的城市秩序。城市管理综合执法改变了传统部门执法体制过于重视“条条”管理，“铁路警察、各管一段”的弊端，初步解决了“七八顶大盖帽，管不住一顶大草帽”的问题，提高了执法活动的权威性，有效维护了城市环境秩序。

三是精简了执法机构，降低了行政成本。城市管理综合执法不仅仅是对行政处罚权进行了重新配置，还对职能交叉、重复、相近的执法职能、机构和编制进行清理整顿，在一定程度上控制了行政执法机构和人员的过度膨胀。

四是有利于依法行政，有效保障相对人的合法权益。城市管理综合执法实现了执法主体资格的重组，由城管部门以自身名义相对集中行使城市管理行政处罚权，并独立承担相应法律责任，有关部门不得继续行使已经划转出去的行政处罚权①。这种制度安排，实现了执法责任主体的明晰化和行政执法责、权、利的一致，有利于克服多头、重复执法问题，也避免了主体不明、责任不清、相对人合法权益得不到依法救济的问题。与城市管理综合执法相配套的制度建设，实现了执法与利益的脱钩，如执法处罚与缴纳罚款相分离，城管部门工作经费和工资福利由国家财政统一列支，进一步规范了执法行为。

---

① 《国务院办公厅关于继续做好相对集中行政处罚权试点工作的通知》（国办发〔2000〕63 号）。

五是为深化行政执法体制改革积累了宝贵的经验。这一制度打破了传统的“立法、审批、监管、执法”高度集中的部门管理执法模式，执法权与管理权相对脱钩，形成了与前端管理相互配合、相互监督的专司执法职能的体制设置，有利于克服“部门利益”和“部门专权”。此外，这一制度设计，还把原来集中在国家层面设置调整机构及职能的权力下放给地方城市政府，有利于调动地方政府管好城市的积极性、主动性和创造性。虽然相对于整个行政体制或行政执法体制而言，城市管理综合执法只是一项小的改革，但它无疑是一次具有重要探索示范意义的尝试。

三、综合执法实践中存在的问题

城市管理综合执法制度是由国务院法制部门和中央编制部门设计推动，由各地方政府具体组织实施的一种渐进的制度变革。由于缺乏后续制度跟进、经验总结和政策推动，这一制度的先天缺陷逐渐显露出来：

在纵向方面。中央将城市环境秩序管理类事务完全放权给地方政府，但缺乏必要控制手段。国务院法治部门作为城市管理综合执法制度的设计者，只是从法治上提出了泛泛要求[①]，对城管执法体制、机制都没有做出具体规定，而是交由地方城市政府自主进行探索。中央编制部门虽然就综合执法的机构、部门、人员整合等事项出台过文件[②]，但是提出的要求也是比较原则和宽泛，无法对各地城管执法体制进行有针对性的规范。在城市管理综合执法的制度设计上，行政执法权只在地方城市进行了相对集中，而在中央和省级层面则没有专门机构承担统筹规划、指导协调的职能，即“中央无部委、省里无厅局”。这一做法

① 详见《关于全面推进依法行政的决定》（国发〔1999〕23 号）、《关于继续做好相对集中行政处罚试点工作的通知》（国办发〔2000〕63 号）、《关于进一步推进相对集中行政处罚权工作的决定》（国发〔2002〕17 号文件）。

② 详见《关于清理整顿行政执法队伍实行综合行政执法试点工作意见的通知》（国办发〔2002〕56 号）、《关于推进相对集中行政处罚权和综合行政执法试点工作有关问题的通知》（中央编办发〔2003〕4 号）。

曾被视为向地方政府放权的一项重要改革举措，但实践中却造成中央与地方、省与市脱节，城管部门处于“群龙无首”的境况。各地城管部门组建模式不统一、履行职能不统一、队伍性质不统一、归口部门不统一，队伍正规化建设严重滞后。一个城市城管部门如何设置，往往是各地“市长”说了算，有独体制、联体制、从属制三种类型。在市、区、街体制设置方面，目前主要有市区双重领导、区街双重领导、垂直领导、街镇主体等四种类型。

在横向方面。城市管理综合执法制度的实施，对传统部门执法体制形成了有力的冲击，原先属于其他部门的全部或部分行政处罚权被统一划转到城管部门，但很多部门并不愿意让渡自己的权力，或者即使让渡了权力，对综合执法工作也会存有抵制态度。城市管理综合执法基于跨领域、跨部门的职能设计，离不开相关部门的协调配合，由于各级地方政府对城管执法工作重视不够，在综合执法协调配合机制上没有形成有力的“掌舵单元”，城管部门在日益复杂、综合的城市管理事务面前，经常得不到相关部门的支持与配合，陷入了“单兵作战”、“单打独斗”的局面。

四、下一步深化改革的方向

城市管理综合执法虽然属于地方城市管理范畴，但从我国单一制国情出发，尤其是鉴于执法活动的特殊性，中央对城市管理综合执法也要履行必要的规范管理职能。对于城管部门具体使用、管理权力仍然保留在各级地方政府，加强中央规范管理与赋予地方城市管理权力并不矛盾。党的十八届三中、四中全会，中央深改组第十八次会议，以及中央城市工作会议，都将其设定为重要议程，中央关于城市管理综合执法体制、机制的顶层设计正在展开。

从中央相关表述不难发现，推进大部门制改革将是城市管理综合领域下一步重点发展方向。实行大部门制，就是在行政机构设置中，把多个部门分别承担的相同或者类似的职能归并为一个部门履行，减少部门职责交叉事项和多头管理，变部门之间协调为部门之内协调[①]。通过对城市管理综合执法历史回顾不难看出，这一制度就是按照“精简、统一、效能”的原则，在城市环境秩序管理领域，实施相对集中处罚权，推行综合执法改革，把原先属于多个城市管理执法部门，存在职能交叉、责任不清、多头执法的全部或部分行政处罚权，统一移交给新增设的城管部门相对集中行使，将“数顶大盖帽变成一顶”，建立了专司行政处罚权的执法队伍，提升了执法效率和城市管理水平，体现了大部门制改革的要求。当前城市管理综合执法体制、机制方面存在的现实困境，并不是说明城市管理综合执法方向存在问题，而是大部门制的要求贯彻得还不够彻底，亟须进一步深入推进。

当前，城管管理综合执法领域的大部门制改革，如同中国其他政府治理领域所推行的大部门制改革一样，面临很多挑战。一是职能复杂交织。大部门制改革牵涉到部门职能的重新理清和确认，尤其在城市管理领域涉及审批、管理和执法部门众多，职能之间相互交织，推进难度很大。二是机构整合的难度。大部门制改革的过程，就是体制调整、部门整合的过程，部分机构会被整合、撤销，部分人员编制会被压缩、分流，必然会对原有部门利益构成挑战，对人事、编制部门也构成了较大压力。三是配套制度建设不完善。即使是实行大部门制，也必将涉及部门内部、部门之间协同配合问题，只有相关配套制度都落实到位，大部门体制才能够有效运转。四是地方政府在推动大部门体制方面缺乏相应主导性。我国行政体制是以专业化为基础、条条色彩明显的部门执法体制。从中央各部委到省级各厅局，以至市县、乡镇，都有专业对口部门。以地方为主体推行大部门体制，必然受到现有体制制约。因此，从中央层面加强对政府部门城市管理综合执法领域大部门制的顶层设计就尤为重要。

中央关于推进城市管理综合执法大部门制的方向已经明确。本文认为需要在以下方面发力：一是要推进职能整合。城市管理综合执法虽然在职能整合方面进行了初步探索，但整合力度还无法根本解决传统部门执法体制的弊端。必

① 魏礼群：《积极稳妥推进大部门制改革》，《求是》2011 年第 12 期。

须要在中央统筹下，将城市管理职能进行更全面、更深入梳理，按照审批、管理和执法进行更大尺度的综合。不仅要综合相对集中行政处罚权，还要综合相对集中审批权、相对集中管理权，将所有城市管理职能领域全部纳入大部制改革框架。二是抓好体制优化。城市管理领域大部门制在中央层面应该进行统一的规划，在中央设置归口管理部门，加强中央对地方日常指导，相对统一地方城市管理综合执法体制模式，明确职能范围，建立经费、人员保障渠道，满足城市管理发展需求。虽然不同城市由于人口规模、城市发展水平应有所差异，但都必须按照中央确定的原则进行规范设置、严格管理。三是完善协同机制。相对而言，将数量众多的城市管理、执法部门进行精简、压缩和整合，构建大部门体制，能够将更多部门之间问题转化为部门内部问题，便于更好地沟通和协调。但绝不能指望将所有城市管理问题都纳入同一个部门进行解决。在城市管理领域，依据职能划分，可以分为审批、管理和执法等三大部门。在这些部门之间，也需要完善协同机制。鉴于城市管理事务主要属于地方事务，中央应赋予地方政府城市管理进行统筹、协同的权力和责任，建立属地高层协调机构，完善协调机制。

新时期我国构建韧性城市的战略思考与政策建议

张文杰*

【导语】韧性城市作为一个理念被全球越来越多的国家接受，在实践中发挥着越来越大的作用。本文在总结韧性与韧性城市相关概念的基础上，归纳指出韧性城市的特征，从韧性规划、风险源识别与易损性评估、加强防灾减灾基础设施建设、创建具有韧性社区、提高公众参与等方面，提出我国建设韧性城市的政策建议。

深入学习贯彻习近平总书记系列重要讲话精神和治国理政新理念新思想新战略，是当前的首要政治任务。2015 年 12 月 20 日，习近平总书记在中央城市工作会议上讲话指出，做好城市工作，要顺应城市工作新形势、改革发展新要求、人民群众新期待，坚持以人民为中心的发展思想，坚持人民城市为人民。并强调，无论规划、建设还是管理，都要把安全放在第一位，把住安全关、质量关，并把安全工作落实到城市工作和城市发展各个环节各个领域。现代城市安全面临着多样化的挑战，建设安全城市，需要新的治理理念，建设“韧性城市”就是从根本上解决城市面临一系列风险问题的科学理念和有效措施。

---

*张文杰，中国地震局政策法规司主任科员，北京师范大学 2015 级博士生。主要研究领域为灾害治理、风险管理、政策过程等。

一、深入贯彻习近平总书记关于城市建设与防灾减灾的新理念新思想新战略

党的十八大以来，以习近平同志为核心的党中央高度重视防灾减灾救灾工作，围绕防灾减灾救灾发表多次重要讲话，做出了系列重大决策部署。习近平总书记2016年在唐山视察时指出：防灾减灾救灾工作事关人民群众生命财产安全，事关社会和谐稳定，是衡量执政党领导力、检验政府执行力、评判国家动员力、彰显民族凝聚力的一个重要方面。从需要理论来看，安全需求是人类最基本的生存需求之一，安全需求的实现是人类更高阶段需求的基础。做好城市防灾减灾是城市生存和可持续发展最基本的前提，是国家安全和社会稳定的基石，是经济和社会发展的基础条件。习近平总书记的重要讲话和重要论述，是新时期做好城市防灾减灾救灾工作的基本遵循和重要指导。建设韧性城市，有效降低城市的脆弱性，有利于实现城市减灾向注重灾前预防、综合减灾和减轻灾害风险的快速转变，是落实习近平总书记系列重要讲话精神的重要举措。

我国是世界上自然灾害最为严重的国家之一，灾害种类多，分布地域广，发生频率高，造成损失重，这是一个基本国情。城市是人口和财富最密集的地区，也是灾害风险的高发地区。改革开放以来，中国城市规模和数量快速增长，城市化率从1978年的17.92%，增长到2016年的57.35%，增长了2.2倍[①]。但大部分城市面对灾害时都显得韧性不足，随着“风险社会”的到来，如何预防和降低风险，减少灾害损失，提升城市防灾减灾能力成为各国政府、专家学者和公众越来越关注的热点话题。城市对灾害的应对也由传统的防灾（disaster prevention）转向防灾与减灾（disaster mitigation）并重，再到日益兴起的建设韧性城市（resilience city）。建设韧性城市，增强风险意识，突出风险管理，做

① 《京津沪城镇化率达到发达国家水平》，央广网，http://finance.cnr.cn/txcj/20170607/t20170607_523789427.shtml，访问日期：2017年11月15日。

好城市防灾减灾工作，确保城市安全，责任重大、意义重大。

二、韧性城市的理论溯源

（一）韧性概念的起源

从语言学角度来说，韧性一词起源于拉丁语“resilio”，意思是恢复到原先的状态。而韧性这一概念最早是20世纪70年代由加拿大生态学家霍林提出的，用于定义生态系统的稳定性，即生态系统适应外部环境变化以达到生态持续性的能力①。20世纪80年代，韧性理论的应用扩展到了灾害管理领域，使得灾害领域的学者将关注点从脆弱性转移到韧性层面上。20世纪90年代末，学者对韧性的研究逐渐从自然生态学拓展到人类生态学，城市作为人类生态学的主要组成部分和活动主体，韧性思想也自然而然地被应用到城市研究当中，为韧性城市理论的形成奠定了基础②。

（二）韧性城市概念

国外针对韧性城市建设的研究起步较早，积累了丰富的理论成果和实践经验。不同国家与机构从多学科、多角度研究韧性城市问题，并通过韧性城市的建设践行相关理论。纵观现有研究，韧性城市的理论研究主要集中于城市规划、气候变化应对、建筑工程领域以及城市风险评估、应急准备或减灾等方面，主要通过经验借鉴、理论演绎、构建指标体系、测评模型及实证分析，形成了一个初步的有关韧性城市的理论分析框架与研究体系雏形。

我国韧性城市建设研究起步较晚，与国外存在较大差距。此前，国内有一些学者将相关概念直译为“弹性城市”。两个概念的本质相同，但是，“弹性”

---

① C. S. Holling, L. H. Gunderson, *Resilience and Adaptive Cycles*，*Panarchy: Understanding Transformations in Human and Natural Systems*，Island Press，2001, pp. 25-62.

② 陈玉梅、李康晨：《国外公共管理视角下韧性城市研究进展与实践探析》，《中国行政管理》2017年第1期。

一词会有一种回到原来状态（bounce back）的思维惯性，不能完全涵盖“韧性城市”所强调的长期适应能力（adaptation）。事实上，“韧性”含有弹性和恢复力这两个方面的含义。因此，一些权威的国际组织，如联合国等，在它的中文版官方文件中，一般也都使用“韧性城市”。近几年来，更多的学者倾向使用韧性城市概念，韧性概念逐渐推广到公共管理和城市治理领域，从公共管理视角而言，韧性城市的表述更能体现其内涵（见表 1）。

表 1　韧性城市的定义

作者	定义
Godschalk[1]	韧性城市包括由物理系统和人力系统共同可持续发展的网络，拥有管理极端事件的能力，在灾害中，物理系统和人力系统面对极端压力都可以幸存并运行。
Campanella[2]	城市韧性很大程度上取决于城市居民的韧性和调动资源的能力，因此除了物质重建以外，城市的韧性建设必须着眼于恢复发展当地的社会结构和公民网络。
Cutter[3]	韧性是指城市系统可以吸收干扰并且再组织形成一个完整运行系统的能力，不仅包括一个城市系统还原到干扰前的状态，还包括通过学习和再组织达到更佳状态的能力。
Alberti[4]	韧性城市一系列结构和过程变化重组之前，所能够吸收与化解变化的程度。
Ahern[5]	城市系统能够如海绵一般以适当的手段吸收和缓冲扰动施加的影响，并通过系统组成部分之间的优化、协调和重新组合来分割和抑制相对有限的失效，最终取得系统整体的正常运行状态。
Jabareen[6]	韧性城市可以从脆弱性分析、城市管治、防护和以不确定性为导向的规划等四个部分进行评估。

注：1. 戴维·R·戈德沙尔克、许婵：《城市减灾：创建韧性城市》，《国际城市规划》2015 年第 2 期

2.T. J.Campanella, “Urban Resilience and the Recovery of New Orleans”, *Journal of the American Planning Association*, 2006, 72（2）:pp. 141-146.

3.Cutter, “A Place-Based Model for Understanding Community Resilience to Natural Disasters”, *Global Environmental Change*, 2008, 18（4）: pp. 598-606.

4.M. Alberti, J. Marzluff, “Integrating Humans into Ecology: Opportunities and Challenges for Urban Ecosystems”, *BioScience*, 2003, 53（4）: pp. 1169-1179.

5.J. Ahern, “From Fail-Safe to Safe-to-Fail: Sustainability and Resilience in the New Urban World”, *Landscape and Urban Planning*, 2011, 100（4）: pp. 341-343.

6.Y. Jabareen, “Planning the Resilient City: Concepts and Strategies for Coping with Climate Change and Environmental Risk”, *Cities*, 2013, 31: pp. 220-229.

综上所述，虽然学者们对韧性城市的定义各有见解，但存在着共性：一是强调韧性城市具有适应外部环境变化的能力和从灾害中学习的能力，以及城市系统为回应压力和限制条件而激发的一种变化、适应、改变的能力。二是强调城市系统的多样和功能多元，受到冲击过程中选择的多元性，社会生态的多样化以及城市构成要素间多尺度的联系等。三是强调城市组织具有高度的适应性和灵活性，不仅体现在物质环境的构建上，还体现在社会机能的组织上，确保城市在灾害发生时能够有效应对，及时恢复并基本保持城市功能的正常运行。四是强调城市系统要有足够的储备能力，主要体现在对城市某些重要功能的重叠和备用设施建设上。①

近 4 年，我国学界对韧性城市的研究如火如荼，自 2013 年，相关研究的论文数量逐年攀升，主要集中在地理、环境、灾害学、城乡规划、水利工程和建筑工程等领域（见图 1、图 2）。自 2013 年，以弹性城市为篇名在知网上检索到 168 篇文献，其研究内容主要集中于城市管理、城市地理规划、城市灾害、风景园林等领域。以韧性城市为篇名的文献检索结果为 90 篇，主要集中在理论综述和城市规划层面，也包括在地震、洪水等城市减灾方面的应用。对这些文献综合分析，可以发现，韧性城市要展现调整的速度、恢复并保持其可持续发展活力的系统适应能力，需要在系统结构功能上至少具备以下五个特征（见表 2）。

① 邵亦文、徐江：《城市韧性：基于国际文献综述的概念解析》，《国际城市规划》2015 年第 2 期。

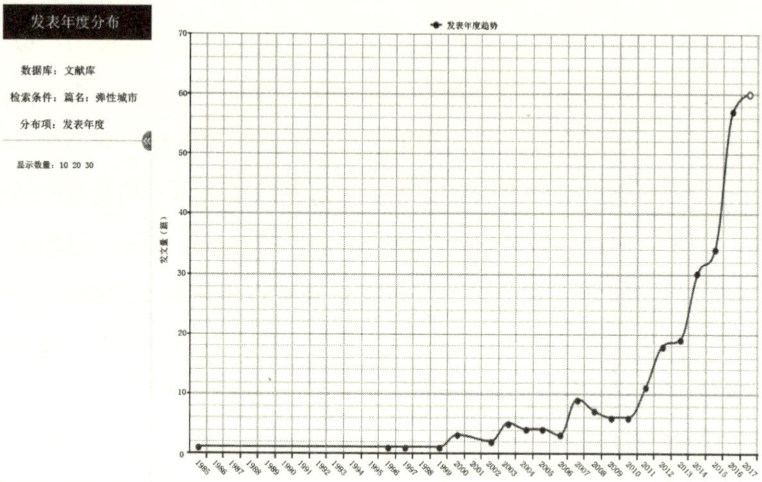

图 1　以“弹性城市”为篇名在知网上检索到文献情况

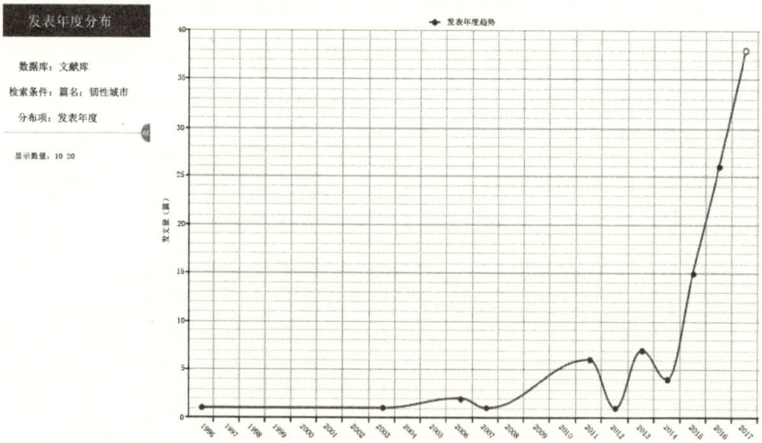

图 2　以“韧性城市”为篇名在知网上检索到的文献情况

表 2 韧性城市的基本特征

特征	内容
冗余性（Redundancy）	通过系统的多备份进行功能和多样性的设计，当系统某种功能遭到破坏时，系统仍然能够保证正常的运行。增加冗余度意味着重复配置重要的基础设施和服务设施，涉及供电、通信、道路疏散、食品供应和医疗等系统。
鲁棒性（Robustness）	亦称稳健性，就是健壮和强壮的意思，增强系统抵御和抵抗灾害冲击的能力，使系统在面临扰动时更稳定。
多样性（Diversity）	社会、经济、文化类型多样性和生物物种等多样性。因不同个体对不同的灾害压力有不同的适应性，所以当系统内部由多样化个体构成时，会对扰动形成差异性反应，相比由同质化个体构成的系统，会对扰动有更广的适应域，也使城市系统更有韧性。
连接性（Connectivity）	支撑着系统内部个体相互联络和协作。在韧性城市中交通路网、生态廊道、电网、水网等应各自连接成片。特别是通过生态廊道将城市内部绿地连接在一起，可形成真正的绿地体系，可大幅扩大城市中动物可栖息地，提升城市生态服务功能。
学习性（Learnability）	在灾害发生后城市可以通过物理性和制度性的调整，积累更多应对灾害的经验，应对之后的灾害干扰。通过“边做边学”，新经验不断被纳入适应能力中，城市规划和管理者能够随之准备、响应和从可能的破坏中恢复。

三、全球韧性城市建设的实践探索

各国政府高度重视并积极投入韧性城市建设，在众多包括联合国减灾署在内的国际机构的推动下，通过指标体系的建立和推广，资金支持和样板工程建设等手段，在全球范围内推广。

（一）联合国减灾署“让城市更具韧性”运动

联合国减灾署（UNISD）的“让城市更具韧性（Making Cities Resilient）”竞选计划，借鉴了联合国人类住宅规划署的具有可持续城市化原则的世界城市竞选（2009—2013），旨在让城市和地方政府准备好减缓风险和面对灾害变得有韧性。该运动旨在引导世界城市的防灾减灾能力提升和促进可持续发展。2012 年提出了“让城市更具韧性十大指标体系”，主要包括制定减轻灾害风险预算、维护更新并向公众公开城市抗灾能力数据、维护应急基础设施、评估校舍和医疗场所的安全性能、确保学校和社区开设减轻灾害风险的教育培训等指标。①

（二）全球 100 韧性城市项目②

洛克菲勒基金会在 2013 年承诺投入 1 亿美元建立“100 韧性城市”（100 Resilient Cities）项目，致力于协助世界各地的城市增强韧性。城市通过面试考核加入网络得到资金，这笔资金用于支持城市首席韧性官两年的薪资。项目团队会和首席韧性官密切合作，帮助城市制定韧性发展计划并实施。韧性城市项目的战略伙伴机构（strategic partner）会为城市提供各式的培训和咨询，帮助城市应对发展可能面临的突发或者长期存在的挑战。城市也会得到平台伙伴机构（platform partner）捐赠的各类物品及服务，平台伙伴机构包括私营部门、非营利组织、国际机构、科研机构等。我国的浙江义乌、四川德阳、浙江海盐、湖北黄石 4 个城市已成功入选③。

（三）日本韧性化社会建设

日本是世界上自然灾害最为严重的国家之一，2011 年 3 月 11 日东日本大地震，是日本战后死亡人数和失踪人口最多的自然灾害，东日本大地震让日本政府认识到仅仅依靠防护、单纯强化基础设施的防灾对策，在保护生命、财产、社会经济活动的可持续性方面，存在明显的缺陷。2013 年 3 月，日本召开国家韧性化（national resilience）恳谈会，设立了“推进国土强韧化相关省厅联络会议”，议长为国土强韧化大臣。2013 年 12 月颁布实施《为实现韧性国民生活的防灾减灾国土弹性基本法》。基本法确定实施弹性国家建设的 4 个方针：谋求最大限度的人命保护，维持巨大灾害时日本政治、经济及社会功能的可持续性，保证国民财产和公共设施损失最小化，灾后迅速地恢复重建。日本根据基

---

① UNISDR, *How to Make Cities More Resilient: A Handbook for Local Government Lenders*, 2017.

② Rockefeller Foundation, ARUP. City Resilience Framework, http://publications.arup.com.

③ http://www. 100resilientcities.org.

本法，重新梳理、修改各类减灾规划，保证所有减灾计划与国土韧性化建设目标一致[①]。

四、构建韧性城市的政策措施

构建韧性城市，要从健全我国公共安全体系和构建国家安全体系的角度出发，在学习国外先进经验的同时结合我国具体国情，加速转变城市应对风险的传统思路，加强风险管理，全面提升城市“韧性”。

（一）从城市可持续发展和竞争力的层面认识建设韧性城市的重要意义和作用，转变城市管理思维

首先积极构建全社会参与的风险治理长效机制，充分发挥政府主导、部门协同、社会参与、法治保障的作用，推动全社会树立“减轻灾害风险就是发展、减少灾害损失也是增长”的理念[②]，努力营造防灾减灾良好文化氛围。其次要从提升城市管理者综合减灾管理能力出发，普及城市大安全观，要求城市管理者尤其是主要负责人树立防灾不容想不到的超前意识，建立事故灾难并非防不胜防的自信观；面对灾害，提升城市管理者应急管理水平，做到有条不紊。

（二）基于韧性规划的理念设计城市，打造安全宜居城市

习近平总书记指出，“规划科学是最大的效益，规划失误是最大的浪费”。“韧性规划”，即通过对城市规划留有余地来适应现代城市面临的不确定性。在规划理念上，要以人与自然和谐的绿色发展理念作为价值取向，从竭泽而渔、征服自然的工业文明模式，转向尊重和顺应自然规律的生态文明理念，以不确定性为导向、以适应性为目的，以功能互补、具备调整能力来设计城市空间和

① 国土强韧化基本法 http://www.nikai.jp/index.htm。

② 《国务院办公厅关于印发国家综合防灾减灾规划（2016—2020 年）的通知》（国办发〔2016〕104 号）。

建成区，实现自然环境与生活环境的有机结合，防止二者间的对立和割裂。在具体实施过程中，一方面，城市总体规划、城市详细规划、规划的法规和标准以及规划管理等方面要从“韧性”的理念出发，综合考虑地区人口、产业、土地开发对地区气候、生态环境以及灾害风险的长远影响。另一方面，要加强构建韧性城市的综合规划，由政府组织规划国土、住建、交通、水务、城市管理、文物、地震等行业部门协同推进城市防灾减灾规划设计。

（三）针对不同城市地区和风险因素，分类指导建设韧性城市

统筹我国东西部地区的韧性城市建设整体格局，对不同的城市进行分类评估和针对性指导，因地制宜建设韧性城市。要注重我国不同等级规模、不同地域的城市韧性水平的分异特征。其中，东中部地区的高风险主要来自人口和财富的高暴露度影响；而西部地区城市风险主要受制于社会经济发展的脆弱性驱动及资源环境制约。要区分大中小城市，新建城市、开发新区和老城区的不同特点。例如，对于人口和建筑密集的大城市，需要注重地下管网与地上设施的匹配，提高建成区排水管网的覆盖密度；对于人口持续增长的中等城市、城市发展新区、次生灾害多发的城市等，必须避免发达大城市“重地上轻地下、重建设轻规划”的老路，科学统筹人口规模和土地利用，“优先利用自然力量”，构建生态型城市①。还要考虑到我国城市化发展不平衡，地区发展水平和风险管理能力差距较大，既要加强对传统灾害风险的管理，更要高度关注对新型风险、区域性风险和综合风险的防范，针对地区典型灾害加强综合风险治理。

（四）做好城市风险源识别与易损性评估

风险源识别与易损性评估是构建韧性城市、做好城市规划建设管理的基础。现代社会中城市各种要素紧密联系，自然灾害往往容易引发系统性风险，使得发生在局部范围的单一灾害事件演变为蔓延整个城市及更大范围的危机事件，

---

① 郑艳：《新型城镇化背景下我国韧性城市建设的思考》，《城市与减灾》2017 年第 4 期。

造成风险放大效应。要全面把握城市事故灾害风险，要加强对灾害风险源的普查，准确摸清“风险存量”，即对城市主要灾种的风险点、危险源、事故隐患的种类及数量建立大数据库，在风险源识别与易损性评估的基础上，建立自然灾害韧性城市构建要素及评价指标体系，制定行动策略，强化法制保障和规划约束，开展动态评估和绩效评价，并根据城市建设年度变化，予以及时调整，通过减少“风险存量”和遏制“风险增量”，筑牢城市安全运行的风险评估制度，提升韧性城市的抗扰动能力。

（五）加强城市防灾减灾基础设施建设

现在城市化进程过快、基础设施滞后导致灾害放大效应，从城市雨洪治理来看，就会发现很多城市建设“重地上轻地下”、城市自身“消化系统不完善”，这就需要大力推进城市地下管廊建设，倡导建设海绵城市，使城市面对巨灾打击可运行且具备及时恢复关键功能的能力。综合来看，韧性城市就是要提高城市重要基础设施和基本公共服务的抗灾能力，特别要有效降低学校、医院等设施的损毁程度。要提高新建重大工程以及学校、医院、幼儿园、体育场馆等人员密集场所防灾减灾标准，推广减隔震技术应用，提升城市应对事故灾害风险的硬件能力。

（六）创建具有灾害韧性的社区，提高韧性城市建设的公众参与度

社区作为城市空间和社会组织的基本单位，社区防灾是城市灾害治理的基础性环节。韧性社区注重防灾减灾的主动性，强调在没有外部支援的情况下，通过强化自身系统的防灾能力，达到促进减灾救灾活动、提高灾后恢复能力的目的。通过持之以恒的防灾减灾教育逐步提升市民对待危机的态度，培养现代防灾共同体意识，形成居民之间互信、互助的人际关系网络，是取得减灾实效的有力措施。

中国智库建设法治化的意义重大

石　伟*

【导语】习近平总书记指出："治理一个国家、一个社会，关键是要立规矩、讲规矩、守规矩。法律是治国理政最大最重要的规矩。"党的十九大报告指出，全面依法治国是中国特色社会主义的本质要求和重要保障。本文认为，应当将法治的精髓引入智库建设，以推动我国智库的良性发展。

党的十八大以来，我国智库建设被置于治国理政前所未有的地位。以习近平同志为核心的党中央，将建设中国特色新型智库作为党和国家工作全局的一项重大战略决策进行顶层设计。法治被认为是一种治国方略或社会调控形式。在中国的语境中，法治是党领导人民治理国家的基本方略。法治的程序性、稳定性、长期性和可预期性等制度优势，有利于社会方方面面实现长治久安，有利于社会中各个组织团体更加稳定成熟。对于智库而言，借助法治的优势，将法治的精髓引入智库建设，发挥规则的静态和动态作用，推动智库良性发展，是势所必然。

一、智库建设法治化是国家治理转型的需要

现代化的国家治理，是现代政治运行中的重要内容，需要各方面的支持。现代决策系统，是从智力角度对国家决策进行支持的核心力量。而从智库的功能来看，智库又是构成现代决策系统的重要部分。不论是为国家服务，还是为

* 石伟，中共中央党校报刊社要闻评论部副主任，副编审，中央党校教学与智库建设创新工程执行专家。

社会服务，智库以社会公共政策研究为宗旨，通过分析报告与政策建议等方式参与到现代决策过程的特点十分突出，进而参与到国家治理整个过程。党的十八届三中全会《关于全面深化改革若干重大问题的决定》指出，当前我们全面深化改革的总目标是完善和发展中国特色社会主义制度，推进国家治理体系和治理能力现代化。在全面深化改革的大背景下，智库建设法治化、规范化，必然会有效地改善现代决策系统，提高国家治理体系和治理能力现代化的效率与水平。就这个意义而言，智库建设法治化必然是国家治理转型的需要。

（一）现代决策系统是国家治理现代化的重要内容

国家治理体系和治理能力现代化的理念，体现了党在新形势下治国理政理念的更新与进步，也体现了改革开放进入全面深化阶段之后国家社会需要进一步释放活力、实现发展的要求。国家治理体系是一个关系到方方面面的系统性工程，国家治理能力的要求也是多方面的。但如果对国家治理的行为模式进行归纳、简化，可以认为大致包含决策与执行两个方面。这两个方面构成了一切治理活动最基本的链条。在国家治理的语境下，现代决策系统的开放性意味着公共政策的出台，需要具备更多的社会基础，反过来这种社会基础也有助于政策执行能够获得更多的社会认可。无论如何，公共政策都是国家治理发挥作用的重要所在，而现代决策系统在公共政策形成过程中尤为关键。

各方面的情况要求国家的治理活动必须建立在与社会充分沟通与交流的基础之上。这一要求首先就体现在党和政府公共政策决策的过程中。但这并不是轻而易举的，还是存在一些问题与困难。比如，公共政策的专业性决定了一般民众全面参与、监督的要求难以实现。还比如，党和政府单方面也难以完整、全面地掌握社会现状，并迅速、有效地做出反应。公共决策既要经济、效率，又要满足社会的普遍参与，因此，现代决策系统非常关键。从政策系统的构成来看，现代化、科学化的公共决策系统是由信息、咨询、参谋、决断、执行和监控等子系统所构成的大系统。[①]参谋与决断都非常重要，缺一不可。缺少参谋，则判断必定陷入没有科学依据；没有决断，则再多的参谋都只是无用的信息堆砌。现代决策系统，可以让公共决策尽可能地克服运行和执行中的难题。从大的方面说，现代决策系统可以更有效地推动国家治理体系和治理能力的现代化。

（二）智库建设法治化有利于现代决策系统更加完善

智库是现代政策科学的发源地与成长的摇篮，政策科学的产生和发展离不开智库的政策分析实践。智库是政策科学或政策分析的最纯粹的组织体现，而政策科学则是智库建设的最直接和最主要的支撑学科之一。[②]在方法论的意义上，智库对于政策科学的贡献，首先表现在"术"层面上的政策推进，即政策研究方法和技术的改进。智库重视对实际运用中行之有效的方法论加以总结，鼓励优秀的研究人员总结其智慧成果，特别是在研究报告中加进方法论方面的内容并加以推广。它鼓励创新、不断构建新的方法论。同时，智库还注重通过政策分析的实践验证研究方法分析工具的科学性、实用性和有效性，以此提高咨询报告及政策建议的质量。[③]

在各种智库的发展过程中，不同的研究方法甚至奠定了智库的研究特点。比如，兰德公司所创造的头脑风暴法、德尔菲法，乔治城大学战略和国际问题研究中心提出的"战略发展趋势评估"方法，斯坦福国际咨询研究所提出的"趋势估计"方法。[④]从某种程度上说，不同的方法塑造了不同的智库，进而影响了智库影响现代决策的方式和途径。

上文已述，智库建设法治化是将法治精髓引入智库建设，从而使智库建设更加良性、科学、规范。法治的基本特点，就是在方法论的意义上使各种运作

---

① 李国强：《对"加强中国特色新型智库建设"的认识和探索》，《中国行政管理》2014 年第 5 期。

② 陈振明：《政策科学与智库建设》，《中国行政管理》2014 年第 5 期。

③ 同上。

④ 崔玉军：《中国智库的规模与政策取向》，《重庆社会科学》2014 年第 5 期。

更加稳定有序而不失活力。从近些年来看，“由于各种因素的干扰和制约，我国党和政府决策的辅助系统即咨询、信息系统（比如智库）在组织体系、研究方法、知识结构、工作绩效等方面和发达国家相比，还有很大差距，在方法论的意义上，其提供决策参谋与智力服务的作用尚未得到充分发挥”①。究其原因，法治化水平不高，是重要症结。

在新形势下，智库建设法治化对于中国现代决策系统完善的作用更加凸显。智库建设法治化，将更有利于现代决策系统运行稳定、科学。现在，我国正处于全面深化改革的关键时期，现代决策系统殊为关键，智库建设法治化更是十分重要。横向来说，全面深化改革意味着对全社会面临的问题有一个总体的思考与全面的解决；纵向来说，深化改革意味着面对社会深层次问题，从根本上予以系统解决。全面深化改革对党的执政能力和政府的依法行政能力提出了更高的要求。尤其是当前，我国经济社会已经进入“增长速度换挡期、结构调整阵痛期、前期刺激政策消化期”三期叠加的特殊时期，社会矛盾、利益纠葛可能发生在社会的各个领域，把握好当前中国国情，制定出具有前瞻性、战略性的改革措施需要更多、更细致的社会科学调查与研究，为政策决策提供信息参考与依据，而智库建设进一步法治化和专业化能够使得智库胜任这一要求，甚至能够起到关键的作用。

另外，网络化是中国社会的另一个显著特点。这也对国家决策方式提出了更高的要求。随着个人计算机以及智能手机的普及，移动互联网的广泛应用，网络在中国社会发挥着越来越重要的作用。在网络社会背景下，社会对党和政府公共政策的决策过程的监督与参与更加便利，也使得社会多元主体有了更为便捷的方式来表达自身的利益诉求。这就要求公共政策的决策更加民主，程序更加透明。智库建设的法治化，也将对此提供很大的帮助。

① 罗依平：《政府决策机制优化研究——基于1978年以来我国改革开放的视域》，2006年苏州大学博士学位论文。

二、智库建设法治化是全面依法治国的需要

党的十八届四中全会通过的《关于全面推进依法治国若干重大问题的决定》，提出全面推进依法治国的总目标是建设中国特色社会主义法治体系，建设社会主义法治国家。所谓中国特色社会主义法治体系，是社会各个领域、各个方面迈向法治的体系化表达。智库建设法治化，作为一种公共政策研究机构的法治化，必然内涵于全面依法治国之中。换言之，全面依法治国，离不开智库建设这一具体范畴的法治化。因此，智库建设法治化也是全面依法治国的需要。

（一）全面依法治国的背景和内容

依法治国是一个系统命题，全面依法治国是对这一命题的再深化、再展开。从话语形成的背景上看，其经历了一个漫长的过程。

法治的新发展，始自党的十八大，尤其是党的十八届四中全会。全面推进依法治国的提法，也正是出现在党的十八届四中全会。党的十八大以来，新一届中央领导集体对依法治国的认识进一步加深，提出了一系列新提法、新观点。2014 年，党的十八届四中全会审议通过了我党历史上第一个关于加强法治建设的专门决定，对全面依法治国的各个领域、各个方面进行了全面部署，将依法治国在国家治理体系中的地位前所未有地凸显出来。第一，全面推进依法治国，总目标是建设中国特色社会主义法治体系，建设社会主义法治国家。第二，坚持中国共产党的领导、坚持人民主体地位、坚持法律面前人人平等、坚持依法治国和以德治国相结合、坚持从中国实际出发是全面推进依法治国必须坚持的原则。第三，在立法方面，要重点完善以宪法为核心的中国特色社会主义法律体系，加强宪法实施。第四，在行政方面，要深入推进依法行政，加快建设法治政府。第五，在司法方面，要着力保证公正司法，提高司法公信力。第六，在守法方面，要着力增强全民法治观念，推进法治社会建设。第七，在人才培

养方面，要着力加强法治工作队伍建设。第八，在党的领导方面，要加强和改进党对全面推进依法治国的领导。

（二）智库建设法治化是社会与法律互动的结果

马克思曾经指出：“社会不是以法律为基础，那是法学家的幻想。相反，法律应该以社会为基础。法律应该是社会共同的，由一定的物质生产方式所产生的利益需要的表现，而不是单个人的恣意横行。”[①] 这告诉我们，必须在社会系统的视角下看待法律，认识到法律作为社会系统的子系统，与社会系统内的其他子系统是相互联系、相互影响的。这同样意味着我们必须在法律与社会互动的视角下认识法律，不仅考察法律对于推进社会进步和发展的作用、功能，更要看重社会变迁对法律发展的影响。

现代意义上的智库，正是社会变革带来的新事物。从本质上看，它是社会需要带动出现的现代新型决策咨询组织。智库在中国的蓬勃发展，是基于当前中国社会治理的深层需要，更需要在制度层面上的规范。“随着国家发展和社会治理的主体来源的多元化，权力开始向社会转移。”权力结构的变化，带来了公民参与国家治理的可能性和可行性，同时也为智库的发展提供了广阔的空间。作为社会力量的重要组成部分，伴随着社会的变迁，智库在国家决策中的作用将会越来越大。相应的，作为独立的研究机构，智库的法治化水平越高，其适应社会变革的能力也就越强，阅读和分析当前社会形势的能力也就越强，为国家和社会提供智力服务的能力就会更强。从根本上来说，这是由于智库所处的社会结构与法律制度相互互动而出现的新情况。

智库存在于社会，必然涉及大量的法律问题，许多问题是现行法律没有规定或者不明确的，这就需要法律正视智库这一新生社会现象，并对此做出相应的制度安排。比如，相对独立性是智库的基本属性，也是智库得以保持客观中立，提供有效智力成果的基础。具备独立性的智库必须以一定的法律形式存在。

---

① 《马克思恩格斯全集》第 6 卷，人民出版社 1961 年版，第 291—292 页。

这就是智库的法律定位问题。又如，公共性是智库的另一重要属性，这需要从人员、经费等多方面予以保障才能实现。此外，智库主要作为政府的决策建议者，其与政府的关系如何，在当前中国体制内智库相对强势的情况下，如何规范政府与智库的关系也是法律所要重点关注的问题。

（三）智库建设法治化有利于推动全面依法治国

智库作为社会的新兴现象，在智库建设与智库运行的过程中，会涉及不同的法律部门，需要立法、执行、司法的配合。换句话说，智库建设法治化的过程其实就是全面推进依法治国的组成部分。可以说，智库对于实现全面依法治国起着重要的推动作用。

首先，智库有利于加强和改善党的领导，推进全面依法治国。党对于大政方针的决策必须建立在科学和民主的基础上，既保证决策的正确性，又保证决策符合人民的意志。在法治化的条件下，体制内智库与社会智库各具特色，发挥各自的优势，形成政策研究百花齐放、百家争鸣的生动局面。

其次，智库有利于深入推进科学立法、民主立法，推进全面依法治国。一方面，智库建设法治化有利于智库开展调查研究，为立法项目提供坚实的论证基础。《关于全面推进依法治国若干重大问题的决定》所提出的“完善立法项目征集和论证制度”必须建立在智库全面参与的基础之上。另一方面，智库是独立于立法机关的社会力量，智库建设法治化有利于保证和优化智库的“第三方地位”，为科学、民主立法提供智力支持。

最后，智库有利于推动法治政府建设，推动全面依法治国。政府权力的行使不仅要合法，更要合理。现代社会的复杂性要求行政行为必须建立在专门化的管理之上，智库建设法治化将理顺智库与政府的关系，优化政府行政管理行为，保障智库正常的科学研究活动。更重要的是，智库通过科学研究，对政府公共政策的可行性提出报告，规范政府行为，提升政府科学决策的能力，优化政策质量。

总之，智库建设法治化意味着将公共政策的形成与智库的科学研究联系起来，并将这种联系上升到制度层面，使之拥有法律的保障。这将使智库的研究活动、智库成果的应用更加规范化。而且，这将极大地提升国家科学立法、民主立法水平，也有利于党政部门科学决策、民主决策。另外，智库建设法治化也使得智库能更好地扮演国家与社会公众联系人的角色，一方面将公众意见带入法治决策，一方面将法治决策更好地向公众宣传，从而在智库这一“小领域”推动全面依法治国。

三、智库建设法治化是智库自身完善发展的需要

智库本身是综合运用多学科基本理论与研究方法，以社会公共政策研究为宗旨，通过分析报告与政策建议等方式为政府、企业或者社会大众提供智力服务的非营利性专门机构。作为一个组织，有其个性化色彩的建立、发展、成熟的过程。从组织建设的角度看，智库建设本身也是一个系统工程，需要在包括制度在内的多个层面上的统筹推进。其中，制度层面上对智库建设的推动，就是智库建设法治化。

（一）当前纷繁复杂的形势决定了智库建设必须完善发展

在党的文件中，我们常常看到这么一句话，作为对当前形势的判断：“我们党正在领导人民进行具有许多新的历史特点的伟大斗争，形势环境变化之快、改革发展稳定任务之重、矛盾风险挑战之多、对我们党治国理政考验之大都是前所未有的。”这是以党的理论话语对当前纷繁复杂形势的判断。对于智库而言，中国社会面临的这些国际国内的机遇与挑战，是开展研究的前提和基础。中国智库一方面要通过广泛地调查，认清中国的内部国情以及所面对的世界形势，另一方面又要在科学研究中国社会现实的基础上提出切实可行的政策、建议。

外交方面。智库对一国外交的重要性不言而喻，而且有日益重要的发展趋势。随着中国经济不断发展，中国在世界的影响力日益增强。中国参与世界事务的机会和频率日益增多，同时面临来自于多方面的外交压力也逐渐增大。日益复杂、迫切的外交现实亟须专业的智库提供全方位的智力支持。在西方国家，

智库作为政府决策的重要助手，正在诸多全球性议题和国家的重要政策决策上发挥着举足轻重的作用。与西方智库相比，中国智库的研究水平和外交能力尚不能满足我国外交工作的现实需要。在外交智库建设方面，本身就属于一个初创的阶段，其法治化的水平更是尚处于短板期。

内政方面。中国正处在“全面建成小康社会、全面深化改革、全面依法治国、全面从严治党”的关键时期，机遇与挑战并存。经济上，中国经济长期保持高速增长，已跃居为世界第二大经济体，但是同时区域发展不平衡、城乡发展不平衡、收入分配差距、环境保护、产业结构不合理等问题依然存在。而且，现在经济进入新常态，从高速增长转为中高速增长，增长动力转换需求明显。政治上，随着时代的进步，中国民主政治建设取得了长足的进步，全面依法治国成为国家的主旋律，但是与人民群众的需求之间还存在一定的距离。文化上，中国特色社会主义文化建设中社会主义核心价值体系，占据社会的主流意识形态，但是在极端个人主义、拜金主义等思想的影响下，国民素质和社会文明程度还有待提高。另外，社会、生态等其他方面，也都需要进一步加强和改进。从目前的情况来看，中国智库无论是在基础理论研究还是政策研究上都距离应有的标准还很远。究其根本，法治化水平不高是重要原因。

放眼海外智库发达国家，智库之所以能够更好地发挥作用，除了既有的研究基础外，法治化水平较高也是其不断平稳快速发展的重要推动力。以美国为例，美国是现代智库的发源地，也是世界智库第一大国。在美国，无论是教育、基础设施、环境与可持续发展、经济改革、债务危机管理和经济协作、农业与土地开发、减贫，还是社会政策，“在为决策者提供信息和对决策者及决策结果产生影响方面，智库发挥了令人难以置信的潜在作用”。[①] 相应的，美国在智库建设的法治保障方面也十分完备。与发达国家相比，中国智库需要进一步发展，尤其是法治化发展。

---

① 詹姆斯·麦根、安娜·威登、吉莉恩·拉弗蒂主编：《智库的力量——公共政策研究机构如何促进社会发展》，王晓毅、张倩、李艳波、郑少雄译，社会科学文献出版社2016年版，第397页。

（二）智库建设法治化是智库建设完善发展的题中应有之义

智库既需要思想与科学研究的自由，也需要行为与责任的法律规制。对智库的法律规制主要是为了智库更好地履行其“思想工厂”的职能。首先，智库作为一个社会主体，必然以某种法律形式而存在，智库作为一种独立的主体，必须具备民法上关于法律拟制主体的相关规定，在设立、合并、分立、消灭的整个过程中严格依照法律规定享有权利、履行义务、承担责任。其次，对智库的法律规制还意味着对智库行为的规制。从法律角度而言，智库作为一个行政相对人，应该遵循某些行政法律法规的调整。同时，智库也作为一个民事主体而存在，其行为应当接受民法尤其是合同法的调整，遵循平等主体市场交往的基本准则。另外，智库又不同于一般的民事主体，由于智库具有极强的公共性，因此还需要受到其他相关强制性规定的规制。最后，对智库的法律规制也是对智库人员的规制。智库人员是组成智库的有机成分，是智库行为的实际完成者，对其进行法律规制对于智库实现自身完善、发展的意义不言而喻。

智库建设法治化解决的首先是智库自身定位问题，这是智库建设法治化的首要维度。智库的身份定位包括法律定位与研究定位。在法律上要理顺智库与政府的双重关系，合理界定政府与智库各自的权利义务关系，尊重智库的独立地位。从法律定位来说，只有给予智库明确的法律地位，才能保障智库独立于政府的超然地位，才能保证智库的独立性和客观性。从研究定位来说，只有通过智库法治化，明确智库研究成果对于公共决策的参与以及参与方式，才能保证与规范智库有序、有效进入公共决策。

在资金方面，智库建设法治化有利于智库财务规范化运行，科学合法地获取、使用资金。资金是制约智库科研力量的物质基础，这体现在资金来源与资金管理两个方面。一方面，智库建设法治化有利于智库财务规范化运行，优化智库科研资金管理，提高资金利用效率。另一方面，智库建设法治化有利于智库获得更多资金来源，不断壮大自身的科研实力。

智库建设法治化还需要关注对智库人员的管理问题。保持对智库人员管理的较高法治化水平是智库能够高效运作的关键。智库通过研究人员的科学研究工作产生成果，为政府、社会、企业提供政策建议或者策略。智库研究成果取决于其研究人员的科研能力与科研状态。也就是说，如何能为智库延揽到高水平的研究人员，如何使智库研究人员积极、高效完成科研任务是智库内部治理所有问题的核心。解决这一核心问题的关键在于智库内部治理法治化。只有在法治化治理的条件下，研究人员的权利义务才是明确的、可预期的。进而，也只有在这种明确、可预期的情况下，智库研究人员才能更安心、高效地开展科学研究，产出优秀的科研成果。

科学、高效的人员管理机制是智库内部治理法治化的重要标志。科学配置科研人员、科研助理人员、其他辅助人员是智库能够高效运行的关键要素。科研人员是智库的核心，必须注重优化科研人员工作条件与生活条件，改进机制体制，进一步激发科研人员的研究积极性。科研辅助人员一方面是科研人员完成智库研究的重要助手，另一方面也是智库科研人员的后备力量。应尽可能提供较好的工作条件，建设一支高素质的科研辅助队伍。同时加强对科研辅助人员的培训，不断提升他们的科研能力，充实科研力量。其他辅助人员包括行政管理人员在内都是智库不可或缺的重要力量，必须按照国家相关规定和智库的内部管理规定规范管理。

第五编　社会治理

充分发挥社会工作在脱贫攻坚中的专业化优势

吕晓莉*

【导语】党的十九大发出了2020年决胜全面小康的号召，并对打赢脱贫攻坚战做出了新的战略部署。社会工作在脱贫工作中扮演着积极角色。本文认为，应当充分发挥社会工作的专业化优势，在帮助贫困群众转变思想观念、树立自我脱贫信心、拓宽致富路径、提升自我脱贫能力等方面发挥积极作用，为全面建成小康社会做出贡献。

党的十九大对坚决打赢脱贫攻坚战做出了新的战略部署。打赢脱贫攻坚战需要社会各方面力量的参与。党中央、国务院十分重视社会工作专业人才服务贫困地区工作。《中共中央国务院关于打赢脱贫攻坚战的决定》、《国务院关于印发"十三五"脱贫攻坚规划的通知》明确提出"实施社会工作专业人才服务贫困地区计划"，民政部、财政部、国务院扶贫办联合印发《关于支持社会工作专业力量参与脱贫攻坚的指导意见》，对社会工作参与脱贫攻坚做出了安排部署。广大社会工作者应积极响应党中央国务院号召，充分发挥社会工作的专业优势，积极参与到打赢脱贫攻坚战中来，为全面建成小康社会贡献力量。

一、社会工作是参与脱贫攻坚的一支新兴力量

社会工作是遵循"助人自助"价值理念，运用专业知识与方法协助服务对

---

*吕晓莉，管理学博士，现任职于民政部社会组织管理局（社会工作司）。主要研究领域为人口老龄化、社会治理与社会工作。

象舒缓心理压力、提升发展能力、增强社会功能、建立支持网络、改善生活境况的专业社会服务活动。社会工作专业人才是具有一定社会工作专业知识和技能，在社会福利、社会救助、慈善事业、社区建设、婚姻家庭、精神卫生、残障康复、教育辅导、就业援助、职工帮扶、犯罪预防、禁毒戒毒、矫治帮教、人口计生、纠纷调解、应急处理等领域提供社会服务的专门人员。

2006年，党的十六届六中全会做出建设宏大社会工作人才队伍的决策，此后社会工作人才被纳入国家中长期人才发展规划，成为与党政人才、企业经营管理人才、专业技术人才、高技能人才、农村实用人才并列的第六支主体人才。截至2016年年底，我国社会工作专业人才队伍总量超过80万，其中取得职业资格证书人员达28万人；在事业单位、城乡社区及其他组织中开发社会工作专业岗位27万个；全国扶持成立了近600个社会工作行业组织和6000多家社会工作服务机构；我国专业社会工作完成顶层设计，逐步形成了中央规划布局、地方探索创新、东部引领西部、城市带动农村、民政行业率先示范、重点领域逐个突破的推进格局，社会工作专业人才成为加强社会建设、创新社会治理的重要力量。

社会工作以改善困难群体的基本生活和追求社会公正为目标。反贫困是社会工作的基本服务领域，也是社会工作的专业使命。从国际经验来看，不论是社会工作在英美的产生，还是社会工作在全世界的发展历程看，社会工作在反贫困中都扮演着积极角色。基于社会工作的专业优势，社会工作专业力量可以为贫困群众提供心理疏导、精神关爱、关系调适、能力提升等社会服务，在帮助贫困群众转变思想观念、树立自我脱贫信心、拓宽致富路径、提升自我脱贫能力等方面发挥积极作用。社会工作参与脱贫攻坚，是社会扶贫的重要内容，是政府扶贫的有效补充，有助于推动纯经济式扶贫向综合性扶贫发展，由输血型扶贫向造血型扶贫转变，有助于推进物质帮扶与精神关爱的同步介入，为贫困治理注入新的活力。可以说，社会工作是脱贫攻坚战役中一支具有专业优势的重要新兴力量。

二、发挥社会工作参与脱贫攻坚的专业优势

社会工作参与脱贫攻坚的核心价值在于发挥其不可替代的专业优势，在于将社会工作的专业理念、专业方法运用到脱贫攻坚工作中，在确保精准扶贫、提高内生动力、推进可持续发展等方面，发挥独到作用。

（一）社会工作优势在于专业精准扶贫

精准扶贫、精准脱贫是脱贫攻坚的基本方略。中央一再强调要改革现行扶贫思路和方式，变大水漫灌为精准滴灌，做到扶贫对象精准、项目安排精准、资金使用精准、措施到户精准、因村派人精准、脱贫成效精准。社会工作的个案工作方法是实现精准扶贫的有效方式。个案方法源于 19 世纪中后期和 20 世纪初期的欧美国家，它以个别化、差异化的原则为贫困者及其家庭提供专业服务。早期社会工作者以家庭友好访问员的身份深入探访贫困家庭，了解案主差异化需求并提出建议，扮演着重要的个案救助者、信息提供者、资源链接者的角色。将个案方法运用到脱贫攻坚工作中，可以在精准扶贫工作中发挥重要作用，特别是社会工作者在需求评估方面的专业技能，能够更全面分析贫困对象个人及家庭的基本情况、贫困现象背后复杂的经济—社会原因、个人及家庭的潜在能力、可利用的社会支持环境等，综合评估后提出个性化、差别化脱贫方案，达到精准施策的目标。

（二）社会工作优势在于激发内生动力

习近平总书记多次强调，贫困地区发展要靠内生动力，要最大限度调动当地群众的积极性。当前，的确还有一些贫困村、贫困户缺乏脱贫致富的勇气和人穷志不穷的理念。提升脱贫的内生动力，既是当前脱贫攻坚战的薄弱环节，也是脱贫攻坚战最大的难点。扶贫必要扶志。社会工作以“助人自助”为专业价值理念，强调优势视角和赋权增能，有利于帮助贫困地区群众转变观念，树

立脱贫信心，提升自我脱贫能力。特别是优势视角理论，要求社会工作者不是孤立地专注于问题与不足，而是最大限度看到服务对象的内在潜力和各种可能性，挖掘其所处环境的资源和优势，在逆境和困难中帮助服务对象寻找希望并将希望转化为行动，最终走出困境。在此过程中，社会工作者通过一系列专业活动，能够有效激发个人潜在能力，帮助其提升能力、适应社会、恢复和发展社会功能，提高贫困地区群众脱贫主动性。

（三）社会工作优势在于提升社区发展能力

提升贫困地区可持续发展能力是实现脱贫、防止返贫的重要治本之措。社会工作的社区工作方法，以社区为对象，强调“人在环境中”，认为问题的产生并不仅在于个人本身，还与家庭、社区、社会及文化等因素有密切关系，强调把贫困议题放到整个社区及社会生态系统中去思考，问题的解决除分析个体原因外还需要调动集体成员参与，运用社区资源，将整个社区组织起来开展系统化减贫行动。这种以社区为对象的思维方式和工作方法，有利于弥补个案救助工作造成的政策依赖问题，有利于从整合的视角推动社区建设，形成可持续发展的生态环境。致力于减贫工作的社会工作者，往往会扎根贫困地区农村数年，通过长期的陪伴与同行，营造社区自助互助文化，提升社区可持续发展能力。尤其是针对异地搬迁群众，更需要社会工作者从社区建设、社区发展的角度，帮助群众及时疏导紧张情绪、提升生计能力、发展互助组织、构建社会支持网络，促进他们更快更好地实现社区融入，在党委、政府领导下自力更生地发展产业，实现经济社会的可持续发展。

（四）社会工作优势在于传递温暖关爱

贫困地区群众面临的问题不仅是物质资源方面的匮乏，还有各种心理疾患、人际障碍以及社会排斥等方面的问题。传统扶贫模式更多关注经济领域、产业发展及物质层面，很难有精力和能力解决贫困地区群众的心理社会服务需求。社会工作者在开展专业社会服务过程中，不仅仅提供救助服务，还遵循接纳、尊重、真诚、同理心等专业价值理念，为贫困群众提供心理疏导、社会融入、团队互助、社会支持等社会心理服务，帮助其改善家庭和社区关系，恢复和发展社会功能，能够实现物质帮扶与心理关怀的同步介入，是一种用生命影响生命的温暖行动。特别是我国的社会工作是在党委领导、政府主导下发展起来的，是政府购买服务大力支持的重点领域。社会工作专业力量是党的六支主体人才队伍之一，党和政府惠民政策的终端传递者，是服务群众最后一公里的积极实践者，他们带着温度的关怀与陪伴，有利于带给贫困地区群众深层心理抚慰和更多获得感。

三、明确社会工作参与脱贫攻坚的主要任务

习近平总书记强调，要坚持精准脱贫，解决好扶持谁、谁来扶、怎么扶的问题，实施“五个一批”工程，即发展生产脱贫一批、易地扶贫搬迁一批、生态补偿脱贫一批、发展教育脱贫一批、社会保障兜底一批。社会工作参与脱贫攻坚要在贫困地区党委、政府领导下，紧紧围绕“五个一批”，根据贫困人口的不同需求分类提供专业服务。当前应明确以下重点工作任务：

针对兜底保障的社会救助对象，社会工作的主要任务是配合社会救助经办机构对贫困群众开展需求评估、分析致贫原因、制定救助方案，促进救助对象的精准识别和精准管理，推动贫困群众服务需求与扶贫资源精准对接。为社会救助对象提供心理疏导、社会融入、团体互助、宣传倡导等服务，推动健全物质资金帮扶与心理社会支持相结合、基本救助服务与专业化个性化服务相补充的新型社会救助模式。

针对发展生产的脱贫对象，社会工作的主要任务是配合相关部门，面向有劳动能力的贫困群众，围绕能力提升、就业创业、生计发展等提供服务，帮助他们转变思想观念，增强脱贫信心和内生动力，促进其发挥潜能、提升技能、积极就业创业，通过增加稳定收入脱贫致富。

针对易地搬迁贫困群众，社会工作的主要任务是围绕关系调适、资源链接、

社会支持等提供服务，帮助因自然条件恶劣需易地搬迁的贫困群众疏导不良情绪，加强关系调适，联系就业资源，发展自助互助组织，重构社会支持网络，促进其更好融入新的社区生活。

针对发展教育脱贫一批，社会工作的主要任务是联合相关部门、会同相关力量开展贫困村留守儿童及家庭的监护随访、调查评估、监护指导等工作，督促指导农村留守儿童家庭承担监护主体责任。以困境儿童为重点，开展成长辅导、法制宣教、临界预防、行为矫正、社交指导、情绪疏导等服务。配合学校和社区做好适龄儿童"控辍保学"工作和成长关爱服务，切断贫困的代际传递。

针对其他特殊困难人群，社会工作的主要任务是围绕精神慰藉、生活照顾、权益维护、关系改善、功能修复等提供服务。比如，为贫困地区特殊困难老年人提供精神慰藉、生活照顾、权益保障、临终关怀等服务；为贫困地区特殊困难妇女提供精神减压、心理支持、亲职辅导、权益维护等服务；对贫困地区有不良行为青少年、社区服刑人员、刑满释放人员等特殊人群强化心理社会支持，帮助其改善家庭和社区关系，恢复和发展社会功能。

四、抓好社会工作参与脱贫攻坚的组织实施

实施社会工作专业人才服务贫困地区计划是中央提出的明确要求，相关部门已经制发实施文件。当前的任务是抓好社会工作参与脱贫攻坚的组织领导和具体实施工作，切实发挥好社会工作人才队伍的专业优势，为脱贫攻坚再添新动力。

（一）要建立完善工作机制

各级政府应高度重视社会工作专业力量参与脱贫攻坚工作，为其提供必要的制度、政策和资源保障。民政、财政、扶贫等部门加强沟通、密切合作，共同协商研究解决重点难点问题。民政部门应发挥好统筹推进社会工作发展的职能，进一步加强贫困地区社会工作人才、组织、平台建设，支持引导社会工作

专业力量参与实施脱贫攻坚项目，为到贫困地区工作的社会工作人才提供必要保障；财政部门应加大政府购买服务力度，以财政资金为牵引，引导各类慈善资金、社会资金投入扶贫社会服务；扶贫部门应加强宏观指导和统筹协调，将社会工作专业力量参与脱贫攻坚纳入总体工作部署，纳入国家东西部协作扶贫和对口支援工作范围。

（二）要壮大社会工作力量

当前，社会工作人才队伍总量持续增长，但集中分布于城市社区，农村地区特别是贫困地区社会工作专业人才严重不足，要采取多种方式培育壮大贫困地区社会工作专业力量。扶贫部门要在扶贫干部培训中加入社会工作专业课程，丰富工作方法，创新工作方式，提升与社会力量协同服务意识。民政部门要加快本地社会工作专业人才培养，将社会服务部门、基层群众性自治组织、基层群团组织、相关事业单位和社会组织中从事社会管理与服务人员纳入社会工作专业培训范围；鼓励符合条件人员参加全国社会工作者职业水平考试和社会工作学历学位教育，着力提升应用社会工作专业理念、知识与方法开展扶贫工作的能力。要加快贫困地区社会工作服务机构发展，鼓励各类组织和个人通过对口援建、项目合作、定向帮扶、捐资创办等方式扶持发展一批面向贫困地区的社会工作服务机构，依托乡（镇）社会救助站、综合服务设施等建设一批社会工作服务站点。

（三）要提升专业服务能力

社会工作参与脱贫攻坚是一项艰巨任务，我国专业社会工作发展时间较短、社会工作人才队伍相对年轻，脱贫攻坚工作的实践经验较少。在此过程中，社会工作者一定要特别注重不断增强专业能力，提升专业服务质量，充分发挥社会工作在脱贫攻坚中的专业优势。要协助相关部门做实做细需求评估，深入分析贫困对象个人及家庭致贫原因，有针对性地提出系统性问题解决方案，为精准脱贫奠定坚实基础；要切实秉承社会工作专业价值、专业理念，坚持以人为本、助人自助，深深扎根于贫困地区，坚守专业精神和专业情怀，为贫困地区群众送去温暖和关爱；要着眼社会问题可持续解决方案，激发脱贫攻坚的内生动力，调动贫困地区群众积极性主动性，提升社区发展能力，推动可持续发展。

（四）要实施一批重点项目

各地各部门应大力支持实施一批面向贫困地区的社会工作服务工程和项目，通过有效载体培育贫困地区社会工作人才、发展社会工作服务机构、提供专业社会工作服务，为贫困地区群众送去实实在在的关爱和帮助。比如，实施社会工作教育对口扶贫计划，支持和鼓励高校社会工作专业院系与贫困地区合作建立健全社会工作专业培训、教师实践和学生实习实训基地，帮助贫困地区培养社会工作专业人才；实施社会工作服务机构牵手计划，从发达地区选择管理规范、服务专业、公信力强的社会工作服务机构，与贫困地区各类福利机构和社区组织开展结对帮扶，提升受援地的社会工作服务水平；实施面向边远贫困地区、边疆民族地区和革命老区的社会工作人才培养计划，选派一批社会工作专业人才深入中西部贫困地区，扎根贫困村开展社会工作服务；实施面向贫困地区的特殊困难人群社会工作服务项目，重点为农村特困人员、留守儿童和困境儿童以及空巢、失独、病残、失能老年人，开展有针对性的社会工作服务。

打赢脱贫攻坚战需要社会各方力量的参与，精准扶贫战略为社会工作发挥专业优势参与脱贫攻坚拓展了工作空间。当前，中央对深度贫困地区脱贫攻坚工作提出了新要求，这也是对社会工作的新考验。助力脱贫攻坚，社会工作大有可为。广大社会工作者要强化责任意识、践行群众观点、发挥专业优势，为打赢脱贫攻坚战、全面建成小康社会，做出自己应有的贡献。

当前脱贫验收中存在的问题和相关政策建议

蒲　实*

【导语】党的十九大报告指出，要动员全党全国全社会力量，坚持精准扶贫、精准脱贫，做到脱真贫、真脱贫。本文分析了当前脱贫验收工作中存在的一些突出问题，并提出了相应的对策建议。

当前我国脱贫攻坚工作进入新阶段，贫困村和贫困县退出机制全面启动，脱贫评估与验收渐成一项重要工作。近期我们赴部分贫困县进行了调研，现将发现的问题和建议整理如下。

一、脱贫验收考核和评估过程中发现的问题

（一）脱贫验收内容繁杂，进展偏慢

2016年年底启动的贫困村贫困县退出工作，大多采取了逐级验收和全覆盖验收方式。由于方式简单，以行政力量推动为主，基层政府主要工作被动地围着验收的指挥棒转，疲于应付层层验收和考核。一是时间跨度长。从乡镇、区县、市州到省一级和国家一级，逐级层层验收，时间跨度少则3个月，多则半年以上。如有的贫困县在2016年8月即引入第三方开展自查评估，10月到11月接受市级部门评估，2016年12月到2017年1月迎接省上第三方评估和省级部门评估，3月到4月还要准备国家验收。二是验收内容和方式重复。各级验收的目的主要是为上级验收做基础准备，评估指标和评估程序基本不变，每次

＊蒲实，国家行政学院决策咨询部处长，副研究员。主要研究领域为宏观经济和农村经济。

验收都是把上次评估过的数据台账表拿来再核实一遍，造成大量不必要的重复。三是效率不高。为确保验收工作万无一失，地方一般采用全覆盖、全入户验收方式，资金、人员和时间上耗费较大。特别是在交通不便山区，这种验收方式更为耗时耗力。

（二）以2016年脱贫标准重新认定往年脱贫户，进一步加大了退出验收工作的难度

目前启动的贫困人口精准脱贫和贫困村退出验收工作，大都要求对往年脱贫户逐户进行再次验收。值得注意的是，往年脱贫户的帮扶措施实施时间早于"一超"、"两不愁"、"三保障"等标准出台的时间，部分帮扶措施并未完全对应新的标准规划和实施措施。往年退出的贫困户容易感觉"吃亏"，抱怨过去享有的扶持措施实际"含金量"较小，表现出对验收工作的不理解、不支持，甚至抵触情绪。2016年第三方评估中暴露出来的部分往年脱贫户之所以出现不签字的拒绝合作现象，实际并非对政府付出巨大努力的扶贫工作的不认同，根源在于对前后扶贫政策不均衡的不满意。另一方面，由于工作量大、时间紧，基层政府很难在规定时间内合理合规完成任务。特别是对那些主要脱贫验收工作在2014年和2015年完成的基层政府而言，困难更为突出。

（三）贫困退出认定表册数量多，数据登录烦琐，存在形式主义倾向

脱贫验收适当填表是必要的，但重复、脱离实际的填表不仅容易引发农户的不满情绪，更是形式主义、"虚浮假"的反映。比如一些地方脱贫达标认定书就有8套，一个指标对应一套，且每套认定书一式4份，共计32张表。农户需要签32次字，按32个手印，才算完成退出手续。对往年脱贫户来说，还要再走一次程序，更容易激化矛盾和引发形式主义。基层干部普遍反映，档案信息任务多、急、重，工作检查频繁。单是扶贫管理系统就有国家、省级、市级、县级共四套系统，每套系统都需要录入大量基础数据，且不同系统之间的信息难以互通。我们调研时发现，有的干部为了应付检查，甚至帮助贫困户造假个

人扶贫情况，并代替填写脱贫确认书，这种行为严重损害了党和政府的形象。有的驻村第一书记叫苦不迭，他们反映从去年 11 月份到现在，至少 70% 的时间都忙于形式繁多、实质雷同的“精准填表”。县乡扶贫部门往往需要抽调几十名工作人员流水作业完成填表任务。这种做法，耗费了过多人力、财力，甚至会演变成一种数字游戏、表格游戏，最终可能导致偏离扶贫攻坚的方向。

（四）有些评估指标不能全面真实反映扶贫绩效

2016 年年底，中西部 22 个省、自治区、直辖市都启动了扶贫考核的第三方评估。第三方评估突出强调“群众满意度”，而满意度分值主观性强，不同的地区和不同的评估团队，可能存在系统性偏差，造成评估满意度测评结果的不可比。比如有的农户回答时说“满意、满意”，有的访谈员会勾选“非常满意”，而有的访谈员则勾选“满意”。评估中还发现，个别贫困户把非扶贫相关的事项带到对扶贫工作的满意度评价中，类似征地等遗留问题，或者对某个基层干部的私人恩怨等。此外，满意度往往测出来的是当前的状况，比如前两天刚刚收到慰问品的贫困户更倾向于回答“非常满意”，而两三年来的帮扶内容可能就记不清了。我们调研时，就看到一些基层帮扶工作者赶在评估前发放慰问品或者提前承诺相关帮扶项目等。基层干部普遍反映对存在三年扶贫攻坚的付出会因为满意度的打分问题而得不到承认的担心。

（五）第三方评估的外部专家专业优势未能充分发挥

引入第三方评估是脱贫验收工作机制的重要创新，目的在于发挥外部专家的独立性和专业性，以期形成对当前扶贫成效的客观评价。对不严不实、弄虚作假的，进行严肃问责，对需要改进和完善的，提出对策建议，确保扶贫攻坚取得实实在在的成效。但是迫于逐级准备验收的工作压力，第三方评估工作过于强调单纯的核查指标数据，主要是到贫困户家里核实已经准备好的扶贫数据表，帮助政府部门填好验收表并取得贫困户的签字或手印。这种过度依赖数字化的评估方式难以充分发挥评估专家的专业特长和经验，评估专家成了单纯收集和汇总问卷数据的调查员。

二、对策建议

（一）尽快完善脱贫退出验收工作机制

一是以区、县为验收工作的主要责任主体，在脱贫工作进度和脱贫验收时间表方面给予更大的自主权，适当考虑采取验收申报的工作方式。二是整合市（州）、省和国家一级的验收工作，形成统一的验收工作领导小组，可考虑适当合并工作流程和工作内容，尽量在同一个时间段内协调完成。

（二）改进对往年脱贫户对标认定的工作方式

往年脱贫户中确实存在因脱贫标准不一和脱贫机制尚未健全而导致的扶贫“漏出”现象。各级政府要有充分的认识，不应急于用现行的标准简单硬套，完成“数据脱贫”。首先，应采用全覆盖往年脱贫户的“回头看，回头帮”扶贫工作机制，查漏补缺，切实解决往年脱贫户的生产和生活问题。其次，在国家扶贫信息系统中预留少量机动名额，用于解决个别确实困难的往年脱贫户的再认定问题。第三，加强动态贫困监测，对新出现的因受灾、大病、教育等因素突然致贫的家庭分类设计应对预案，及时帮助其解决困难。

（三）简化脱贫退出认定表格，杜绝“表格”扶贫形式主义

一是脱贫攻坚关键期，高度重视“表格”扶贫可能产生的负面影响，将真扶贫、扶真贫贯穿到精准扶贫工作始终，坚决杜绝各种形式主义和虚假现象。二是减少不必要的填表报数、挂图标牌等工作。充分发挥县脱贫攻坚办公室的统筹能力，将贫困户、贫困村的基础信息与各行业部门、帮扶单位互通共享，减少贫困村和各乡镇材料提交中的重复工作。三是合理计划表册工作的下达时间，给基层部门充足的准备时间，尽可能避免无序和低效的应急性加班。

（四）优化评估指标体系和考核办法

加强扶贫政策综合评价指标体系和方法的研究，尽快建立科学的评价指标体系和办法。一是把群众满意度作为第三方评估的一个重要指标，要用活用好，要适当调整权重，完善考核内容和范围，真正做到能充分体现群众对精准扶贫工作成效获得感。二是依据分数进行分类，不搞排序。比如识别准确率和脱贫准确率是否达到100%，“五个一”满意度和帮扶措施满意度是否超过90%、95%、99%三个分数线。总体评估以优秀、良好和合格进行认定。

（五）注重发挥外部专家第三方评估的专业优势

充分利用第三方评估的成果，对扶贫工作中的切实有效的做法、体制机制创新等方面的成效给予肯定，并体现在评估考核结果中。同时，要求各团队评估专家充分发挥专业特长和优势，对本团队评估市（县）的相对绩效做出综合全面的判断，并在各团队各自判断的基础上，通过权威专家联席评审的方式形成一个基于每个省的总体性判断。

社会治理精细化的若干影响因素分析

朱　瑞*

【导语】习近平总书记在党的十九大报告中指出，“打造共建共治共享的社会治理格局。加强社会治理制度建设，完善党委领导、政府负责、社会协同、公众参与、法治保障的社会治理体制，提高社会治理社会化、法治化、智能化、专业化水平”，这为全面开启中国社会治理现代化指明了方向。社会治理离不开精细化的设计和安排，但现阶段社会治理的精细化还受到多种因素的制约，本文对此进行了分析。

习近平总书记在党的十九大报告中指出：“打造共建共治共享的社会治理格局。加强社会治理制度建设，完善党委领导、政府负责、社会协同、公众参与、法治保障的社会治理体制，提高社会治理社会化、法治化、智能化、专业化水平。”这为全面开启中国社会治理现代化指明了方向。之前，党的十八届五中全会强调加快推进社会治理精细化，构建全民共建、共享的社会治理格局。社会治理离不开精细化的设计和安排，而精细化又是通往现代化的必经阶段。社会治理精细化就是在社会治理过程中，充分运用精确、细化、标准化、规范化、流程化、信息化、量化（数据化）、人本化、协同化、专业化的管理方法，使社会治理效果更加精准、服务效果更加精致。社会管理是一个具有中国本土特色的概念，它来源于对中国实践的思考。中国社会管理的理论之所以得以不断发展和完善，很大一部分来源于实践层面的创新驱动。中国政府在现时期对社会管理提出精细化的宏观部署，一方面是对社会管理规律的深入认识，另一方

*朱瑞，北京师范大学社会发展与公共政策学院博士生。主要研究领域：社会管理、政府管理。

面是来源于对中国现实的思考。从外部社会情境和政府内部因素两个层面来看，经济、科技、社会、政治对现阶段社会治理精细化实践具有直接或间接的影响作用。

一、社会治理精细化概念

在我国，社会治理是从社会管理演变而来的，对社会治理的研究绕不开对社会管理的讨论。在西方，无论社会学还是公共管理学科，都没有与社会管理一词完全对应的概念。“社会管理”是具有中国本土特色的概念。从2002年党的十六大召开到2013年党的十八届三中全会召开之间的十年时间里，社会各界一直使用“社会管理”。直到党的十八届三中全会上提出“国家治理体系和治理能力现代化”以后，“国家治理”的概念被正式提出。由于社会是国家“五位一体”（经济建设、政治建设、文化建设、社会建设、生态文明建设）的重要组成部分，因此衍生出了“社会治理”的概念。在实践中，虽然“治理”处处可见，但是在我国传统社会管理模式的影响下，现阶段真正意义上的“治理”还很少见，实现从管理到治理的转变，尤其从传统的政府自上而下的管控方式转变为现代社会的多元主体平等协商的合作管理，还有很长一段路要走。

社会治理离不开精细化的设计、安排。20世纪50年代，精细化管理起源于日本。2005年左右，精细化管理的理念和方法被广泛运用到我国企业管理领域。随着精细化管理在国内企业管理中的广泛运用，学术界展开了对精细化管理的理论研究和实践探索。汪中求认为“精细化管理”是通过规则的系统化和细化，运用程序化、标准化、数据化和信息化手段，使组织管理各单元精确、高效、协同和持续运行。①温德诚认为，精细化管理具有“精、准、细、严”的操作特征，是以科学管理为基础的管理体系，其着力点是降低成本，提高效

① 汪中求：《落实要到位，关键看结果》，新华出版社2006年版，第172页。

率。[①]精细化管理也是有理论根基的，各理论对精细化管理的形成起到解释和构成的作用。“劳动分工”学说解释了实施精细化管理的必要性，随着生产力发展，生产工具日益多样化和复杂化，社会分工也越来越细致，这就要求实施更加细致的管理和服务。科学管理理论、质量管理理论和精益生产思想共同集成了精细化管理的理论内涵。如科学管理理论强调的科学、理性、规范、协调、效率；质量管理理论强调的产品质量的持续改进、工作的程序化、提供精准和高品质的服务、用事实数据判断等；精益生产思想强调“标准化”、关注顾客需求、消除浪费等观念。这些思想观念共同构成了精细化管理的理论内涵。

总之，精细化管理是一种科学理性的管理理念，是建立在常规管理基础上，把管理引向深入的管理模式。精细化管理强调管理是一个持续改进、不断完善的过程，倡导全过程的质量观、面对顾客的服务意识，提倡使用精确、细化、标准化、规范化、流程化、信息化、量化（数据化）、人本化、协同化、专业化的管理方法。其目的是控制成本、提升管理效率。具体到企业中表现为：现场精细化管理、生产精细化管理；营销精细化管理、客户精细化管理；质量精细化管理、服务精细化管理等。社会治理精细化就是在社会治理领域中运用精细化管理的理念和方法。换言之，社会治理精细化是建立在社会治理常规管理基础上的，把管理引向深入的管理模式。具体来说，就是在社会治理过程中，充分运用精确、细化、标准化、规范化、流程化、信息化、量化（数据化）、人本化、协同化、专业化的管理方法，使社会治理效果更加精准、服务效果更加精致。在内容上，包括社会治理文化精细化管理、过程精细化管理、客体精细化管理、主体精细化管理、结构精细化管理，等等。在过程中强调持续改进、不断完善；在内涵上强调质量和服务。

---

① 温德诚：《政府精细化管理》，新华出版社2007年版，第20页。

二、社会治理精细化的影响因素分析

（一）经济对社会治理精细化的影响

经济发展对社会治理精细化的影响主要体现在它影响着社会治理精细化的组织机构设置、专业化人才培养、精细化治理职能转变。在组织机构设置上，经济发展为建设社会治理精细化的实施机构奠定了经济基础。政府作为治理主体，要实现社会治理的精细化，首先要建立一个统领社会治理精细化的组织机构，使治理得到组织上的认可和保障。在结构设置上，按照新公共管理和整体性治理理论，精细化治理需要建立独立运行并且具有整合性的组织机构。这样的组织机构设置，常常独立于其他业务职能部门，不依附于其他机构。和其他执行部门不一样，这个独立运行的机构主要负责社会治理的政策规划和制度安排，在层级和职能上必须具有整合性。因此，和传统的科层制机构设置不一样，这种独立机构具有扁平和整合的特点，机构的设置应该说是打破了传统组织设计模式，是对政府组织结构的革新。然而，这种机构目前在中国并未普及，机构的改革、组织的设计、人员的配备需要行政成本和财政的支持，和经济发展相对落后的地区相比，在我国经济发达的中部和东部沿海地区，这样的机构设置和人员配置相对容易实现。当然，经济因素只是影响组织机构设置的一个因素，但是在我国整体经济水平不高，区域经济发展不平衡的情况下，这个因素对于独立高位组织机构的设立还是起到很大制约作用的。经考察，上海、北京、广东等经济较发达的地区，率先在全国建立了统领社会建设的独立机构——社会工作委员会（社会工作建设办公室）。上海市于 2003 年成立了社会建设工作办公室；深圳市于 2011 年正式成立社会工作委员会；北京市于 2007 年建立了社会工作委员会。这些独立高位统领社会建设的机构，为实施精细化治理提供了组织保障。而一些欠发达地区的社会建设工作由于受到经济条件的制约，没有足够的经费来设立独立的组织结构并配备充足的人员编制，这些地区的社会建设工作常常附属在群工系统或民政系统内，如贵阳市的社会建设工作不具有独立性，隶属于群工委系统。

在专业化的人员配备和培养上，经济发展促进了社会职业分化和人的专业化，这就需要更加专业和职业的社会治理人才去应对。精细化需要专业化作为保证，做专才能做精。经济发展使社会分工越来越细，细化的分工让行业更加专业、精细以及多元化，甚至出现了一些新兴的工作，如时尚买手、网络课件设计、菜品造型、验房师等。另一方面，劳动分工的细化不仅带来了职业的细分，实际上是使职业进一步分化，职业分化对社会的影响是巨大的。职业分化促使社会职业结构发生变化。人们由单一职业向多种职业转化，而当今社会正由同质性社会向异质性社会转化，在民主和法制建设还跟不上的情况下，犯罪增加、自杀增加、离婚增加是难免的。无论是新兴职业的出现还是由职业分化带来的一系列社会问题，都对精细化的实现带来了挑战。这就需要有与之相对应的更加专业化、更加职业化和更加具有执行力的人员来应对。因此，经济发展对社会治理精细化的影响就是迫切需要专业化的人员来管理和服务由经济发展带来的更细分的行业和更加专业化的人们。反言之，如果公共政策执行人员的专业化程度不及治理对象的专业化水平，就很难实现对管理对象的有效管理。如果治理主体不了解对所管辖区的一些新兴行业的性质、内容和功能，那么也就无从谈起为行业组织和人们提供细致的管理和高质量的服务。此外，经济发展为社会治理精细化人才的培养积累了财富，对优秀社会治理人才的培养也需要资金保障和经费支持。这些费用主要用于精细化理念和知识的课程教学，精细化管理的企业实践课程以及由此带来的资料、差旅、师资等费用。

在社会治理职能转变上，经济发展影响着政府社会治理职能向精细化治理转变。随着经济环境和社会形态的变化，政府职能也要不断发展变化，经济发展的起步阶段、转型阶段以及成熟阶段，对政府的职能内容、范围、重点和行使方式的要求是不同的。政府只有与经济社会发展相适应的职能定位，才能发挥政府对社会的指导作用和推动作用。但总的来说，经济的发展影响并制约着政府职能的定位和转变。改革开放以来，我国一直处于经济转型时期，在这样的阶段里，政府的社会职能主要表现在两个方面：一是培育社会组织，完善社会的自我控制和自我调节机制，为建设和谐有序的社会创造好的条件；二是要时刻关注社会的变化，尽快解决社会发展过程中存在的问题，从宏观的角度来发挥政府的稳定作用。目前，在对经济发展阶段的科学判断下，在国家政策导向下，我国政府已经不再把 GDP 看成唯一的政绩，而是从单一的经济建设向经济建设和社会建设共同进行转变。然而，在现实中国，虽然逐渐从经济职能转变为经济和社会“两手抓”，但是政府的社会事务公共管理方式大多数还是以计划安排、具体审批和行政发文为主，全方面一管到底，一管到位。这样就会造成办事效率过低，并且社会市场监督制衡机制不健全，造成政府行政效率低下。归根结底，是由于长期以来，政府垄断对公共事务的管理，在社会事务的管理中排斥竞争机制，政府管理渗透社会每一个细节，造成效率低、服务差。为改变这样的现状，就需要深化政府社会职能转变。从经济发展的情况来看，近年来，经济发展处于“新常态”，经济总量稳定增加，市场逐渐走向成熟，经济发展推动着政府职能向更深层次转变，要求政府在重视社会管理职能的同时，为具体如何执行、如何实现社会职能转变寻找出路。因此，这就需要在社会现代化的目标导向下，去寻找与现代化内涵相一致的管理方式，精细化管理此时应运而生。应该说，随着经济发展，政府的社会职能在具体实施上，应该走向精细化治理的道路，就是在常规社会管理基础上，把各项社会事业进行细化，为各项社会治理工作做好标准和规范。

（二）科技进步提升治理的信息化水平

科技对精细化治理的影响是显而易见的，科技发展的程度决定着信息化、网络化的技术水平程度，而正如整体性理论对信息化的认识，信息化是实现整体性的必要条件，对于精细化而言，信息化也是实现精细化的必要条件，可以说，科学技术中的信息化水平直接影响着社会治理精细化的实现。我国政府的信息化建设起始于 20 世纪 70 年代，这给政府治理方式和组织结构带来巨大的变革，就治理方式而言，从群众托人找关系、跑断腿到构建电子政务平台提供“一站式”服务；从排长队、层层审批到“不见面”审批的电子监控。信息化给政府带来的治理方式上的革新，不仅给群众办事提供了便利，而且提升了政府公信力。就组织结构的变革而言，网络技术打破了各部门之间的“数字鸿沟”和“信息壁垒”，通过构建电子政务平台，把各级政府、各职能部门以及社会力量，在资源、结构和功能上整合起来，有效减少了信息的重复建设。例如，深圳的“织网工程”，通过实施该工程，深圳建立起了全市统一的公共信息资源库，打破部门间的“信息壁垒”，实现了部门之间数据横向共享和市、区、街道、社区四级之间数据纵向贯通，为各部门证照比对、提高效率提供了一个共享互认平台。目前，该公共信息资源库已联通 10 个区（新区）和 23 家市直部门，导入公安、教育、卫生计生、劳动社保、民政、住建、统计等部门的业务数据达 38 亿条，通过自动清洗比对，已关联 1000 多万人口，200 多万商事主体，79 万栋楼 1000 多万间（套）房的信息。[①] 如今，随着大数据时代的到来，物联网、云计算、移动互联网等新一代信息技术在政府治理中被广泛应用，这些先进技术的集成运用不仅提升了政府效能，而且为政府进一步改善公共服务、完善科学决策机制提供了技术手段。在改善公共服务方面，通过数据共享和流程优化，把业务部门协同起来，让群众少跑路，大幅提升审批效率，减少信息传递的资金、人力、时间成本，为公众提供更便捷、更精细、更主动的公共服务。同时，信息化帮助决策者掌握更全面的信息及更有力的证据，增加决策的科学性，并有利于形成用数据说话、用数据决策的政府决策机制。此外，信息技术对于建立社会治理预警机制也具有重要作用。比如根据学区范围人口密集程度、人口结构和人口增长模型，科学配置教育资源，提前预测教学资源供需压力。数据平台能够对交通情况进行分析。某一个时间段车辆数量上升，系统就会预测到可能有拥堵，道路交通指挥中心就可以向相关区域及附近的单位发出预警，缓解交通压力。

---

① 《深圳推进“织网工程”探索城市治理新路径》，http://news.ycwb.com/2016-04/27/content_21924346.htm，访问日期：2016 年 4 月 27 日。

（三）转型期社会情境带来的间接影响

转型期的社会情境对社会治理精细化的影响是间接的，实质上给社会治理带来的是压力，而这种压力迫使社会治理模式革新，为实施社会治理精细化创造了条件并提供了动力。我国目前加速从传统意义上的同质单一型社会向异质多样性的社会转型。这种转型是结构转变、机制转轨、利益调整和观念更新等的全方位转换。新经济组织、新社会组织的大量涌现，人口结构、家庭结构、就业结构、城乡结构、区域结构、阶层结构发生广泛而深刻的变化，人口的异地流动性持续增强，互联网的普及以及虚拟社会影响力不断地扩大。社会结构的变迁正对我们现存的社会利益格局进行着深刻的调整，而人们的思想观念也呈现多样化的特征。与此同时，转型期也是剧烈变动的时期，各种秩序、制度都没有定型，不定型、不定性和不稳定就意味着动荡、失序和失衡。长期以来，我国政府把经济建设放在了首位，忽视了社会建设，弱化了社会控制，这些因素在短时间内共同发力，导致一些新的社会问题越来越突出，如收入差距、就业问题、农民工问题、人口流动、群体性事件以及公共安全等。这一切都给我们的社会治理带来了新的挑战和压力。然而，纵观这些社会问题，我们发现，转型期的社会问题不仅复杂多样而且突发并交织在一起。社会问题的复杂性体现在问题产生的原因不仅多样而且诸多原因交织在一起，不易认识到到底是哪些原因起的作用，特别是难以发现那些间接的、历史性的、隐性的原因，难以确定其主要的原因。例如，环境污染主要同工业化紧密相关，工业化往往造成了生态环境的破坏，但也和重视经济效益、忽略环境效益的政策偏向有关系。社会问题的交织性体现在各种社会问题交织在一起，互相联系、互相影响、互相牵连，使得社会问题的解决变得十分困难和棘手，往往是要解决这个社会问题，必须以另一个社会问题的解决为前提，或者是互为解决的前提。例如，贫困问题的解决，就与社会保障问题的解决交织在一起，不解决社会保障问题，贫困问题就不可能得到根本彻底的解决。突发性社会问题常常让政府部门应对不暇，如果应对措施不力或者应对迟缓，会使问题在短时期内迅速扩展并聚集强大的破坏力，对社会运行产生极大的破坏性和负面影响。比如2008年的汶川大地震，这样的突发性自然灾害事件给我国经济社会运行带来了巨大的破坏。这一切对社会治理方式提出了挑战。而精细化的社会治理能够有效应对复杂、交织和突发的社会问题。精细化包括细化、整合、流程化、信息化和自动化的要素。对于复杂的社会问题，首先要进行查明原因，对由诸多原因造成的社会问题，要进行原因的细化分类，通过细分原因，找出主要矛盾和原因的主要方面，了解问题形成的源头和机制。交织在一起的社会问题，常常是跨部门、跨组织、跨区域的社会问题，这就需要细化治理内容，整合部门功能和资源，让各部门形成联动。突发性社会问题需要的是反应迅速和及时处置，这时可以运用信息化的手段把处理步骤程序化，用流程化来提升处理速度；建立信息预警机制，同时为提升准确性和效率，依托数字网络平台建立自动化的处置机制。总之，转型期的社会结构变迁与阶层分化以及引发的复杂的、交织的、突发的社会问题，给传统社会治理带来了压力，但是也推动了精细化社会治理的产生。

（四）“国家治理现代化”的政策导向

国家治理现代化的宏伟目标对社会治理精细化起到的是政治上的影响，为社会治理精细化指明了行动方向，而这种导向作用实际是一种政治拉力，在这股政策力量的拉动之下，各地开展了社会治理精细化实践。党的十八届三中全会提出的全面深化改革的总目标，就是“完善和发展中国特色社会主义制度、推进国家治理体系和治理能力现代化”[①]。国家治理体系和治理能力现代化是全面深化改革的总目标，这个目标构成了我国公共政策最重要的来源。国家治理现代化，在深度上涵盖了国家治理的价值体系、结构体系和运行体系三个层面，在广度上囊括了经济体制、政治体制、文化体制、社会体制、生态体制和执政体制等领域。如前文所述，国家治理指引和规范着社会治理，是社会治理的最

---

① 习近平：《中共中央关于全面深化改革若干重大问题的决定》，http://www.12371.cn/special/sbjszqh/，访问日期：2013年11月9日。

终目标。国家治理现代化在社会领域的要求就是社会治理的现代化。习近平总书记在党的十九大报告中指出："打造共建共治共享的社会治理格局。加强社会治理制度建设，完善党委领导、政府负责、社会协同、公众参与、法治保障的社会治理体制，提高社会治理社会化、法治化、智能化、专业化水平。"这为全面开启中国社会治理现代化指明了方向。之前，党的十八届五中全会提出社会治理精细化的宏观部署。如果把社会治理和精细化分开来理解，即社会治理的精细化，这里把精细化作为社会治理的发展方向，希望在社会治理领域实现精细化的治理，社会治理精细化此时与社会治理现代化有异曲同工之处，无论精细化还是现代化都是社会治理的实践目标，而就精细化和现代化的关系而言，两者在内涵上是一致的，精细化是现代化的必经之路和实现前提。换言之，社会治理精细化的政策目的是实现社会治理现代化，并最终实现国家治理现代化。

（五）传统社会治理模式的弊端日渐暴露

传统意义上的社会治理是一种分散、封闭的社会管理模式，这样的治理模式在治理结构上缺乏整体性，在治理方式上缺少信息化和技术性，在治理手段上缺乏规范性、针对性，常常使用旧办法管理新业态。而这样的治理模式违背了社会发展规律，与一体化、多元、开放、规范、法治的现代社会背道而驰，约束了现代社会治理的发展，而这又间接地为革新社会治理模式，实施具有整体性、信息化、规范化、标准化特点的精细化社会治理起到了助推作用。

在治理结构上缺乏整体性。传统的政府社会治理模式中，各部门间往往根据自身的职能范围获取信息并做出反馈，由于没有联动机制，各部门的反馈也仅仅局限于其职能范围内的一环，而无法同其他部门合作产生协同效应，也不能推动事务流程的一体化进行。现代社会是一个高度一体化的社会，常常是触一发而动全局，一个社会问题常常触发其他问题的产生，引起一系列连锁反应，一些社会问题也隐藏着多种发生原因，涉及到多个职能部门。而传统上，由于政府各部门间的配合成本较高，各级政府的行政管理成为僵硬的分块拼合而不是灵活流畅的分工协作，这就降低了整个社会治理效率。

在治理方式上缺乏信息化和技术性。传统的管理方式以纸质文书为特点，信息记录低效且不易整合、传递。若公众需要多个部门的审核办理事务，则无法避免多次填写信息和在各个部门之间奔波的烦劳，浪费了大量时间和精力，降低了办事效率。现代社会是一个信息社会，政府如果不具有信息收集、处置、发布能力，不能有效利用信息技术开展政务工作，利用信息技术获取精准与全面的信息，必将加剧行政管理成本，失去公众的信赖。

在治理手段上缺乏规范化。长期以来，缺少指导社会治理的各类法律法规，各地区的社会治理领域法律法规缺乏同一性，各部门的社会治理类法律法规缺乏协调性。在社会治理政策的具体实施中主观随意性较强，社会治理活动无法可依甚至是有法不依。而这与法治的社会是相背离的，因此，应该加强社会治理的规范化建设。

三、结语

外部社会环境和政府内部因素共同推动了政府实施社会治理精细化，而这些因素对社会治理精细化的实施有直接推动作用，也有间接推动作用。总之，政治、经济、社会、科技对社会治理精细化带来的影响及其影响程度是不一样的。从外部来看，经济发展和科技进步对社会治理精细化的实施和实现起到了直接推力作用，经济发展给社会治理精细化带来的最直接好处是为精细化治理供给所需的物质资源，并决定着政府治理机构的设置、专业化人才培养、精细化治理职能的转变。科技发展决定着信息网络技术水平，直接影响着社会治理精细化的实现。转型时期社会情境中社会结构变迁与阶层分化以及引发的社会问题实际上给社会和政府带来的是压力，而这种压力也是革新治理方式的动力，应该说转型期的社会情境因素对社会治理精细化的实施起到了间接推动作用。从内部来看，国家治理现代化的宏伟目标对社会治理精细化的实施起到了政策导向和价值定位的作用，而这种导向作用实际是一种政治拉力，在这股力量的拉动之下，各地开展了社会治理精细化的实践。传统政府社会治理模式的弊端日益暴露，这种单一、自上而下、管控的治理模式已经不适应现实社会的需要，约束了现代社会治理的发展，而这又间接地为革新社会治理模式，实施社会治理精细化起到了助推作用。

探索实现城市社会治理的共建共治共享新路径
——基于共享单车的分析

孙金阳*

【导语】党的十九大报告指出，要加强社会治理建设，提高社会治理社会化、法治化、智能化、专业化水平。目前，随着我国经济社会的发展，城市治理的复杂性和艰巨性空前凸显。本文探讨了共享单车给城市治理带来的机遇与挑战，指出应当以此为契机，探索拓宽城市社会治理的渠道、创新城市治理工具，建立政府、市场和公民社会互信与互动的共治机制，实现城市社会治理的共建、共治、共享。

通常情况下，某个行业的创新发展只属于一种市场行为的变革。其引发的经济现象和社会效应往往也只局限于与其相关的行业领域和用户市场之中。但是，伴随着社会信息化和移动终端智能化发展起来的共享经济则呈现出了许多新的特点，其中之一便是彻底改变了供应商与用户的简单供需关系，形成了用户和服务广域化的新业态。以滴滴打车和共享单车为代表的共享经济在切实回应着公众的出行需求，解决了部分城市交通治理的问题，同时也产生了一些新的治理困境和影响，需要政府因势利导地进行价值引领和政策选择。

* 孙金阳，国家行政学院培训部教研处主任科员，北京师范大学社会发展与公共政策学院2016级博士生。主要研究领域为公共政策、社会治理等。

一、基于共享经济的共享单车发展现状

自行车是城市公共交通的重要补充，可代替一定区域内短距离出行需求。在20世纪80年代曾是我国的民众交通出行主要工具：以北京为例，当时的自行车出行比重就高达63%。由于私家车的大量普及和工作环境的变化，自行车在公共交通中的角色也随之转变，成为衔接各交通工具之间的换乘、解决公共交通“最后一公里”问题的便利工具。共享单车正是在这样的需求背景和科技创新促进下应运而生，极大地提高了当前城市自行车的出行比例，迅速成为城市可持续交通系统的重要一环。

（一）共享单车的起源

其实，中国最早的城市公共自行车出现于2005年的北京，由个体户提供自行车租赁服务并收取租金、自负盈亏。但由于缺乏政府扶持，微薄的租金收入导致企业运营困难，纷纷宣布破产。2012年6月16日，北京再度试点公共自行车系统，在东城区、朝阳区首批投入使用2000辆公共自行车，采用的管理模式为政府主导、企业运营，即政府投入硬件购置和基础设施建设资金，企业负责公共自行车系统的运营、管理和维护。为满足公众对公共自行车的需求，北京市不断扩大公共自行车系统的覆盖范围和租赁点规模。根据北京市交通委员会运输管理局公布的数据，截至2015年5月，北京城五区和大兴、通州、平谷、顺义、房山、亦庄等郊区已建成43000辆规模的公共自行车服务系统。不仅仅是北京，在我国的许多主要城市街头都可以找到城市公共自行车的停车点。

但是，这样的城市公共自行车并没有得到市民们的普遍认可，甚至成为政府的财政负担。在正式运营之前，政府需要进行勘察、建桩、布线、生产等前期建设投入，甚至安排设置了一定区域比例的收售租车卡的固定网点，投入了大量的人力、物力和财力。具有相关出行需求的市民却因为租车卡办理麻烦、用车、还车不便和存在地域歧视的押金（本地户口押金200元，外地户口押金400元）等因素而排斥使用。因而造成了城市公共自行车市场萎缩、运营不善的恶性循环。不仅是在中国，共享单车的前身——城市公共自行车在全球都还没有成功盈利的范本。2016年，创立于北大校园内的共享单车于上海和北京上线；打破了以往的局面，呈现出城市准公共产品特征。

（二）共享单车发展的促进因素

与传统城市公共自行车不同，共享的发展是基于“互联网（智能移动终端）+公共自行车（大体量）+科技（定位、解锁等）+巨额风险投资”的城市公共自行车的升级版的先天条件。智能手机普遍化为共享单车的APP开发应用提供了广泛的用户基础，大体量的车辆投放使共享单车服务便捷化、常态化，以摩拜单车为代表的几十项专利技术优化了共享单车管理方式，而巨额的风险投资则极大助力了共享单车的迅猛发展和急剧扩张。

共享单车的外部发展条件也是甚为优渥。我国是具有一定历史的自行车出行大国，自行车骑行技能几乎是家家掌握、代代传承，而且在主要城市里人口密度非常高……这些因素形成了十分坚实而庞大的共享单车用户基础。几乎完美契合了“创新、协调、绿色、开放、共享”五大发展理念的共享单车运营实际也成为缓解城市公共交通困局的重要一环，符合政府优先发展公共交通的政策理念。另外，相比滴滴打车等所面对的传统出租车行业强大壁垒，共享单车的竞争阻力几乎为零，所以便出现了野蛮生长、抢占市场的爆发式增长局面。

（三）目前共享单车的发展现状

目前具有较大影响力的共享单车公司有承包市政单车租赁业务的永安行、以校园单车共享起家并获得滴滴出行巨额融资的ofo、自己生产单车的摩拜等三家公司，此外还有宅米支持、凯路仕提供载具装备支撑的小鸣单车，中路资本支持的优拜单车等[①]。但截至2017年3月29日，全球领先的移动互联网第三方数据挖掘和整合营销机构艾媒咨询发布《中国共享单车市场研究报告》显示，出现仅一年多的中国共享单车市场规模达到12.3亿元，用户规模达到0.28亿人。在2017年，中国共享单车市场规模将达到102.8亿元，增长率为735.8%，用户规模将达到2.09亿人并继续保持超高速增长。摩拜和ofo等共享单车行业标杆企业全球日均订单量均已超过千万。

二、共享单车在城市社会治理中的作用和意义

城市社会治理是政府协调市民社会、非政府组织和私营机构共同实现城市良好治理的战略目标和公共利益的过程。城市的社会治理水平不仅直接关系着城市经济与社会问题能否得到恰当的处理和解决，同时也极大影响着城市宜居程度、对资本与人才的吸引以及世界范围的总体排名[②]。共享单车的出现，改变了过去政府事事亲为的无限责任，倡导了人人共建、人人共享的新型消费理念，不仅在城市部分交通问题上显露出解决实际问题的巨大潜力，更重要的是在规则和理念引领方面对城市社会管理起到了良好的促进作用，而其中所蕴含的范式与深意值得加以探讨。

（一）有助于缓解城市部分交通问题

随着经济社会和科学技术的不断发展，城市化进程的不断加快，城市基础设施特别是城市交通设施与城市化发展的矛盾逐渐显现，成为城市治理工作的一项顽疾。有限的公共交通承载量和衔接缺口的“最后一公里”问题，使得公众出行不得不选择私家车和黑车等交通方式，并使得城市拥堵和环境污染现象继续发酵升级。仍然顽强存在的城市公共自行车系统与新兴的共享单车无论属

---

① 郭全中：《共享单车，能飞得起来吗》，《互联网经济》2016年第11期。

② 张文礼：《多中心治理：我国城市治理的新模式》，《开发研究》2008年第1期。

于政府投资还是企业经营，具备了鲜明的准公共物品属性。在充分发挥市场自我调节机制、弱化前期高额的投入之后，共享单车企业通过收集用户需求和不断完善产品，拓展了多元化的营利渠道、优化了产品经营模式，切实改善了城市公共交通状况，避免了公共资源的浪费和过度使用。

（二）有助于政府从划桨到掌舵的角色转变

在公共治理的过程中，政府往往被信息资源、财政资源和人力资源的条件限制，产生部分的缺位、错位和失效，增加了管理成本和社会的不信任程度，甚至陷入塔西佗陷阱的管理怪圈。共享单车的出现与发展正是政府由“划桨”向“掌舵”进行根本转变的良好契机，即将非关键性公共物品和公共服务方面转变成保证公平交易的市场环境和高效有序的市场管理。在共享单车的项目中所产生的消费者纠纷、企业违规停放、个人非法侵占和泄愤式毁坏等问题，需要政府通过完善政策法规和监督管理来承担规划、决策、指挥、协调、监督和控制等关键工作，实现政府与社会、政府与市场的对话、合作和共赢。

（三）有助于传播低碳健康理念

共享单车相较于其他共享经济产品来说最大的优势就是绿色、环保、低碳、节能。因此，它在支持城市公共自行车系统发展、缓解交通拥堵和污染的同时，更是倡导和强化了全社会范围内低碳、健康的生活理念，甚至对推动其他生产消费领域碳减排机制的形成起到积极作用[①]。随处可见、随时可用的共享单车不仅解决了市民出行的实际问题，也促进了积极运动和健康生活的实际发生，产生了除商业价值和公共价值之外的对个人和社会的新型责任理念。

（四）有助于培育市民精神

与共享单车业务本身相伴崛起的还有许多其他辅助性行业，例如共享单车

① 崔铁宁、鲁婷：《城市公共自行车自愿碳减排机制初探——以北京市为例》，《气候变化研究进展》2016年第2期。

的维修与调度，同时还有许多非正式职业的出现。“单车城市猎人”就是其中之一。这个称呼是共享单车企业为了充分动员公众力量规范单车使用行为而创设的，旨在鼓励用户根据 GPS 定位提示的疑似被非法占用的共享单车所在地（楼道、住宅、掩藏角落）等提示在闲暇时间进行寻找，并给予找到单车的用户以信用积分奖励和免费骑行奖励等激励措施，对失信者给予扣除积分等措施。这些守信激励和失信惩戒的方式完善了“人人为我，我为人人”的互助理念，有效地提升社会组织和城市市民的城市认同感、归属感、责任感和凝聚力，增进城市各类主体彼此的了解和信任，强化了信息社会对于人们情感和观念的塑造，在逐步培养政府与社会、市民之间的相互信任、积极合作的共同价值意识。

（五）有助于推动社会信用体系建设

共享单车的信用与费用相挂钩的管理机制，将个人信用体系建设和经济发展的信用环境进行有效结合。这样的数据建设和积累，有助于树立个人信用管理理念和习惯，提高个人信用管理能力，更重要的是有助于政府健全资源提供者和消费者的信用记录，未来与政府信用系统相对接后便可更大程度上规避或降低由失信带来的风险，提升全社会的道德基础和社会信任的基础。

三、共享单车的主要问题及政策选择

共享单车作为一种新兴业态，不仅在解决城市交通等具体问题时提供了新的范式，更是启发、创新了社会治理的思路和方法。在面对城市治理中复杂的公共事务问题时，可以由政府组织主导，吸纳社会组织、企业、媒体及公众等多元主体参与，正式建立跨部门协同合作关系。通过“生物学式”地有机整合危机管理“条条块块”资源和力量，克服危机治理职能碎片化、资源碎片化、执行碎片化等问题[①]。

① 赖先进：《论城市公共危机协同治理能力的构建与优化》，《中共浙江省委党校学报》2015 年第 1 期。

（一）共享单车面临的主要问题

1. 共享单车引发的管理问题

共享单车的出现带给市民极大便利，满足市民日益个性化和多元化的公共服务需求的同时也引发了一些不容忽视的管理问题，诸如骑行安全、过度竞争、乱停乱放、人为损坏、非法强占、用户信息安全、占用了大量公共资源等，一度成为城市管理的新疾，大大增加了城市治理成本。地方政府一方面要协调共享单车潮汐性集中和野蛮式强占所带来的城市管理难题，另一方面还要解决企业与用户之间的各类纠纷等。大量而琐碎的管理问题将本该企业负担的生产成本转嫁到公共资源的过度消耗之中，使得地方政府不能不反复约谈相关企业并出台一系列看上去并不足够友好的政策法规。

2. 共享单车引发的金融风险

共享单车的几家领先企业不仅受到公众的欢迎，也被风险投资市场所看好、追捧。不到两年的时间里，摩拜和 ofo 的融资总额已超过百亿元。再加上 199—299 元不等的押金和庞大的用户体量，仅两家企业所容留的用户用车押金也高达几十亿元。这样巨额的资金所蕴含的金融监管风险必须得到重视。前不久，就已经出现小型共享单车企业携带用户押金“跑路”的情况。

3. 共享单车引发的社会问题

对于社会治理来说，共享单车还容易形成弱势群体鸿沟和边缘群体壁垒。不满 12 岁的儿童、高龄老人、行动不便的残疾人等无法使用共享单车，依然要面对短途行程的不便和拥挤的公共交通，还有好奇心重的孩子违规偷骑共享单车、违反交通规则而致残致死；初入城市并未拥有智能手机或者不会使用相关 APP 的准弱势群体也被随处可见的共享单车边缘化了，产生的疏离感、自卑感甚至被隔离对待的感觉也成为了社会的治理隐患。近来，有关于共享单车的消费者纠纷、企业违规停放、个人非法侵占、泄愤式毁坏等问题都为共享单车市场的良好发展蒙上了一层隐忧。

（二）关于共享单车的政策选择

我国传统的城市社会治理属于“单中心”治理模式，其突出特征是公共权力资源配置的单极化和公共权力运用的单向性。这种模式主要是由基层政府以行政名义的方式完成上级政府指令，几乎不存在对话、协商、协调等沟通过程。但是，随着2011年我国城镇居住人口数量开始超过农村人口数量，我国由此进入了以城市文明为主导的发展时代，城市竞争力、城市管理的绩效和城市管理的科学性问题突显出来，单纯依靠“单中心”的政府治理模式已经不能满足公共服务的基本需求①。由此，以奥斯特罗姆为代表的制度分析学派提出了“多中心”治理的概念，即政府为有效地进行公共事务管理和提供公共服务、实现持续发展的绩效目标，应制定由社会中多元的独立行为主体要素（个人、商业组织、公民组织、政党组织、利益团体、政府组织）一定的集体行动规则，通过互相博弈、互相调适、共同参与合作等互动关系，形成多样化的公共事务管理制度或组织模式②。

为了更好地了解我国中央和地方政府关于共享单车的政策选择趋势，笔者综合整理了近期的共享单车相关政策，如下表所示：

中央和地方政府出台的共享单车相关政策一览表③

出台时间	政策名称	出台单位	主要特点
2017.8	《关于鼓励和规范互联网租赁自行车发展的指导意见》	交通运输部、中央宣传部、中央网信办、国家发展改革委、工业和信息化部、公安部、住房城乡建设部、人民银行、质检总局、国家旅游局等10部门	共享单车企业落实车辆停放管理责任，采取电子围栏等综合措施有效规范用户停车行为，及时清理违规停放、存在安全隐患、不能提供服务的车辆

① 张文礼：《多中心治理：我国城市治理的新模式》，《开发研究》2008年第1期。

② 埃莉诺·奥斯特罗姆等：《制度激励与可持续发展》，三联书店2000年版。

③ 表格内容由笔者自行整理，除这些已经出台的政策外，还有许多城市在征求相关试行管理意见，并直接约谈过共享单车企业提出规范化的各项要求。

续表

出台时间	政策名称	出台单位	主要特点
2017.3	《共享单车产品标准》和《共享单车服务标准》	上海市质监局	GPS、实心轮胎和锁具成了共享单车的标配，事故责任赔偿、退款处理、运营要求等方面也做出了明确规定
2017.3	《关于鼓励共享单车发展试行意见》	成都市交通运输委员会、成都市公安局、成都市城市管理委员会	公安机关要加大执法力度，对蓄意破坏、盗窃共享单车等行为依法查处，构成犯罪的，追究其刑事责任，并及时向社会公布，为共享单车发展营造良好的法治秩序
2017.3	《广州市中心城区城市道路自行车停放区设置技术导则》	广州市交委及交警等4部门	明确共享单车停放区设置
2017.4	《关于鼓励规范互联网自行车发展的若干意见》	深圳交通运输委、城市管理局、公安交警局	要求企业投放规模与承载能力、出行需求和管理水平等相适应，并要求企业向相关部门提供注册及车辆使用数据，不强制要求企业在本地进行商事登记，以及由交警负责停放秩序管理
2017.7	《关于引导和规范互联网租赁自行车发展的意见（试行）》	南京市交通运输局、南京市公安局、南京市城市管理局	明确了南京市相关部门和各区政府的职责、互联网租赁自行车运力投放、路权和停车保障、施划禁停区域、车辆标准、企业运营服务要求、资金安全、用户义务与责任等
2017.8	《武汉市人民政府关于鼓励规范互联网租赁自行车健康发展的意见》	武汉市交委、武汉市城管委、武汉市国土规划局、武汉市城建委、武汉市公安交管局5部门	将完善慢行车道规划，对新、改、扩建城市主干车道，要按规范同步建设非机动车道，设置隔离设施；对具备条件的现状道路，抓紧划设非机动车道并设置隔离设施
2017.8	《关于规范镇江市城区共享单车发展的意见（试行）》	镇江市政府	明确提出镇江市共享单车总量控制在15000辆以内
2017.9	《北京市鼓励规范发展共享自行车的指导意见（试行）》	北京市交通委	总量控制、动态平衡，不发展电动自行车作为共享自行车
2017.9	《共享单车停放管理标准及措施》	咸阳市城市管理执法局	建立企业服务质量信誉考核机制，停放管理不力限制投放
2017.9	《共享自行车系统技术与服务规范》、《自行车停放区设置技术导则》	北京市交通委	要求每辆车应在车架前管处打永久性标记（钢印），且钢印清晰，编码具有唯一性。共享自行车一般投放使用三年应更新或报废

由于共享单车的管理还在探索阶段，几乎各个城市出台的政策都是宏观概念层面，如要求企业“及时清理违规停放车辆”、“30分钟内响应”等。在解决乱停乱放和违规占道方面，规定主要集中在试行的电子围栏，也因此产生了必须加装GPS等硬件设施的规定。在解决野蛮生长和无序竞争方面，截至2017年9月，北京、上海、广州、深圳、武汉等12个城市明确规定暂停共享单车新增投放。几个一线城市甚至出台了共享单车限期报废的规定（一般是三年）。这些政策涉及到共享单车企业的管理、焦点问题的探索解决和质量监管等，体现出的是政府在对待新生业态时的管理理念和管理方式的转变。不过，个别细节的规定也存在“一刀切”的倾向，比如摩拜单车的质量目标是四年之内不返修，如果按照个别地方政府的标准在三年内就要报废，这样的政策导向则是不利于质量的真正提升，甚至三年后几百万辆的共享单车垃圾（按报废时间计算而非按实际状况决定）将成为更为严重的管理问题，这样简单地划定并没有充分发掘用户的理性选择能力和市场自我调节机制。另外，对于共享单车的管理也不能将关注点单单集中在共享单车企业的管理方面，城市的基础设施建设也需要进行良好的城市规范，以便共享单车的使用和骑行的安全。

公共政策的路径选择需要考虑到各方面的利益和需要，但是公共生活的优化是公共政策制定和实施的最终目标和判别标准。用户使用共享单车虽是基于互联网和移动终端的信息传递，但是已经极大影响了现实世界的运作机制，具备了一定程度的改变既定现状的能力。以共享单车的实际使用价值和产生的社会影响来看，限制和强制并非良策，规划和管理才是新的治理思路和解决办法。从这种意义上说，共享单车已经一定程度上成为了强化建立社会共识、形成共享共识社会意识的先决途径。以发改委为首的八部委联合发布了《关于促进分享经济发展的指导性意见》，已经明确指出分享经济代表着新经济的未来，要积极扶持和大力促进。地方政府和管理部门要避免用旧办法管制新业态，要破除行业壁垒和地域限制，要清理制约分享经济发展的行政许可，审慎出台新的市场准入政策。这是由于共享经济已经将之前倡导智慧城市治理理念改良升级，不再单纯关注和使用城市相关数据做基本建设和规划，而是破除放任自流、野蛮生长的供给侧主导状态，以新型技术应用的方式作为牵引，充分发挥政府、市场和社会的协同作用，实现社会现有或可用资源的高效利用。它不同于以往城市治理中公共服务和公共物品的简单叠加或者削减，而是实现效益广泛而深入的增长。

目前，已有很多国家将共享经济管理理念引入城市治理的过程中来，让城市自主发挥在公共服务供给、社会秩序维系、冲突矛盾化解等多种领域的作用。[①]城市社会治理更应以共享单车类项目的发展为契机，拓宽治理主体参与城市治理的渠道，刺激城市治理工具的创新，重视市场和非政府组织的作用，加强信息沟通和有效协商，建立政府、市场和公民社会互信与互动的共治机制，加快实现可持续发展、共建共治共享的城市社会治理目标。

① 谢媛：《当代西方国家城市治理研究》，《上海经济研究》2010 年第 4 期。

社会创新中的政府角色探析
——以社会影响力债券为例

刘 蕾 陈 绅*

【导语】习近平总书记在党的十九大报告中指出，要推动社会治理重心向基层下移，发挥社会组织作用，实现政府治理和社会调节、居民自治的良性互动。要更好提高治理能力，就需要政府、企业、社会共同形成合力。社会影响力债券正是这样一种倡导多元主体合作解决社会问题的工具。本文以美国马萨诸塞州的社会影响力债券项目为例，对此进行了介绍并对其中的政府角色进行了总结。

习近平总书记在十九大报告中指出要“推动社会治理重心向基层下移，发挥社会组织作用，实现政府治理和社会调节、居民自治良性互动”，要更好地提高治理能力。提高治理能力，就需要政府与企业和社会共同形成社会建设的合力。多元主体合作，会更有效地提供公共服务，满足人民不断增长的美好生活需求。近些年，社会影响力债券（Social Impact Bonds, SIBs）作为一种合作治理工具出现在很多学者和实践者视野。社会影响力债券始于英国，发展于美国，是政府与多元主体合作、促进社会状况改善的重要形式，也是社会创新的重要模式与工具。由于在减轻政府财政负担、以更小的代价实现更好的社会治理效果方面发挥着独特的作用，随着各国政府对合作治理模式探索的不断深入，

*刘蕾，中国矿业大学公共管理学院讲师，中国人民大学2010级博士。研究方向：社会组织、公益创业。陈绅，中国矿业大学公共管理学院公益方向研究员。研究方向：社会组织。本文系国家社会科学基金“十二五”规划2015年度教育学项目“基于大学生公益创业能力提升的社会支持体系研究”（项目编号：CIA150190）研究成果。

对社会治理绩效要求的不断提升，社会影响力债券的概念得到了越来越多的重视，其项目化的实践也开始蔓延至全球。

然而，由于理论概念的新颖性、实践检验的滞后性，当前的社会影响力债券在实践中存在着难以消解的争论和质疑。而姑且搁置对于效率和公平、理想与现实的争论之后，我们发现在社会影响力债券的实践中对各方主体角色的界定模糊不清的问题格外显目。从社会创新的宏大视角来看，社会影响力债券如何通过厘清各方主体的角色定位以促进效能？——这一问题显然需要通过剖析现有的典型案例，从现有经验中寻找启示。

一、社会影响力债券：社会创新与影响力投资的新主张

（一）概念厘定与运作模式解读

1. 社会影响力债券溯源

为了实现社会和环境等因素的正向效应，“社会影响力（Social Impact）”的概念近年来不断被传播普及。对于社会和政府而言，社会影响力即社会价值和公共利益的抽象化；对于非营利组织而言，社会影响力意味着一种改善社会状况的可能性，它代表了解决社会问题的同时又收获财务回报的模式。在这一理念的驱动下，“社会影响力投资（Social Impact Investment, SII）”的概念也进入了人们的视野。事实上，社会影响力投资的概念出现在 2007 年，全球影响力投资网络（Global Impact Investor Network，GIIN）将其定义为“面向公司、机构和基金，以产生社会和环境影响力为目标，同时追求经济收益的投资”，其特点在于不仅综合考虑风险和回报的均衡[①]，且不断追求融合环境、社会的“综合价值（Blended Value）”[②]。因此，可以将影响力投资视为一种采取商业手段解决社会问题、承担社会责任、参与社会共治的社会创新理念，或一种推动非营

---

① M. Falkowski, P. Wiśniewski, “Impact Investment as a New Investment Class”, *Social Science Electronic Publishing*, 2013, 5（2), pp. 275-291.

② 安东尼·巴格-莱文、杰德·艾默生：《社会影响力投资》，上海财经大学出版社 2013 年版。

利组织走向市场、优化筹资能力的新趋势。[①]

影响力投资受众灵活，可以投资于社会企业、社会机构或基金，在发展中市场与发达市场中都有实践[②]；其具体模式也纷繁多样。迄今为止，在整个国际社会上，倡导社会影响力投资，提倡以社会价值与市场理性相结合，已然成为世界各国应对经济和政治的重大变革所面临的政府失灵、市场失灵和慈善失灵等诸多困境的共同选择。其中，社会影响力债券作为一种特殊的社会影响力投资模式，十分强调和注重多元合作、结果导向，对于政府而言，其在逻辑层面上增强了预期目标的可实现性，因此社会影响力债券正越来越受到各国政府的青睐。

然而，事实上社会影响力债券并不是通常意义上的债券，而是为了实现“为结果付费”的一种投资形式[③]，是基于“付费”理论发展而来的——所谓“付费”，指的是政府为了实现社会正向效应，向社会服务提供者（主要是非营利组织）购买服务的支付模式，由此衍生出了两个相关概念：“Payment by Results”（为结果付费，简称 PBR）和“Pay for Success”（为成功付费，简称 PFS）。社会影响力债券通过向私人投资者融资支持公益项目以实现社会效果，其将焦点关注在为社会效果付酬以及如何以最低的成本实现这些社会效果，以此提升解决社会问题的效率、创新性与影响力[④]，在某种程度上它可以转嫁政府面临的经济风险、缓解政府的公共服务压力。

从这一层面上来说，社会影响力债券并不是一种债券或者债务工具，而是一种通过一系列合同进行管理的多方合作伙伴关系，它更像是包含选择权的结构性产品。[⑤] 并且，实际上起初它被命名为“社会影响力合作伙伴关系”，而不

① 刘蕾、陈绅：《社会影响力债券模式下的养老服务合作治理》，《北京行政学院学报》2017 年第 7 期。

② 上海财经大学社会企业研究中心等：《中国社会企业与社会影响力投资发展报告》。

③ V.Kasturi Rangan, Lisa A.Chase：《为成功付费：绩效支付的后果》，《中国社会组织》2015 年第 20 期。

④ C. Fox, K. Albertson,“Payment by Results and Social Impact Bonds in the Criminal Justice Sector: New Challenges for the Concept of Evidence-based Policy?”, *Criminology & Criminal Justice*, 2011, 11（11）: pp. 395-413.

⑤ 刘思凡：《社会影响力债券离中国有多远？》，《中国社会组织》2015 年第 8 期。

是“债券”。[①]

2．社会影响力债券的多元运作模式

从运作模式层面来解读，社会影响力债券是一种三方合作机制（参见图1）：在政府主导下，非营利组织作为服务提供者、私人部门作为投资人一起进入该机制中，通过较为平等的合作各自发挥自身优势，来共同改善社会状况。此外，中介机构也是该机制运作中不可或缺的部分：例如评估机构，对项目全程进行跟踪、衡量绩效，其评估结果成为最终合约到期时政府是否履约付费的最重要依据。

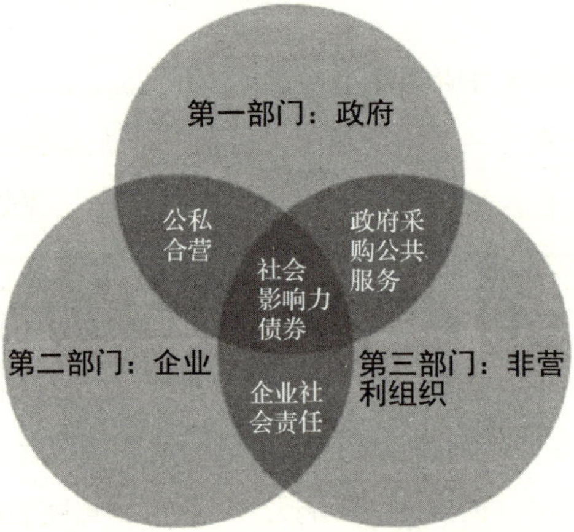

图1　社会影响力债券的界限示意图

图片来源：Massachusetts: Reducing Juvenile Reoffending | Centre for Social Impact Bonds, https://data.gov.uk/sib_knowledge_box/massachusetts-reducing-juvenile-reoffending

社会影响力债券的运作模式大致如图2所示：政府、非营利组织和投资人通过缔结合同，形成合作关系。由于政府要基于结果付费，因此项目的前期支出全部由投资人出资，社会服务提供商（非营利组织）在承接资金后正式开展项目，组建项目的参与及执行队伍，在项目合同期内竭尽全力为实现目标而努

① McKinsey Company. McKinsey-From Potential to Action Bring SIB to US.

力。项目过程结束后，基于评估结果，政府验收此项目的社会绩效产生情况，即社会问题的改善程度，同时衡量政府节省公共项目开支的情况。如若结果符合合同所拟立的要求，政府为项目付费，包括项目支出和相应利率产出。

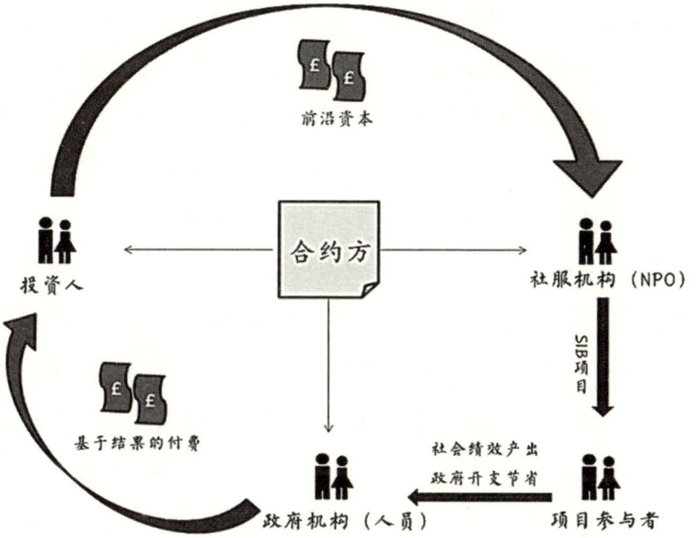

图 2　社会影响力债券的运作模式

图片来源：https://www.gov.uk/guidance/social-impact-bonds

然而，这种机制现阶段出现了一些争议，有学者认为，在此运作机制中，中介机构应当被视作核心，以其需要跟进项目的全过程，包括社会服务提供者的能力衡量、促进合同签订与生效、监督合同与项目、评估最终的项目成果。但鉴于中介机构的营利性，跟进过程是否科学可信，还需要保持谨慎态度。

（二）社会影响力债券发展历程：由点扩散，辐射全球

许多人对社会影响力投资缘何产生充满兴趣。事实上，要回答这个问题，我们应该先了解全球性的社会治理模式的转变。

在世界范围内，近年来公民对于社会问题解决的思路逐渐转变——随着

管理行政向服务行政转变，政府维护社会公正、服务社会、协同各大公共力量解决社会问题的道路清晰化，人们也开始尝试信任多元化公共服务主体，期待“共治”、“善治”格局的形成。因而，过去在面临重大社会问题时，人们由于坚信主要责任在于政府，导致政府为解决社会问题全力投入、财政窘困状况频现（在不同国家内，有些捉襟见肘，有些几近破产，造成公共服务紧缩）的困境逐渐改善，创新性地出现政府与民间力量合作（Public-Private Partnership，PPP）的模式（该模式由参与合作的官方单位与民营组织签约，后者承担公共服务项目的部分资金、技术并运营风险，最终成本则由使用者支付）。

此后，社会协同治理思想不断发展，指引着实践领域创新，在新的经济政治等因素作用下，终于催生了社会影响力投资的尝试。社会影响力债券旨在通过筹措资金以顺利开展预防或者早期干预项目，对造成某个具体社会问题的根本原因进行干预、缓解乃至解决。它强调政府、投资人与社会服务的提供者，三方共同合作来实现这一效果。作为最早出现并在社会上切实造成影响的社会影响力投资模式项目，社会影响力债券在英国率先兴起，此后在欧美许多国家都有实践，逐渐成为目前社会影响力投资的主要形式。其具体发展大致有四个阶段。

第一阶段：理论阶段。2007 年，英国学者首创社会影响力债券的概念，这一概念很快得到更多学者的响应，人们对于它能否改变未来的社会治理格局提出了各自的猜测与论证，诸多研究机构对此开展了大量研究，深入发展理论，为实践奠定了基础。

第二阶段：试水阶段。2010 年，英国司法部实施了第一个社会影响力债券项目 —— Peterborough 监狱项目。该项目持续六年，通过对刑满释放人员提供帮扶和培训，帮助他们重新融入社会，减少再次犯罪概率。项目预设了两个目标，一是每一批罪犯的再次犯罪率降低 10% 以上；二是如果有任意一批未达到 10%，那么最终整体再次犯罪率应当降低 7.5% 以上。根据再次犯罪率降低的幅度的不同，收益率在 2.5% 到 13% 之间。

第三阶段：实践阶段。2011 年起，美、澳、加等国家相继进行社会影响力债券试点和推广实践，项目结果成功失败兼有。目前，项目主要集中的领域为：改造罪犯和维护公共安全、问题青年引导、失业人员和流浪人员帮扶、儿童福利、社会健康等。其中以英美两国实践最多，迄今为止，美国最大的社会影响力债券项目在马萨诸塞州生根，名为“马萨诸塞州青少年正义为成功付费计划（The Massachusetts Juvenile Justice Pay for Success Initiative）”。

第四阶段：扩大阶段。社会影响力债券的实践主体范围扩大，虽然仍然集中在特定的资源集中领域，但这些领域的发展程度大大提升，特别是罪犯改造方面，经验的增加和社会认同的上升，成功率开始攀爬。此外，我国也开始加入相关探讨与研究。2016 年 3 月 4 日，全国政协委员、招商银行前行长马蔚华在两会提案中提出，建议在深圳进行社会影响力债券试点，将社会影响力债券真正引入中国落户；2016 年 12 月 23 日，“山东省沂南县扶贫社会效应债券”在中国银行间市场交易商协会完成注册，并募集了 5 亿元资金，募集资金主要投向沂南县扶贫特色产业项目、扶贫就业点、扶贫光伏电站、扶贫公共服务和基础设施配套等“六个一”扶贫工程，这标志着社会影响力债券的实践正式在中国落地。①

二、社会影响力债券案例分析

马萨诸塞州青少年正义为成功付费计划是美国最大的社会影响力债券项目。它旨在减少入狱“高危”青少年（年龄介于 17—23，很快将不受少年司法制度管辖，或处于成人缓刑期的青少年）的入狱率，通过认知行为疗法等方式改造他们，使这些青少年得以重回社会，以促进社会的和谐。这是目前为止规模最大的社会影响力债券项目。

① 《全国首单扶贫社会效应债券在山东推出》，中国政府网，http://www.gov.cn/xinwen/2016-12/27/content_5153528.htm, 访问日期：2016 年 12 月 27 日。

关于项目合作方：基于美国非营利机构 Roca 在以往的众多成功经历，以及其提议强调数据收集和分析的特色，马萨诸塞州最终决定与 Roca 合作发展社会影响力投资项目，此后双方共建马萨诸塞州青少年正义为成功付费计划。高盛集团进行了数月的尽职调查，评估 Roca 组织的能力，并对认知行为疗法进行研究，最终高盛集团和其他一些投资人以项目投资者的身份进入项目中。此外，合作方还包括金融中介 Third Sector Capital Partners。

该计划具体的目的是通过提供服务，包括保健管理、生活技能传授、教育、就职前培训和就业培训，以及与社区合作伙伴共同提供工作机会，以此增加就业，同时减少目标人群再次犯罪率。以上服务的主要提供者是 Roca 机构，项目具体将在马萨诸塞州十多个城市进行同步运作。每个进入该项目的“高危犯罪”青少年将进行为期 4 年的项目参与，主要是两年的密集接触 —— 包括生活技能、教育和就业规划；此后是两年的后续跟踪联系。

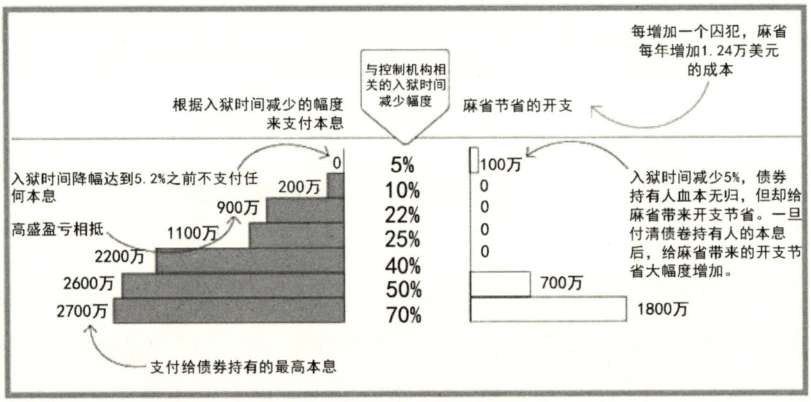

图 3　项目资金关系图

图片来源：http://www.guancha.cn/ShangYeZhouKan/2014_05_31_232434.shtml

入狱率降低量	基于监禁率的成功支付数额	为马萨诸塞州节约的数额
70%	$27m	$45m
55%	$26m	$33m
40%	$22m	$22m
25%	$11m	$11m
10%	$2m	$2m
5%	$0	$0.9m

图 4　入狱率降低、成功支付额与州政府节约额的关系图

图片来源：Massachusetts: Reducing Juvenile Reoffending | Centre for Social Impact Bonds, https://data.gov.uk/sib_knowledge_box/massachusetts-reducing-juvenile-reoffending

事实上，Roca 协助“高风险青年”免于再犯，采用一个数据导向、以严格考评为基础的实验模式，已证明能将再犯罪率降低 25% 至 60%。至于全部的成本节约，其中除包括为马萨诸塞州监狱带来的直接节约，还包括因犯罪率降低而省下的警政、法庭等开销。精算显示，当再犯罪率降低 40% 时，马萨诸塞州 PFS 契约损益两平，项目节约及支出均为 2200 万美元。当 Roca 使再犯罪率降低 70% 时，总支出上限维持在 2700 万美元，但马萨诸塞州政府会多省下 1800 万美元（如图 3、4 所示），此时 Roca 可拿到更多服务费，投资人的回报也会增加。

因此，若该项目成功，则意味着在经济绩效和社会效益方面同时取得客观的效益，实现改善社会问题、增进社会价值创造的意义。

三、分析与阐述——政府角色的设定与规范

（一）“马萨诸塞州青少年正义为成功付费计划”中政府的角色

也许是因为有了基本的探索经验，马萨诸塞州政府对这一项目表现出更多的探索兴趣。在这个青少年社会影响力债券项目中，马萨诸塞州政府在实践过程中大致扮演了以下角色。

机制制定者。据美国媒体报道，美国政府是第一个通过立法方式对 PFS 合同表示充分信任，并为其提供信用保证的政府。在相关法案中，美国确定建立“社会创新融资信托基金”，以满足未来可能预期支出的 PFS 合同实现的交易需求，这个支出需求可能高达 5000 万美元。通过这一立法措施，美国政府很好地增强了投资者借助 PFS 模式来进行社会改善的信心，促进了社会影响力投资的发展。

观望及预支付角色。这主要是由于政府的信用风险决定的：假设项目成功，政府需要为成功的结果付费 ——但这里的所谓“成功的结果”事实上是很难衡量的，社会问题的解决程度难以量化，现今也未有十分完善的社会绩效评估系统可以参用。因此，政府可能在项目结束后出于各方面原因不予以付款，这对政府声誉将造成负面影响。另一种情况是政府同意付款，但无法完全履约偿还投资者本利，这也会削弱政府公信力。基于以上，政府在付款之前的项目实施全过程中将作为旁观者，对整个项目实施情况进行了解，同时掌握影响力投资的模式运转经验。

项目配合者。社会影响力债券强调的是一种政府、非营利组织、私人投资者三方联动的合作状态，并且十分重视第三方监督与评估。因此，政府完全放手让非营利组织与私人投资者对项目进行操作是不合理也不可能的：一方面有些项目支持要素需要政府来提供（如公共设施供给和项目中某些环节的拨款），同时需要强调的是平等前提下的合作；另一方面，政府以不干预具体决策的前提参与项目其中，方能更加了解项目如何运行、如何持续、出路何在。

监督者。显而易见，虽然在社会影响力债券合约中，与 PPP（Public-Private Partnership，公共私营合作制）的社会服务供给模式不同，政府仅作为预付费者，对项目具体进展基本不施加干预。但监督却显得尤为重要。非营利组织社会服务模式融合商业化因素的进阶过程，为服务产品的生产过程、结果的不确定性增加了砝码。政府对项目整体的监督是有效遏制非营利组织进行私自逐利行为的手段，从外部角度稳定影响力投资产品产出的公益性与有效性。

利益协调与激励者。社会影响力债券合同的各方都有自己的利益诉求：政府和非营利组织都希望社会问题大幅改善，但政府又不太愿意为此耗费太多，同时非营利组织和投资者对利润的分配也有趋于上升的需求；三方对于项目评估的方式、评估主体的态度也不尽相同。联邦和地方政府在项目中被要求公平公开地做好包括社会公众和中介机构的五方利益协调者。同时，政府还行使着激励权力——2014 年奥巴马在预算计划中提出，建议拨款 5 亿美元给 PFS，通过对各地政府及非营利组织的补助，支持成果导向的 PPP 或社会影响力债券项目；2015 年，奥巴马要求政府在 2015 年预算中拨款 3 亿美元以促成更多的社会影响力债券交易；同年，美国劳动部年底发布了新的投资管理计划，决定逐步取消对社会可持续投资的一系列管理障碍，这无疑也对影响力投资产生了一定正面效应。

（二）目前社会影响力债券投资项目中政府的角色问题

就目前的探索来看，由于社会影响力投资领域的空白，各国政府多处于观望状态，除了英美等西方国家政府依仗优质的资源和良好的社会治理经验进行积极探索，大多数国家政府（尤其是发展中国家）对之报以较为谨慎的态度，我国在英国的首个项目实施六年后才终于决定试水。然而，即使在英美两国的具体实践过程中，我们也可以发现一些规律性的问题。

1．立法公开力度小，多元主体参与不足

主要体现在法律规章或相关机制的制定上，政府倾向于依旧固守“掌舵者”身份，表现得较为小心，民间力量、非营利组织参与相关立法力度不足。

事实上，政府部门中参与制定 PFS 和社会影响力债券系列机制的智囊团专家在认识社会问题、切入社会现状方面都存在固有的不足。很多现实问题是随着社会的发展，经济和文化交流的深入而不断演变和衍生出的，只有真正经营非营利组织的经验人士才对这些问题具有更多敏感性。同时，公民和社会服务对象兼具纳税人、监督者、评估者等多重身份，也应当更多地有序参与到社会治理新模式的运作机制设计中来。

我们必须意识到，政府的关键作用不仅仅是定义一个科学的机制，同时要确保此机制在一种负责任的、可持续的方式中被延续，使得每次的项目都不仅仅是一个一次性的尝试，而产生相应的借鉴意义和影响作用[①]。所以，一个有效的关于 PFS 和社会影响力债券模式的准入、运作、准出机制应当得到更多理性的考虑，加入更多主体智慧的思考才能预期达成更好的效果。

这个机制也必须涉及更多的内容，例如：社会影响力债券是否应当大力推广、PFS 模式能否有效解决社会问题、激励如何有效进行、如何建立第三方评估机制、如何避免私人部门将社会影响力债券项目作为恶意避税或假公济私的舞台……总而言之，一个最终能够较好地回答这些问题的良性运作机制设置，才是我们所需要的，它必定凝聚着多元主体的智慧。

2．政府放权不足，过多干预社会影响力债券项目合同的签署

也许这是一个新的领域探索过程中容易出现的通病——政府不愿意完全相信市场、个人在创造社会效益过程中的作用。政府大多数时候更相信利己主义和功利主义在非政府部分解决社会问题的过程中不可避免地存在，因此在对重大社会问题探讨面对和解决的方式，甚至借此深化或革新社会治理模式的时候，政府显得更加敏感和小心，对全过程都尽力进行跟进，乃至干预。然而社会影响力债券合同中一般只将政府视作付费者和引导者，政府插手具体事务被视作是违背合同精神的。

诚然，社会影响力债券项目合同对政府而言无疑是一个全新的领域内容，其所代表的社会影响力投资对于深化社会多元主体治理格局有重大意义，因此政府慎重以对也就可以理解了。但在实际过程中，这种慎重也常常演变成过度的干预行为，成为一个突出的问题。

3．政府对于项目合同的刻板遵守，激励程度不足

当今世界上，各国对 PFS 项目合约的理解都是较为一致的，即成功才得以付费，不成功则政府不予拨款支付结果，由非营利组织、投资人等自行承担风险所致的损失，政府置身其外。这种 PFS 的运行模式合法合理，但事实上也引

---

① K Costa , Government's Role in Pay for Success, *Community Development Investment Review*, 2013, pp. 91-96.

发了一些“是否合情”的争议。

以美国的第一个人社会影响力债券投资项目为例：帮助雷克岛监狱青少年犯的项目，并没有达到预设目标获得成功，因此按照 PFS 合约，政府没有给予投资者经济回报，非营利组织和投资者都承受了相应的损失。基于此，有专家和媒体提出，在探索 PFS 模式过程中，政府应当给予更多的支持和激励，在合同以外还要灵活和适当地施以援手，无论项目成功与否，都要至少保证非营利组织不至于丧失信心，有不改的热情来解决社会问题，推进社会善治。

（三）启发：政府的角色特点需要改进

在社会影响力债券汹汹来袭的背景下，政府在相关事务的处理中的角色定位也暴露出一些问题。如何更好地处理现实问题、推动社会影响力投资发展，对于政府而言是十分重要的。就目前来看，政府主要将面临的挑战是如何建立参考性渠道、磋商模式，如何设计激励与评估方法，以及必要时对项目进行中期引导与修正。

为了解决这些问题，政府应当在角色定位方面有所注意和改进，向服务型、探索型和共生型的角色特点转变，三管齐下，以求成效。

1. 服务型角色：坚守社会服务理念

新公共服务理论要求政府从“掌舵”和“划桨”的角色中抽离出来，着重建设政府的“服务者”角色，通过建设公利部门，通过公共主体之间的合作来实现对社会的服务化。

以我们现在的眼光来看，“包办”的全能型政府显然存在诸多弊端，政府充当服务的主体，对于现今世界大多数国家的社会和经济状况而言都是比较合宜的。毕竟，公共利益是管理者和公民共同的利益和责任，应当是目标而不是其他职能产生的副产品。因此，政府的作用应更多地体现在把人们聚集到能真诚沟通、对话与合作的环境中，多元主体共商社会应该选择的发展方向，重视非营利组织的独特作用。

在社会影响力债券投资过程当中，政府显然也要将社会公共利益作为核心的目标，扮演好服务者的角色。具体如：对社会问题进行更加精准的描述与衡量，鼓励社会影响力债券投资方式以解决这些问题，同时要肯定非营利组织的尝试，对其在社会影响力债券项目中付出的努力给予更加灵活的鼓励。在项目的评估上，政府需要更多集中注意力在“问题解决到了什么程度”、“实现了哪些公共利益”、“是否达到了公民的预期”等问题上。

政府部门应当明白，社会影响力债券尽管还存在各种各样的问题，但它毕竟是一种有效的尝试，在社会问题的解决、公共利益的追求方面颇有成效，完全值得政府部门的肯定与适度的推广。

2．探索型角色：主要是做好规范者、引导者及激励者

首先，规范 PFS 的运作机制并使之相对稳定化，这是政府需要做到的规范性行为。对机制的设计与规范，首先保证了项目不会触及法律的底线，并且合乎社会现成的明文规章，减少舆论阻力；同时，按照科学、合理的机制运行，社会影响力债券项目的效率将会得到保证，效果也将处于一定的预期中，减轻各利益相关方的疑虑。然而，一个合理的运作机制需要能够满足现期社会影响力债券项目投资的需求，并且有能够适应未来形势而进行改变的拓展性与可塑性取向。

其次，应当对社会影响力债券投资进行引导。在此需注意，引导不应过度，变成管理。PFS 合同代表着各方的真诚合作和高质量沟通，如果仍由政府来做全部决策，这种合作方式便失去了意义。比较合理的情形是政府搭建平台，各方表达自己的诉求，最终在无权威力量影响的情况下，各方就合作事宜达成一致，并同意在面对现实情况变更的情况下再度咨商探讨。当然，公共利益和社会服务的理念应当贯彻始终，并成为最重要的影响因素。

最后，在激励方面，尽管征购规则及长期拨款机构的缺乏，在很大程度上会限制政府做出部分承诺，但政府应当表达出对于成功方法或项目的资助的意愿，并做出实际行动。分阶段、分主体地采取多种多样的激励方式，确立考核激励政策。

3. 协同共生型角色：关键是探索新的多元主体合作模式

要解决所有的社会问题、产生可观的社会与经济效益，政府显然独木难支。协同和共生理论强调多元主体的重要性，并建议推行这种社会治理模式。

在社会影响力债券投资领域中，主要有五个利益相关方：政府、非营利组织（服务提供商）、投资人、中介机构，以及服务对象。然而事实上，由于社会问题的外向效益，个人的问题行为会影响其他人，因此社会公众也应当被纳入利益相关方中。

社会影响力债券项目如何运作、如何评估、如何产生效果，对每一方主体而言都会产生影响，这些影响可能是实物的或非实物的，是可感受的也可能并不，但无论如何不可否认的是，政府让渡部分权力，让利益相关方参与到与他们自身息息相关的项目决策中很有必要。

可是这种多主体的合作又是特殊的，有一些不和谐的因素需要得到仔细考虑。例如，因为社会影响力债券项目背后隐藏着社会效益和经济效益双重概念，投资人和一些营利性的中介机构作为私人部门，在合作过程中可能会更多倾向于追求经济效益，这与其他主体更多追求社会效益的方向产生了矛盾。如何解决这一矛盾，设计一种有效的磋商与合作模式，以对目前的社会治理格局进行创新，显然是政府作为多元主体的召集者和规则维护者所需要审慎思考的。

四、总结：社会影响力债券投资中的政府角色

全球范围内，越来越多的社会影响力投资案例出现，并且有些获得了成功，使得我们相信社会影响力投资的未来是光明的。在此基础上，我们同样相信政府在社会影响力债券投资领域中的角色重塑也必将走向合理合法的成功。

总体来看，社会影响力债券投资中，政府需在把握基本的服务性本色基础上，建立一套合理的机制与规则，创新合作模式、激励模式以及评估模式，在多元沟通交流的基础上，同其他利益相关方、其余社会主体共同探索，寻找更好的方式推进社会影响力投资的发展。

完善农村留守老人关爱服务体系构建研究

李　芳*

【导语】党的十九大报告提出，要健全农村留守老年人关爱服务体系。为此需要摸清家底，了解实情，本文运用国家卫生计生委2016年调查数据，从留守与非留守的比较视角，分析了农村留守老人的基本特征和关爱服务需求状况，并在此基础上提出构建“三根支柱”、“两大场域”、“一道防线”的农村留守老人关爱服务体系的建议。

改革开放以来，随着工业化、城镇化的快速推进，我国农村已形成了一个人数达5000万的留守老人群体。在实现“两个一百年”奋斗目标的进程中，这一群体将持续存在并很可能扩大。党的十九大报告提出了“健全农村留守老人关爱服务体系”的战略任务。然而农村留守老人内部差异明显，关爱服务需求多样，应当认清农村留守老人的现状和特征，提高关爱服务工作的针对性与有效性，才能更好地贯彻落实十九大精神。

一、比较视野下农村留守老人的主要特征

农村留守老人作为一个整体，与农村非留守老人有区别，同时其内部也有明显差异。认清这些异质性，方能更好地了解其关爱服务需求。

本文数据来源于国家卫计委2016年流出的监测调查数据中的农村老年人

---

*李芳，浙江工业大学副教授。主要研究领域为老龄社会治理与社会政策。本文系国家社会科学基金项目（项目编号：14BRK008）的阶段性成果。

数据。调查在浙江、江苏、广东、河北、辽宁、吉林、黑龙江、安徽、河南、四川10个省份展开，获得11043名农村老年人样本。本文的“完全留守老人”是指有户口在本区县的子女媳婿，且这些子女媳婿全部外出的老年人。“半留守老人”是指有户口在本区县的子女媳婿，且至少有1人留在本户籍区县的老年人。除完全留守和半留守老人以外的老人则为“非留守老人”。农村老人是指村居属性为村委会的老人。通过数据分析发现当前农村留守老人存在以下主要特征。

（一）个体特征

1. 农村留守老人占农村老人的比重过半，主要分布在中部和西部

留守老人比例超过非留守老人，占农村老人的54.81%。其中，完全留守、半留守老人分别为19.79%和35.02%。从不同区域和省份来看，东部（43.57%）和东北（38.97%）要低于西部（73.24%）和中部（69.20%）。留守老人比例最高的省份是安徽（83.36%），其次是四川（73.25%）。可见，留守老人主要分布在西部和中部，东部和东北地区相对较少。

2. 完全留守老人低龄化倾向显著，其教育程度也低于非留守老人，有配偶老人更可能留守

农村老人的平均年龄为68.75岁，其中，完全留守、半留守、非留守老人的平均年龄分别为66.82岁、69.27岁、69.19岁。反映出老年人年龄越大，越可能有子女生活在其身边。完全留守、半留守、非留守老人的平均受教育年限为5.37年、4.53年、6.14年。留守老人比非留守老人受教育年限更短。有配偶的老人更可能完全留守，夫妻俩相互扶持；而无配偶的老人更可能半留守和非留守，至少有一个子女在身边照顾生活。

3. 居家养老是绝大多数农村留守老人的养老居住地意愿

数据分析显示，农村老人选择“自己家”、“子女家”、“村日间照料中心和养老院”的比例分别为75.77%、20.86%、1.04%。可见，绝大多数农村老人打算居“家”养老（自己家或者子女家），只有极少数的农村老年人打算居住养老机构。通过二元逻辑回归模型分析发现：慢性病数量越多、无配偶、年龄越大的农村老人去子女家养老的可能性更高，因为这些老人身体更脆弱；非留守、半留守、子女数越多的农村老人去子女家养老的可能性也更高，因为这些老人可供依赖的家庭资源更多；中、西、东北的农村老人去子女家养老的可能性也更高，因为这些地区的养老设施、社会养老保障水平整体不如东部，且老人自身经济状况也相对较差。相反，慢性病数量越少的、有配偶的、年龄越小的、完全留守的、子女数越少的、东部的农村老人在自己家养老的可能性更高。

4. 混合养老模式是农村留守老人的养老依靠意愿

数据分析显示，农村老人选择“自我配偶”、“家庭成员”、“政府社会”的比例分别为17.77%、77.81%、4.43%。可见，当前农村老人的养老方式主要是家庭养老和自我养老，社会养老的功能还比较弱。通过多元逻辑回归模型分析发现：慢性病数越多、男性、家庭经济越差、中西部、半留守、子女数越多、帮子女干农活的农村老人期望家庭养老的可能性更高，这类老人要么自身脆弱，要么可供依赖的家庭资源多。非留守、女性、受教育年限多、孤独感越强、东北的农村老人期望自我养老的可能性更高，这类老人要么自身资源较多，要么可供依赖的家庭社会资源比较少，不得不指望自己养老。慢性病数越多、家庭经济越差、女性、孤独感越强、东北、受教育年限多的农村老人期望社会养老的可能性更高，这类老人一般是自身和家庭资源都比较少，不得不期望社会养老，或者是思想开明，社会养老观念新。

（二）家庭特征

1. 农村留守老人的平均家庭规模大于非留守老人，同吃同住家庭人数少于非留守老人

2015年，农村老人的平均家庭规模为3.91人，其中完全留守、半留守、非留守老人家庭分别为4.23人、4.19人、3.71人。农村老人同吃住的平均家庭成员数为2.88人，其中完全留守、半留守、非留守老人家庭分别为2.51人、

2.84人、3.16人。可见，农村留守老人的平均家庭规模大于非留守老人，而同吃同住的平均家庭成员数却少于非留守老人，反映出留守老人家庭的外出家庭成员数比较多。

2. 农村半留守老人健在子女数最多，高龄老人平均健在子女数最多

农村老人平均健在子女数为2.81个，完全留守、半留守、非留守老人的平均健在子女数分别为2.58个、3.43个、2.65个。半留守老人的健在子女数要多于完全留守和非留守老人。可能正是因为半留守老人的健在子女多，才会做出部分子女媳婿留身边，部分子女媳婿外出务工经商的居住安排。完全留守老人的健在子女数最少，可能正是因为子女少，所以子女全部外出务工的可能性更高，也就是成为完全留守状态的可能性更高。

低龄、中龄、高龄老人的平均健在的子女数分别为2.42个、3.30个、3.87个。表明现在高龄老人的子女赡养资源还是比较丰富的，但是，随着现在的中低龄老人逐步变为高龄老人时，农村老人的子女赡养资源会趋于减少。这种现象值得注意。当农村老人的子女数减少时，客观上需要社会支持的养老资源更多。

3. 非留守老人家庭的经济状况好于留守老年人家庭

从年度收入与支出情况看，2015年，农村老年人家庭的年均总收入为33280.27元，年均总支出为27356.8元，总体上收支有盈余。其中，非留守老人的家庭年均总收支盈余最多。农村老年人家庭的年人均收入为8830.02元，年人均支出为10246.05元，人均值上入不敷出，主要是完全留守、半留守老人家庭年人均值入不敷出，而非留守老人家庭是入超过支。从家庭总体经济状况看，41.83%的农村老年人家庭有结余，33.11%的农村老年人家庭无负债也无结余，25.06%的农村老年人家庭处于负债中。这反映出，有58.17%的农村老人没有为自己养老生活做经济资本积累。其中，非留守老人家庭有经济结余的比例要高出半留守、完全留守老人家庭约10—20个百分点。上述数据分析反映出，非留守老人的家庭经济状况要好于留守老人家庭。

4．绝大多数子女承担赡养父母的责任，不过成年子女的乡城流动增加了赡养阻力

子女对父母的赡养主要涉及经济供养、生活照料、精神慰藉三个方面。这里从流动子女、外地子女、留守子女三种类型来分析子女赡养状况。2015年，农村老人分别从流动子女、外地子女、留守子女处获得的经济供养均值为4387.64元、3130.02元、2767.32元。当父母需要照料时，93.48%的留守子女“能”照顾父母，这一比例远高于流动子女（78.91%）和外地子女（73.86%）。留守子女与父母联系的频次、交流心事的频次都要高于流动子女和外地子女。这反映出，流动子女、外地子女的确会给父母更多一些的经济供养，但是，居住距离的增大阻碍了照料资源的供给，抑制了代际情感联系。

5．农村老人拥有房产、宅基地、承包地等家庭资产的比例很高

99%的被访者老人家庭拥有产权属于自己的住房，其中，16.12%的被访者老人家庭拥有2套及以上住房，实际居住房屋的人均居住面积为55.71平方米。可见，所有农村老年人的住房自有率极其高，住房面积也非常宽敞。85.21%的农村老人拥有承包地。其中，非留守老人拥有承包地的比例（80.15%）要低于完全留守（89.04%）和半留守老人（89.72%）。完全留守、半留守、非留守老人家庭拥有承包地面积的均值为4.89亩、5.12亩、5.23亩。自有住房、承包地经营权都是农村老人的家庭经济资产。

二、农村留守老人的关爱服务需求

“以人民为中心”是中国共产党的初心。在中国特色社会主义新时代，农村留守老人工作应当以人民中心的发展理念为指导，把脉这一特殊群体在新时代的新需要。关爱服务需求是农村留守老人的群体需求。同时，群体内部的异质性使得他们采用不同策略来应对子女外出务工带来的影响，这也使得他们的关爱服务需求的多样性更为彰显。目前学术界对关爱服务的内容没有达成共识，包括生活照料、生产帮扶、精神关爱、医疗保健、法律援助、安全服务、文化娱乐等方面。根据上文所说的农村老年人数据内容，这里着重论述精神关爱、生活照料、医疗保健、劳动帮扶四个方面的需求状况。

（一）精神关爱需求

约四成农村老人存在不同程度的孤独感。完全留守、半留守、非留守老人的孤独感依次减弱。可见，子女的外出成为留守老人的情感牵挂，这种牵挂会增加他们的孤独感。在留守老人内部，中高龄、低教育年限、无配偶、与子女联系和交流心事少、不照顾孙辈、不帮子女干农活的留守老人，其孤独感比相反特征的留守老人强烈得多，精神关爱需求更加亟待关注。

（二）生活照料需求

生活不能自理的农村老人占 3.73%。半留守和非留守老人的生活不能自理率略高于完全留守老人。因为生活不能自理，身边至少要留一个子女媳婿照顾生活，因而，成为完全留守老人的可能性更低。在留守老人内部，中高龄、无配偶、家庭经济状况越差的留守老人，其健康状况比相反特征的留守老人要差一些，生活自理率也低一些。这些留守老人的生活照料风险更大。

（三）医疗保健需求

六成以上的农村老人至少患有一种慢性病，高血压、骨关节病和心血管疾病是最常见的慢性病。半留守老人患病率（71.02%）高于非留守（62.68%）和完全留守老人（64.92%）。在留守老人内部，中高龄、家庭经济状况越差的留守老人的患病率要高于相反特征的留守老人。在 2015 年，95.27% 的留守老人因为看病或住院而承担了自费医药费。自费医药费的均值为 3844.65 元。对于这些自费医药费，46.94% 的留守老人认为自己和配偶承担的最多，52.25% 的留守老人认为子女承担的最多。在 2015 年，没有患病和患病的留守老人得到子女的经济供养的均值分别为 3948.00 元和 3138.31 元。这些反映出，子女对留守父母医药费的支持力比较弱。留守老人的医疗保健需要巨大，负担沉重，提高政府和社会的支持力显得尤为重要。

（四）劳务帮扶需求

在农村留守老人群体中，只有46.23%的留守老人承担教养孙辈的责任，这佐证了当前农民工流动的家庭化趋势明显。其中，27.55%的留守老人“每天”带孙辈，18.68%的留守老人“经常”带孙辈。一部分无配偶的、家庭经济负债的留守老人也在教养孙辈，而且，“没上过学”和“小学”程度的农村留守老人占83.02%。这反映出，教养孙辈的留守老人实际上给予其孙辈的照料支持、经济支持以及学习指导的状况十分堪忧。此外，只有26.35%的留守老人帮子女干农活。一部分身体不健康、单身的留守老人仍在帮子女干农活。总体来看，当前农村留守老人的主要劳务负担在于照顾孙辈。

三、积极构建“三根支柱、两大场域、一道防线”相结合的关爱服务体系

（一）三根支柱：保障关爱服务资源供给充足

1. 自我养老不可替代

树立自立养老的观念，变“依赖养老”为“自立养老”。在健康允许下坚持从事有收入的劳动，不仅可以增加经济收入，而且可以充实老年生活，减少孤独感，获得价值感。与配偶、子女、亲属、邻里等建立良好的关系，积极获取非正式社会支持。大力发展农村经济，增加留守老人收入。在深化农村综合性改革过程中，促进留守老人拥有的宅基地、承包地经营权等经济资产转化为直接的养老资源，探索资产养老的有效方式。加强农村老年宜居环境建设，在新农村建设过程中统筹考虑适老化设施配套建设，做好家庭无障碍和适老化改造，可以大大提高留守老人的独立生活能力和生命生活质量。

2. 家庭养老不可或缺

农村留守家庭的代际关系特征是，成年子女与老年父母之间存在居住地分

离、经济归属分离，以及心理、情感、生活方式、价值观念等不同程度的分离。基于这种代际分离的现实，强化家庭养老的主体责任应当秉承社会化外移、网络化互助、多元化支持三种改革方向。（1）社会化外移是指养老资源的供给责任和部分养老服务的提供责任的适度分离，建立和完善农村社会化养老服务体系。（2）网络化互助是指植根于血亲基础之上的家庭、家族关系网络中的养老互助，特别是生活上互相照顾、感情上互相慰藉的“老助老”、“老靠老”模式。（3）多元化支持是指从道义、法律、政策等多方面给予家庭养老大力支持。“建立支持家庭养老的政策体系，支持成年子女与老年父母共同生活”已成为国家老龄事业发展和养老体系建设“十三五”规划的具体任务，在贯彻实施中要向农村留守老人家庭进行政策倾向。

3．稳步增强社会养老支持力

（1）积极稳妥地推进城乡居民基本养老保险、基本医疗保险的并轨工作。积极探索建立农村长期护理保险制度，积极推进家庭医生签约服务工作，建议把农村留守老人作为重点人群尽早覆盖。加大国家财政投入，建立与物价联动的农村社会保障资金自然增长调整机制，以保障农村留守老人拥有购买基本关爱服务资源的经济实力。（2）促进医疗、养老等基本公共服务“随人移动”。比如，积极稳妥地推进基本医保全国联网和异地就医直接结算工作；建立全国统筹的养老机制，使得子女在不同地区工作的养老金“钱随人走”，这些制度完善将促进留守父母随子女流迁，外出子女阶段性返乡照顾失能半失能父母，分担和减少他们在流动过程中的代价。（3）加大政府购买服务的力度，提高养老服务递送效率，建立健全农村居家社区养老服务体系的建设。（4）建设具有民族特色、时代特征的孝亲敬老文化。努力推动亲属支持网络中的“血亲孝”拓展到社会支持网络中的“仁道孝”，制定孝亲敬老乡规民约家规，加强孝亲敬老宣传教育，倡导“少敬老”、“少亲老”、“老爱老”、“老助老”，提高和壮大全社会孝道的文化力量。

（二）两个场域：合理配置和有效整合关爱服务资源

1. 尊重绝大多数农村留守老人居家养老的意愿，把社区和家庭作为关爱服务资源的重要平台

一方面，增强社区对各类养老资源的枢纽和整合能力。既能够为养老机构、医疗机构、服务机构提供在基层落脚生根的依托，也能够让社区外的各种机构透过社区组织、社区设施与互联网为居家留守老人提供各种关爱服务。另一方面，促进家庭和社区两大场域内养老资源的互通共享、功能耦合。家庭场域中有多个资源供给主体，如老年人自己、配偶、子女、亲属等；也有多种形式的养老资源，如情感资源、照护资源、经济资源等。促进这些养老资源与社区养老资源的对接和共享机制，将增进关爱服务资源的供给总量。

2. 合理配置和有效整合家庭和社区中的关爱服务资源

本文数据分析结果显示，医疗康复、精神关爱、生活照料、协助教养孙辈为许多农村留守老人所急需。促进潜在需求转化为有效需求，并与有效供给达成理想的匹配状态，需要政府和市场"两只手"一起发力。（1）通过购买服务、公建民营、民办公助、股权合作等方式，培育和打造一批品牌化、连锁化、规模化的老年服务运营商。这些运营商在医疗资源丰富且人口多的地方设立老年服务供应的"旗舰店"，主要提供失能半失能老人、高龄老人的入住服务；用连锁的方式到基层去承办社区老年服务中心，再以社区老年服务中心为据点向居家老人延伸；与医疗机构建立医护养融合机制；最终建立一个整合资金、服务、信息和科技，联接机构、服务中心和家庭的养老综合体，为居家和居机构的留守老人提供"一条龙"的整合服务。（2）在政府和村集体的支持下，充分利用闲置的农家大院、废弃的行政村办公用房和学校用房等，建立"集体建院、集中居住、自我保障、互助服务"的农村互助养老方式。相比老年服务运营商的运转模式，互助养老方式最大限度地降低了提供关爱服务资源的人工成本，但是，它仅适用于生活能够自理的留守老人。

（三）一道防线：构建老年社会救助网

农村留守老人整体上属于社会弱势群体，其中，丧偶、高龄、贫困、病残、失能的留守老人往往面临更大的养老风险，因而需要建立起老年社会救助网，为他们构筑起“最后一道防线”。

（1）地方政府要对农村留守老人进行全面摸底排查，建立翔实完备、动态更新的信息管理系统。综合采用经济困难和生活自理困难的“双困”标准，辨识出特别弱势的留守老人纳入社会救助范围。建立社会救助管理信息系统，开通信息沟通、交换、核对的平台和渠道，方便当地群众监督。

（2）政府、社会、市场、家庭和个人都是老年社会救助的责任主体。其中政府是最大的责任主体，承担规则制定、财政拨款、实施与监督的责任。同时，通过社会政策激发社会力量参与老年社会救助，积极营造全社会关心、支持和参与老年社会救助的浓厚氛围。

（3）针对特困留守老人的社会救助，应当兼顾物质救助与服务救助、医疗救助与生活救助、定期定量救助与应急救助相结合。

农村留守老人已经是，还将越来越是农村老人中最主要的群体。我国积极应对人口老龄化挑战的重点和难点都在农村。全面小康路上不能缺少农村留守老年人，保障他们的生活品质也应是乡村振兴战略的应有之义。全社会应当以更大程度的重视、更大的投入、更合理的政策设计来健全农村留守老人关爱服务体系，提高农村留守老人的获得感，共享全面小康社会建设的成果。

完善我国城乡社区治理的顶层设计

陈　鹏*

【导语】党的十九大报告指出："要加强社区治理体系建设，推动社会治理重心向基层下移。"城乡社区在社会治理和国家治理中的地位和作用被提升到一个新的战略高度。本文认为，要加强和完善城乡社区治理，必须提高社区治理的法治化、科学化、精细化水平和组织化程度，使我国城乡社区治理体制更加成熟定型，以此促进城乡共同繁荣发展。

党的十八大以来，城乡社区在社会治理和国家治理中的地位和作用被提升到一个日益重要的战略高度。2017年，《中共中央　国务院关于加强和完善城乡社区治理的意见》（以下简称《意见》）的颁布和实施，成为新的历史条件下中国社区建设的纲领性文件和行动指南，对中国社会建设和社会治理改革创新具有极为重要的意义。

一、强化"四个作用"

城乡社区治理包括哪些基本主体？各个主体扮演什么角色、发挥什么作用？《意见》首次做出了全面、系统、精准的阐述和界定。这对理顺城乡社区治理权利关系、构建新型社区治理体制具有重要意义。概括起来讲，就是"四类主体、四种作用"，具体如下。

---

*陈鹏，北京师范大学中国社会管理研究院/社会学院院长助理，副教授。研究方向：社会治理创新与社会体制改革。

一是“核心作用”。在城乡社区治理中，基层党组织的领导核心作用占据首要地位。随着社区治理主体的日益多元化，特别是各个主体之间的协商合作结构尚未完全建立起来的时候，常常会出现各种利益冲突和摩擦。这就要求基层党组织充分发挥总揽全局、协调各方的重要作用。同时，基层党组织肩负着加强党风廉政建设的重要责任，是全面从严治党的基础性环节。这也是对近年来频频出现的“小官巨贪”现象的深刻反省和积极应对。

二是“主导作用”。在城乡社区治理中，基层政府的主导作用尤其关键。这里涉及到的核心问题是，正确处理政府与社区的关系；基本方法是，建立和推行“权责清单制度”，包括街道办、区县职能部门的权责清单，尤其是在对城乡社区治理的政策支持、财力保障、能力建设方面，要充分发挥作用、担当责任；同时，也包括建立“社区行政准入制”，厘清社区居委会依法履行、协助的工作事项清单，其他事务则通过政府购买服务的方式实现，由此切实为社区居委会“减负增效”。

三是“基础作用”。在城乡社区治理中，以居委会和村委会为代表的基层群众自治组织的基础性作用须高度重视。这种基础性作用的发挥，着力于三个方面的重要建设：其一，加强组织全覆盖。针对一些新兴社区，不能出现组织空白和真空的状况，并要保障其基本工作条件。其二，夯实基层民主协商制度。要让基层民主协商有效运转起来，就必须让其在城乡社区“落地生根”。其三，重视网格化服务管理作用。基层群众自治要发挥更好治理效能，需要与网格化管理有机衔接起来。

四是“协同作用”。在城乡社区治理中，社会力量的协同作用不可忽视。有四种协同力量需要重点关注：其一，社区社会组织。这是加强城乡社区治理不可或缺的结构性因子，特别是要注重加强“三社联动”机制的建设。其二，社区老年协会。老年人是城乡社区的重要治理主体，既要发挥其积极作用，又要通过社区有效应对老龄化问题。其三，农村集体经济组织。这是提高农民收入、增强农村活力的基础物质保障。其四，驻区单位。应充分释放和共享驻区单位的资源，使其发挥更大更好效用。

二、切实提升“六项能力”

加强和完善城乡社区治理，需要具备哪些能力？这些能力目前处于一种什么样的状况，又需要如何改进和提升？《意见》全面系统地提出了六项核心能力，这也是推进和实现城乡社区治理能力现代化的内在要求。

一是“参与能力”。居民参与是社区治理的核心机制。现阶段各社区普遍面临参与不足、参与冷漠的问题。培养居民的参与能力，首先要培育和激活居民的参与意识。在面对社区公共事务和公共利益时，居民应从关心自己身边的利益出发，积极参与，共同协商，逐步建立和形成良好的社区协商治理机制。

二是“供给能力”。社区服务供给，是城乡社区治理的基本内容，也是实现公共服务“最后一公里”的关键依托。《意见》明确强调了“两个目录”和“四项服务”的重要性。编制《城乡社区公共服务指导目录》，并将其纳入政府购买服务指导性目录，具有重要的规范和指导作用。除公共服务外，《意见》还强调了大力发展自助服务、互助服务、商业服务对居民日常生活的重要性。

三是“引领能力”。社区文化是加强和完善城乡社区治理的软性、内生力量，其作用和意义相当重要。强化社区文化引领能力，实质上是要培育和建构一种强大的社区精神。《意见》明确提出了如下重要举措：其一，将核心价值观融入居民公约和村规民约。其二，重视社区道德教化。包括创新文明家庭，发展社区志愿服务，形成良好的社区氛围。其三，加强社区文化设施建设。包括设置村史陈列、非物质文化遗产等特色文化展示设施。其四，加强社区教育建设。建设“学习型社区”，培育社区特色文化，是创新社区治理的时代趋势。

四是“办事能力”。加强社区依法办事能力，归根究底，就是要夯实基层执政能力，建设“法治社区”。一方面，要加强对城乡社区的法制供应和保障。特别是《城市社区居委会组织法》应加快修订出台。另一方面，要注重充分发挥警官、法官、检察官、律师等各类法律主体的支持和促进作用，建立长效化的服务社区治理的机制。当然，法治社区的建设，更离不开法治宣传教育，让城乡居民形成和树立对法律的信仰和尊崇。

五是“化解能力”。提升社区矛盾预防化解能力，是当前城乡社区治理的迫切需要。城乡社区位处中央与地方、国家与社会的关键连接点，也是各种社会利益矛盾纠纷的交汇点。基层社区是预防和化解各类矛盾纠纷的第一线，地位和角色非常重要。这种预防化解能力的形成，需要多方合力；需要建立良好的体制机制，特别是要注重利益表达机制和心理疏导机制的建立。

六是“应用能力”。在移动互联网的背景下，建设智慧社区成为一种重要趋势。这也使得切实提升城乡社区的信息化应用能力变得尤为关键和重要。《意见》提出了三个方面的重要举措：其一，“互联网 +”社区治理计划。其核心是建构一种网络化、智能化的社区治理服务新模式。其二，社区电子商务计划。在共享经济的迅猛发展背景下，社区、社群日益成为首要和最终的商业营销平台。其三，网络扶贫行动计划。互联网为农民脱贫致富提供了一个新的渠道和平台，对改变传统的农业生产、销售方式具有重要的变革效应。

三、高度重视“五大短板”

当前，城乡社区治理面临哪些问题和短板？《意见》明确提出了“五大短板”，并提出了明确的改进措施。

一是“社区人居环境”。人居环境是城乡社区治理的基础条件。《意见》明确提出了如下重点问题的应对举措：其一，加快社区综合改造。重点是“棚户区”、“城中村”、“危房改造”。其二，强化社区环境综合治理。涉及到垃圾分类、噪声污染、污水排放、秸秆焚烧等问题，实现社区绿化、美化、净化。其三，增强社区风险防范管理。主要是提高社区的抗逆力，以更好应对各种社区突发事件和公共事故。社区人居环境的改造和优化，归根究底，是要打造和建设一个环保社区、安全社区、健康社区和安全社区。

二是“综合服务设施”。受制于资金资源的短缺，社区综合服务建设一直是城乡社会治理面临的一个突出问题。《意见》明确提出了改进举措：其一，纳入各层级规划，以法定形式保障基本条件。其二，加强资产登记管理，特别是由政府投资建设的综合服务设施。其三，规范各类服务提供。针对社区居民的公共服务、志愿服务、专业社工服务等，应通过这些设施来提供，既是充分利用资源，又能极大方便居民。其四，完善设施运营机制。良好的运营管理机制是提高社区综合服务设施效用的关键。除了采取群众协商管理外，也可以委托社会组织运营。

三是“社区资源配置”。社区资源是城乡社区治理不可或缺的基础依托。如何实现社区资源的优化配置？《意见》明确提出了针对性举措：其一，强调了科学规划的重要性。包括科学确定社区发展项目，充分发挥社区规划专业人才的作用。其二，强调了资源统筹机制的重要性。特别是“人财物”和“责权利”要对称下沉到城乡社区，以及城乡社区资源使用的“自主权”问题。其三，强调了居民参与的重要性。社区公共政策的制定和执行，应充分发挥居民的参与听证和民主评议作用。其四，机关事业单位应积极参与社区治理。特别是要积极开放文化、教育、体育等活动设施，实现服务资源共享。

四是“社区减负增效”。长期以来，社区居委会负担过重、不堪重负，成为基层社区治理面临的一个重要问题。特别是 2015 年 7 月，民政部、中组部等联合发布《关于进一步开展社区减负工作的通知》，标志着新一轮社区去行政化改革的全面启动。其改革的关键之处在于，通过推行社区工作准入制，建立社区权力清单，明晰政府与社区之间的权责边界，让社区居委会真正回归基层群众自治组织的法定地位。同时，取消了各职能部门的单项“考核评比”、“一票否决”等指标，使得社区居委会负担能够切实减轻。

五是“社区物业服务”。物业服务是社区治理的“晴雨表”和“风向标”。当前，社区物业管理普遍存在一些问题和挑战，特别是物业费收缴难、调价难等系列问题，引发了大量矛盾纠纷。《意见》提出了四方面的重要创新举措：其一，组织机构的设置，即探索在社区居委会下设“环境和物业管理委员会”；其二，健全议事协调机制。物业服务问题的解决涉及多方主体，包括物业公司、开发商、业委会、居委会、社区党组织，需要多方协商、合作共治；其三，针对城市里的一些老旧小区，或可探索实行“准物业管理”，或者通过社区居委会实行自治管理；其四，针对一些新型农村社区，可以积极探索实行物业管理。

四、走向城乡社区善治

加强和完善城乡社区治理，是一项长期、系统的复杂工程，需要时间积淀、制度引导、体制型构和文化滋养。《意见》的颁布和实施，必将对中国未来城乡社区建设和发展产生极为深远的影响。从《意见》可以看出，加强和完善城乡社区治理具有鲜明的问题导向、目标导向和结果导向，构建了中国特色社会主义社区治理方法论。

一是问题导向。《意见》着眼于当前和今后一个时期，我国社区建设和社区治理面临的诸多现实问题，进行了富有针对性的设计和布局。比如，社区环境问题、社区负担问题、社区资源配置问题、社区矛盾纠纷问题等。可以说，针对社区治理的突出问题和短板，《意见》制定了全面系统的政策设计和制度安排。

二是目标导向。《意见》明确提出了加强和完善城乡社区治理的目标，就是要实现城乡社区治理现代化，使得城乡社区治理体制更加成熟定型，进而促进和实现城乡社区共同繁荣发展。这个目标定位，既深深植根于当前我国社区治理面临的系列难题和困境，同时又深深嵌入于国家治理现代化的总体布局之中。

三是结果导向。针对加强和完善城乡社区治理，《意见》提出要健全完善城乡社区治理体系，不断提升城乡社区治理水平，着力补齐城乡社区治理短板，具有十分重要的现实意义。为使得城乡社区治理真正取得成效，《意见》高度重视和强化了一系列配套的组织保障。城乡社区治理，归根究底，就是要让人民群众过上好日子，具有归属感、认同感和幸福感。

后记

光阴似箭。不知不觉间，《中国改革与发展热点问题》已经连续编撰到第五本。今年，本书是以习近平总书记治国理政系列讲话为指导，学习贯彻党的十九大会议精神，紧紧围绕中国进入新时代的相关热点、难点问题，向相关方面的专家和研究人员组稿编辑而成。

特别致谢本书的专家团队。各位专家在百忙之中，始终关心和支持本书的编辑工作，并特为本书撰文，贡献了高水平的思想与智慧，极大地增进了我们对相关问题的认识。

感谢各位作者的贡献。本书文章的作者大多是所在单位骨干人员，在相关领域深耕多年，有较高的学术造诣和丰富的实践经验，更有报效国家的宏图大志。收入本书的文章，正是他们研究水平与学术情怀的反映。

感谢中国行政体制改革研究会的资助。作为国内知名智库，中国行政体制改革研究会以推动中国行政体制改革为己任，多年支持、资助“中国改革与发展热点问题”的系列研究，并给予了多方面的指导与支持。

感谢商务印书馆的支持。正是因为出版社相关领导和编辑人员夜以继日的辛勤付出，本书才得以在极其有限的时间内如期面世。

本书由魏礼群担任主编，刘青松、冯俏彬任副主编，张茉楠、安森东、陈鹏担任各板块主编，余佳、边泉水、吴长军、李娣、张文杰、朱振、孙金阳、彭庆辉、任宇、韩亚栋、孟庆瑜、王宏亮、石伟等担任执行编辑，李博、王玉负责相关联络工作。在此感谢所有工作人员的辛勤劳动与无私付出。祝愿大家在新的一年取得更大的成绩。

编者

2017 年 11 月 1 日